中国制造业
重点领域技术创新绿皮书
——技术路线图（2019）

国家制造强国建设战略咨询委员会
中国工程院战略咨询中心
编著

電子工業出版社
Publishing House of Electronics Industry
北京·BEIJING

内 容 简 介

本书（以下简称“技术路线图”）围绕建设制造强国的战略任务和重点，深入研究了新一代信息技术产业、高档数控机床和机器人、航空航天装备、海洋工程装备及高技术船舶、先进轨道交通装备、节能和新能源汽车、电力装备、农业装备、新材料、生物医药及高性能医疗器械十个重点领域，并新增食品、纺织技术与装备、建筑材料、家用电器四个重点领域。基于这些重点领域的需求，提出了十四个领域的发展目标、发展重点、战略支撑与保障。

“技术路线图”的发布，可以为广大企业和科研、教育等专业机构确定自身的发展方向和重点提供参考；也可引导金融投资机构利用自己掌握的金融手段，支持从事研发、生产和使用“技术路线图”中所列产品和技术的企业，从而引导市场和社会资源向国家的战略重点有效聚集；“技术路线图”也可为各级政府部门制定公共政策提供咨询和参考。

图书在版编目（CIP）数据

中国制造业重点领域技术创新绿皮书. 技术路线图：2019 / 国家制造强国建设战略咨询委员会，中国工程院战略咨询中心编著. —北京：电子工业出版社，2020.11

ISBN 978-7-121-39834-6

Ⅰ. ①中… Ⅱ. ①国… ②中… Ⅲ. ①制造工业－技术革新－研究报告－中国 Ⅳ. ①F426.4

中国版本图书馆 CIP 数据核字（2020）第 205474 号

责任编辑：徐 静
印 刷：北京富诚彩色印刷有限公司
装 订：北京富诚彩色印刷有限公司
出版发行：电子工业出版社
北京市海淀区万寿路 173 信箱 邮编：100036
开 本：787×1092 1/16 印张：25 字数：600 千字
版 次：2020 年 11 月第 1 版
印 次：2021 年 8 月第 2 次印刷
定 价：148.00 元

凡所购买电子工业出版社图书有缺损问题，请向购买书店调换。若书店售缺，请与本社发行部联系，联系及邮购电话：（010）88254888，88258888。

质量投诉请发邮件至 zlts@phei.com.cn，盗版侵权举报请发邮件至 dbqq@phei.com.cn。

本书咨询联系方式：（010）88254461，sunlm@phei.com.cn。

前 言

Introduction

制造业是国民经济的主体，是立国之本、强国之基。

进入新时代，国家确定并倾力推进“制造强国战略”，加快建设制造强国，加快发展先进制造业，成为我国的国家战略。

围绕经济社会发展和国家安全重大需求，“制造强国战略”选择了十个优势和战略产业作为攻关重点，希望在这十个战略产业率先实现战略突破，尽快达到国际领先水平或国际先进水平，引领中国制造业产业链提高现代化水平，从世界产业链中低端迈向中高端，成为中国制造业由大变强的中流砥柱。

为了推动重点产业领域技术创新，国家制造强国建设战略咨询委员会委托中国工程院战略咨询中心组织全国各方面专家开展了全面、深入、持续地研究，先后于 2015 年和 2017 年编制发布了两版“重点领域技术创新绿皮书——技术路线图”，在社会上产生了广泛的影响，在引导市场和社会资源向国家战略重点有效集聚方面发挥了重要作用。

这次编制发布的《中国制造业重点领域技术创新绿皮书——技术路线图（2019）》研究和制定了 26 个优先发展产业的技术路线图。本书既包含 2015 年确定的十大重点领域：新一代信息技术产业、高档数控机床和机器人、航空航天装备、海洋工程装备及高技术船舶、先进轨道交通装备、节能和新能源汽车、电力装备、农业装备、新材料、生物医药及高性能医疗器械，并进一步扩充，新增了四个重点领域：食品、纺织技术与装备、建筑材料、家用电器。本书在工程科技战略咨询智能支持系统（ISS）的支持下，增加了文献计量与专利分析等科学方法的应用，进一步补充完善关键材料和关键专用制造装备两项内容，同时删除应用示范工程内容，进一步提高了科学性、前瞻性和战略性。

这次编制（修订）提出的主要结论是：预计到2025年，通信设备、先进轨道交通装备、输变电装备、纺织技术与装备、家用电器五个优先发展方向将整体步入世界领先行列，成为技术创新的引导者；航天装备、新能源汽车、发电装备、建筑材料等大部分优先发展方向将整体步入世界先进行列；集成电路及专用设备、操作系统与工业软件、智能制造核心信息设备、农业装备四个优先发展方向与世界强国仍有一定的差距。

考虑到技术发展和市场变化速度很快，今后，“技术路线图”每两年还将会继续滚动修订一次，希望为政府部门、产业界、学术界等有关方面提供与时俱进的参考和指引，为建设制造强国发挥积极的作用。

本次编制工作共有72位院士、500多位专家及相关企业高层管理人员参与，共计召开了100余次会议，广泛征集了来自政府、企业、高校、科研机构、专业学会和行业协会的意见。感谢参与编制工作的全体同志的努力和贡献！感谢相关部门及产业界、学术界同仁们给予的鼎力支持！

期望“技术路线图（2019）”的发布，能为推动中国制造业高质量发展，推进制造强国建设发挥积极作用。

国家制造强国建设战略咨询委员会

2020年11月

目录
Contents

12 纺织技术与装备 /324

纺织产业是我国重要的民生产业和具有国际竞争优势的产业，也是科技应用和时尚发展的重要产业，与满足人民对美好生活向往和全面建成小康社会紧密关联。我国纺织产业链的大部分环节已经达到国际先进水平，产业规模稳居世界第一。

重点发展的是纺织纤维新材料、纺织绿色加工、先进纺织制品、纺织智能制造与装备。

13 建筑材料 /342

建材工业是为人居环境改善、工程建设提供材料及其制品支撑的重要基础产业，是支撑战略性新兴产业等相关产业发展的先导材料产业，是改善城市生态环境和发展循环经济、促进生态文明建设的关键节点产业。

重点发展的产品是水泥及混凝土、玻璃及玻璃基材料、陶瓷、墙体材料、人工晶体、高性能纤维及其复合材料、无机非金属矿及制品。

家用电器是包括制冷电器、清洁电器、厨房电器及生活电器等在内的，在家庭及类似场所中所使用的电子器具的总称，其作为轻工重点民生产业，与人民美好生活密切相关。

家用电器重点发展的产品和工程是高海拔复杂环境关键技术突破及产业化工程、安全使用年限关键技术突破及产业化工程、质量提升及国际品牌建设工程、智能家居健康场景示范工程、产业上下游融合工程。

1

新一代信息技术产业

集成电路及专用设备

集成电路及专用设备的发展重点是集成电路设计、集成电路制造和集成电路封装测试。

通信设备

通信设备重点发展的产品是无线移动通信设备、新一代网络设备、卫星通信设备等。

操作系统与工业软件

操作系统与工业软件重点发展的产品是操作系统、工业大数据系统、工业互联网平台与工业APP、核心工业软件。

智能制造核心信息设备

智能制造核心信息设备重点发展的产品是智能制造基础通信设备、智能制造控制系统、新型工业传感器、制造物联设备、仪器仪表和检测设备、制造信息人机交互设备和制造信息安全保障产品。

集成电路及专用设备

集成电路产业是关系国民经济和社会发展全局的基础性、先导性和战略性产业，是信息产业的核心和基础，也是关系到国家经济社会安全、国防建设的极其重要的核心产业。集成电路产业的竞争力已成为衡量国家间经济和信息产业发展水平的重要标志，是各国抢占经济科技制高点、提升综合国力的重要领域。

需求

全球集成电路市场规模在2016—2020年为3361亿～4738亿美元，年均复合增长率为7.1%；2021—2030年预计为4832亿～6306亿美元，年均复合增长率为2.9%。

中国集成电路市场规模在2016—2020年为1805亿～2559亿美元，年均复合增长率为7.2%；2021—2030年预计为2687亿～4106亿美元，年均复合增长率为4.3%。

中国集成电路市场在2019年占到全球市场份额的50%，已经成为全球规模最大、增速最快的集成电路市场，2020年预计将上升至54%，到2030年将占到全球市场份额的65%以上。

中国集成电路产品的本地产值在2019年达到425亿美元，能够满足国内29%的市场需求；2020年预计达到488亿美元，满足国内30%的市场需求；2030年预计达到1514亿美元，满足国内50%的市场需求。从上述数据可以看出，满足国内市场需求，提升集成电路产品自给率，同时满足国家安全需求、占领战略性产品市场，始终是我国集成电路产业发展的最大需求和动力。

目标

面向国家战略和产业发展两个需求，着力发展集成电路设计业，加速发展集成电路制造业，提升先进封装测试业发展水平，突破集成电路关键装备和材料技术瓶颈。

到 2020 年，我国集成电路产业与国际领先水平的差距逐步缩小，全行业销售收入年均增速超过 20%，企业可持续发展能力大幅增强。人工智能、网络通信、云计算、物联网、大数据等重点领域集成电路设计技术达到国际先进水平，产业生态体系初步形成。14nm 制造工艺实现规模量产，封装测试技术接近国际先进水平，部分关键装备和材料实现国产化替代，基本建成技术先进、安全可靠的集成电路产业体系。但总体技术水平距离国际领先水平仍有一定差距。

到 2025 年，我国集成电路产业与国际领先水平的差距将进一步缩小，全行业销售收入年均增速保持在 2 位数。掌握自主的全流程电子设计自动化工具；实现 7nm 先进制造工艺规模量产；封装测试技术达到国际先进水平；部分关键装备和材料进入国际采购体系；初步解决部分关键技术受制于人的问题。

到 2030 年，我国集成电路产业链主要环节达到国际先进水平；部分集成电路产品达到国际领先水平；一批领军企业进入国际第一梯队。掌握部分基础关键技术，在某些集成电路产业环节建立一定优势，实现我国集成电路产业链的部分自主可控，摆脱对国外集成电路材料、装备、技术的全面依赖。

发展重点

1. 集成电路设计

▶服务器/桌面 CPU

单核/双核服务器/桌面计算机 CPU、多核服务器/桌面计算机 CPU、众核服务器/桌面计算机 CPU。

▶嵌入式 CPU

低功耗高性能嵌入式 CPU、低功耗多核嵌入式 CPU、超低功耗近阈值物联网 SoC。

▶存储器

随机存储器（DRAM）及嵌入式随机存储器（eDRAM）、闪存存储器（Flash）、三维闪存存储器（V-NAND Flash）、新型存储器（RRAM、MRAM）。

▶FPGA 及动态重构芯片

FPGA（现场可编程逻辑阵列）、动态可重构芯片。

▶智能计算芯片

智能终端 SoC、专用人工智能芯片、通用人工智能芯片。

2. 集成电路制造

▶新器件

HK 金属栅及 SiGe/SiC 应力、FinFET（鳍式场效应晶体管）、量子器件。

▶光刻技术

两次曝光、多次曝光、EUV（极紫外光刻）、电子束曝光、193nm 光刻胶、EUV 光刻胶。

▶材料及成套技术

65～32nm 光掩膜材料及成套技术、20～14nm 光掩膜材料及成套技术。

3. 集成电路封装

▶倒装封装技术

大面积倒装芯片球阵列封装。

▶多芯片封装

双芯片封装、三维系统级封装（3D SIP）、多元件集成电路（MCO）。

重大装备及关键材料

1）制造装备

90～32nm 工艺设备、20～14nm 工艺设备、18 英寸工艺设备。

2）光刻机

90nm 光刻机、浸没式光刻机、EUV 光刻机。

3）制造材料

65～32nm 工艺材料、22～14nm 工艺材料、12/18 英寸硅片。

4）封装设备及材料

高密度封装高端设备及配套材料、TSV 制造部分关键设备及材料。

战略支撑和保障

（1）根据产业发展需求，逐步扩大国家集成电路产业投资基金规模，设立二期、三期基金。

（2）加强现有政策和资源的协同，如集成电路研发专项、国家科技重大专项，支持关键共性技术研发，国家集成电路产业投资基金支持产业化发展，这些资源要加强协同，形成合力。

（3）加强人力资源培养和引进，加强集成电路学科建设支持。

（4）制定技术引进、消化、吸收政策，给予扶持。

（5）建立知识产权保护联动机制。

技术路线图

集成电路及专用设备技术路线如图 1-1 所示。

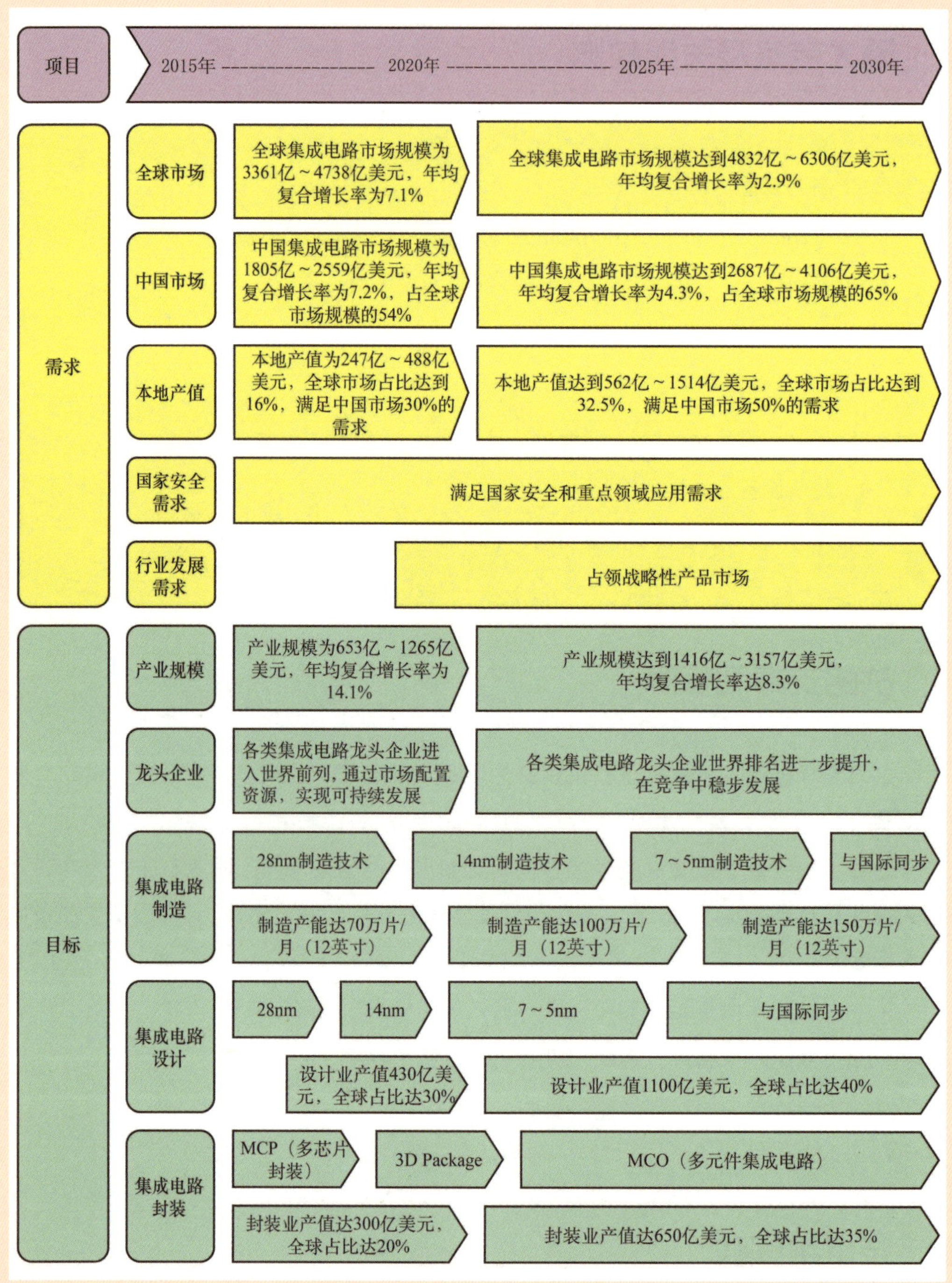

图 1-1　集成电路及专用设备技术路线图

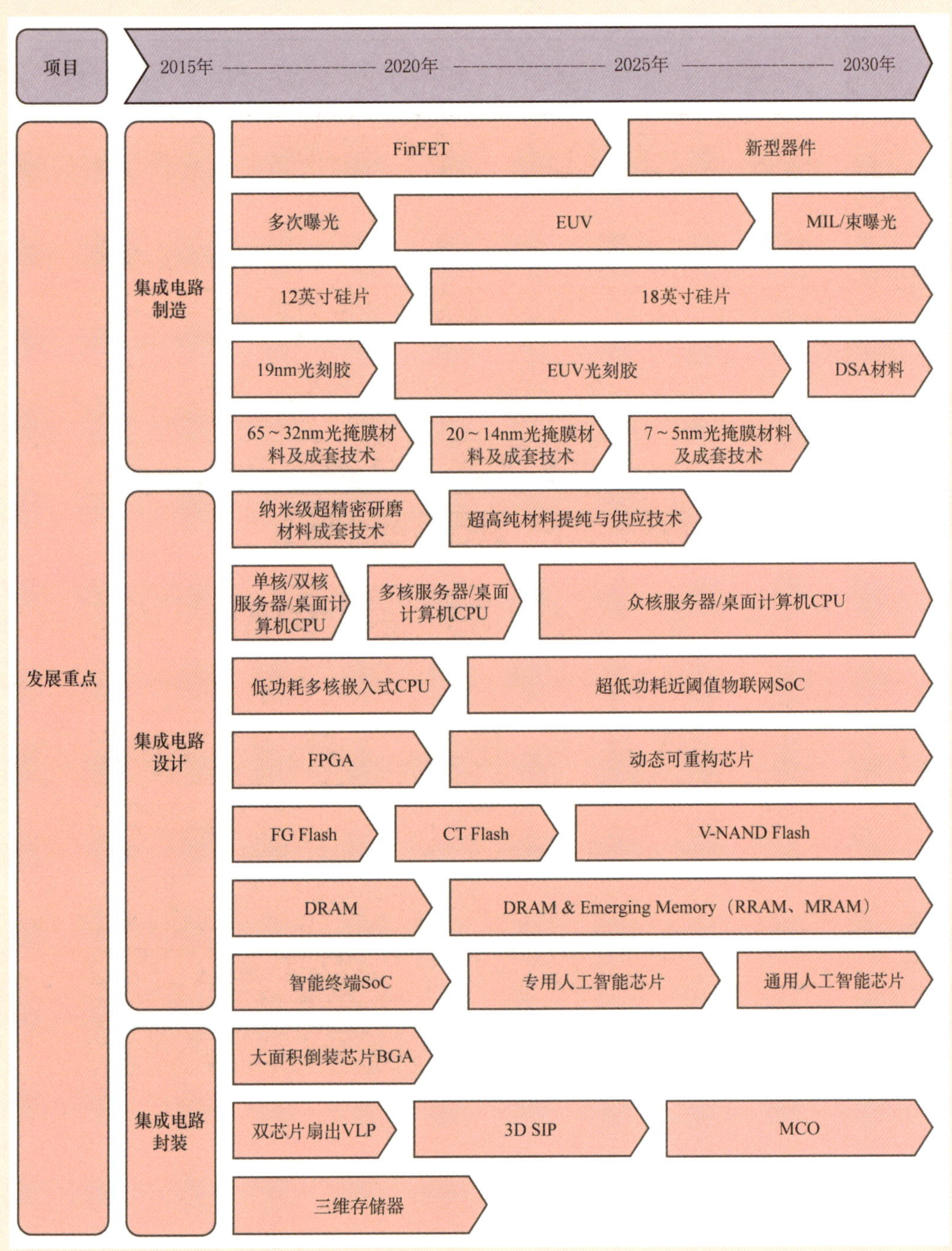

图 1-1　集成电路及专用设备技术路线图（续）

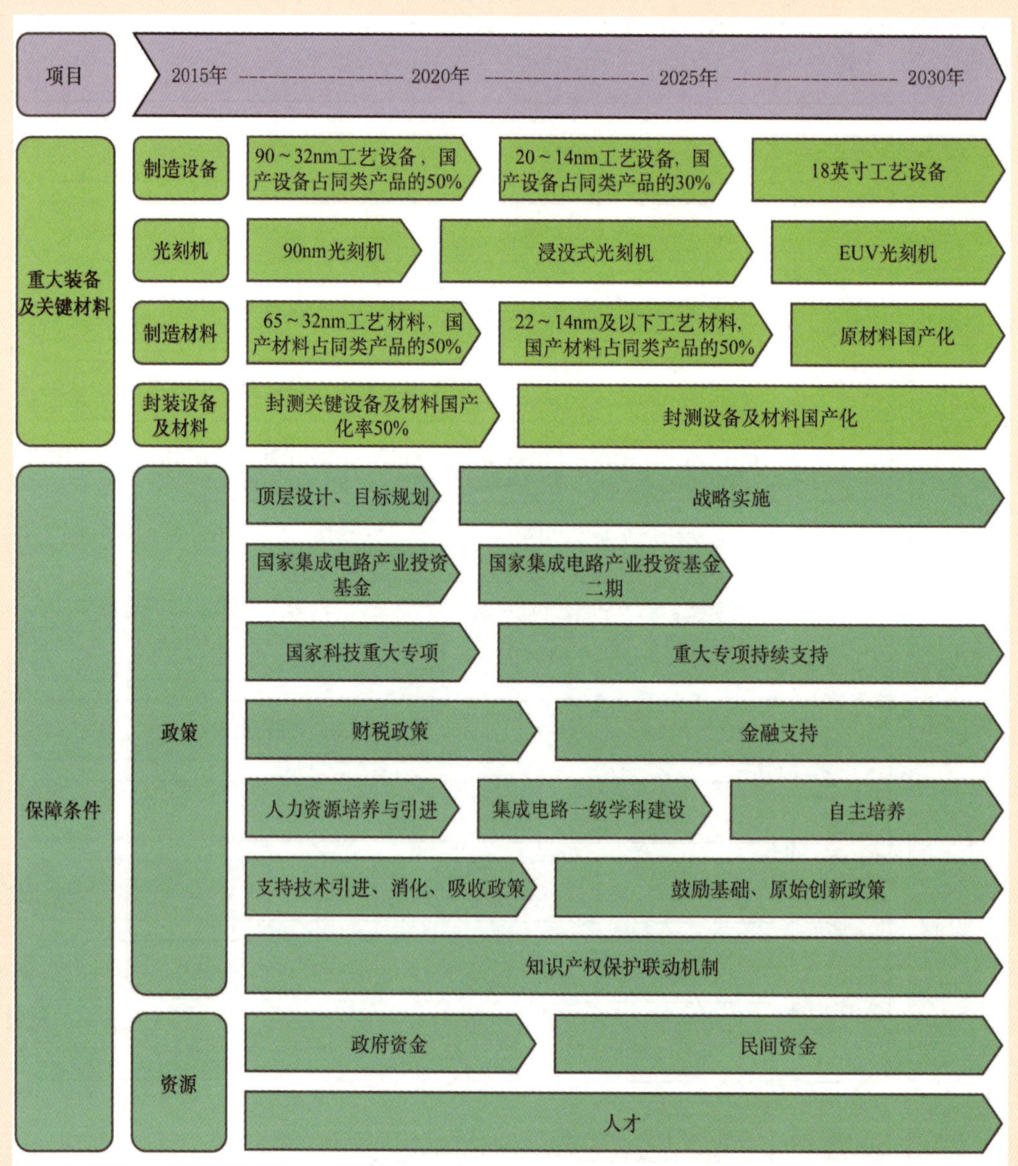

图 1-1　集成电路及专用设备技术路线图（续）

通信设备

通信系统设备通常指移动通信设备和固定通信设备，包括无线接入网设备、核心网设备、卫星通信设备、光纤传输设备、固定宽带接入设备，以及IP路由与交换设备等。通信设备产业链包括电子元器件、研发设计制造检测装备、软件和服务，以及通信系统设备等环节。

需求

随着全球5G商用进程加快，新一代移动通信、网络通信与云计算、大数据、人工智能、物联网等新技术新业务深度融合，加速信息通信行业的变革，引领数字经济的发展，催生智慧社会的到来。信息通信网络和业务走向全面感知、泛在连接、开放智能、融合创新的新阶段。作为信息通信网络的核心环节——通信设备，其需求呈现持续增长的趋势。

❖无线移动通信

未来无线移动通信网络主要包括移动通信网络、卫星通信网络等，可融合为空天地一体化网络。5G面向移动互联网、物联网场景，将渗透到未来社会的各个领域，以用户为中心构建全方位的信息生态系统。

根据GSMA的报告，截至2018年年底，全球移动通信用户数达到51亿，占世界人口的67%；除物联网（IoT）外的移动用户连接数（SIM卡）达到79亿。2018—2025年年均增长1.9%，预计到2025年全球移动通信用户数将达到58亿；除IoT外的SIM卡连接数将达到92亿。截至2018年年底，全球移动互联网用户总数为36亿，预计到2025年，全球移动互联网用户总数将达到50亿。

❖新一代网络

作为信息网络的核心传输管道，涵盖从接入、回传、汇聚至骨干网的各个部分，包括陆地及海洋传输，将从新型网络架构及协议、IPv6编址与路由、高速数据速率、确定性、新型高效率组播、网络切片、协议无关转发、云网融合、网络人工智能、网络操作系统等方面进行综合演进。

2018年全球光通信设备市场规模为216亿美元，IP路由与交换设备市场规模为176亿美元。根据Ovum等机构预计：到2020年，全球光通信设备市场规模将达244亿美元，IP路由与交换设备市场规模将达189亿美元；到2023年，全球光通信设备市场规模将达280亿美元，路由器与交换机市场规模将达203亿美元。按照此趋势，预测到2030年，全球光通信设备市场规模将达380亿美元，IP路由与交换设备市场规模将达240亿美元。

❖卫星通信

2018年，全球卫星通信服务业总收入1265亿美元，其中电视和音频广播业务1000亿美元，固定和宽带业务203亿美元，移动业务41亿美元。地面关口站制造138亿美元，用户终端制造181亿美元。2019年，卫星制造业总收入从2018年的155亿美元增长到195亿美元，其中军用和商业通信卫星制造业收入占比从21%增长到26%，达50.7亿美元。随着国内外OneWeb、Starlink、天地融合网络等新兴大规模天基通信网络的发展，通信卫星产业还将迎来新的发展高潮。

预计到2035年，卫星和地面装备制造增长能够达到10%的年增长率。到2025年，关口站和用户终端制造市场可望达到622亿美元，通信卫星制造市场达到99亿美元。2030年，关口站和用户终端制造市场可望达到1001亿美元，通信卫星制造市场达到159亿美元。5G与卫星通信系统的融合将真正实现天地一体的无缝覆盖。

目标

▶2025年目标

通信设备技术和产业能力进入世界强国行列，形成较为完整的产业体系和创新体系。

❖无线移动通信

我国移动通信系统设备、移动终端、移动终端芯片产业均进入国际第一阵营。本土国产移动通信系统设备、移动终端、移动终端芯片的国内、国际市场占有率进一步提升。移动通信生产类测试仪表占据主流市场，高端研发类仪表实现市场突破。到2025年，移动通信具备基本完整的国内产业链，掌握产业关键环节核心技术，产业链安全可控能力显著增强。

❖新一代网络

本土国产光通信设备国际市场份额继续保持第一，国际市场占有率维持在60%左右；本土国产IP路由与交换设备国际市场占有率达25%；

网络设备可编程能力显著增强，网络操作系统核心技术实现并跑。

目前，海缆通信市场高度垄断，来自欧洲、美国、日本的企业几乎尽揽全部市场收益，占据了全球80%以上的海缆市场。本土国产海洋光通信设备力争打破国际垄断，在海缆通信市场占有一席之地。

到2025年，光通信设备产业链安全可控能力显著增强，关键核心技术进入跟跑和并跑共存阶段，基本掌握产业关键环节核心技术。

❖卫星通信

初步建成天地一体化信息网络，实现天地融合网络的规模建设和有效应用。形成全球覆盖能力，提供战略安全通信、应急救灾保障、航空网络、信息普惠通信等领域服务，技术水平国际先进，成为国际上主要的卫星通信服务提供者。

▶2030年目标

通信设备产业体系更加完整，创新能力和整体实力大为增强，产业综合实力位列世界强国前列。

❖无线移动通信

我国移动通信系统设备、移动终端、移动终端芯片产业实现国际领先，核心、关键技术领域实现较大程度上的产业链安全，成为未来移动通信国际标准组织和产业的主导者之一。

❖新一代网络

本土国产光通信设备国际市场份额进一步提升，海洋光通信领域打破国际垄断，本土国产路由器与交换机产业进入国际第一阵营，国际市场占有率达35%；本土网络设备可编程能力进入国际第一阵营，国产网络操作系统核心产业技术进入领跑阶段。

到2030年，本产业的产业链基本达到安全可控，产业技术进入大量并跑、少量跟跑阶段，掌握产业链各环节关键技术，产业发展自主可控。

❖卫星通信

全面扩展提高天基网络能力，实现全面服务。按需持续增补节点，提升网络服务质量，实现天基网络与地面互联网、地面移动网深度融合，提供安全可信的全球网络服务能力。创新应用和商业模式，形成具有国际竞争优势的产业生态，关键技术、终端、关口站和载荷产品水平达到国际领先。

发展重点

1. 重点产品

▶无线移动通信

包括5G移动通信系统设备（含系列化多天线大带宽基站设备、云化核心网设备、边缘计算产品、行业专网产品等）、5G移动终端（含消费终端、行业终端、M2M终端等）、6G关键技术综合验证平台（含太赫兹、可见光通信、认知无线电等）、6G移动通信仪器仪表（含终端综测仪、协议一致性测试仪等）、6G移动通信系统设备、6G移动终端等。

▶新一代网络

包括高速大容量光传输设备（含DCI）（单接口800G/1T/2Tbps）、大容量长距离海洋传输设备(SLTE、SLM、ROADM BU、16芯+中继器)、光电混合交换设备（100Tbps）、全光交换设备（Pbps级）、高速光接入设备（50G/100Gbps）、波分复用无线前传设备、核心路由器（单接口400G/1Tbps、交换容量512T）、大容量IP交换机(单接口400G/1Tbps)、下一代IP网络设备(大规模、确定性时延、协议无关转发等)；大规模网络操作系统（云网融合、按需服务、智能控制）。

▶卫星通信

包括宽带多频段星载数字多波束天线载荷，大容量星上微波和光混合交换载荷，大容量星上时频交换载荷，大容量星上可编程处理载荷，星间/星地高速激光/毫米波通信终端；多频段星地融合卫星通信终端和芯片、大容量虚拟化信关站。

2. 关键共性技术

▶无线移动通信

包括超大规模天线阵列技术（支持峰值速率达数十 Gbps）、基站小微型化技术、超密集组网技术（连接密度大于 10^6/km^2、流量密度大于数十 Tbps/km^2）、海量机器通信、高可靠低时延通信（含车联网、工业互联网）、智慧网络技术（网络+AI）、无线传感网络、认知无线电、太赫兹通信关键技术（Tbps 级）、可见光通信技术、灵活的频谱共享技术、下一代信道编码及调制技术、干扰对齐技术、地空天融合组网等关键技术。

▶新一代网络

包括大容量光电混合交换技术（100Tbps）、大容量全光交换技术、高速高频谱效率长距离光传输技术（单端口 800G/1T/2Tbps）、宽谱放大技术、多芯光纤传输技术、量子通信技术、高可靠海底长距离中继器技术、海底线路监控技术、海洋工程施工技术、高速路由交换技术（512Tbps）、网络层可编程技术、IPv6 编址与路由技术、确定性网络技术、面向万物互联的灵活寻址技术和超低时延技术、动态可编程的协议无关转发技术、按需智能化大规模网络控制技术、网络资源感知的智能路由控制技术、网络切片技术、大容量交换矩阵技术、网络智能技术、全生命周期智能运维技术；网络设备关键元器件研制技术，以及有线无线融合、传输接入融合新型网络架构技术。

▶卫星通信

卫星通信空中接口设计技术（支持多种频段，与地面融合），多轨多星空间组网技术（支持卫星数量大于 1000），星上数字波束成形技术（L/S 频段大于 500，Ka 频段大于 100），星上大容量可编程处理载荷技术（交换容量大于 200Gbps），星上大容量微波和光混合交换技术（交换容量大于 200Gbps），星间/星地高速激光通信技术（大于 40Gbps），星间/星地 Q/V 频段通信技术（大于 40Gbps）；星载高频段微波器件设计技术，长寿命高性能光电器件设计技术，高性能数字处理器件设计技术；多频段星地融合卫星通信终端和芯片设计技术，虚拟化大容量关口站设计技术；星载抗辐照器件设计技术。

3. 核心零部件/元器件

无线移动通信系统设备的核心芯片关键器件，包含高端数字芯片（FPGA、CPU、交换芯片、存储芯片等）、射频/数模混合芯片（功放、收发信机、ADC/DAC、时钟、锁相环等）、通信专用芯片IP（CPU/DSP IP核）、高速连接器等。

对于新一代网络，核心芯片关键器件主要包含核心硅基光收发芯片(800G/1T/2Tbps)、模数/数模转换芯片（ADC/DAC）（128Gbps以上）、数字信号处理器（DSP）芯片（800G/1T/2Tbps）、光传送网（OTN）Framer芯片（800G/1T/2Tbps）、大容量IP交换芯片、网络人工智能芯片、光线路终端（OLT）芯片、波长选择开关（WSS）、集成可调激光器产品、网络处理器（单端口1T、容量10T及以上）等关键零部件、海底光缆及中继器等。

对于卫星通信，星上大功率高频段功放、抗辐照光电器件、抗辐照毫米波器件和数字处理器件等是其特有需求。

4. 关键材料

除通信系统设备制造中需要用到的常规材料外，还涉及以下关键材料：高速PCB基础原材料，光纤光缆制造所需的高纯氦气、芳纶等原材料。对于核心芯片和关键部件开发需要的关键材料，如高频功放、滤波器等器件用到的关键材料，此处不再赘述。

5. 基础软件、关键制造及检测装备

通信设备实时操作系统及软件开发环境、通信设备设计仿真所需的EDA工具，包括芯片设计的综合、仿真、版图、分析工具、网络设计与仿真软件、模拟电路设计与仿真软件、光器件的设计仿真软件，以及PCB设

计及仿真软件、芯片制造和设备制造相关工业控制软件等。通信设备研制所需矢量网络分析仪、频谱仪、信号源、信道仿真仪、基站测试仪、综测仪、终端模拟器、光网络 OTN 分析仪、以太网测试仪、相干光调制分析仪、高速示波器、高速网络分析仪、相干时域光反射仪等。卫星通信专用测试仪器仪表。

战略支撑与保障

1. 强化组织领导和组织保障

建议成立多部委联合的通信设备产业链发展顶层规划和多行业协同领导小组，负责通信设备产业与集成电路产业、高端仪器仪表产业、基础软件产业、基础原材料产业等相关产业在总体目标与实现路径的规划和协同指导。成立通信设备产业发展咨询专家组，为该领域和高度相关跨领域的重大公共技术和产业方向提供咨询指导。

2. 持续优化创新环境和机制

通过降费减（退）税等手段支持通信设备产业在新技术、新产品、新服务方面的创新。鼓励信息通信产业链上下游企业间、企业与政府间，以及行业市场之间的协同合作。不鼓励“价低者得”“多轮竞标”等招标方式，保证设备商合理利润以持续投入核心技术研究，逐步扭转我国通信设备厂家净利润率偏低（且呈下降趋势）、恶性竞争的局面。加大知识产权申请和保护的力度，力争占领通信设备领域技术标准和专利的制高点。统筹考虑频谱规划与分配，针对 5G 及未来 6G 服务于行业的频谱规划，进一步探索管理和应用模式。

3. 继续坚持“走出去”战略

落实“一带一路”倡议，探索“资本+产业”“建设+运营服务”的“走出去”新模式，建议建立部际协调机制并设立“走出去”专项基金，推动我国信息通信设备产业“走出去”，打造信息通信丝绸之路。

技术路线图

通信设备产业发展技术路线图如图 1-2 所示。

项目		2020年 - 2025年	2025年 - 2030年
需求	无线移动通信	全球移动用户数58亿，除IoT外的SIM卡连接数92亿，移动互联网用户数50亿	全球移动用户数、SIM卡连接数、移动互联网及物联网用户数进一步提升，基本消除数字鸿沟
	新一代网络	全球光通信设备市场规模将达280亿美元，路由器与交换机市场规模将达203亿美元	全球光通信设备市场规模将达380亿美元，路由器与交换机市场规模将达240亿美元
	卫星通信	全球关口站和用户终端制造市场将达622亿美元，通信卫星制造市场将达99亿美元	全球关口站和用户终端制造市场将达1001亿美元，通信卫星制造市场将达159亿美元
目标	无线移动通信	系统设备、移动终端、移动终端芯片产业进入国际第一阵营，具备基本完整的国内产业链，掌握产业关键环节核心技术，产业链安全可控能力显著增强	系统设备、终端、移动终端芯片产业实现国际领先，核心、关键技术领域实现较大程度上的产业链安全，成为未来移动通信国际标准组织和产业的主导者之一
	新一代网络	基本掌握产业关键环节核心技术，国际市场占有率维持在60%左右；本土国产IP路由与交换设备国际市场占有率达25%，网络设备可编程能力显著增强，网络操作系统核心技术实现并跑，海洋光通信领域打破国际垄断	本土国产光通信设备国际市场份额进一步提升，本土国产IP路由与交换设备产业进入国际第一阵营，国际市场占有率达35%，本土网络设备可编程能力进入国际第一阵营，国产网络操作系统核心产业技术进入大量领跑阶段，海洋光通信领域占据一定市场份额
	卫星通信	初步建成天地一体化信息网络，实现天地融合网络的规模建设和有效应用。形成全球覆盖能力，成为国际上主要的卫星通信服务提供商	实现天基网络与地面互联网、地面移动网深度融合，提供安全可信的全球网络服务能力。创新应用和商业模式，形成具有国际竞争优势的产业生态，关键技术、终端、关口站和载荷产品水平达到国际领先

图 1-2　通信设备产业发展技术路线图

项目		2020年------------------------2025年------------------------2030年
重点产品	无线移动通信	5G系统设备（中低频大规模商用）→ 5G系统设备（高频段商用）
		5G通用、专用和行业终端（商用）
		6G关键技术综合验证平台 → 6G系统设备（试验和预商用） 6G移动终端
	新一代网络	高速大容量光传输设备（含DCI）（800G/1T）→ 高速大容量光传输设备(2T光传输设备)
		高速光接入设备（50G/100Gbps）
		光电混合交换设备 → 全光交换设备（Pbps级）
		核心路由器（单接口1T+，交换容量512T）
		大容量交换机（单接口1T/2T）
	卫星通信	宽带多频段星载数字多波束天线载荷
		星载大容量光电混合交换 → 星载可编程处理载荷
		星地/星间激光和毫米波传输载荷
		多频段星地融合卫星通信终端和芯片

图 1-2　通信设备产业发展技术路线图（续）

项目		2020年——2025年——2030年	
关键共性技术	无线移动通信	超大规模天线阵列技术、超密集组网技术、海量机器通信、高可靠低时延技术、网络智能技术、高频段技术	6G网络关键技术（太赫兹通信、频谱共享、下一代信道编码及调制技术、干扰对齐技术、地空天融合技术、可见光通信、光子无线电、基站小微型化）
	新一代网络	高速高频谱效率长距离光传输技术（单端口800Gbps/1Tbps）	高速高频谱效率长距离光传输技术（单端口2Tbps）
		大容量光电混合交换技术（100Tbps）	
		大容量全光交换技术	
		高速路由交换技术（512Tbps）、大容量交换矩阵	
		网络层可编程技术、IPv6编址与路由技术、面向万物互联的灵活寻址技术和超低时延技术、面向服务的路由技术、网络资源感知的智能路由控制技术、网络切片技术	
		网络设备的关键元器件技术，硅光子和光电集成芯片技术，WSS光交叉技术	
		宽谱放大技术、多芯光纤传输技术、量子通信技术	
		网络智能感知技术、网络智能管控技术、全生命周期智能运维技术	

图 1-2　通信设备产业发展技术路线图（续）

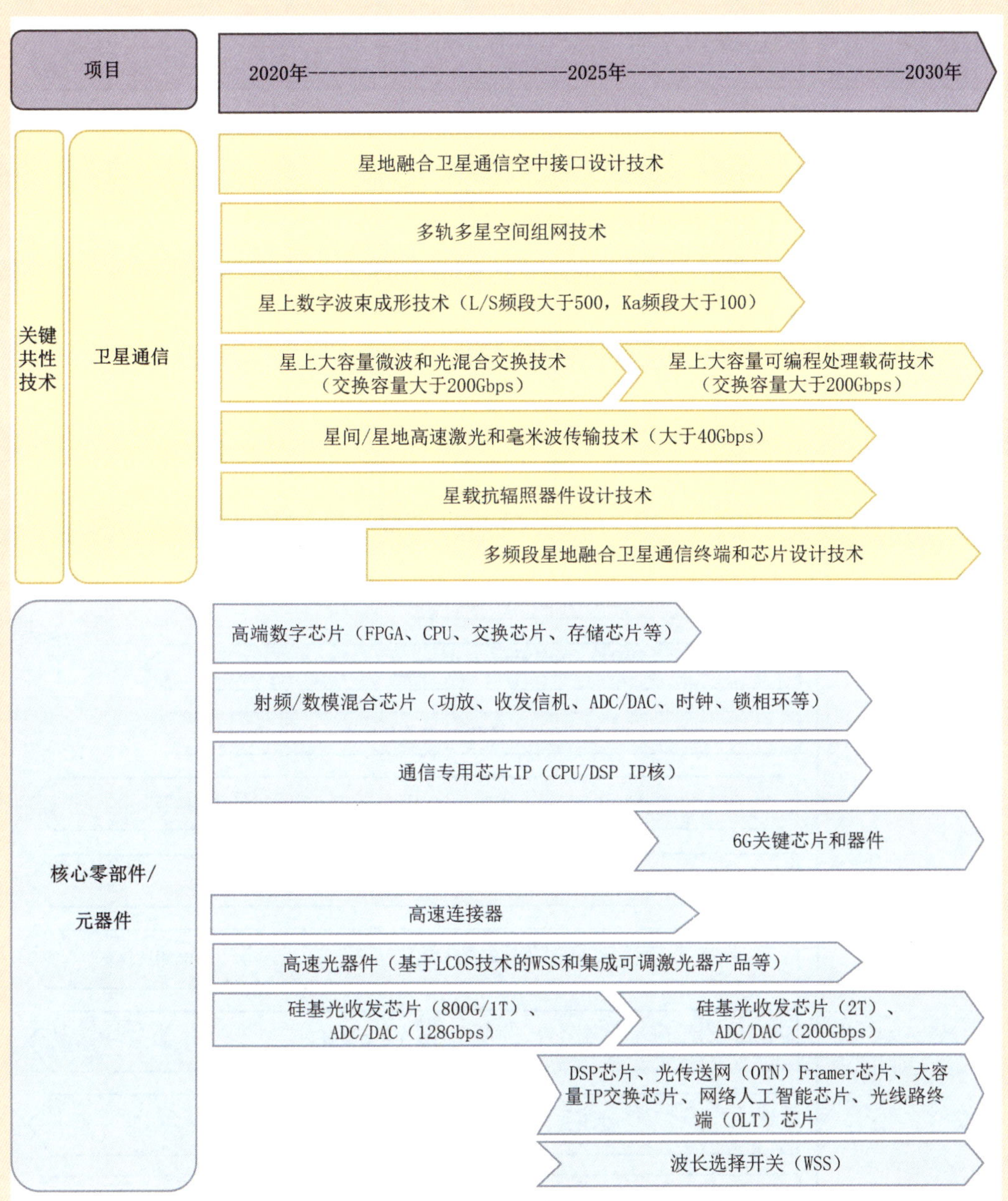

图 1-2　通信设备产业发展技术路线图（续）

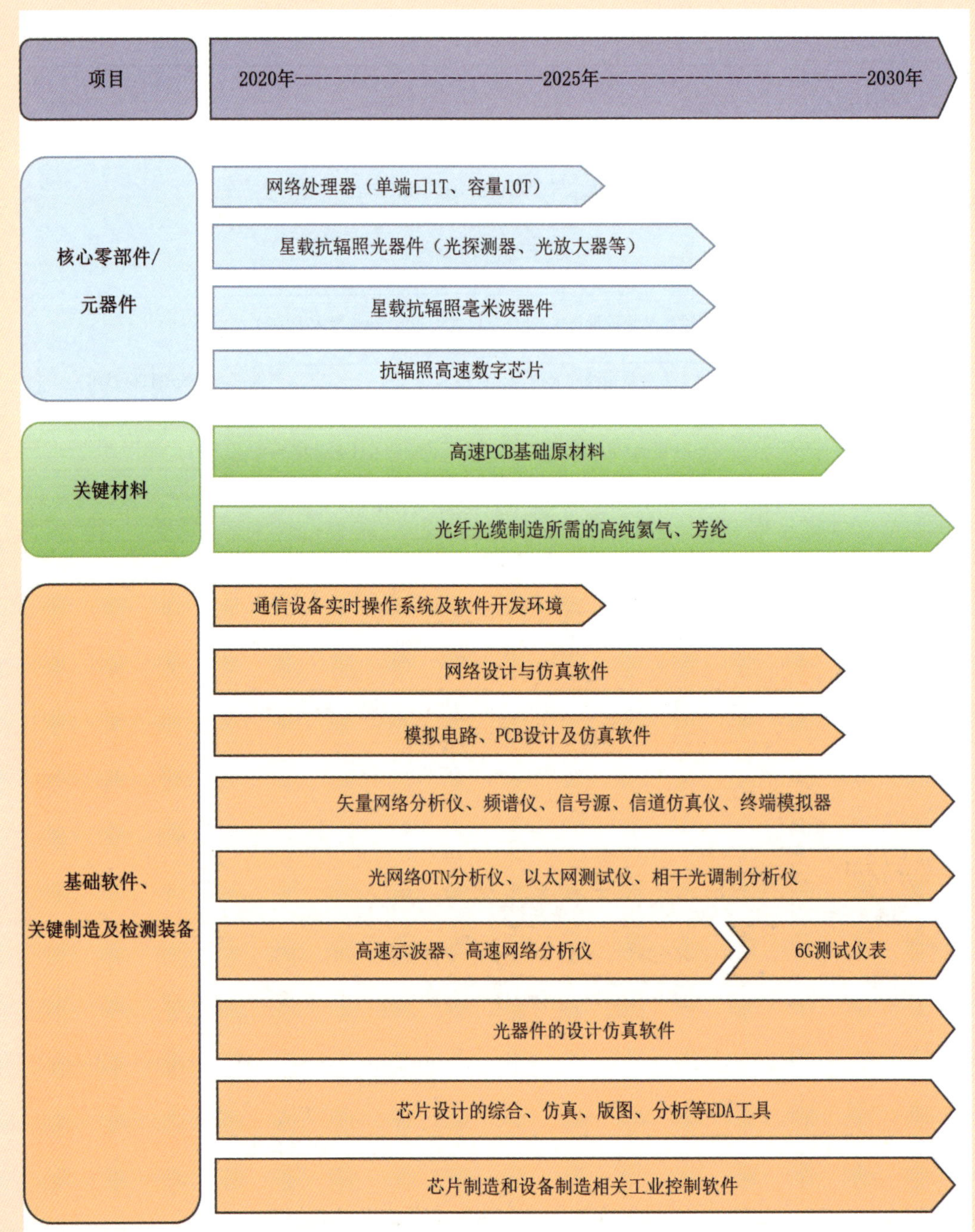

图 1-2　通信设备产业发展技术路线图（续）

项目		2020年------2025年------2030年
战略支撑与保障	强化组织领导和组织保障	成立多部委联合的通信设备产业链发展顶层规划和多行业协同领导小组；成立由相关领域院士和专家组成的通信设备产业发展咨询专家组
	优化创新环境和机制	制定用于通信设备产业发展的先行先试的政策；通过降费减（退）税等手段支持企业创新；鼓励有限采购国产技术和产品；优化知识产权商业和法律环境，强化知识产权保护和运营，推动自主知识产权国际运用；针对5G及未来6G，统筹考虑频谱规划与分配
	“走出去”	落实“一带一路”倡议，探索“资本+产业”“建设+运营服务”的“走出去”新模式，建议建立部际协调机制和设立“走出去”专项基金，推动我国信息通信设备产业“走出去”，打造信息通信丝绸之路

图 1-2 通信设备产业发展技术路线图（续）

操作系统与工业软件

操作系统与工业软件是制造业数字化网络化智能化的基石，是新一轮工业革命的核心要素。发展桌面/服务器和手机操作系统及高端制造业嵌入式操作系统，以工业大数据系统、工业互联网平台与制造业核心软件为代表的基础工业软件，面向先进轨道交通装备、电力装备、农业装备、高档数控机床与机器人、航空航天装备、海洋工程装备与高技术船舶等重点领域的工业应用软件，对我国工业领域高质量可持续发展具有重要意义。

需求

新一代科技革命与产业变革以数字化网络化智能化为特征，其核心是将以云计算、物联网、大数据、人工智能为代表的新一代信息技术与现代制造业深度融合，以推动产业转型升级。为提高我国操作系统和工业软件核心技术水平，依托我国作为“制造大国”的战略必争和优势产业，利用中国互联网生态与应用的全球领先者地位，紧紧抓住新科技革命与产业变革提供的历史机遇，实现操作系统安全可靠，结合新一代信息技术推动工业软件的重构与跨越发展。

目标

到 2020 年，突破部分关键核心技术，聚焦生产效率提升与制造服务转型，工业大数据软件与工业互联网平台在重点行业基本应用普及。

到 2025 年，基本形成安全可靠的工业操作系统与软件标准体系。突破三维几何引擎、CAE 求解器等工业软件关键核心技术，CAD、CAE 等研发设计类核心工业软件实现突破。形成 3~5 个达到国际水准的工业互联网平台，培育 30 万个以上的工业 App。

到 2030 年，打造出具有良好市场化应用效果的工业操作系统及软件生态。嵌入式操作系统、CAD、CAE 等研发设计类核心工业软件在高端装备制造等行业基本可用。形成 1~2 个国际领先的工业互联网，工业 App 数量超过百万个。

发展重点

1. 重点产品

▶操作系统

衔接“核高基”等重大专项形成的成果，面向工业、商业和个人应用，研制安全可信、交互友好、兼容性强的桌面/服务器操作系统、手机操作系统，并在此基础上进行软件的开发、迁移和适配，构建应用软件生态。研制高端制造业嵌入式操作系统及智能化边缘计算系统与应用，并在先进轨道交通装备、电力装备、农业装备等关键领域推广应用。

▶工业大数据系统

面向终端与云端数据的交换融合与智能协同，重点突破多源设备、异构系统、运营环境等海量工业数据的泛在采集、协议转换、存储转发与边缘计算技术。研制设备端的嵌入式数据管理平台与实时数据智能处理系统，开发云端具有海量处理能力的工业数据采集、存储、查询、分析、挖掘与应用的工业数据处理软件栈，以及完整的工业数据安全管控体系。构建覆盖产品全生命周期和制造全业务活动的工业大数据系统与应用，支持企业多源异构数据的整合集成与统一访问，推进人工智能技术落地，实现“数据驱动”的智能化应用。

▶工业互联网平台与工业 App

研发工业以太网等网络连接层软件，构建工业互联网平台体系架构与标准体系，搭建工业互联网管理服务平台（工业 PaaS），开发一批多语言开发工具、工业机理模型、微服务功能组件及工业资源库（包括知识库、零件库、工艺库、标准库等）。推动开发者围绕特定行业、特定场景的云应用需求，开发工业 App，形成行业专用 App 构件库。打造平台功能丰富与海量用户使用的双向迭代、互促共进的工业互联网平台生态体系。

▶核心工业软件

围绕工业关键基础支撑与核心重大需求，突破三维几何引擎、求解器等关键核心技术，构建研发设计（CAD/CAE/PLM）、经营管理（ERP/SCM）、生产控制（DCS/SCADA）、运维服务（MRO/CRM）等核心工业软件，打造支持工业互联网的工业软件体系化解决方案，推进工业软件的产用融合迭代推进，发展支撑智能制造的工业应用软件体系。

2. 关键技术

▶ “端到端”的工业软件安全技术

研究从设备端到云端的控制系统安全、硬件安全、网络通信安全、系统安全、数据安全、信息与系统安全、本质安全等技术。研究开发安全、高可信工业软件系统的安全标准、验证技术与认证体系。

▶工业基础资源库与标准化技术

重点构建与工业软件相配套的工业基础资源库接口标准化体系。研究工业基础资源库的分类标准，布局适应中国制造环境特点的工业基础资源库架构与生态体系。研究工业基础资源库的标准化评估与认证体系。

▶操作系统微内核技术

研究高稳定性、高可扩展性、高可移植性的可信操作系统微内核架构，突破微内核系统调度技术、微内核虚拟存储管理技术、微内核计时技术，构建微内核代码形式化验证技术，开发基于微内核的操作系统。

▶设备端智能化技术

研究小容量的嵌入式数据库系统，以及数据缓存与数据同步、交换技术。加快研究终端的环境语义建模技术，以及实时数据动态采集、变频传输、视觉理解、单机智能分析与控制、区域协同等终端智能化新技术。

▶工业大数据管理与分析技术

研发工业数据的实时采集、高吞吐量存储、数据压缩、数据索引、查询优化、数据缓存等关键技术。研究时空关联与机理模型下的数据质量检查与修复关键技术。研究前端装备实时数据与后台信息系统关系型数据的集成技术。突破工业大数据并行分析处理技术、机制模型建模技术、知识推理技术与仿真模型。

▶工业互联网平台关键技术

研究工业互联网平台组态式低代码开发技术、透明化数据服务构建技术、安全的跨平台协同技术，实现数据集成、分析与应用开发支撑。围绕平台功能、兼容性、可靠性、安全性、负载压力等方面开展测试验证关键技术研究，构建一批测试验证工具，建立工业互联网平台测试验证环境。

战略支撑与保障

1. 推动开源社区建设

鼓励中国企业参与到国际主流开源社区，成为具有投票权的理事单位。建立一批能够融入国际化发展的开源社区，加强开源社区建设，提供良好的开发环境，共享开源技术、代码和开发工具。

2. 构建标准体系

建立重点领域工业软件体系与标准，加强操作系统与工业软件标准的制修订工作，鼓励有实力的单位牵头制定国际标准。建立操作系统与工业软件的国家评测与认证标准体系。

技术路线图

操作系统与工业软件发展技术路线图如图 1-3 所示。

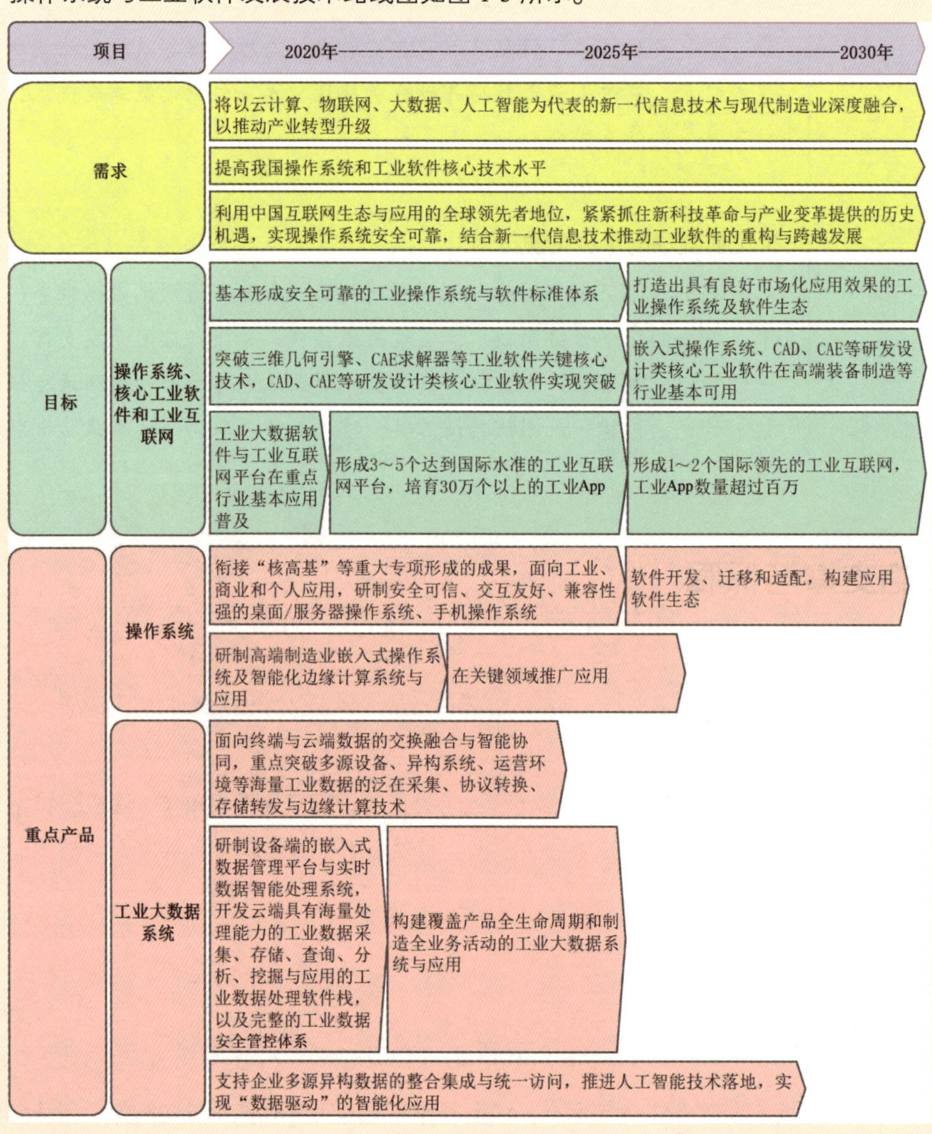

图 1-3　操作系统与工业软件发展技术路线图

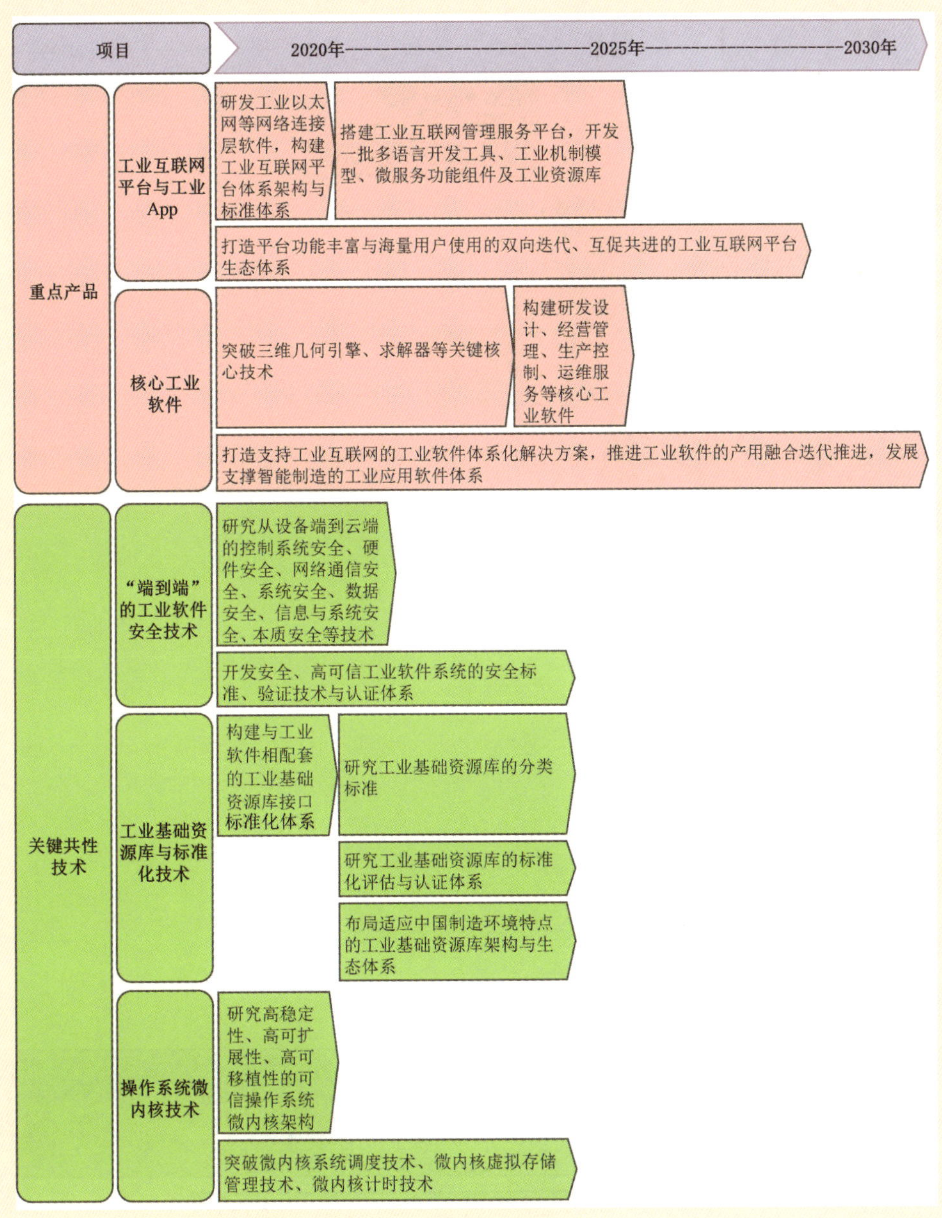

图 1-3 操作系统与工业软件发展技术路线图（续）

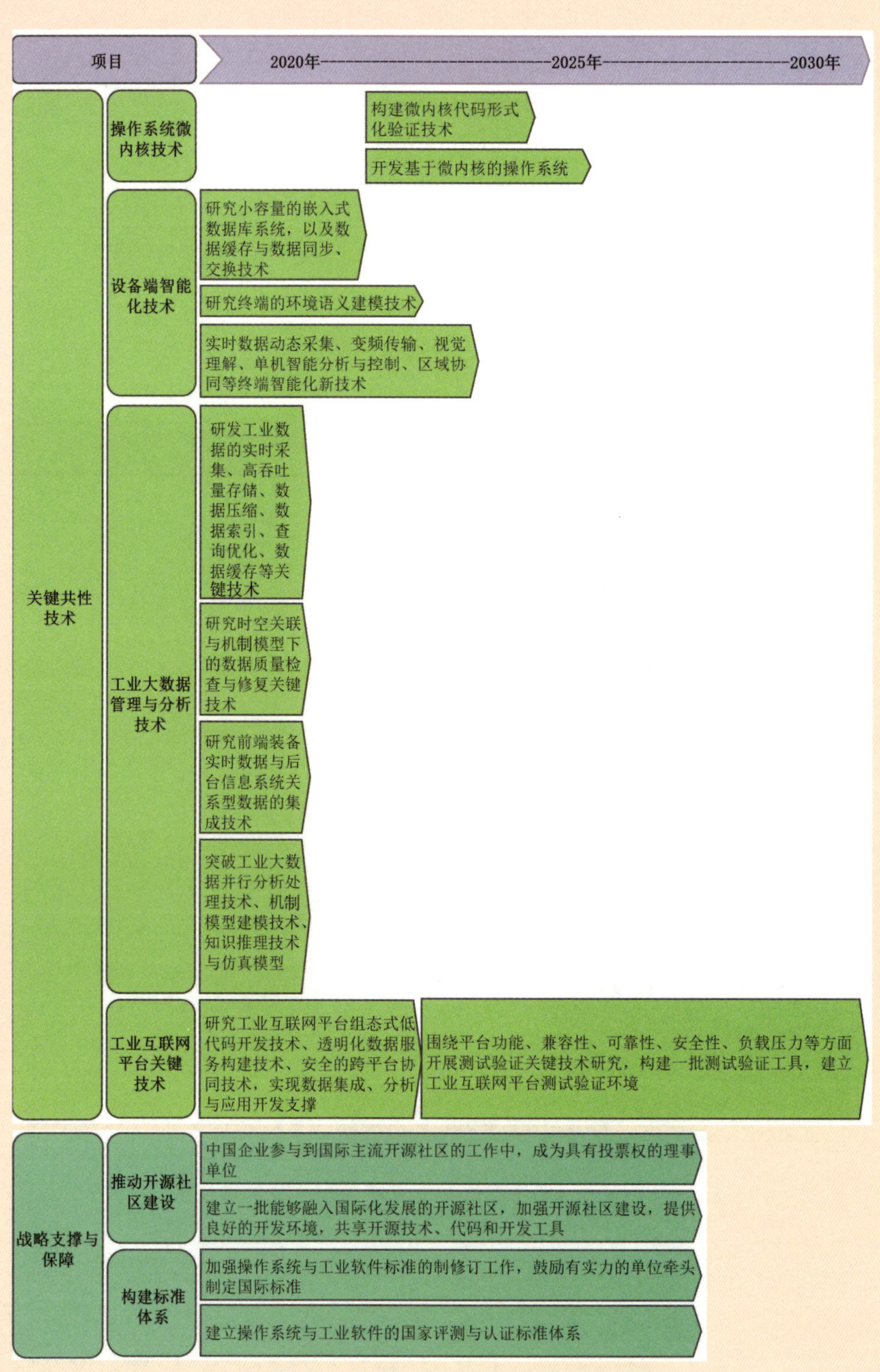

图 1-3　操作系统与工业软件发展技术路线图（续）

智能制造核心信息设备

智能制造核心信息设备是制造过程各个环节实现信息获取、网络通信、数据交互、运算处理、决策分析和控制执行的关键基础设备。

智能制造核心信息设备主要包括智能制造基础通信设备、智能制造控制系统、新型工业传感器、制造物联设备、仪器仪表和检测设备、制造信息人机交互设备、制造信息安全保障产品。

需求

全球正在掀起以智能制造为核心的新一轮工业革命，我国制造业也正在加速向智能制造转型。

未来五年，新一代电子信息技术与制造业的融合更加深入，我国的智能生产设施、数字化车间/工厂的升级改造速度将进一步加快，制造业对智能制造核心信息设备的需求也将大幅度增长。预计在2025年之前，我国智能制造核心信息设备市场规模将以35%左右的增速持续增长。

目标

到2020年，基本建成智能制造核心信息设备标准体系，突破一批智能制造核心信息设备领域的关键技术与设备，使我国的智能制造基础通信设备、智能制造控制系统、新型工业传感器、制造物联设备、仪器仪表和检测设备、制造信息人机交互设备、制造信息安全保障产品在国内得到规模化应用，具有满足国内市场40%以上的供给能力。

到2025年，建成自主可控、安全可靠、性能先进的智能制造核心信息设备产业生态体系和技术创新体系，国产智能制造核心信息设备在国内市场占据主导地位，具有满足国内市场60%以上的供给能力，培育10家以上年收入超过50亿元的相关企业，总体技术水平达到国际先进水平。

发展重点

1. 重点产品

▶智能制造基础通信设备

开发适应工厂内严酷运行环境的高可靠、大容量、高速度、高质量，具有自诊断、自适应、自修复功能的工业数据采集设备远程终端采集单元（RTU）、工业异构网络融合网关/适配器、高速工业交换机、高速工业无线路由器/中继器、工业网络即插即用自适应通信模块，适应不同工业通信场景使用的近场通信（NFC）、低功耗窄带基站（NB-IoT）、低功耗蜂窝状（LoRa）、近距离自组网（Zegbee）、5G海量机器类通信协议（mMTC）、超可靠和低时延（uRLLC）通信协议、433MHz通信协议等通信设备，适用于不同工业网络传输场景的工业软件定义网络（SDN）、交换设备、高可用性工业自动化网络设备、时间敏感网络通信设备、工业通信一致性检测设备，以及适应工业环境要求的长距离、高速率的供电网络与通信网络叠加的智能通信设备。

▶智能制造控制系统

开发支持故障自诊断、参数自调整，具有有线/无线工业通信功能，以及具备丰富的物联网和工业互联网接口的PC Based控制系统、工业装备嵌入式控制系统、可编程逻辑控制器（PLC）、可编程自动化控制器（PAC）、分布式控制系统（DCS）、面向工艺优化的先进控制系统（APC）、批量控制系统（Batch）、数据采集与监视控制系统（SCADA），提高智能制造自主安全可控的能力和水平。

▶新型工业传感器

开发具有数据存储和处理、自动补偿、参数远程整定、有线/无线通信等功能的低功耗、高精度、高可靠、高性价比的多变量传感器模组、智能型光电传感器、智能型接近传感器、高分辨率2D/3D视觉传感器、高精度流量传感器、车用惯性导航传感器（INS）、低成本固态激光雷达、车用DOMAIN域控制器、室内无线定位类传感器等新型工业传感器，以及分析仪器用高精度检测器，满足典型行业和领域泛在信息采集的需求。

▶制造物联设备

大力发展基于自主知识产权的射频识别（RFID）芯片和读写设备、基于自主知识产权芯片工业物联网定制化芯片/模块、工业便携/手持智能终端、支持多种工业协议转换的物联网关、智能手机物联网适配网关、工业现场人员、设备、产品的定位设备、工业可穿戴设备，实现人、设备、环境与物料之间的互联互通、综合管理与协同。

▶仪器仪表和检测设备

发展在线成分分析仪、在线无损检测装置、在线高精度三维数字探伤仪、在线高精度非接触几何精度检测设备、工业远程巡检智能监测与分析设备，实现智能制造过程中的设备和流程的信息采集、分析、优化和全生命周期管理。

▶制造信息人机交互设备

开发适应工业环境应用的人机交互工业看板与工业显示屏、工位智能操作终端、移动显示载体设备以及增强现实设备（AR）、可穿戴人机交互设备、三维动作捕捉设备，脑、眼、手信号融合处理设备，为实现制造信息、现实操作步骤和工艺的数字化、透明化、直观化、自然化提供载体和平台。

▶制造信息安全保障产品

开发工业控制系统防火墙/网闸、数采隔离系统、容灾备份系统、主动防御系统、漏洞扫描工具、无线安全探测工具、入侵检测设备、工业控制系统安全态势分析系统、工业企业信息安全监测、评估和测试系统，提高智能制造信息安全保障能力。

2. 关键技术

▶制造信息互联互通和互操作标准与接口技术

制定制造信息互联互通和互操作的技术标准，重点研究制定智能装备、数字化车间、数字化工厂的技术标准和规范。研究制造信息互联互通和互操作的信息模型技术、网络通信技术及接口技术，设备标识与鉴别技术，提供设备与设备之间、设备与系统之间协议互操作整体框架、协议互操作服务语法与语义定义、网络连通性及接口定义；研究制造信息互联互通场景下异构网络无缝融合与集成技术，解决跨网络精确时钟同步、确定性传输等关键技术问题，支持异构协议设备的互联互通与协同工作。

▶工业传感器核心技术

研究传感器工艺仿真技术、微纳工艺、微机电系统（MEMS）及其装备技术、传感器精密制造与检测技术、集成一体化技术、传感器可靠性设计与试验技术、传感器封装测试技术、智能传感器软件算法库、自供电与传感一体化技术。

▶人工智能技术

研究知识工程、知识建模、知识服务、情景感知、模式识别、自然语言处理、工业视觉识别、基于机器学习的智能控制、知识驱动的设计与智能设计、数据驱动的精准决策等关键技术，形成从大数据到知识、从知识到决策的能力，提高智能制造核心信息设备的智能化水平。

▶增强现实和虚拟现实技术

研究时空精确定位技术、多传感器融合、工业物联网信息三维空间模型、数字主线及数字孪生技术，基于增强现实的搜索、显示及基于场景的三维重建与数据融合交互、虚拟世界和现实世界的实时互动技术。

▶工业安全技术

研究工业数据安全、工业控制系统安全、工业网络安全、本质安全、结构安全、硬件安全等工业安全技术，覆盖设备和系统安全检测、安全防护、主动防御、威胁评估等领域，提高智能制造核心信息设备的安全保障能力。

战略支撑与保障

1. 制定智能制造核心信息设备标准

加快制定智能制造标准化体系，研究制定制造信息互联互通与网络安全标准。重点支持智能装备、数字化车间/工厂等领域技术标准和规范的研制。

2. 建立国家级智能制造核心信息设备联合实验室

支持相关单位联合筹建国家级智能制造核心信息设备实验室，加强智能制造核心信息设备关键技术和产品的研发，形成面向智能制造的专业解决方案。

技术路线图

智能制造核心信息设备发展技术路线图如图 1-4 所示。

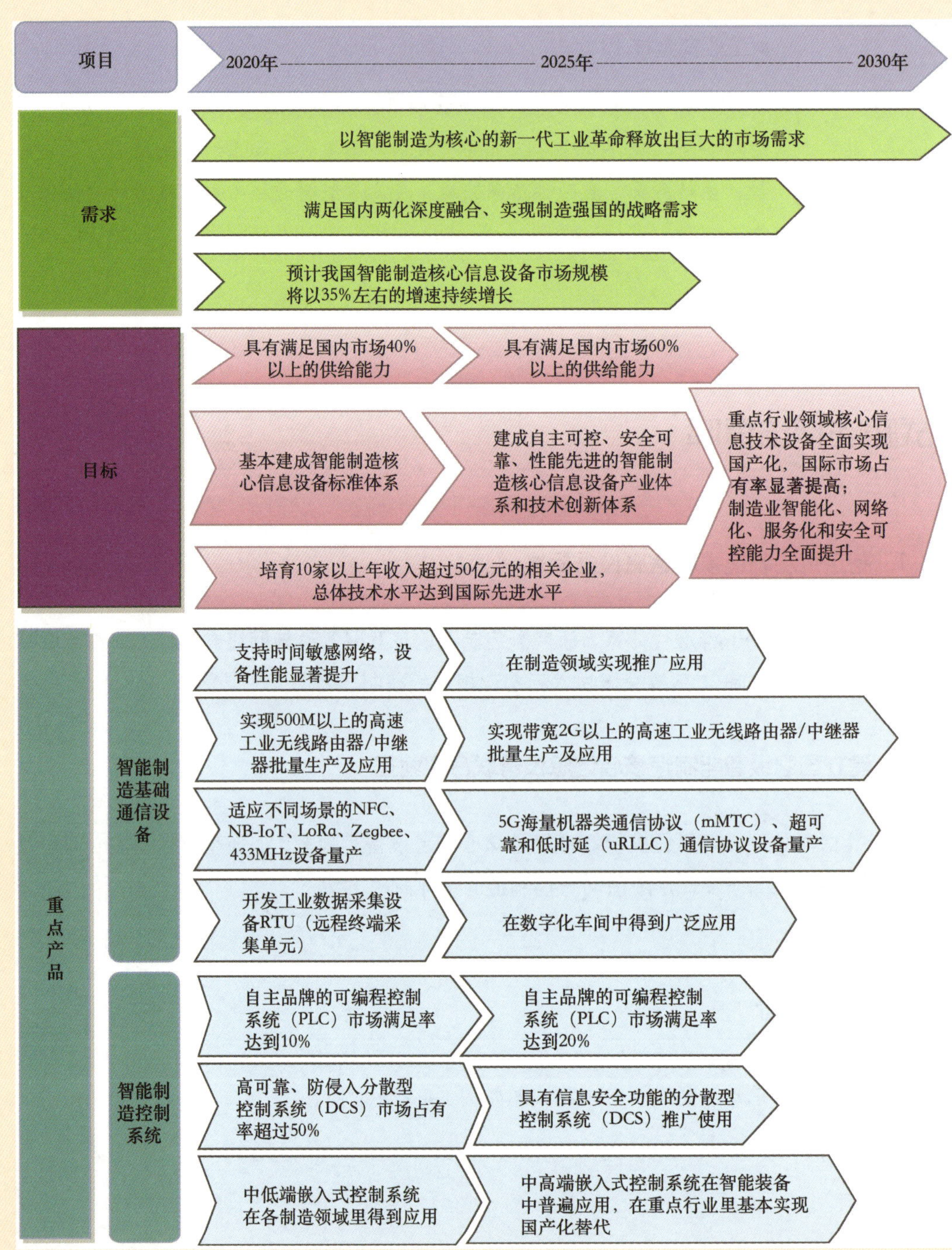

图 1-4　智能制造核心信息设备发展技术路线图

项目		2020年 —— 2025年	2025年 —— 2030年
重点产品	智能制造控制系统	各类自主机系统、数据采集与监视控制系统SCADA市场满足率超过20%	自主PAC、SCADA等各类子控制系统国内市场满足率超过30%
	新型工业传感器	智能型光电传感器、智能型接近传感器、高分辨率2D/3D视觉传感器、中低档视觉传感器、MEMS传感器及芯片、光纤传感器市场满足率达到20%	智能型光电传感器、智能型接近传感器的市场满足率达到40%，在智能产品、数字化车间/工厂领域得到广泛应用
			在车联网领域得到广泛应用
		实现车用惯性导航传感器（INS）、低成本固态激光雷达、车用DOMAIN域控制器、室内无线定位类传感器的大规模批量生产	高端智能传感器、高分辨率视觉传感器、高端MEMS传感器及芯片具备自主设计制造能力，并实现产业化
	制造物联设备	基于自主知识产权的RFID芯片与读写设备，工业物联网定制化芯片/模组的大规模批量生产和应用	在数字化车间/工厂领域得到广泛应用
		实现智能手机物联网适配网关、工业现场人员定位设备、工业可穿戴设备产品化	在研发设计、生产制造、设备维护等领域实现工业可穿戴设备大规模应用
	仪器仪表和检测设备	智能仪表市场满足率达到25%	智能仪表市场满足率达到35%
		在线无损检测、非接触几何精度检测、高精度三维检测、工业远程巡检智能监测与分析设备实现自主研发和使用	高端无损检测仪器、高精度几何检测设备、高精度三维探伤仪、工业远程检智能监测与分析设备实现产业化
		在线成分分析仪器市场满足率达到20%	在线成分分析仪器市场满足率达到40%
	制造信息人机交互设备	开发适应工业环境应用的人机交互工业看板与工业显示屏、工位智能操作终端	
		开发移动显示载体设备，增强现实设备	

图 1-4　智能制造核心信息设备发展技术路线图（续）

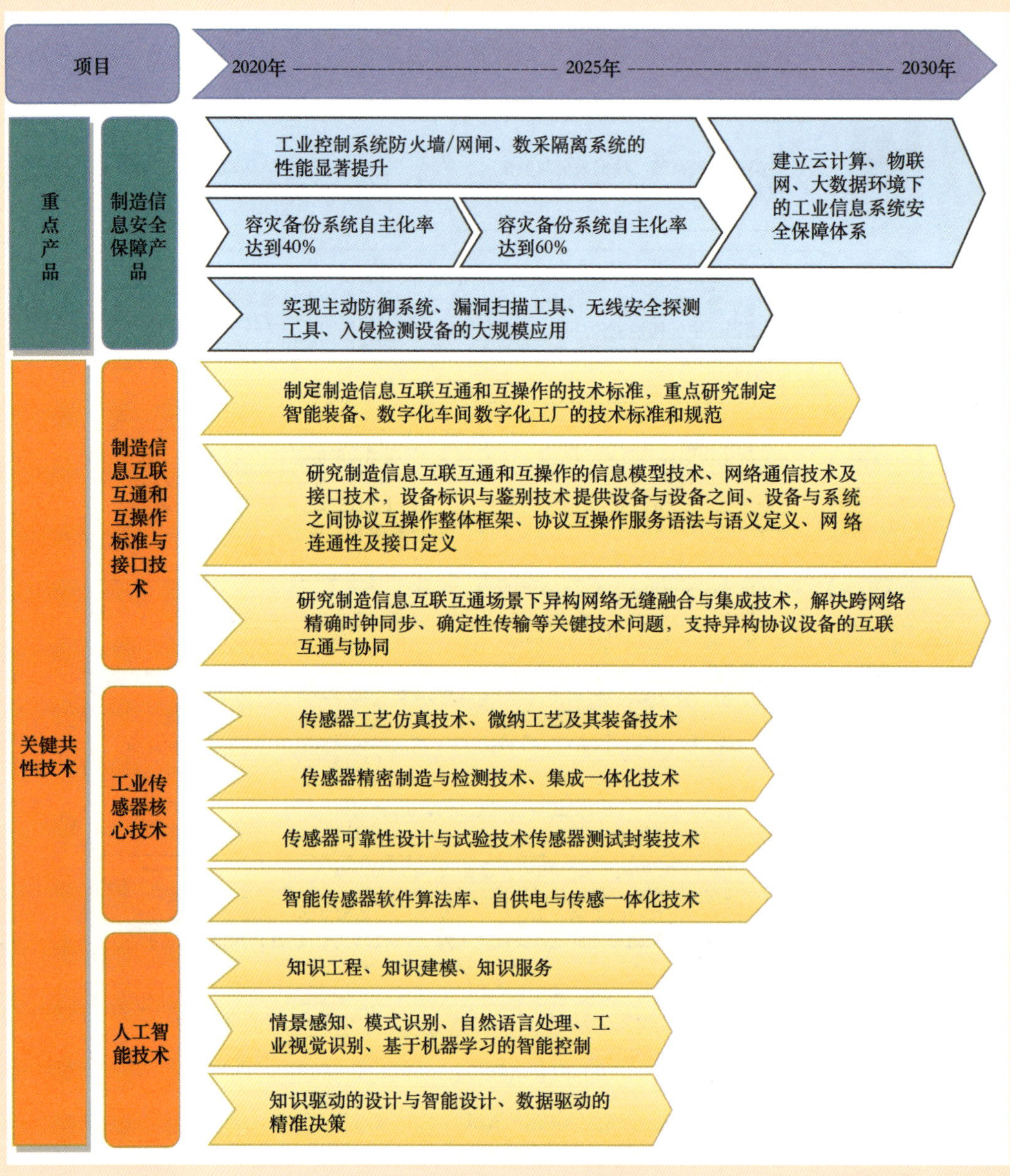

图 1-4 智能制造核心信息设备发展技术路线图（续）

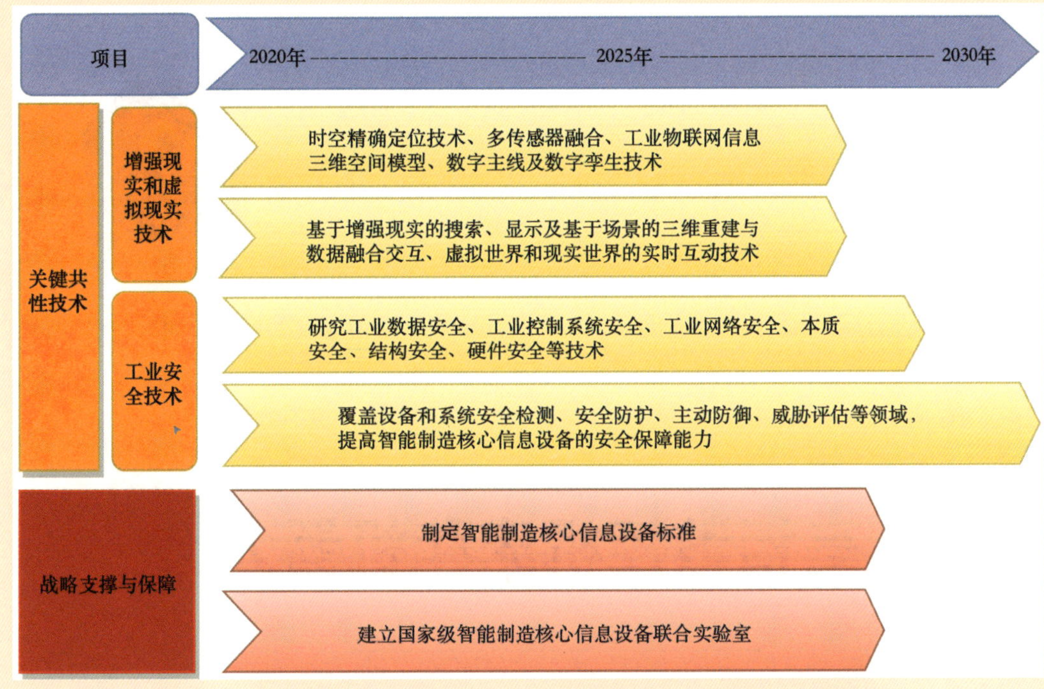

图 1-4　智能制造核心信息设备发展技术路线图（续）

2

高档数控机床和机器人

高档数控机床与基础制造装备

高档数控机床与基础制造装备重点发展的产品是电子信息设备加工装备、航空航天装备制造与装配装备、船舶及海洋工程关键制造装备、轨道交通装备关键零部件成套加工装备、节能与新能源汽车制造装备、大容量电力装备及新能源制造装备。

机器人

机器人集现代制造技术、新型材料技术和信息控制技术为一体，是智能制造的代表性产品，重点发展的产品是工业机器人、服务机器人。

高档数控机床与基础制造装备

作为工业母机，高档数控机床与基础制造装备是制造机器的机器，处于先进制造产业链的最顶端，主要包括减材制造的各种金属切削加工机床（车、铣、刨、磨、钻、镗等）及特种加工机床，等材制造的铸、锻、焊、热表处理、复合材料铺放等基础制造装备，增材制造（3D 打印）装备，以及在线检测、自动化装配、试验、物流装备等。高档数控机床与基础制造装备具有基础性、通用性、战略性和使能性的特征，在先进制造与装备开发中日益发挥更大作用。

需求

作为世界第一大数控机床与基础制造装备生产国、消费国和进口国，我国总体情况可用“两个第一、三个三分之一”概括：产量世界第一、消费总额世界第一；产值约占全球三分之一、消费总额约占全球三分之一、进口机床约占国内市场总规模的三分之一。2018 年，我国机床工具行业规模以上企业主营业务收入 7151 亿元，基础制造（含增材制造）装备等主营业务收入约 3000 亿元，行业总体规模约 10000 亿元，支撑了超过 26 万亿元的制造业 GDP，在国民经济发展中起到“四两拨千斤”的重要作用。随着新一轮科技革命和产业变革的兴起，制造行业的重大新需求不断涌现，节能与新能源汽车、新一代信息电子、航空航天、轨道交通、电力能源、新材料等重点产业的快速发展，以及工业互联网、大数据、人工智能等新技术的不断进步将对数控机床与基础装备提出新的战略性需求和转型挑战。与此同时，新形势下我国高档数控机床与基础制造装备在产业链安全可控性方面存在较大风险，制造高档数控机床与基础制造装备的工作母机一直遭受封锁，高档数控系统及高端核心零部件存在禁运风险，高端工业软件基本被国外垄断。这就要求我国高档数控机床与基础制造装备向超快、超高、超常和极大、极小、极端环境的“三超、三极限”，智能化、绿色化、轻量化，以及工艺与装备复合、结构设计与制造一体化复合、多工艺工序复合的“三化、三复合”的方向发展。

目标

到 2025 年，机床装备平均无故障时间超过 2500 小时，机床装备设备能力指数 CMK 超过 1.67，精度保持性达到 10 年；我国高档数控系统与核心功能部件短板得到基本改善，部分前瞻及原创性装备实现突破，高档数控机床与国际先进水平差距明显减小，基础制造装备整体接近国际先进水平，增材制造装备迈向世界前列。

到 2030 年，基本解决关键高档数控系统与核心功能部件、先进制造工艺的精度保持性和可靠性问题，高档数控机床与基础制造装备整体技术水平达到世界先进，增材制造、近净成形等前瞻及原创性装备开始迈入世界领先水平。

发展重点

1. 重点产品

重点针对航空航天装备、节能与新能源汽车、新一代信息电子、船舶及海洋工程、大容量电力装备及新能源、新材料等重点产业发展的需要，开发高档数控机床、先进成形装备、增材制造装备、专用设备及成组工艺生产线。

▶电子信息设备加工装备

重点开发进给分辨率达到 0.1μm 的 SiC 晶圆高效高精超声波加工机床，超精密减薄磨削与抛光复合加工机床磨床，微部件多轴联动多工艺复合加工系统，红外硫系玻璃模压成形设备等。

▶航空航天装备制造与装配装备

重点开发五轴联动大型龙门高精度加工机床，五轴卧式翻板高速加工柔性生产线，脆性材料精密激光抛光设备，桥式龙门摇篮五坐标加工中心；

10m 级运载火箭贮箱搅拌摩擦焊装备，大型复合材料铺放及热固化、检测装备，新一代单晶/细晶复杂叶片铸造工艺装备，多材质多能源大型构件少无变形焊/连接装备，大型构件高性能热表处理装备等。

▶船舶及海洋工程关键制造装备

重点开发精密五坐标数控镗床，五轴水切割机，船舶及海工高强钢板平面及曲面智能化分段流水线关键装备，深海大型工作站大型钛合金高效制造装备及生产线等。

▶轨道交通装备关键零部件成套加工装备

重点开发铝镁合金/不锈钢车体的高效激光/搅拌摩擦焊新型装备，时速 350～600km/h 列车用齿轮、轴承、轮对、转向架、制动系统等轻量化加工成形、测试实验成套装备，高速铁路轴承自动化渗碳+油淬/气淬+压淬热处理联合生产线等。

▶节能与新能源汽车制造装备

重点开发高可靠性双主轴卧式加工中心，精密高速磨齿机；轻量化异种材质混合车身、伺服冲压/模压成形装备，汽车发动机/变速箱等高效加工/近净成形装备及成组工艺生产线，新能源汽车锂电池宽幅隔膜拉伸、涂布设备，多种材料合成焊装、轻质材料车身涂装、环保节能型涂装、机器人装配生产线等。

▶大容量电力装备及新能源制造装备

重点开发重型燃气轮机大尺寸单晶叶片铸造装备，耐 1700℃高温燃气轮机叶片涂层成套技术装备，百万千瓦级核电主管道、壳体类等关键部件的电渣熔铸—锻造—挤压成形工艺与设备，核电用特大型叶片近净成形设备，海洋核动力平台反应堆激光机器人焊接装备，高效晶硅 PERC 电池用激光消融设备等。

2. 增材制造装备

重点突破针对航空大型钛合金铸件 HIP 后处理的大型增材成形工艺装备、大 Z 向行程高性能电弧增减材制造设备、高纯净金属粉材制备设备等。

3. 高档数控系统

重点解决速度平滑广顺、伺服带宽提升，机电耦合模型辨识和参数优化等关键技术问题；重点开发多轴、多通道，具有高负载特性、热补偿、振动抑制功能，具有自监控、维护、优化、重组等功能的高性能智能型数控系统；提供标准化基础平台，具有标准接口、模块化、可移植性、可扩展性及可互换性、安全保密等功能的开放型数控系统和基于国产芯片的自主可控高档数控系统。发展具有实时运行内核、开放中间件的集成开发环境，形成支持不同硬件架构的数控系统开发平台。

4. 高性能功能部件

重点解决高速主轴热变形问题，保证数控加工过程的重复定位精度，满足各类精度要求的加工，重点提升数控刀具的刀体材料质量、热处理技术、涂层技术；重点开发高精、高速、高强度、长寿命机床主轴轴承、丝杠副轴承、转台轴承，1～2 级超高速、超高加速度高性能滚珠丝杠副及军工用高可靠性、特殊工况滚珠丝杠副，20000～60000r/min 超高速、大功率电主轴，高精度光栅尺及制造装备。

5. 关键共性技术

▶精密及超精密机床可靠性与精度保持性技术

突破面向全生命周期的数控系统可靠性的设计与分析技术、面向制造过程的可靠性试验与测评技术、高精度高可靠性控制技术、可靠性管控技术等。

▶动态补偿技术

突破热误差与空间几何误差实时补偿技术，加工过程机床末端动态误差建模、在线感知与补偿技术，高速精密主轴动态回转误差智能控制技术，多轴联动伺服系统机电耦合动态误差建模与补偿技术，融合动力学的数控机床插补与精度控制技术等。

▶绿色化智能加工/净成形技术

研究无切削液智能高效加工技术、无余量整体塑性净成形技术、低能耗连接技术、机械装备损伤再制造技术、无废弃物制造技术等关键技术。

▶轻量化材料精密成形技术

研究铝/镁/钛合金、碳纤维等高强轻量化材料构件成形全过程控形——控性技术，推动其在航空航天装备、汽车、轨道交通装备等领域的低成本规模化应用。

▶在线精密检测与智能装配技术

基于机器视觉、非接触测量及灵巧机器人等先进技术，研究在线精密检测与智能化装配技术。开展基于开放式网络、众创式协同创新设计，以及面向装备产品全生命周期的数字化全流程建模与仿真技术。

6. 关键材料

重点研发高纯净（氧含量不大于 5ppm）、高均质（无宏观碳偏析）轴承钢材料，高强度、长寿命数控机床模具/刀具材料，低震动、低热变形机床床身材料等关键材料。

战略支撑与保障

（1）坚持国家战略，继续发挥新型举国体制优势，对国家实验室、国家技术创新中心实施国家投入为主、承担单位投入为辅的支持方式，实现对人、财、物及项目的全面支持，体现国家意志；对产品开发与应用项目，实行“国家引导、市场调节、企业主体”的支持方式，体现市场竞争机制。

（2）加快建设国家制造技术研究院，推进基础制造共性技术短板攻关，加速原创性及颠覆性制造技术研发。

（3）推进军民两用结合，加速推进创新突破与产业化应用，加强与国家重大专项、重大工程的高端机床与基础装备需求衔接，布局重点攻关任务；加强与各类科技计划的有效衔接、协同攻关，加快实现短板技术与装备的创新突破。

技术路线图

高档数控机床与基础制造装备技术路线图如图 2-1 所示。

项目	2020年------2025年------2030年	
目标	机床装备平均无故障时间超过2500小时	
	机床装备设备能力指数CMK超过1.67，精度保持性达到10年	基本解决关键高档数控系统与核心功能部件、先进制造工业的精度保持性和可靠性问题
	高档数控系统与核心功能部件短板得到基本改善，部分前瞻及原创性装备实现突破	
	高档数控机床与国际先进水平差距明显减小，基础制造装备整体接近国际先进水平，增材制造装备迈向世界前列	高档数控机床与基础制造装备整体技术水平达到世界先进，增材制造、近净成形等前瞻及原创性装备开始迈入世界领先水平
需求	电子信息设备、节能与新能源汽车、农业机械装备、高附加值船舶等产业对量大面广、高效、高可靠性高端机床及基础制造装备的迫切需求	
	战略性重大工程急需：军机跨代发展、民机快速发展、重型运载火箭、重大武器装备、载人航天与探月工程、高技术舰船等国家重大科技专项和重点工程对国产高端机床装备的迫切需求	
	新材料、新技术的不断进步及战略新兴产业培育壮大对机床装备产业提出新的战略需求和转型挑战	
	超快、超高、超常的"三超"加工设备需求，极大工件、极小工件、适应极端环境的"三极限"加工设备需求	
	制造装备向智能化、绿色化、轻量化发展的"三化"需求，工艺与装备复合、结构设计与制造一体化复合、多工艺工序复合的"三复合"制造装备需求	
重点产品：电子信息产品高速精密加工装备	SiC晶圆高效高精超声波加工机床：进给分辨率达到0.1μm	
	超精密减薄磨削与抛光复合加工机床磨床：减薄磨削与抛光的复合，磨削后粗糙度≤0.1μm，抛光后*Ra*≤5nm	
	微部件多轴联动多工艺复合加工系统：主轴回转精度 ≤0.03μm，直线导轨定位精度优于±0.5μm，五轴联动误差 ≤2μm，工件表面粗糙度*Ra*优于20nm	
	红外硫系玻璃模压成形设备：最大成形口径 ϕ110mm，最高成形温度 800℃，成形表面粗糙度*Ra*≤10nm，面型精度*PV*≤0.1μm	
重点产品：航空航天装备制造与装配装备	五轴联动大型龙门高精度加工机床：主轴扭矩1900N·m，主轴转速 6000 rpm， *A/B* 摆角范围 ±30°	
	五轴卧式翻板高速加工柔性生产线：主轴扭矩(S1) 50N·m， 主轴最高转速 24000 rpm，*A*摆角±110°，*C*摆角±400°	
	脆性材料精密激光抛光设备：平均功率不小于50W，加工石英玻璃元件表面粗糙度优于1nm，抛光表面效率大于50mm^2/min，光斑最大尺寸不小于3mm	
	桥式龙门摇篮五坐标加工中心：主轴转速≥12000r/min，定位精度≤0.008mm，重复定位精度≤0.005mm，工作台回转直径≥ ϕ800mm，回转轴定位精度 10″，重复定位精度 6″	
	框桁式贮箱壁板双侧同步激光-MIG复合焊接装备	

图 2-1　高档数控机床与基础制造装备技术路线图

项目		2020年------2025年------2030年
重点产品	航空航天装备制造与装配装备	大型复合材料铺放及热固化、检测装备：尺寸大于30000mm×5000mm×300mm，具备球形/椭球形压力容器一体化铺放成形功能
		10m 级运载火箭贮箱搅拌摩擦焊装备：产品直径10m，焊接厚度≥20mm，焊接速度不小于1500mm/min，焊接最大顶锻力70kN，最大前进抗力50kN
		新一代单晶/细晶复杂叶片铸造工艺装备：最高温度1700℃，工作温度1550～1700℃，结晶器直径 400mm， 真空系统的极限真空度≤1×10^{-2}Pa
		多材质多能源大型构件无变形焊/连接装备：直径3～9m，总长30～100m火箭总装对接；定位精度 0.1mm，重复定位精度 0.05mm，控制系统分辨率 0.001mm
		大型构件高性能热表处理装备：加热区尺寸1200 mm×2500 mm×600 mm， 加工效率提升25%
	船舶及海洋工程关键制造装备	精密五坐标数控镗床：*X*/*Y*/*Z*轴定位精度 0.003mm，加工范围中的*X*轴、*Y*轴、*Z*轴行程分别为630mm、800mm、1200mm，回转工作台直径 600mm；主轴最高转速 6000r/min
		五轴水切割机：机床采用龙门式结构，运动轴数为五轴，控制精度 ±0.01mm之内，定位精度 ±0.016mm之内，*X*/*Y*轴最大移动速度≥6m /min，*Z*轴最大移动速度≥1m/min
		船舶及海工高强钢板平面及曲面智能化分段流水线：覆盖钢板12m×15m以上，实现智能化加工，加工效率提升3倍以上
		深海工作站大型钛合金高效制造装备
		大型舰船推进系统加工成形制造装备
	轨道交通装备关键零部件成套加工装备	铝镁合金/不锈钢车体基于国产10kW以上激光器的智能激光焊接成套装备
		复合材料车身成形装备
		350 ～ 600km时速高铁重载齿轮箱精密加工及热成形成套装备：主加工设备MTBF不低于2500h
		高速铁路轴承自动化热处理联合生产线：渗碳层深 2.2～2.6mm， 压淬产品圆度变形≤0.18mm
	节能与新能源汽车制造装备	高可靠性双主轴卧式加工中心：平均无故障时间MTBF≥6000h，CMK≥1.67，平均故障修复时间MTRL≤20min
		精密高速磨齿机：平均无故障时间MTBF≥6000h，CMK≥1.67，平均故障修复时间MTRL≤20min
		精锻齿轮加工技术与装备
		轻量化异种材质混合车身、伺服冲压/模压成形/焊连/涂装装备：20000kN以上，20～35次/min，工位数≥5个

图 2-1　高档数控机床与基础制造装备技术路线图（续）

项目		2020年--------------------------2025年--------------------------2030年
重点产品	节能与新能源汽车制造装备	汽车发动机/变速箱等高效加工/近净成形装备及成组工艺生产线：缸体设备主轴转速≥10000rpm，缸盖主轴转速≥15000rpm；定位精度≤0.005mm，重复定位精度≤0.002mm
		新能源汽车锂电池宽幅隔膜拉伸、涂布设备
	大容量电力装备及新能源制造装备	重型燃气轮机大尺寸单晶叶片铸造装备：100公斤级大容量钛合金悬浮熔铸炉
		燃气轮机叶片耐高温涂层成套技术装备：耐温达到1700℃
		百万千瓦级核电主管道、壳体类等关键部件的电渣熔铸—锻造—挤压成形工艺与设备，产品合格率达到80%以上
		核电用特大型叶片近净成形设备：移动工作台尺寸 10000mm×10000mm，开口高度10000mm，滑块行程 2500mm，移动工作台行程 10000mm
		海洋核动力平台反应堆激光机器人焊接装备
		高效晶硅PERC电池用激光消融设备
	高档数控机床制造母机	精密数控磨床
		精密坐标镗床
		精密导轨磨床
		高精度齿轮磨床
增材制造装备		大型钛合金/高温合金/高强度钢/高强轻质合金/复合材料增材制造成套装备
		针对航空大型钛合金铸件HIP后处理的大型增材成形工艺装备
		大Z 向行程高性能电弧增减材制造设备
		无机砂型3D打印装备
		高纯净金属粉材制备设备
高档数控系统		多轴、多通道，具有高负载特性、热补偿、振动抑制功能、具有自监控、维护、优化、重组等功能的高性能智能型数控系统
		提供标准化基础平台，具有标准接口、模块化、可移植性、可扩展性及可互换性、安全保密等功能的开放型数控系统
		基于国产芯片的自主可控高档数控系统
高性能功能部件		高精、高速、高强度、长寿命机床主轴轴承、丝杠副轴承、转台轴承：轴承产品精度等级达到P2以上，主轴轴承精度等级达到P4以上，DmN值≥1.5×106mm·r/min，平均无故障工作时间（MTBF）≥2500h

图 2-1　高档数控机床与基础制造装备技术路线图（续）

项目	2020年--------------------2025年--------------------2030年
高性能功能部件	超高速、超高加速度高性能滚珠丝杠副及军工用高可靠性、特殊工况滚珠丝杠副：最大长径比为50的大导程系列滚珠丝杠副，微型系列滚珠丝杠副，公称直径12～16mm的系列行星滚柱丝杠副
	超高速、大功率电主轴：20000～60000r/min，功率5～100kW
	高精度光栅尺及制造装备：光栅尺绝对值圆光栅分辨率最少达到26位，精度达到±2″，转速大于8000转
关键共性技术	精密及超精密机床可靠性与精度保持性技术
	动态补偿技术
	绿色化智能加工/净成形技术
	轻量化材料精密成形技术
	在线精密检测与智能装配技术
关键材料	高纯净、高均质轴承钢材料：氧含量不大于5ppm，无宏观碳偏析
	高强度、长寿命数控机床模具/刀具材料
	低震动、低热变形机床床身材料
	高纯净金属3D打印粉末
战略支撑与保障	发挥举国体制优势，以重点行业高端需求为牵引，以提升机床装备行业自身创新能力为根本出发点，加快推动“高档数控机床与基础制造装备”科技重大专项的持续实施
	加快建设国家制造技术研究院，填补国家制造共性技术研究、供给与推广应用机构的空白，推进基础制造共性技术短板攻关，加速原创性及颠覆性制造技术研发
	推进军民两用结合，加速推进创新突破与产业化应用，加强与国家重大专项、重大工程的需求衔接，大力推动国产机床装备的应用示范；加强与各类科技计划的有效衔接、协同攻关，加快实现短板技术与装备的创新突破

图 2-1　高档数控机床与基础制造装备技术路线图（续）

机器人

机器人是一种半自主或全自主工作的机器，集现代制造技术、新型材料技术和信息控制技术为一体，是智能制造的典型代表产品之一。机器人包括在制造环境下应用的工业机器人和非制造环境下应用的服务机器人两大类。其中，服务机器人根据应用环境不同又分为应用于家庭或直接服务于人的个人/家用服务机器人和应用于特殊环境的专业服务机器人。

需求

近年来，我国机器人市场快速发展。2018 年，中国工业机器人销量达到 15.6 万台。伴随劳动力成本上升、工业转型升级、老龄化加剧及科技的快速发展，未来我国无论对工业机器人还是服务机器人都有巨大需求。预计到 2020 年，中国工业机器人市场年需求量将达到 17 万台，到 2025 年，工业机器人市场年需求量有望达到 30 万台；用于公共安全、公共服务、救灾救援、教育娱乐、家政服务、助老助残、医疗康复的服务机器人市场需求增速将逐步加快。

目标

到 2020 年，基本建成以市场为导向、企业为主体、产学研用紧密结合的机器人产业体系。拥有自主知识产权的国产工业机器人实现批量生产及应用，国产关键零部件部分满足市场需求；国产服务机器人在助老助残、医疗康复、社会服务、救灾救援等领域实现批量生产及应用；拥有 3 家以上具有国际竞争力的龙头企业。

到 2025 年，形成完善的机器人产业体系，机器人研发、制造及系统集成能力力争达到世界先进水平。拥有自主知识产权的国产工业机器人实现规模化生产及应用，国产关键零部件基本满足市场需求，产品平均无故障时间（MTBF）达到 8 万小时，产品综合技术指标达到国际先进水平；国产服务机器人实现大批量规模生产，在人民生活、社会服务和国防建设中开始普及应用，部分产品实现出口；有 1～2 家企业进入世界前五名行列。

到 2030 年，我国成为全球最大的机器人制造和应用国。拥有自主知识产权的国产工业机器人部分技术指标达到国际领先水平，国产服务机器人达到国际先进水平，初步迈入机器人强国行列。

发展重点

1. 重点产品

▶工业机器人

多关节机器人、平面多关节机器人、并联机器人、协作机器人、复合机器人、移动机器人等实现系列化开发及批量生产，国产工业机器人在焊接、搬运、喷涂、加工、装配、检测、清洁生产等领域实现规模化应用。积极研发能够满足智能制造需求，特别是与小批量定制、个性化制造、柔性制造相适应的，可以完成动态、复杂作业使命，可以与人类协同作业的机器人。

▶服务机器人

重点开发助老助残、家庭服务、公共服务、教育娱乐、医疗康复等个人/家庭和社会服务领域机器人；重点开发空间机器人、救援机器人、能源安全机器人、国防机器人、无人机、无人船等特种机器人。

2. 关键零部件

▶机器人用高精密摆线针轮减速器

传动精度和回差在全生命周期保持小于1角分，在额定工况下的传动效率大于80%，噪声小于75dB，温升小于45℃，寿命大于6000h，额定输出转矩100～6000N · m，加速度转矩200～12000N · m，瞬时加速转矩500～30000N · m。

▶机器人用高精密谐波减速器

传动精度和回差在全生命周期保持小于 1 角分，在额定工况下的传动效率大于 80%，允许最高输入转速 6000r/min，寿命大于 10000h，额定输出转矩 4～500N · m，加速度转矩 8～1100N · m，瞬时加速转矩 16～2200N · m。

▶高速高性能机器人控制器

重点开发具有高实时性、高可靠性、强计算能力的控制器硬件系统，实现模块化、标准化、网络化的开放型控制器，控制轴数不小于 24 轴，插补周期小于 2ms。

▶伺服驱动器

供电电压 220～380V，连续输出电流 1～50A，过载能力方面，承受 2 倍过载的持续时间为 2s、3 倍过载的持续时间为 1s、5 倍过载的持续时间为 0.3s；空载速度环带宽 1000Hz 以上，通信方式 CAN、EtherCAT、PowerLink 总线接口。

▶高精度机器人专用伺服电机

供电电压为 220～380V，功率为 0.1～15kW，过载能力方面，承受 2 倍过载的持续时间为 2s、3 倍过载的持续时间为 1s、5 倍过载的持续时间为 0.5s；转速为 1500～6000r/min，额定输出扭矩 0.32～32N · m，峰值扭矩为 1.6～160N · m。

▶传感器

重点开发力矩、视觉、触觉、光敏、电子皮肤、关节位置、单线/多线激光扫描雷达等传感器，满足国内机器人产业的应用需求。

▶末端执行器

重点开发装在机器人手腕前端，用于直接执行工作任务，能够实现灵巧作业、重载抓起、柔性装配、快速更换的末端执行器。

3. 关键共性技术

▶整机技术

以机器人的谱系化设计和批量化制造，提高机器人产品的控制性能、人机交互性能和可靠性性能，提高机器人负载/自重比、人机协作安全为目标，分阶段开展关键共性技术攻关。

▶部件技术

以突破机器人关键部件，满足国内市场应用，满足人机协作机器人的关键部件需求，满足新型机器人关键部件需求为目标，分阶段开展关键共性技术攻关。

▶软件技术

以突破机器人操作系统及功能软件关键技术，满足市场应用需求为目标，分阶段开展关键共性技术攻关。

▶集成技术

以提升机器人任务重构、偏差自适应调整的能力，提高机器人在人机共存环境中完成复杂任务的能力为目标，分阶段开展关键共性技术攻关。

4．关键材料

随着机器人技术的进步、市场规模和品类的扩大，不仅带动相关材料需求规模的增加，同时对相关材料的性能、种类也将提出更高的要求。

▶轻量化材料

多种材料组合的轻量化结构是机器人的发展方向。铝合金、钛合金、镁合金等高性能轻质合金材料，以及高性能复合材料将是机器人发展过程中常见和应用较多的轻量化材料。

▶功能材料

柔性导电材料、柔性半导体材料、电能转换材料、热能转换材料、机械能转换材料等功能材料的开发和应用，推动机器人向着更灵活、更智能的方向发展。

▶仿生材料

人工肌肉材料、生物材料等仿生材料的发展，使机器人拥有更多类似于生物的形态与功能，能够在更多复杂环境中完成各类任务。

5．关键专用制造装备

▶机器人高效自动化装配线

加快发展机器人整机制造过程中用于装配、检测、打标、包装等工序的成套生产装备，降低人工成本，提高机器人产品的一致性、可靠性、可维护性。

▶关键部件生产制造装备

重点发展机器人高精密减速器、高性能机器人专用伺服电机和伺服驱动器等关键部件所需锻造、热处理、精密加工等设备，重点发展一体化关节等新型关键部件生产制造装备。

▶检测设备

重点发展激光跟踪仪、振动分析仪等机器人性能检测设备，以促进机器人关键性能的提升。

战略支撑与保障

（1）持续设立、落实“智能机器人”重点专项，实施“智能制造和机器人”重大工程，支持和推动机器人自主创新能力建设。

（2）加强和完善国家机器人创新中心建设，开展机器人共性技术和关键技术研究。

（3）加强和完善国家机器人检测与评定中心建设，实现机器人及其关键零部件性能检测能力及可靠性和安全性评价能力，推广机器人评价、认证体系。加强国家机器人检测与评定中心在检测、认证、培训、信息化服务等方面的能力建设，满足不断发展的机器人产业新需求。

（4）加强机器人基础共性标准、关键技术标准、安全标准和重点应用标准的研究制定，积极参与国际标准化工作。

技术路线图

机器人领域技术路线图如图 2-2 所示。

<table>
<tr><th colspan="2">项目</th><th>2015年——2020年</th><th>2020年——2025年</th><th>2025年——2030年</th></tr>
<tr><td colspan="2" rowspan="4">需求</td><td>预计到2020年中国工业机器人市场年需求量约为17万台</td><td>预计到2025年中国工业机器人市场年需求量达到30万台</td><td>预计到2030年中国工业机器人市场年需求量达到60万台</td></tr>
<tr><td>满足各领域对生产设备、数字化、标准化、模块化、网络化的需求</td><td>满足各领域对高决策力、高柔性制造系统的需求</td><td rowspan="3">全社会对机器人智能化、网络化、服务化的市场需求加快</td></tr>
<tr><td colspan="2">随着技术进步、消费水平提升，用于公共安全、公共服务、救灾救援、教育娱乐的服务机器人市场需求增速逐渐加快</td></tr>
<tr><td colspan="2">社会进入加速老龄化阶段，全社会对家政服务、助老助残、医疗康复等服务机器人的市场需求增长迅速</td></tr>
<tr><td colspan="2" rowspan="6">目标</td><td>拥有自主知识产权的国产工业机器人实现批量生产及应用</td><td>拥有自主知识产权的国产工业机器人实现规模化生产及应用</td><td></td></tr>
<tr><td>国产关键零部件部分满足市场需求</td><td>国产关键零部件基本满足市场需求</td><td></td></tr>
<tr><td colspan="2">工业机器人平均无故障时间（MTBF）达到8万小时</td><td></td></tr>
<tr><td>一批具有自主知识产权的国产服务机器人实现批量生产及应用</td><td>具有自主知识产权的国产服务机器人实现产业化及普及应用</td><td>具有自主知识产权的国产服务机器人达到国际先进水平</td></tr>
<tr><td>拥有3家以上具有国际竞争力的龙头企业</td><td>有1～2家企业进入世界前五名行列</td><td></td></tr>
<tr><td colspan="2">综合技术指标达到国际先进水平</td><td>部分技术指标达到国际领先水平</td></tr>
<tr><td rowspan="4">重点产品</td><td rowspan="4">工业机器人</td><td colspan="2">国产焊接机器人在汽车、工程机械、船舶、石化、农机、新能源等行业大批量应用</td><td rowspan="4">国产机器人智能作业技术普遍应用</td></tr>
<tr><td>国产搬运机器人、自动导引运输车（AGV）在汽车、家电、食品、医药、物流等行业大批量应用</td><td>国产搬运机器人实现柔性控制与碰撞检测及人机协同作业；整体小型化、灵活化</td></tr>
<tr><td>国产喷涂机器人在汽车、家具建材、船舶、航空航天、轨道交通等行业实现批量应用</td><td>国产喷涂机器人具备实时检测、自主规划喷涂路径的能力；能够实现工件的无人化、绿色化涂装生产</td></tr>
<tr><td>国产加工机器人在航空、汽车、木制品、塑料制品、食品等领域实现批量应用</td><td>国产智能加工机器人在制造业实现打磨、抛光、钻削、铣削等工序的广泛应用</td></tr>
</table>

图 2-2　机器人领域技术路线图

项目		2015年—2020年	2020年—2025年	2025年—2030年
重点产品	工业机器人	国产装配机器人在汽车、电气、电子等行业实现批量应用	智能装配、协作装配技术取得突破；国产装配机器人在汽车、电子、航空航天、仪器制造等行业实现广泛应用	国产机器人智能作业技术普遍应用
		国产洁净机器人在IC装备、平板显示等领域实现批量应用	国产洁净机器人及成套洁净传输生产线基本满足国内半导体等行业市场需求	
	服务机器人	家庭服务机器人具备家居环境自主认知、自主移动、与互联网及“智能家居”相结合、指令语言理解等功能，可从事简单家务劳动	家庭服务机器人具备移动与多功能手臂结合、灵活安全作业、自主学习、初步自然语言理解等功能，可从事比较复杂的家务劳动	家庭服务机器人具备类人操作、与人共用工具、与人自然交互（语言）等功能
		智能轮椅、护理床等助老助残机器人逐步产品化，并实现应用	多功能手臂与智能轮椅、护理床等结合，可实现生理信号监测、初步自然语言理解，逐步实现规模化应用，可穿戴智能假肢开始实用化	实现完全可穿戴行为辅助、人意图理解、与人自然交互等功能，助老助残机器人逐步产业化
		骨科手术机器人、康复机器人获得临床准入并实现应用	多款专科型手术机器人实现产品化，并进入临床应用	手术机器人实现特定模式下的智能化局部自主操作，进入临床应用
		公共安全机器人核心技术与整体解决方案取得突破	反恐防爆、消防、救援救灾机器人实现工程化应用及服务	反恐防爆、消防、救援救灾机器人产业化应用
		公共服务机器人关键技术取得突破，实现批量应用	公共服务机器人形成完整解决方案，在商场、银行、博物馆、酒店、物流配送等场景实现大规模应用	
		采用整机模块化设计、可视化编程技术的教育教学用机器人初步实现产业化	教育教学型机器人教学体系形成产业	
		无人机、无人船等无人系统实现核心技术突破，形成系统试验应用解决方案及示范	无人机、无人船等无人系统核心关键部件突破，建立关键技术、应用环境、安全法规等体系，实现应用	无人机、无人船等无人系统技术、产业与环保的生态链，实现广泛应用
核心零部件	减速器	机器人用高精密摆线针轮减速器		
		机器人用高精密谐波减速器		
			新型传动（驱动）机构和新型驱动材料	
	控制器	基于总线的高性能机器人控制器		
		网络化、智能型机器人控制器		

图 2-2　机器人领域技术路线图（续）

项目		2015年—2020年	2020年—2025年	2025年—2030年
核心零部件	伺服系统	高精度伺服电机		
		高功率密度伺服电机		
		高性能机器人专用伺服驱动器		
	传感器	六维力/力矩传感器、关节力矩传感器		
		视觉传感器、触觉传感器、光敏传感器、电子皮肤、关节位置传感器		
		单线/多线激光扫描雷达		
	末端执行器	能够实现灵巧作业、重载抓起、柔性装配、快速更换的末端执行器		
关键共性技术	整机技术	目标：机器人谱系化、批量化制造	目标：协作机器人	
		机器人全生命周期可靠性技术，本体优化设计及性能评估技术，机器人系列化标准化设计技术，机器人批量化生产制造技术，快速标定和误差修正技术	高速高精度控制及性能提升技术，冗余自由度机器人规划及控制技术，人机友好交互技术，机器人动力学建模及实时解算	面向紧密人机协作的高负载自重比/轻量化机器人本体技术，面向人机协作的柔顺关节技术，本质安全的机器人本体技术
	部件技术	目标：机器人关键部件主要性能达到国际水平	目标：协作机器人的关键部件	目标：新型机器人关键部件
		高性能高功率密度伺服电机设计制造技术，高性能/高精度机器人专用减速器设计制造技术，开放式/跨平台机器人专用控制（软件）技术，变负载高性能伺服控制技术	高集成度一体化关节设计技术，多自由度集成关节技术，轻型液压驱动技术，三维视觉感知与建模技术，多轴驱控一体化和多轴驱动模块技术	人工皮肤传感器技术，人工肌肉驱动技术，肌电/脑电人体意图传感技术，新仿生材料、智能驱动材料，复杂物体抓持的仿生灵巧手的构型设计与操作技术
	软件技术	目标：操作系统及功能软件关键技术实现突破	目标：操作系统及功能软件实现应用	
		机器人操作系统关键技术实现突破，面向典型机器人及应用领域的功能软件（机器人动态仿真软件、离线示教/编程软件、自主规划/编程软件、机器人协同作业与调度软件、机器人监控与故障诊断软件及工业机器人核心工艺软件等）测试版本实现应用验证	机器人操作系统关键技术测试版本实现应用验证，面向典型机器人及应用领域的功能软件实现批量应用	机器人操作系统关键技术测试版本实现批量应用，面向典型机器人及应用领域的功能软件实现广泛应用

图 2-2　机器人领域技术路线图（续）

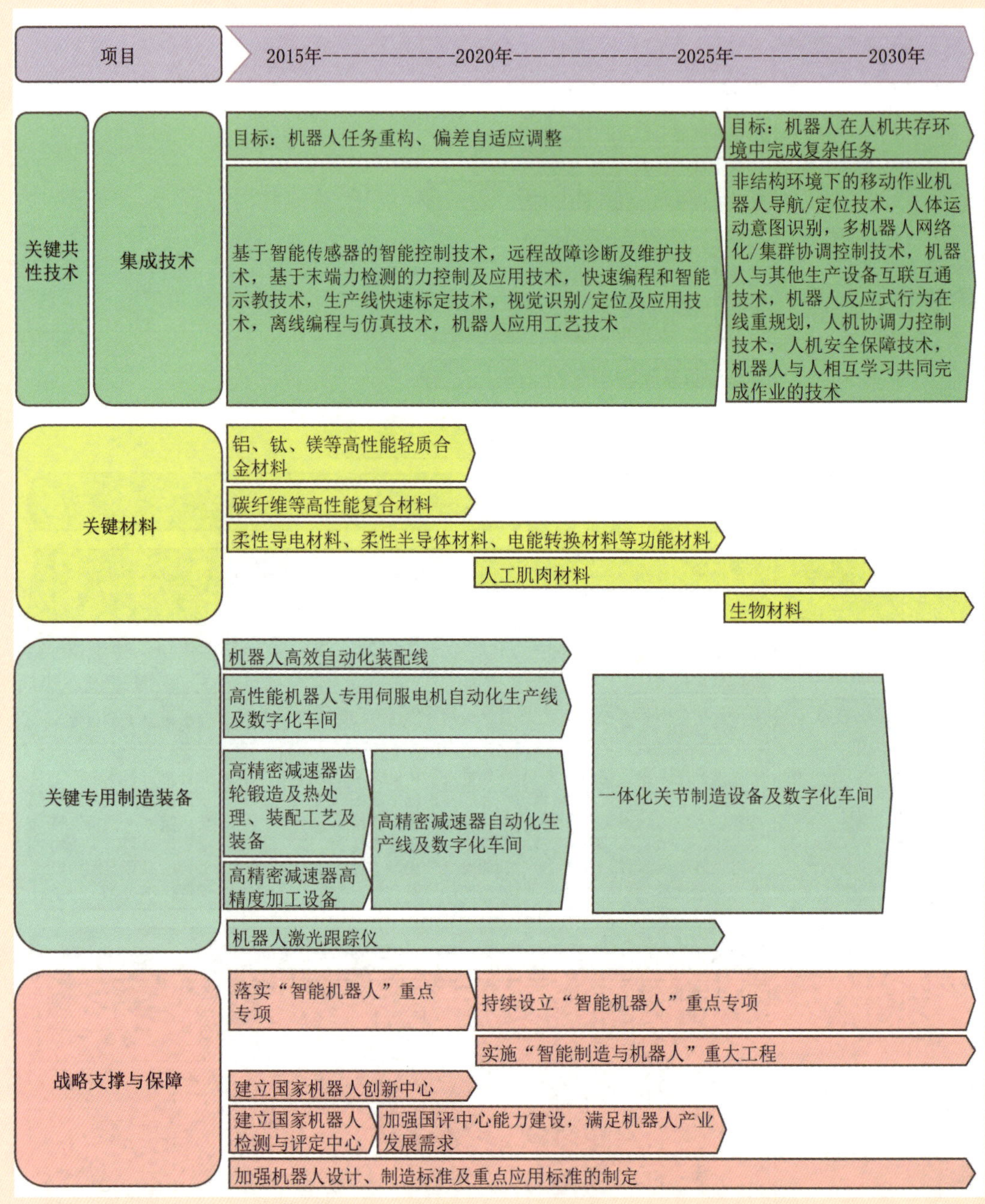

图 2-2　机器人领域技术路线图（续）

3

航空航天装备

飞机

飞机领域重点发展的产品是干线飞机、支线飞机、通用飞机、直升机、无人机。

航空机载设备与系统

航空机载设备与系统重点发展的产品是航电系统、飞控系统、机电系统。

航天装备

航天装备重点发展的产品系统和工程是航天运输系统、国家空间基础设施、空间科学探索、载人航天、月球与深空探测、在轨维护与服务系统、航天发射场、航天测控系统。

飞机

飞机是为国民经济、社会发展和人民交通出行服务的空中运载工具，主要包括干线飞机、支线飞机、通用飞机、直升机和无人机等。

需求

航空运输和通用航空服务需求的不断增长为飞机制造业发展创造了广阔的市场空间。预计未来10年，全球将需要干线飞机1.9万架、支线飞机0.29万架、通用飞机1.83万架、直升机1.2万架，总价值约3万亿美元；同时，随着我国空域管理改革和低空空域开放的推进，国内通用飞机、直升机和无人机市场巨大。

目标

2020年，民用飞机产业年营业收入超过1000亿元；150座级单通道干线飞机取得重大突破；90座级涡扇支线飞机、60座级涡桨支线飞机实现产业化。

2025年，民用飞机产业年营业收入超过2000亿元；280座级双通道干线飞机力争研制成功；150座级单通道干线飞机、70座级先进涡桨支线飞机实现产业化。

2030年，民用飞机产业年营业收入超过3000亿元；280座级双通道干线飞机实现批量交付，350座级双通道干线飞机、超声速民用支线飞机研制取得重要突破。

发展重点

1. 重点产品

▶干线飞机

（1）单通道干线飞机。

130～200座级、单通道、高亚声速、中短途运输机。

(2) 双通道干线飞机。

250～350座级、双通道、高亚声速、中远程运输机。

(3) 远程大型宽体飞机。

350～450座级、高亚声速、远程运输机。

▶支线飞机

(1) 先进涡扇支线飞机。

70～120座级中短途涡扇运输机。

(2) 涡桨支线飞机。

50～60座级短途涡桨运输机。

(3) 先进70座级涡桨支线飞机。

70座级短途涡桨运输机。

(4) 超声速支线飞机。

30座级超声速支线飞机。

▶通用飞机

(1) 公务机。

大、中、小型涡扇公务机，以及中、轻型涡桨公务机。

(2) 多用途飞机。

最大起飞重量1t左右，用于培训、娱乐、空中测绘等作业。

(3) 特种飞机。

最大起飞重量50t左右，用于救援/灭火、森林防护、水上运输、水面巡查、水面应急搜救等作业。

(4) 现有产品改进改型。

对包括运-12F在内的现有产品进行座舱增压、气动优化、更换发动机、提升最大巡航速度和升限、提升舒适性等改进改型。

（5）电动飞机。

包括电动轻型运动飞机、电动城市空运飞行器、电动通勤运输飞机、电动航空旅行飞机等。

▶直升机

（1）重型直升机。

最大起飞重量 30～40t，主要用于消防、设备物资吊运及安装、应急救援、陆上/海上执法等领域。

（2）先进中型多用途直升机。

最大起飞重量 7t，载客 16 名。

（3）先进轻型双发直升机。

最大起飞重量 3～4t，载客 8 名。

（4）现有产品改进改型。

对 1 吨级轻型活塞单发直升机、2 吨级轻型民用直升机、4 吨级双发多用途直升机和 13 吨级大型民用运输直升机等现有产品实施综合改进，提高使用寿命、可靠性和产品质量。

▶无人机

（1）勘察无人机。

用于石油管道、煤气管道、光伏电站勘察，电力巡线，大气取样及国土资源勘察等。

（2）监视无人机。

用于交通流量监测、消防现场监控、警用无人机执法、重点地区治安监控及大型活动监控等。

(3) 作业无人机。

用于森林防/灭火、农业植保及电力管线杂物清除等。

(4) 物流无人机。

用于小批量、中短途货物运输。

2. 关键共性技术

▶绿色环保飞行器综合设计与验证技术

采用多学科优化、新概念布局等手段进行高效、环保飞行器设计与验证，实现未来低油耗、低排放、低噪声绿色飞行。

▶电动飞机能源和推进系统综合设计与验证技术

开展锂离子电池、燃料电池、超级电容、结构功能一体化储能装置等机载储能技术研究，高效高功重比发电机、电动机、电力电子设备技术研究，以及电网架构、热管理、综合能量管理等技术研究。

▶超声速民机总体综合设计与验证技术

开展超声速客机总体布局设计、声爆预测及低声爆设计、飞发集成技术、气动设计及高低速匹配技术、重心控制及操稳控制技术、超声速客机舱外低噪声设计、超声速客机结构设计及选材等关键技术研究与验证。

▶飞行器复合材料典型主体结构设计、制造与验证技术

研究并突破热固性树脂基复合材料应用到机翼、机身等主结构所需的设计分析、制造工艺、试验验证等关键技术。

▶大型轻量化整体及高强金属结构制造技术

以机身壁板、机翼壁板及起落架、框梁肋等部件为主要对象，重点开展钛合金、铝合金、铝锂合金、高强钢等金属结构的制造工艺研究。

▶高舒适直升机动力学设计与验证技术

通过对动载荷、传动路径和机体响应的综合分析和设计，降低直升机的振动和噪声水平，提升直升机的可靠性和舒适性。

▶无人机安全运营支撑技术

突破无人机环境感知和规避防撞技术，基于移动互联网的无人机测控/信息/控制/导航技术、同一空域内无人机飞行走廊和安保性设计技术、无人机安全飞行测试/评估及实验技术等，提高无人机运营安全管控能力。

▶健康监测、智能维护系统与客户产品支援综合集成应用技术

形成集单机和机群的飞行状态数据、部件故障数据、寿命预测、机队管理、地面运营为一体的综合健康管理系统集成技术体系。

3. 关键材料

▶轻质高强高韧结构材料技术

大型复杂薄壁钛/铝铸件批次性能可控，实现稳定加工生产；中强耐损伤铝合金技术成熟度达到7级以上；第三代铝锂合金抗疲劳性能提升30%，实现100%回收；金属/纤维混杂材料（金属层板材料）逐步开展设计开发和应用研究。

▶除冰/抗雷击导电结构功能一体化复合材料技术

突破碳纳米管/石墨烯导电复合材料的制备技术；完成碳纳米管/石墨烯复合材料研制的翼尖整流罩考核验证，实现电磁屏蔽、防静电及防雷击的功能；研制碳纳米管/石墨烯复合材料导电结构加筋壁板，完成在机翼整体油箱防静电考核验证；研制碳纳米管/石墨烯导电机翼，开展机翼除冰的考核验证。

4. 关键专用制造装备

▶碳纤维自动丝束铺放设备

突破铺丝头、纤维束牵丝分配辅助装置、加热装置设计制造等关键技术，满足民机大型机身和复杂曲面碳纤维复合材料结构的高效精密制造要求；突破机器人铺放相关技术，满足民机小曲度曲面碳纤维复合材料结构的高效低成本制造要求。

▶大型壁板自动化钻铆设备

突破钻铆头、数控托架系统、柔性定位系统设计制造等关键技术，满足民机大型机体结构的高效精密制孔和铆接要求；突破机器人钻铆相关技术，满足民机复杂结构的高效低成本制造要求。

战略支撑与保障

1. 加强民用航空器标准规范和适航能力建设

建立以市场为导向、以企业为主体的开放式民用航空器标准规范体系，大力推进民用航空标准化创新，着力解决民用航空器研制的核心技术标准和基础标准问题；提高适航审定和验证能力，增加审定机构和人员，提高审定和验证技术，拓展国际双边适航，满足民机工业发展需要。

2．制定通用飞机发展纲要，成立行业联合协会

制定我国通用飞机发展纲要和配套政策，加大力度促进国产通用飞机工业发展；同时，成立通用航空制造业协会，引导通用航空产业快速健康发展。

3．支持国产民机市场营销和服务保障体系建设

建设完整的民机营销和服务保障体系，增强我国民机产业的国际竞争力、扩大外贸出口。

4．鼓励发展具有自主知识产权的专用关键工艺装备，提高保障能力

制定航空专用工艺装备发展规划，重点关注特殊的、关键的、买不到的工艺装备；对国产航空专用工艺装备研制和使用实行鼓励政策扶持。

5．设立先进航空技术领先验证计划

设立先进航空技术领先验证计划，发展中国系列航空技术验证机，率先形成需求和市场影响力。重点发展以高效率、高智能、低排放、低噪声为主要特征的系列民用航空技术验证机，为最终投入市场的民机提供完备的技术储备，大幅度降低研发风险，缩短研制周期，形成强大的航空产品竞争力。

技术路线图

飞机领域技术路线图如图 3-1 所示。

项目		2019年——2035年		
目标		民用飞机产业年营业收入超过1000亿元	民用飞机产业年营业收入超过2000亿元	民用飞机产业年营业收入超过3000亿元
		150座级单通道干线飞机取得重大突破；90座级涡扇支线飞机、60座级涡桨支线飞机实现产业化	280座级双通道干线飞机力争实现研制成功；150座级单通道干线飞机、70座级先进涡桨支线飞机实现产业化	280座级双通道干线飞机实现批量交付，350座级双通道干线飞机、超声速民用支线飞机研制取得重要突破
需求		全球将需要干线飞机1.9万架、支线飞机0.29万架、通用飞机1.83万架、直升机1.2万架，总价值约3万亿美元		
		随着空域开放的不断推进，国内通用飞机、直升机和无人机市场巨大		
重点产品	干线飞机	150座级单通道飞机基本型取得重大突破	150座级单通道飞机实现批量交付和系列化发展	根据市场需求改型升级或开展新一代研制
		280座级双通道飞机基本型完成研制和交付		280座级双通道飞机实现批量交付和系列化发展
		350座级远程宽体客机完成基本型论证	350座级远程宽体客机基本型首飞	
	支线飞机	先进涡扇支线飞机实现批量交付和系列化发展	先进涡扇支线飞机精品型完成研制	视情开展新一代涡扇支线飞机研制
		涡桨支线飞机实现批量交付	涡桨支线飞机市场适应性改型和系列化发展	
		先进70座级涡桨支线飞机完成研制交付	先进70座级涡桨支线飞机实现批量交付	先进70座级涡桨支线飞机改型和系列化发展
		超声速支线飞机概念方案研究和关键技术攻关	完成30座级超声速支线飞机研制	
	通用飞机	大型涡扇商务机完成研制交付	大型涡扇商务机改进改型	
		细分市场再定位，启动适应性改型和系列化发展		

图 3-1　飞机领域技术路线图

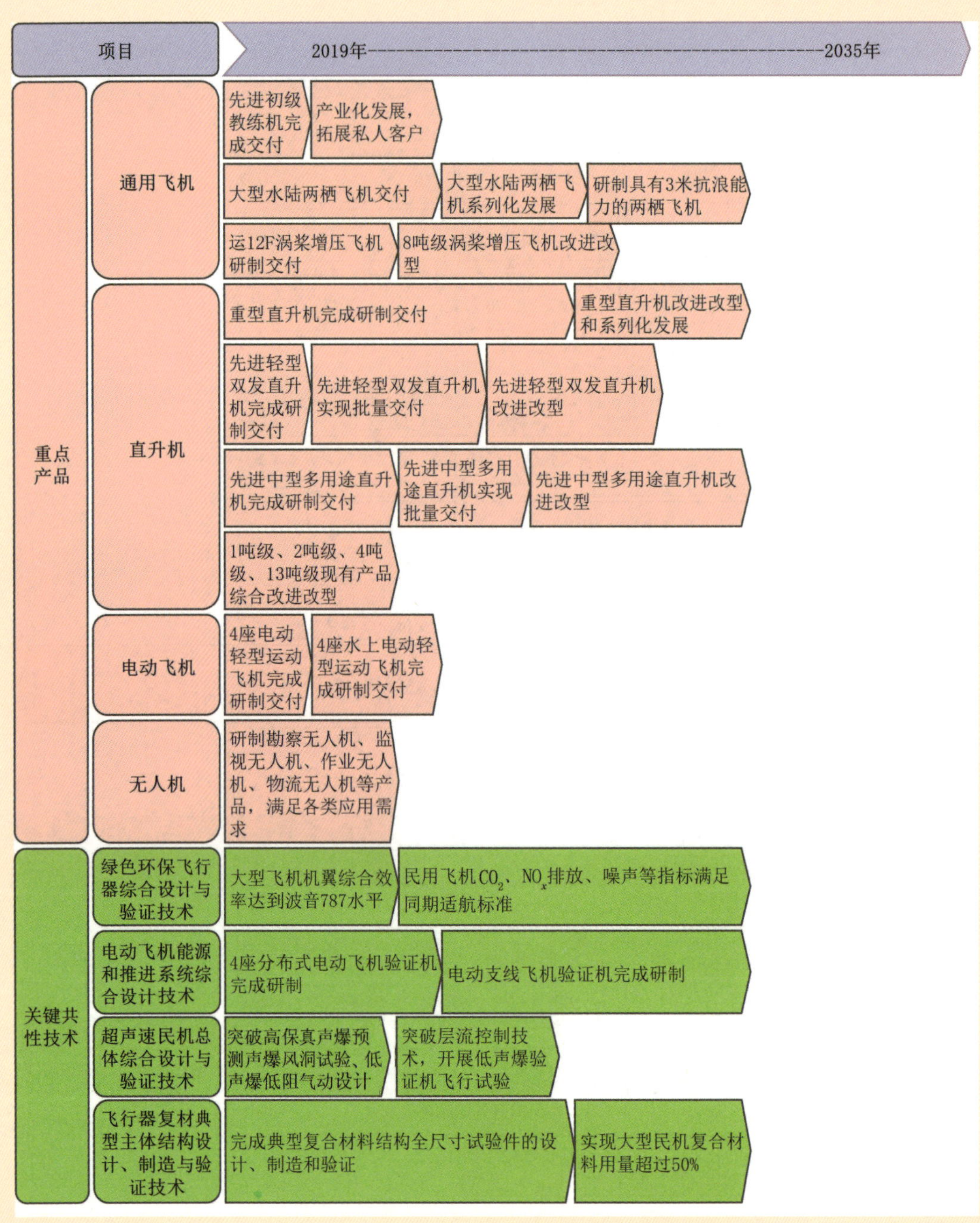

图 3-1　飞机领域技术路线图（续）

项目		2019年--2035年		
关键共性技术	大型轻量化整体及高强金属结构制造技术	建成大型金属结构数字化制造生产线	融合智能化制造理念，进一步提升大型金属结构加工的质量和效率	
	高舒适直升机动力学设计与验证技术	直升机振动水平在0.1g以下，内部噪声水平在85～90dB	直升机振动水平在0.05g以下，内部噪声水平在70～80dB	
	无人机安全运营支撑技术	突破无人机环境感知和规避防撞，基于移动互联网的无人机测控、信息、控制、导航，同一空域内无人机飞行走廊和安保性设计，无人机安全飞行测试、评估及实验技术等关键技术，支撑无人机安全运营		
	智能维护系统与客户产品支援综合集成应用技术	突破飞行器健康管理瓶颈技术，实现在新研装备上初步应用	提高健康管理的智能化、综合化水平，建立以网络为中心的智能化服务保障体系	
关键材料		大型复杂薄壁钛/铝铸件实现稳定加工生产	第三代铝锂合金抗疲劳性能提升30%，实现100%回收	金属/纤维混杂材料逐步应用
		突破碳纳米管/石墨烯导电复合材料制备技术	完成碳纳米管/石墨烯复合材料翼尖整流罩和机翼整体油箱电磁屏蔽、防静电及防雷击功能验证	完成碳纳米管/石墨烯复合材料导电机翼除冰验证
		热塑性复材原材料和基本原理研究	热塑性复合材料固化工艺参数和原型件测试	热塑性复合材料结构件试制和验证
关键专用制造装备		突破铺丝头、纤维束牵丝分配、加热装置设计制造技术	突破机器人铺放相关技术，研制成功大型壁板自动丝束铺放设备及机器人铺放设备	突破铺放过程中的自动化检测技术，在丝束铺放设备中集成自动化检测装置
		突破钻铆头、数控托架系统、柔性定位系统设计制造技术	突破机器人钻铆相关技术，研制成功大型壁板自动化钻铆设备及机器人钻铆设备	突破新概念协作机器人钻铆技术，研制双机器人或人机协作钻铆验证单元
战略支撑与保障		建立以市场为导向、以企业为主体的开放式民用航空器标准规范体系，提高适航审定和验证能力，增加审定机构和人员，拓展国际双边适航		

图 3-1　飞机领域技术路线图（续）

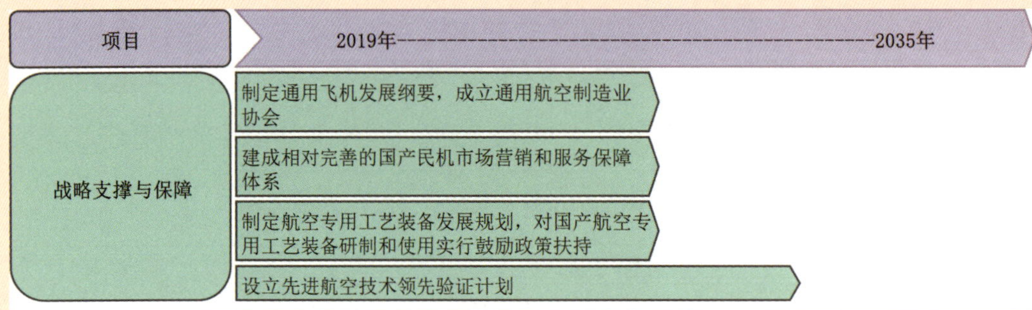

图 3-1　飞机领域技术路线图（续）

航空机载设备与系统

航空机载设备与系统及配套包括航空电子、飞行控制和航空机电系统和元器件等配套产业。航空机载设备与系统及配套是提高国产飞机性能、实现航空工业自主创新、形成航空产业竞争力的重要保障。

需求

国内外各类在研、在产、在役的飞机、直升机型号对航空机载设备与系统及配套需求迫切，未来大型宽体客机对机载系统自主供应能力需求强烈。

目标

2020 年初步建立“系统”“设备”“器件”三个层次的航空设备与系统配套体系。

2025 年在关键航空机载设备与系统领域培养若干个系统级供应商；建立长期、稳固、高质量和可信赖的元器件配套体系和完整的产业链。

2030 年建立具有竞争力的航空设备与系统供应商体系。

发展重点

1. 重点产品

▶航电系统

（1）飞行管理系统。

开展飞机动态航迹协同技术研究，基于适航流程研制飞行管理系统工程样机。

（2）综合处理与网络系统。

具备面向机载系统150个以上应用分区的综合处理与重构功能；具备多种信息智能采集与输出功能，远端接口单元可动态配置；具备高速安全网络功能，实现开放式网络架构。

（3）综合导航系统。

含大气数据惯性参考单元，具备卫星导航、无线电导航功能。

（4）座舱显控系统。

具备飞行、导航、发动机参数和飞机状态信息的显示及人机交互功能，并提供机组告警功能。

（5）机载维护系统。

具备状态监测、故障检测与隔离及趋势分析等功能，健康评估模型的预测逼真度不低于80%。

（6）通信系统。

具备甚高频通信、高频通信、选择呼叫、卫星通信、数据链通信、音频综合、无线电调谐、应急定位发射、驾驶舱门监视等功能。

（7）综合监视系统。

具备气象探测和监视、地形监视和防撞、空中交通态势感知和防撞等功能。

（8）机载信息系统。

具备驻留机载低安全等级功能及第三方应用的一体化机载信息系统；具备网络安保功能，具备开放式的网络架构与处理平台。

▶飞控系统

（1）主飞行控制系统。

具备主动控制功能，掌握主动侧杆技术；部分操纵面采用电作动器；

实现主飞控、自动飞行、高升力一体化系统综合的能力。

（2）高升力系统。

实现先进高升力系统装备国产干、支线客机；研制出采用分布式驱动、自适应等新技术的高升力系统。

▶机电系统

（1）液压系统。

实现基于35MPa的高压系统设计，实现分布式液压系统在国产民用飞机的应用。

（2）电力系统。

实现宽变频交流电源系统，分布式自动配电，单通道功率等级大于250kV · A；研制出基于230/400V的大功率电力变换装置。

（3）环控系统。

实现三轮升压式高压除水制冷系统装备国产运输机，掌握四轮升压式环控系统技术，研制出电动环控系统。

（4）辅助动力系统。

具备启动/发电一体化功能，实现多电型组合动力装置装机应用。

（5）客舱设备。

掌握水/废水系统压力供水、真空冲洗技术，实现水/废水系统在民机上装机应用。

（6）货运系统。

实现集装式系统在大中型飞机上的应用，实现滑毯式系统在客用型飞机货舱的应用。

2. 航空关键元器件

▶显示组件

适用于机载条件下的高可靠性、大容量显示及有机发光二极管显示器；数字像源等新型机载显示组件。

▶大功率电力器件

碳化硅二极管与 JFET/MOSFET 芯片。

▶航空专用传感器

油液、气体、温度、压力等航空传感器；基于新型敏感材料、新型封装材料、新型导电材料等新材料的传感器。

▶智能蒙皮微机电系统

柔性机翼和智能蒙皮需要的微机电系统。

3. 关键共性技术

▶综合模块化航电系统（IMA）技术

包括综合模块化航电系统的体系架构设计、评估与仿真、原理样机，以及面向 IMA 的机载综合处理与网络系统演示验证技术；基于 IMA 系统的机电综合管理系统技术、机电健康管理技术。

▶综合飞行控制系统技术

包括主飞控、自动飞行控制、高升力一体化设计与验证技术，飞控计算机分区与隔离技术，先进控制律设计技术；面向光传特征的光传输、光交换和光通信协议等技术。

▶多电体系下机电系统技术

包括适应多电飞机的电源供电体系和规范，高可靠、容错的配电技术，多电体系下辅助动力系统技术，绿色电滑行技术，低能耗容错机电作动技术。

▶飞机电推进系统技术

包括电动飞机总体设计技术、高功率电机技术、高效储能技术、能量分配与管理技术。

战略支撑与保障

1. 建议成立国家机载设备与系统重点实验室

通过机载设备与系统重点实验室，加大投入力度，加强基础研究和关键技术预先研究，实现技术跨越式发展，全面提升我国航空机载设备与系统技术能力。

2. 实施航空机载设备与系统国家级专项计划

通过实施机载设备与系统国家级专项计划，加强航空机载设备与系统适航认证工作，研制满足国内外适航规定的机载系统，并培育系统级供应商，为国际和国内民机提供系统级的货架产品。

技术路线图

航空机载设备与系统技术路线图如图 3-2 所示。

项目		2020年——2025年	2025年——2030年
需求		国内在研/在产/在役型号机载产品及配套	
			大型宽体客机机载设备与系统及配套
目标		建立长期、稳固、高质量和可信赖的元器件配套体系和完整的产业链	建立具有竞争力的航空设备与系统供应商体系
		培养若干航空机载设备与系统的系统级供应商，实现自主保障	航空机载设备与系统取得适航认证，技术能力与国外供应商比肩
重点产品/航电	综合处理与网络系统	实现150个以上应用分区的综合处理与重构功能	实现多种信息智能采集与输出
	综合导航系统	含大气数据惯性参考单元，具备卫星导航、无线电导航功能	
	座舱显控系统	具备飞行、导航、发动机参数和飞机状态信息的显示及人机交互功能	
		提供机组告警功能	
	机载维护系统	具备状态监测、故障检测和隔离、趋势分析等功能	健康评估模型预测逼真度≥80%
	通信系统	具备甚高频通信、高频通信、选择呼叫、卫星通信、数据链通信、维护内话、音频综合、无线电调谐、应急定位发射、驾驶舱门监视等功能	
	综合监视系统	具备气象探测和监视、地形监视和防撞、空中交通态势感知和防撞等功能	
	机载信息系统	具备驻留机载低安全等级功能	
重点产品/飞控	主飞行控制系统	实现功率电传技术	研发光传飞控系统
		实现主动侧杆技术	主飞控、自动飞行、高升力一体化
	高升力系统	实现分布式高升力系统	研发自适应高升力系统
重点产品/机电	液压系统	实现基于35MPa的高压系统设计	分布式液压系统国产民用飞机应用
	电力系统	实现115V、宽变频交流电源系统	
		具备分布式自动配电功能	
		基于230/400V的大功率电力变换技术	
	环控系统	三轮升压式高压除水制冷系统装备国产运输机	掌握四轮升压式环控系统技术
		完成电动环控系统研制	
	辅助动力系统	具备启动/发电一体化功能	实现多电型组合动力装置装机应用
	客舱设备	掌握水/废水系统压力供水、真空冲洗技术	实现水/废水系统在民机上装机应用
	货运系统	集装式货运系统	滑毯式货运系统
元器件	显示组件	高可靠性、大容量显示、有机发光二极管显示器	数字像源等新型机载显示组件

图 3-2 航空机载设备与系统技术路线图

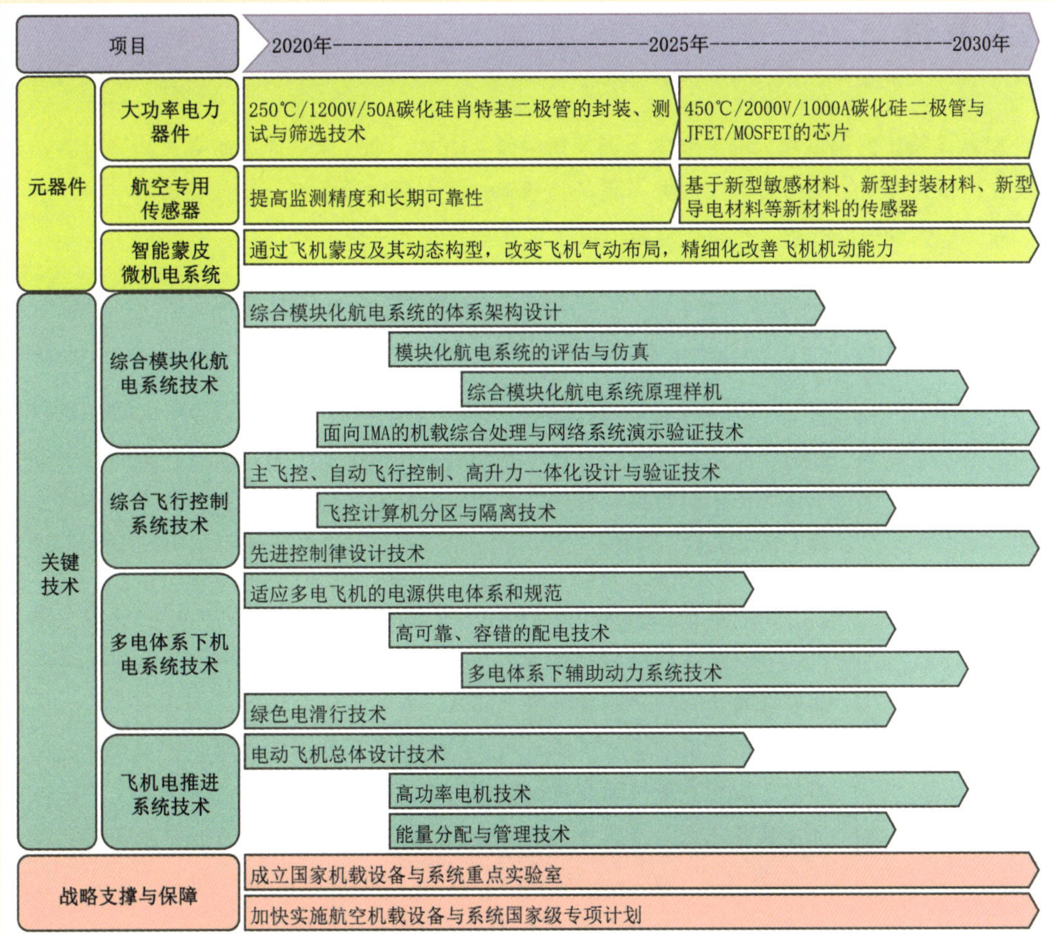

图 3-2　航空机载设备与系统技术路线图（续）

航天装备

航天装备主要指运载火箭等航天运输系统装备，卫星、飞船、深空探测器等空间飞行器，以及支撑航天发射、测控、地面数据与服务等基础性地面系统设备等。航天装备水平是代表一国航天能力的核心标志，也是衡量综合国力的重要标志之一。

需求

21 世纪以来，航天技术发展极大地促进了生产力发展和人类文明进步，以卫星应用为主的空间应用已经成为国家创新管理、保护资源环境、提供普遍信息服务及培育新兴产业不可或缺的手段。同时，浩瀚的宇宙还有许多未知的奥秘有待探索，需要推动空间科学、空间技术、空间应用全面发展。

世界航天产业持续稳定增长。根据美国卫星产业协会 2019 年最新数据，2018 年全球航天经济增长 8.1%，达到 4147.5 亿美元。我国国家空间基础设施及空间信息服务体系建设正在进入快车道，空间信息与新一代信息技术紧密融合、综合应用，推动众多产业转型升级和价值提升，空间信息消费市场快速发展，商业航天蒸蒸日上。2018 年我国卫星导航与位置服务产业总产值达 3016 亿元，预计 2020 年卫星应用产业规模将超过 5000 亿元，2025 年近 1 万亿元，2030 年将达到 1.4 万亿元。当前，行业及大众应用对卫星覆盖范围、信息传输分发能力、对地观测时间与空间分辨率、新型观测手段、多要素综合探测能力和定量化应用等方面提出了进一步的需求。面向未来，建设航天强国、服务经济社会发展、支撑国家治理体系和治理能力现代化对发展先进航天装备，提升进出空间、探索空间和利用空间的能力提出了更高、更广泛的需求。

目标

2020 年，新一代运载火箭陆续完成首飞，逐步形成覆盖全面的火箭型谱，实现北斗导航全球组网，建成高分辨率对地观测系统，建成区域卫星通信系统，初步建成主体功能完备的国家空间基础设施体系，形成连续稳定的业务服务能力，满足我国各领域主要业务需求。完成载人航天与探月工程三步走的主要任务。商业航天产业初成，空间信息应用自主保障率达到 60%以上，形成较完善的卫星及应用产业链。

2025 年，实现运载火箭部分重复使用，提升火箭智能化水平，可靠性与适应性大幅提升，建成高效、安全、适应性强的航天运输体系。建设布局合理、全球覆盖、高效运行的国家空间基础设施，形成长期稳定高效的空间应用服务体系。具备行星际探测能力，形成较为完备的深空探测工程和科学应用体系。近地载人空间站稳定运行，广泛开展空间科学与应用研究。空间信息应用自主保障率达到 80%，商业化发展模式基本形成，产业化发展达到国际先进水平。

2030 年，重型运载火箭完成研制，运载能力大幅提升，完成无毒无污染的新一代运载火箭更新换代，进入空间能力跻身国际前列。发展新一代智能化国家空间基础设施与应用体系，具备全球覆盖、随遇接入、智能自主、泛在服务能力。深空探测工程技术与科学研究体系进一步完善，具备探测太阳系主要天体与空间的技术能力，取得原创性空间科学成果。核心技术、关键原材料与核心元器件基本实现自主可控，空间技术应用与经济建设、社会生活深度融合。

发展重点

1. 重点产品、系统和工程

▶航天运输系统

着力推动航天运输系统向高可靠、大能力、可重复、智能化、适应性强、环境友好方向发展。研制发射新一代中型运载火箭，完善新一代长征系列运载火箭型谱。面向商业航天市场需求，发展商业运载火箭。开展新一代可重复使用、低成本天地往返运输系统研制。研制低温上面级、先进通用上面级，提升轨道转移和轨道部署能力。加紧开展重型火箭研制及飞行试验，大幅提升我国自主进出空间的能力。

▶国家空间基础设施

以协调集约建设、体系化发展和高效服务为主线，建设全域感知的卫星遥感系统、高速互联的卫星通信系统、全球覆盖的卫星导航授时系统，提升空间基础设施应用数字化、智能化水平。

卫星遥感系统。按照一星多用、多星组网、多网协同的发展思路，发展陆地观测、海洋观测、大气观测三个卫星系列，逐步形成高、中、低空间分辨率合理配置、多种观测手段优化组合的综合高效全球观测能力。统筹建设和完善遥感卫星接收站网、定标与真实性检验场、数据中心、共享网络平台和共性应用支撑平台，逐步形成卫星遥感数据全球接收服务能力。

卫星通信广播系统。面向行业及市场应用，发展固定通信广播、移动通信广播和数据中继三个卫星系列，研制高承载比、超大容量宽带通信、全球移动通信、天基互联网通信等卫星系统，建设逐步覆盖全球、与地面通信网络融合的卫星通信广播系统，统筹高低轨卫星，建设天地一体化信息网络。

卫星导航定位系统。2020 年前后建成覆盖全球的北斗卫星导航系统。统筹推进北斗地基、星基增强系统建设，加强北斗卫星导航系统与其他卫星导航系统的兼容与互操作，形成高质量定位、导航和授时的全球服务能力。适时启动新一代北斗卫星导航和增强系统建设，构建国家综合定位导航授时体系。

面向市场，充分发挥社会资本的作用，以微小卫星及星座为重点，发展商业卫星系统，作为国家空间基础设施的组成部分或有益补充。

▶空间科学探索

开展太阳风—磁层相互作用全景成像卫星、爱因斯坦探针、先进天基太阳天文台、引力波暴高能电磁对应体全天监测器等空间科学卫星研制，支撑太阳活动、引力波探测、时域天文学等空间科学研究；主要围绕宇宙和生命起源与演化、太阳系与人类的关系两大空间科学主题进一步规划空间科学卫星研发。

▶载人航天

在 2020 年稍后初步建成长期有人照料的空间站，实现空间站运营。研制新型试验舱，全面掌握大型空间设施的建造和运行、维护、扩展技术，提升载人进入太空和空间服务等核心能力。

▶月球与深空探测

2020 年完成“嫦娥五号”探测器研制发射，实现月球采样返回。实施月球南极着陆、采样返回计划，继续进行月球科学探测及关键技术月面试验。研制深空探测器，建立深空探测工程技术体系，重点开展火星环绕和着陆巡视探测，开展小行星采样返回探测、木星系及行星穿越探测、太阳边际探测等深空探测活动。适时视情开展金星探测及太阳极区探测。

▶在轨维护与服务系统

研制与建设在轨维护与服务系统，逐步形成轨道救援、故障修复、在轨装配与加工能力、碎片清除能力，保证我国空间设施在轨可靠安全运行。

▶航天发射场

完善现有航天发射场系统，统筹开展地面设施设备可靠性增长、适应性改造和信息化建设，增强发射场任务互补和备份能力，具备开展多样化发射任务的能力。探索发展适应新型发射方式的发射平台与技术。探索发展商业发射场系统。

▶航天测控系统

完善现有航天测控系统，发展商业航天测控系统，加强国际合作、测控联网以及测控资源综合运用，发展运载火箭智能测发控技术，提升航天测控资源运行使用效益，构建安全可靠、响应迅速、接入灵活、运行高效、服务广泛的天地一体航天测控体系。

2. 关键技术

▶大推力火箭发动机及重型运载火箭技术

突破大推力液氧煤油发动机、氢氧发动机、发动机深度节流技术、线性调节技术、健康检测技术、重型运载火箭总体设计、大直径箭体结构研制、轻质高效箭体结构设计与制造、低温推进剂加注无人值守、低温推进剂在轨管理、落区控制与垂直起降重复使用技术、运载火箭智能飞行电气系统等一系列关键技术。

▶先进宇航动力技术

开展固液火箭发动机、吸气式组合动力、新型无毒单组元推进、太阳能源推进、新型电推进、核热推进等先进宇航动力技术研究。开展可重复使用运输系统、轨道转移飞行、高效在轨机动能力等关键技术攻关，探索新概念运输系统技术发展。

▶天地一体化系统及组网技术

发展天地一体化系统设计与集成、星座组网、星群/星座协同控制技术、卫星编队飞行、卫星载荷一体化、卫星网络与地面网络无缝连接、大容量空间链路等关键技术。开展新概念新体制卫星系统技术研究。

▶长寿命、高可靠、高定位与高指向精度先进卫星平台

突破高稳定、高定位与高指向精度、大承载和强敏捷遥感卫星平台技术，高功率、大容量、长寿命先进通信广播卫星平台技术，发展先进敏捷平台、超静平台、下一代大型地球同步轨道公用平台、高可靠全电推平台、智能化可重构平台技术等。

▶高性能、新型有效载荷技术

发展高分辨率、高精度、高可靠的光学、微波、激光及综合探测等遥感有效载荷技术，高功率、大天线、多频段、多波束星载数字处理等卫星通信有效载荷技术，突破大容量星载光电混合交换载荷、大容量星上时频交换载荷、高速激光通信载荷、微纳级芯片卫星技术、高精度原子钟与自主定轨技术，以及太赫兹探测载荷等新型有效载荷技术。发展星上数据智能处理技术、智能自主故障预测和健康管理技术。突破影响有效载荷产品在轨长寿命、高可靠、抗干扰等瓶颈技术。

▶载人航天关键技术

突破航天员长期在轨健康生存和高效工作、近地空间站组合体建造、航天器部件在轨 3D 打印、空间智能机器人、人机协同空间设施建造等关键技术。

▶深空探测关键技术

发展行星际轨道设计、深空测控通信、高精度自主导航与控制、高速再入小型返回器、行星际弱引力天体软着陆、长期生存及采样返回技术、高效先进空间能源与推进技术、行星探测特殊空间环境适应性与试验技术、近日探测热设计等关键技术。

▶在轨维护与服务关键技术

发展飞行器维修性设计技术，变结构动力学，非合作目标探测、跟踪与测量技术，空间自主交会制导、导航与控制技术，在轨维修维护与重构技术及空间碎片清除技术等。

▶航天产品制造关键技术

开展高性能轻合金精密铸造技术、大型薄壁整体结构件精密旋压成形技术等关键产品精密与超精密制造技术、大尺寸复杂复合材料构件制备技术、无重力自动化装配技术、高可靠特种焊接技术、大型火箭固体推进剂连续混合与浇注技术、难加工材料特种加工技术、空间电源制造及组装技术、航天微纳电子制造技术等一系列航天制造关键技术研发。

3. 关键专用制造装备

▶推进航天产品设计制造一体化工程

构建数字化、智能化的研发体系。以三维模型全过程应用为主线，实施设计制造一体化工程，建立产品全生命周期数据管理机制，构建智能制造软装备能力平台，建立航天型号产品数字化综合保障系统，全面提升型号协同研制与全生命周期保障效率。

▶数字/智能车间与工厂建设

开展航天数字工厂、智能车间与工厂建设试点并推广，重点开展智能化制造装备、三维工艺设计/仿真/制造等关键系统建设，打造适应多品种小批量、低成本大批量生产任务的智能生产单元和柔性生产线，建设智能生产管控平台，优化制造模式，建设智能物流与精准供应链，全面提升生产质量与效率，大幅提升航天制造快速响应能力。

▶航天关键制造装备和智能制造成套装备

重点研发关键元器件与复杂结构件精密/超精密制造装备、先进功能性复合材料制造装备、大型复杂异型结构制造装备、大型金属壳体内绝热层机械化成型装备、10m 级运载火箭贮箱搅拌摩擦焊装备、固体发动机喉衬预置体制造装备、自动化柔性对接装备、先进检测设备、航天增材制造装备、高精度航天器柔顺力控总装机器人等机器人装备，以及五轴联动大型龙门高精度加工机床等制造装备。

4. 核心元器件

▶航天高性能集成电路与混合集成器件

研制新一代航天专用集成电路设计制造技术，研制宇航功率驱动模块及IPM组件、宇航用高可靠信息处理及控制SiP等宇航级混合系统集成器件，发展满足航天器空间恶劣环境长期可靠运行要求的涵盖多种衬底材料的高性能辐照加固集成电路设计、制造、测试、试验能力。开展面向航天应用的人工智能集成电路设计、制造、测试和应用研究。

▶航天微波器件

发展航天微波器件与太赫兹器件设计制造技术，突破kW/MW级高功率微波器部件及新型高功率太赫兹器件产业化技术。

▶微系统

开展微系统集成工程研究，研制高功能密度、高性能、高效低功耗的集成微系统，创新微系统产品体系，突破微系统体系架构设计、多物理场联合建模仿真、智能信息处理芯片、多层次三维集成、多源信息融合、硅与化合物半导体器件的异构集成等关键技术，以提高航天产品的功能和性能。

5. 关键材料

突破高性能碳纤维及其复合材料、大规格超大规格铝合金、钛合金等工程应用技术，建立由金属材料、无机非金属材料、有机材料、高性能纤维及其复合材料等组成的航天材料骨干体系，实现高性能化、系列化、标准化，支撑航天装备的快速发展。

（1）发展以大尺寸/超大尺寸铝锂合金为代表的新一代航天金属材料技术和结构件工程制备技术，实现大规格/超大规格轻质铝合金、钛合金等金属材料的体系创新和工程应用。

（2）发展耐特种介质氟醚橡胶材料、长寿命硅橡胶材料、可重复使用耐高温密封材料等无机非金属材料工程化应用技术，进一步拓展航天功能材料使用环境，提升使用可靠性。

（3）持续推进高性能碳纤维及其复合材料工程技术发展，突破高强高模、高强中模、高强高模高韧纤维及其复合材料工程化制备关键技术，构建第二代先进航天结构复合材料体系，发展第三代先进航天结构复合材料体系，大幅提升航天装备的轻量化水平。

（4）发展以超高温低成本碳化物纤维为代表的高性能陶瓷纤维及其复合材料技术，突破各类纤维及其前驱体高性能、高质量、高稳定工程化制备关键技术，解决工程尺寸复合材料制备瓶颈，支撑新型航天装备的创新发展。

战略支撑与保障

（1）完善政策法规体系，加快推进航天法立法，完善国家航天政策、数据政策和航天产品与服务定价机制，完善航天发射项目许可管理、空间物体登记管理、科研生产许可管理等法规，依法指导和规范各类航天活动。进一步制定支持商业航天参加空间基础设施建设的具体措施和支持高效数据共享的机制。

（2）加强航天强国建设的顶层设计与长远规划。论证部署新的重大航天探索工程，加强国家空间基础设施的长远规划与统筹建设，重视频轨资源规划、利用与开发；将空间科学作为重大领域进行规划，形成可持续的发展机制和投入保证。

（3）强化重大航天工程的牵引带动作用，超前布局，加强前沿和应用基础研究，鼓励产学研用结合，进一步巩固我国航天自主创新能力。

（4）加大重大行业应用基础设施建设，推进区域应用。大力提高卫星应用技术水平，支持和大力发展自主可控的卫星终端产品、应用模型、软件、技术与产品服务，与人工智能、区块链技术等新技术相结合，促进空间信息服务体系效能提升。

（5）大力提升我国空间环境探测与预报能力，为我国航天器在轨健康运行提供保证。

（6）优化调整航天科研生产能力结构。构建基于系统集成商、专业承包商、市场供应商和公共服务机构的航天科研生产组织体系，建立开放协同的航天供应链与产业链。

（7）加强国际交流合作，加快构建“一带一路”空间信息走廊，推动国际化发展。

技术路线图

航天装备技术路线图如图 3-3 所示。

项目	2020年——2025年	2025年——2030年
需求	2025年卫星应用产值近1万亿元	2030年卫星应用产值预计1.4万亿元
	完善运载火箭型谱，满足无污染、低成本、短周期、高密度发射及高运载能力需求	
	卫星导航厘米、毫米级精确定位需求	未来空间高可靠、高精度导航、定位、授时等需求
	多尺度、多种观测手段、高定位精度、高时间分辨率卫星遥感需求	
	高清晰、快速反应、低成本、多样化和个性化空间信息服务需求	
	地球系统科学、空间科学及基础研究发展需求	
目标	建成高效、安全、适应性强的航天运输体系	新一代运载火箭实现更新换代，进入空间能力跻身国际前列
	建成布局合理、全球覆盖、高效运行的空间基础设施，形成长期稳定高效的空间应用服务体系	国家空间基础设施与应用体系有机融合，具备全球无缝覆盖的泛在服务能力
	形成较为完备的深空探测工程和科学应用体系，初步具备星际探测能力	建成完整的深空探测工程技术与科学研究体系，具备探测太阳系主要天体与空间的技术能力
	空间信息应用自主保障率达到80%，卫星及应用产业达到国际先进水平	空间信息综合服务水平与效能大幅提升
	商业化发展模式基本形成	形成高效的商业航天产品与服务体系

图 3-3　航天装备技术路线图

<table>
<tr><th colspan="2">项目</th><th colspan="2">2020年——————————2025年——————————2030年</th></tr>
<tr><td rowspan="18">重点产品、系统和工程</td><td rowspan="4">航天运输系统</td><td colspan="2">完善新一代运载火箭型谱，提升研制生产能力</td></tr>
<tr><td>推进大推力火箭发动机研制，完成重型运载火箭初样研制与地面试验验证</td><td>重型运载火箭实现首飞，航天运输系统的水平和能力进入世界航天强国前列</td></tr>
<tr><td>发展部分可重复使用、低成本天地往返运输系统，逐步升级换代</td><td>以火箭发动机为动力的两级完全重复使用运载器研制成功，火箭型谱更加完善</td></tr>
<tr><td>通用低温上面级等先进上面级研制</td><td>高性能通用长期在轨上面级</td></tr>
<tr><td rowspan="9">国家空间基础设施与空间科学探索</td><td>发展新一代广播电视传输卫星和超大容量宽带通信卫星系统</td><td></td></tr>
<tr><td>建设低轨移动通信卫星星座，发展新一代卫星移动通信、卫星移动多媒体通信系统</td><td>拓展卫星移动通信系统，发展基于激光通信、太赫兹通信的新型空间通信系统</td></tr>
<tr><td colspan="2">开展“天基组网、地面跨代、天地互联”的天地一体化信息网络建设</td></tr>
<tr><td colspan="2">完成北斗全球系统部署，开展补充、备份和增强系统建设，不断提升全球服务能力</td></tr>
<tr><td colspan="2">适时启动新一代北斗导航卫星研制；构建国家综合定位导航授时体系</td></tr>
<tr><td>发展更高分辨率、新型光学和雷达观测手段、多要素综合探测能力</td><td>发展新一代遥感卫星，丰富观测手段、扩展覆盖能力，建立多星座协同运行的陆地、海洋、气象卫星业务体系</td></tr>
<tr><td>发展低成本光学、SAR成像/视频遥感卫星/星座，实现新型微纳卫星技术验证与商业应用</td><td>推进微纳卫星集群化在轨业务应用</td></tr>
<tr><td>开展太阳风-磁层相互作用全景成像卫星、爱因斯坦探针、先进天基太阳天文台、引力波暴高能电磁对应体全天监测器研制</td><td>围绕宇宙和生命起源与演化、太阳系与人类的关系两大主题进一步规划部署空间科学卫星研发</td></tr>
<tr><td>在轨维护与服务系统</td><td>研制与建设在轨维护与服务系统基本型，初步形成轨道救援、故障恢复、在轨装配与加工能力</td><td>建成应用系统，开展综合服务业务</td></tr>
</table>

图 3-3 航天装备技术路线图（续）

项目	2020年——2025年——2030年
重点产品、系统和工程 / 载人航天	建成长期有人照料的空间站并稳定运行 → 利用空间站广泛开展空间科学与应用研究，实现空间站运营；研制新型试验舱，拓展载人进入太空和空间服务能力
重点产品、系统和工程 / 月球与深空探测	“嫦娥五号”实现月球采样返回；开展探月工程四期计划，完成“嫦娥六号”月球南极采样返回 → 月球南极地形地貌、物质成分、空间环境综合测试及关键技术月面试验
	火星探测、小行星探测、伴飞采样 → 研制、发射火星采样返回探测器群，着陆火星表面、采样并返回
	视情开展金星探测及太阳极区探测
	以木星及其他巨行星多任务探测为目标，研制木星系及行星穿越探测器
重点产品、系统和工程 / 航天发射场与航天测控系统	完善现有航天发射场系统，增强多样化发射任务的能力
	探索发展适应新型发射方式的发射平台与技术，发展商业航天发射场系统
	完善航天测控系统，发展商业航天测控系统
关键技术	大推力液氧煤油发动机关键技术、液氧液氢发动机技术原理样机演示验证 → 重型运载火箭总体设计、大直径箭体结构研制、轻质高效箭体结构设计与制造、运载火箭智能飞行电气系统等关键技术
	固液火箭发动机技术、新型无毒单组元推进技术、落区无人值守技术
	太阳能源推进、新型电推进、核热推进等先进宇航动力技术
	火箭动力一二级可重复使用技术 → 组合动力可重复使用技术
	天基组装发射

图 3-3 航天装备技术路线图（续）

项目	2020年——2025年——2030年	
关键技术	全电推平台技术	先进空间能源技术
	下一代大型地球同步轨道公用平台	智能化可重构卫星平台技术
	大型多口径多波束天线、大型可展开网状天线、宽带转发器功率动态调整技术	全双工通信和空间通用天线技术
	大动态范围星间链路技术、星地一体化低轨移动通信技术	智能化信息体系构架、智能天基信息网络技术
	高精度导航载荷和自主定轨技术	异质异构多源导航的建模、系统控制与数据融合技术
	高分辨率敏捷成像技术	
	一体化大功率激光探测、太赫兹微波探测技术	
	甚高分辨率红外超光谱成像、可见红外高光谱一体化成像技术、高轨中分辨率多波段成像技术	新一代高分辨率全谱段高光谱探测、高轨高光谱技术、静轨高分辨率光学探测与微波成像技术
	深空多波段多模式成像等探测技术、深空信息网络技术	太阳光学探测技术、地外星球表面广域长久探测技术
	星上数据智能处理技术、智能自主故障预测和健康管理技术	
	长周期可循环生命保障技术	
	航天器部件在轨3D打印、空间智能机器人技术	在轨智能芯片技术、超大型航天器附件在轨构建技术
	低温推进剂在轨贮存与传输技术	
	行星际轨道设计、4亿千米深空测控通信、自主导航与控制、行星际弱引力天体采样返回	高效能源与推进、超长期自主管理、10亿千米深空测控通信、火星表面起飞及轨道交会对接

图 3-3　航天装备技术路线图（续）

项目	2020年——2025年——2030年	
核心元器件	超深亚微米工艺制造技术，28nm宇航用高可靠辐照加固产品实现	
	宇航MW级高功率微波器部件及新型高功率太赫兹器件	
	开展3DMEMS惯性器件的研究，拓展在航天领域的工程化应用，开展AI集成电路研究	
	重点突破高导热多层基板制备、基板内嵌式微流体管道、基板内埋置无源元件、LCP功能基板制备、细节距倒扣焊技术、TSV三维叠层组装、Fan-Out封装工艺等微系统组装工艺	发展基于新型纳米材料和TSV、TGV、TQV、柔性基板等基板的封装工艺，THz器件与三维异质集成工艺
	突破第三代功率半导体和高效能源智能管理模块设计、高速高精度传感器测试等关键技术	发展光电多学科异类芯片组装技术、芯片间信号协同技术，实现多学科微系统三维结构封装
关键材料	新型低成本超高强度钢推广应用	
	大尺寸铝合金结构样件性能考核和验证试验、大尺寸复杂钛合金结构工程应用	实现大规格/超大规格轻质铝合金、钛合金等金属材料的体系创新
	耐特种介质氟醚橡胶材料、长寿命硅橡胶材料、可重复使用耐高温密封材料等工程化应用技术	
	突破高强高模、高强中模、高强高模高韧纤维及其复合材料工程化制备关键技术，构建第二代先进航天结构复合材料体系，发展第三代先进航天结构复合材料体系	
	发展以超高温低成本碳化物纤维为代表的高性能陶瓷纤维及其复合材料技术	
	HfC、TaC、NbC、ZrC等吨级制备，特种粉体研制工程应用平台	

图 3-3　航天装备技术路线图（续）

项目		2020年——2025年	2025年——2030年
关键专用制造装备	设计制造一体化工程	初步建立新型数字化研制体系，在新型号推广应用	数字化研制模式向智能化转型升级
	数字/智能车间与工厂	数字化工厂建设与示范、智能制造单元示范	智能生产线、智能工厂建设
	关键制造装备和智能制造成套装备	大型复杂异型结构制造装备、超大型运载火箭贮箱搅拌摩擦焊装备、五轴联动大型龙门高精度加工机床	关键元器件与复杂结构件精密/超精密制造装备、先进功能性复合材料制造装备、大型金属壳体内绝热层机械化成形装备、自动化柔性对接装备、先进检测设备、航天增材制造装备、高精度航天机器人
战略支撑与保障		加快航天法制定，完善国家航天政策、数据政策和航天产品与服务定价机制，完善航天发射项目许可管理等法规，落实航天产业化、商业化发展政策，优化发展环境	国家航天政策与发展环境的持续完善
		加强航天强国建设的顶层设计，加强国家空间基础设施的长远规划与统筹建设，将空间科学作为重大领域进行规划并形成可持续的发展机制	论证、安排新的重大航天探索工程
		加强频轨资源规划、利用与开发	
		支持和大力发展基于自主卫星的终端产品、应用模型、软件、技术与产品服务，提高遥感卫星应用技术水平	
		加大重大行业应用基础设施建设，推进区域应用	持续提升应用水平，不断提高精细化服务能力
		以重大工程为抓手，加强前沿和应用基础研究，鼓励用研结合、开放发展，持续提升航天关键技术水平与自主创新能力	
		优化调整航天科研生产能力结构：构建基于系统集成商、专业承包商、市场供应商和公共服务机构的开放的航天科研生产组织体系	推进建立开放融合、数字化智能化航天装备制造产业体系，不断提升航天核心竞争力
		加强国际交流合作，加快构建“一带一路”空间信息走廊，推动国际化发展	

图 3-3　航天装备技术路线图（续）

4

海洋工程装备及高技术船舶

海洋工程装备及高技术船舶重点发展的产品是海洋空间综合立体观测系统，海洋油气资源开发装备，深海矿产资源开发装备，海洋可再生能源开发装备，海上岛礁利用和安全保障装备，深海探测与作业装备，超级生态环保船舶，极地运输船舶、破冰船及海洋工程装备，远洋渔业船舶、深远海渔业养殖/海洋食品与海洋医药装备，高性能执法作业船舶，大型邮船及中小型经济邮船，大型 LNG 燃料动力船，船用大功率低、中速环保发动机。

海洋工程装备及高技术船舶

海洋工程装备及高技术船舶是人类开发、利用和保护海洋矿产资源、海洋可再生能源、海洋化学资源、海洋生物资源和海洋空间资源等海洋资源，以及海上运输活动的主要载体和手段。海洋工程装备及高技术船舶制造业是我国战略性新兴产业的重要组成部分，是发展海洋经济的先导性产业。

需求

进入21世纪以来，我国海洋工程装备及船舶制造业取得了长足发展：2010年以来，我国造船三大指标连续五年保持世界第一；2014年，我国海洋油气工程装备新接订单数量及总额列居世界第一；海洋可再生资源开发装备，以及海水淡化和综合利用、海洋观测、海洋生物开发等方面的装备均取得了一定发展。未来，深海、极地等资源开发需求不断增强，海洋食品、海洋新能源、海洋采矿等新兴行业成为经济新锐领域，海事安全与环保要求日益严格，海洋权益维护形势日益紧迫，对海洋工程装备及高技术船舶的需求将进一步扩大。预计到2020年世界海洋工程装备及高技术船舶市场需求约1700亿美元；2021—2030年，市场累计需求约为2万亿美元。

目标

到2020年，步入世界造船强国行列：建成较为完善的海洋工程装备及高技术船舶设计、总装建造、设备供应、技术服务产业体系和技术标准规范体系；主要装备设计制造能力、建造效率与质量水平居世界前列，骨干企业国际知名度不断提升；部分前沿技术和重大装备的概念/基础设计达到世界先进/领先水平；形成国内海洋石油勘探装备技术的研究与开发基地、海洋石油勘探装备制造与应用基地；基本实现海洋工程装备水面/水下核心设备自主配套，具备500 m级水下生产系统与专用系统生产与试验能力；开展海洋矿产资源、天然气水合物等开采装备、波浪能/潮汐能等海洋可再生能源开发装备、海水淡化、深远海渔业养殖等新型海洋资源开发装备关键技术研发，突破部分关键核心技术；构建船舶智能制造标准体系，开展船舶智能制造新模式的试点示范。

到 2025 年，成为海洋工程装备及高技术船舶制造强国：基本形成完善的海洋工程装备及高技术船舶设计、总装建造、设备供应、技术服务产业体系和标准规范体系；拥有五家以上国际知名的海洋科技装备制造企业，部分领域设计制造技术和建造效率、质量水平国际领先；全面实现海洋装备自主配套水面核心设备，具备 1500 m 级水下生产系统与专用系统生产能力与试验能力，突破 3000 m 水深水下生产系统设计、制造、测试、安装和认证等关键技术；具备海洋矿产资源、天然气水合物等开采装备、波浪能/潮汐能等海洋可再生能源开发装备、海上卫星发射、海上旅游空间资源开发、海水淡化等新型海洋资源开发装备研制能力，并开展部分装置的试点应用；全面建成数字化、网络化、智能化、绿色化设计制造体系。

到 2030 年，具有引领世界海洋工程装备及高技术船舶发展的能力：通过若干技术系统性、集成性突破，海洋工程装备及高技术船舶研制水平大幅提升，能够完全满足国民经济社会发展的需求，能够为我国海洋资源开发、海洋货物运输、海洋科学研究、海洋权益维护等活动提供具有世界先进水平的装备；成为行业主要技术的引领者和重要标准的制定者；关键系统和配套设备自主创新能力极大增强，优势产品技术水平世界领先，弱势产品赶超国际先进水平；产业发展模式转为科技创新驱动型，智能制造模式行业普遍应用，海洋工程装备及高技术船舶由生产制造变为服务型制造。

发展重点

1. 重点产品

▶海洋空间综合立体观测系统

重点开展海洋探测传感器、船载海洋观测仪器、海洋浮标、海洋潜标、水下通信设备、海洋环境数据库、海上目标雷达回波数据库、全空间信息系统等关键装备及系统的开发和研制，实现工程化应用。

▶海洋油气资源开发装备

重点开展海洋常规与极地油气资源勘探/开采与生产装备、水面支持装备，深水、超深水钻井船、铺管起重船、海洋支持船等工程船舶与装置的研制与集成创新；深水/超深水半潜式生产平台、大中型液化天然气浮式生产储卸装置（LNG-FPSO/FSRU）、浮式钻井生产储卸装置（FDPSO）、张力腿平台（TLP）、深水立柱式平台（Spar）、天然气水合物开发装备等油气生产装备及水下生产系统、单点系泊装置、18 缆以上深水物探船等生产辅助装备的研制和产业化应用。

▶深海矿产资源开发装备

重点开展全球大洋深海矿区的多金属结核、富钴结壳、多金属硫化物等海底资源勘探、钻采及深海微生物基因采集与培育的相关深海大型科考/勘探/采矿工程及其他相关功能的特种船舶与装备的研制和应用。

▶海洋可再生能源开发装备

重点开展海上太阳能、海上风能、潮汐能、波浪能、温差能等海洋可再生能源开发利用装备的研制和产业化应用。

▶海上岛礁利用和安全保障装备

重点开展海上执法指挥调度系统、大型/超大型浮式保障基地、极大型海上浮式空海港、海上卫星发射平台、岛礁中型浮式平台、远海岛礁开发建设施工装置、远海通信网络系统支撑平台等装备的研制和应用。

▶深海探测与作业装备

重点开展 300 吨级水下大型载人运载装备研制和应用示范、3000 吨级小核动力水下大型载人运载装备系统总装集成；深海地质、深海环境、深海生物、深海资源探测，原位研究与处理，深海工程作业施工等关键装备及系统的研制和应用；深海科考钻探船、深海探测作业保障平台、无人及载人潜水器等深海勘查作业装备研制和应用。

▶超级生态环保船舶

重点开展超级生态环保油船、散货船、集装箱船等国际航线、支线船舶，以及江海直达双燃料船舶、绿色智能标准系列内河船在高效节能、温室气体（CO_2）减排以及船舶各类污染物排放控制等方面的技术研发与应用。以IMO 国际公约（MARPOL 公约、压载水公约、香港拆船公约、AFS 公约）、《国际海运温室气体减排初步战略》及当前重点发展方向（生物污垢控制、黑炭排放）的技术政策发展为基线，研制各类防污染技术世界领先且温室气体（CO_2）排放减少 50%以上的超级生态环保船。

▶极地运输船舶、破冰船及海洋工程装备

重点开展适用不同冰级要求的极地油船、集装箱船等船舶研制，重点研究 PC4 冰级以上的极地运输船舶，满足 PC2 冰级的极地重型破冰船及冰区水下探测系统，适用于极地环境油气开采的钻井船和半潜钻井平台等海工装备，装备安全、经济、环保特征达到国际先进水平。

▶远洋渔业船舶、深远海渔业养殖/海洋食品与海洋医药装备

重点开展远洋金枪鱼捕捞船、深冷运输船、南极磷虾捕捞加工船舶、远海渔业养殖工船，以及渔探、捕捞、加工、深冷储藏、运输、养殖等设备的集成研制；适合特殊海况条件的深远海大型智能鱼类养殖装备和适合需求的海洋食品与海洋医药装备研制，实现装备产业化与自主配套。

▶高性能执法作业船舶

重点开展高速化、多功能的新型海上公务执法船舶，具有 500 m 水深饱和潜水功能的深远海救助船，以及多功能打捞船舶等船型研制。

▶大型邮船及中小型经济邮船

重点开展 15 万总吨级大型邮船的生产协同设计、制造管理、工业互联网与 5G、供应链管理等建造技术研究；开展中小型经济邮船的顶层规划、模块化预制、薄板焊接、重量控制、工程管理、物流体系等自主设计技术研究。

▶大型 LNG 燃料动力船

实现船舶由传统的柴油燃料向液化天然气（LNG）的转换，在主力船型的设计建造技术方面具有知识产权的国产产品配套率达到 70%以上。

▶船用大功率低、中速环保发动机

开展自主知识产权远洋船舶大功率低、中速环保发动机（柴油、气机及双燃料发动机）的全系列研发，基本实现关键配套件自我配套。

2. 关键零部件

▶水下生产系统

通过突破 500～1500 m 水深的水下控制设备模块化与集成化技术，水下控制系统通信技术，水下控制系统电液传输计算分析技术，水下控制系统快速连接技术，水下控制系统安装、测试与监测技术等，掌握水下生产系统控制核心技术。研制水下采油树及配套工具、水下井口及配套工具、水下控制系统、光纤钢管脐带缆、水下多功能管汇、水下即插件等关键水下设备，在此基础上实现油气田的实际工程应用，并进一步推进全电控制系统研制与产业化应用。

▶专用作业装备与设备

开展专用工程作业设备工具包、专用钻井设备包、专用海洋油气生产设备包、FLNG 核心设备包、LNG 船液货维护系统、深水管缆等开发。

▶深海锚泊及动力定位控制系统

重点突破大型海上作业装备深海锚泊和动力定位系统关键核心技术，开展深海锚泊及动力定位系统产业化应用。

▶大功率低速发动机关键零部件

重点开展船用大功率发动机的铸钢气缸体铸造与焊接技术，高效涡轮增压器技术，燃油喷射系统、缸内过程、智能调速系统设计及实验等技术，智能化核心控制元件及系统关键机械部件设计技术，长期极低负荷运行工况的船用低速发动机关键配件技术，模块化设计与集成技术研究，掌握大功率低速发动机设计技术。

▶船舶信息与智能系统

重点实现信息物理系统（CPS）及远程机械控制系统、能源控制系统、辅助自动驾驶系统、船舶干/液货物安全系统、船舶健康管理系统的实船应用，并通过船岸一体化数据交换及管理技术、多源传感器数据融合技术、多维数据模型变换等技术集成，研发船舶智能、管控与远程维护相融合的大数据分析平台，为实现海上自主航行船舶（MASS）和无人驾驶自主航行船舶（U-MASS）的研制及服务应用奠定基础。

▶船用 LNG 等气体燃料供应系统关键零部件

重点开展 LNG 气体燃料动力船（包括加注船）的加注系统、储气系统、供气系统所需要的设备零部件的研制，实现汽化器、深潜泵及线路阀件等关键设备及零部件的研制。

▶降低船体摩擦阻力设备

重点开展新型高性能降阻涂料、船底空气润滑降阻设备等研制。

▶极地船舶与海洋工程装备配套设备及零部件

重点开展适用于极地航行船舶的极地高冰区大功率的全回转推进装置、极地探测无人潜器，以及泵、阀件等关键零部件研发。

3. 关键共性技术

▶大型货物运输船目标型规范体系

基于 IMO GBS 方法论和业界研究成果，拓展目标型规范体系应用到各类大型货物运输船结构规范，如大型集装箱船、大型车辆运输船等，以适应船舶大型化、新颖设计的发展需求，提升船舶规范标准达到国际先进水平。

▶高性能能源及储能技术

重点突破恶劣作业环境下所需的高能量密度、高可靠性、长寿命能源与储能技术。

▶深远海信息传输技术

重点突破深远海数据采集装备、数据传输装备、信息融合处理装备，以及数据应用服务装备等所需的信息传输关键技术。

▶水下安装技术

重点突破水下安装定位技术、安装下放过程力学分析与数值计算、安装过程冲击分析技术等关键技术。

▶安全与可靠性技术

重点通过开展海洋浮式结构物及水下设备冰载荷、极限承载能力、风险分析理论与直接计算技术研究，提高海洋浮式结构物及水下系统的可靠性和安全性。

▶船舶与海洋结构物水动力性能

重点攻克海洋结构物与航行体的水动力性能与总体设计技术，包括快速性、耐波性、操纵性，环境流场，运动与载荷、流固耦合、涡激振动、波激振动/颤振等平台/系统工程应用关键技术，形成海洋装备水动力学数值模拟智慧系统。

▶海洋工程装备/主要配套设备数字模型、岸基与海上试验与认证技术

通过开展船舶与海洋工程装备/主要配套设备海上实尺度测试、运动/安全性/生产状态在线监测及风险评估技术研究，获取并积累各类平台设备及水下设备的耐久性和可靠性的工程数据，加快我国海洋工程装备技术实用化进程。开展主要配套设备海上试验技术与认证体系研究，形成适用于主要海洋工程配套设备的试验室、数字模型、岸基与海上试验技术相互配套的完整体系。

▶船舶优化节能技术

重点实现低阻船体主尺度与线型设计技术、船体附加水动力节能装置设计技术、船体上层建筑空气阻力优化技术、船体航行纵倾优化技术、低波浪失速船体线型设计技术、船底空气润滑降阻、降低空船重量的结构优化设计、船舶热能发电系统等技术的集成。

▶船舶推进装置设计技术

重点实现高效低噪声螺旋桨设计技术、POD-CRP 组合推进装置设计技术、螺旋桨/舵一体化设计技术、螺旋桨/船艉优化匹配设计技术、高效轮缘对转组合推进技术、叠叶双桨对转推进等技术合理集成。

▶减振降噪与舒适性技术

重点突破设备隔振技术、高性能船用声学材料、建造声学工艺与舾装管理、声振主动控制技术、舒适性舱室设计技术、结构声学设计技术、螺旋桨噪声控制技术等。

▶船舶智能设计制造技术

在实现国内外有关行业合作的基础上，通过互联网/物联网/e-技术/大数据/云计算等信息化技术的应用实现数值水池技术、船舶总体多学科优化（MDO）设计技术、基于风险设计的评估技术、基于大数据技术的船舶能效评估验证技术、船舶设计建造一体化设计 3D 技术、基于 3D 设计的虚拟现实（VR）试验验证技术，以及船舶智能制造一体化平台与大数据应用技术、船舶智能生产线集成技术、船舶车间智能管控技术、数据互联互通、智能建造工艺技术等在船舶设计、制造各环节的应用。

▶极地船舶与海洋工程装备关键技术

重点开展冰力学特性与冰水池试验、极地船舶大功率吊舱及推进器、冰水动力性能预报、冰载荷预报与结构设计、科考船舶极地智能管理技术、极地抗冰防寒与防污染技术等研究。

4. 关键材料

重点开展 EH47 以上的高强度钢材、钛合金材料、低温材料（大气温度≤-50℃）、轻型复合材料、环境友好型防污减阻新材料、高性能储能材料、耐磨材料、脐带缆用钢管、浅水用软管脐带缆，以及先进无损检测技术应用、激光焊等先进生产工艺的研究与开发。开展材料基因（组）方法的研究与应用。

5. 关键专用制造装备

▶船舶智能制造装备

重点开展用于船舶中间产品智能生产线上的船舶智能焊接装备、船舶智能打磨装备、船舶分段智能涂装机器人研究。

战略支撑与保障

（1）加大海洋工程装备及高技术船舶科研投入，开展重点装备和关键系统、设备研制，以及数字化、网络化、智能化技术应用研究。

（2）启动深远海技术重大工程，开展水下大型载人运载装备研制和应用示范。

（3）加大基础科研投入力度，增强基础科研数据库采集、分析能力；提高基础分析软件、方法的水平；加强国际标准研究和品牌能力建设。

（4）建立科学考察、工程应用、工业开发相结合的国家级大型深海装备应用保障基地，加强海洋工程装备基础科研和创新技术研发，在试验技术、测试技术、鉴证技术、认证技术、风险评估技术方面取得国内外同行认可。

（5）整合已有基础及国内优势科技力量，实施专项，分阶段研发船舶、海工装备、动力机电的设计、评估、制造和运行的自主软件体系，建立可持续发展的软件应用与维保机制。

技术路线图

海洋工程装备及高技术船舶技术路线图如图 4-1 所示。

项目		2015年—2020年	2020年—2025年	2025年—2030年
需求		海洋强国目标		
		两化融合不断深化		
		海事安全与环保要求日益严格，海洋权益维护日益紧迫		
		极地航道开通，极地、深海资源开发与争夺日益激烈		
		海洋食品、海洋新能源、海洋采矿等新兴行业不断成为经济新锐领域		
		2020年市场需求约1700亿美元	2021—2030年市场累计需求约为2万亿美元	
目标		步入世界造船强国行列	成为海洋工程装备及高技术船舶制造强国	具有引领世界海洋工程装备及高技术船舶发展的能力
		建成较为完善的海洋工程装备及高技术船舶设计、总装建造、设备供应、技术服务产业体系和标准规范体系	基本形成完善的海洋工程装备及高技术船舶设计、总装建造、设备供应、技术服务产业体系	为我国海洋资源开发、海洋货物运输、海洋科学研究、海洋权益维护等活动提供具有世界先进水平的装备
		骨干企业国际知名度不断提升	拥有五家以上的海洋科技装备国际知名制造企业	成为行业主要技术的引领者和重要标准的制定者，优势产品技术水平世界领先，弱势产品赶超国际先进水平
		构建船舶智能制造标准体系，开展智能制造新模式的试点示范	全面建成数字化、网络化、智能化、 绿色化设计制造体系	产业发展模式转为科技创新驱动型，海洋工程装备及高技术船舶由生产制造变为服务型制造
重点产品	海洋空间综合立体观测系统	开展部分海区试验应用	实现高性能运转和应用	
	海洋油气资源开发装备	开展海洋油气资源勘探开采与生产装备、水面支持装备等工程船舶与装置的集成创新试验应用	实现海洋油气资源勘探开采与生产装备、水面支持装备等工程船舶与装置的集成创新产业化应用	
		深水、超深水半潜式生产平台、大中型液化天然气浮式生产储卸装置、浮式钻井生产储卸装置、张力腿平台、深水立柱式平台、天然气水合物开发装备等的研制	实现产业化应用	
		水下生产系统、单点系泊装置、18缆以上深水物探船等生产辅助装备的研制与试验应用	实现产业化应用	
	深海矿产资源开发装备	多金属结核、富钴结壳、多金属硫化物等海底资源勘探、钻采及深海微生物基因采集与培育，相关船舶与装备的研制及部分实验应用		实现试验应用及部分产业化应用
	海洋可再生能源开发装备	海上太阳能、海上风能开发利用装备的研制	实现产业化应用	
		潮汐能、波浪能、温差能等海洋可再生能源开发利用装备的研制		实现产业化应用

图 4-1　海洋工程装备及高技术船舶技术路线图

项目		2015年—2020年—2025年—2030年		
重点产品	海上岛礁利用和安全保障装备	大型/超大型浮式保障基地、海上卫星发射平台的研制与应用	大型海上浮式空海港的研制与应用	
		海上执法指挥调度系统的研制与试验应用	海上执法指挥调度系统的高性能应用	
		岛礁中型浮式平台的研制与应用	远海岛礁开发建设施工装置、远海通信网络系统支撑平台的研制与应用	
	深海探测与作业装备	300吨级深海大型载人运载装备研制和应用示范	3000吨级小核动力深海大型载人运载装备系统总装集成	3000吨级小核动力深海大型载人运载装备系统应用
		深海地质、深海环境、深海生物、深海资源探测，原位研究与处理，深海工程作业施工等关键装备及系统的研制与试验应用	实现产业化应用	
		深海科考钻探船、深海探测作业保障平台、无人及载人潜水器等深海勘查作业装备的研制与试验应用	实现产业化应用	
	超级生态环保船舶	超级生态环保油船、散货船、集装箱船等国际航线、支线船舶，以及江海直达双燃料船舶的研制与试验应用	实现产业化应用	
	极地运输船舶、破冰船及海洋工程装备	适用不同冰级要求的极地油船、集装箱船等船舶研制		
		PC4冰级以上的极地运输船舶，满足PC2冰级的极地重型破冰船及冰区水下探测系统，适用于极地环境油气开采的钻井船和半潜钻井平台等海工装备	实现产业化应用	
	远洋渔业船舶、深远海渔业养殖/海洋食品与海洋医药装备	远洋金枪鱼捕捞船、深冷运输船、南极磷虾捕捞加工船舶、远海渔业养殖工船，以及渔探、捕捞、加工、深冷储藏、运输、养殖等设备的集成研制	实现产业化应用	
		特殊海况条件的深远海大型智能鱼类养殖装备和适合需求的海洋食品与海洋医药装备研制	实现装备产业化自主配套和应用	
	高性能执法作业船舶	高速化、多功能的新型海上公务执法船舶研制与试验应用	实现产业化应用	
		深远海救助船以及多功能打捞船舶等船型研制与试验应用	实现产业化应用	
	大型邮船及中小型经济邮船	开展15万总吨级大型邮船的建造技术研究	实现产业化应用	
		开展中小型经济邮船的自主设计技术研究	实现产业化应用	
	大型LNG燃料动力船	开展大型LNG燃料动力船研发	开展大型LNG燃料动力研制与试验应用	实现产业化应用

图 4-1 海洋工程装备及高技术船舶技术路线图（续）

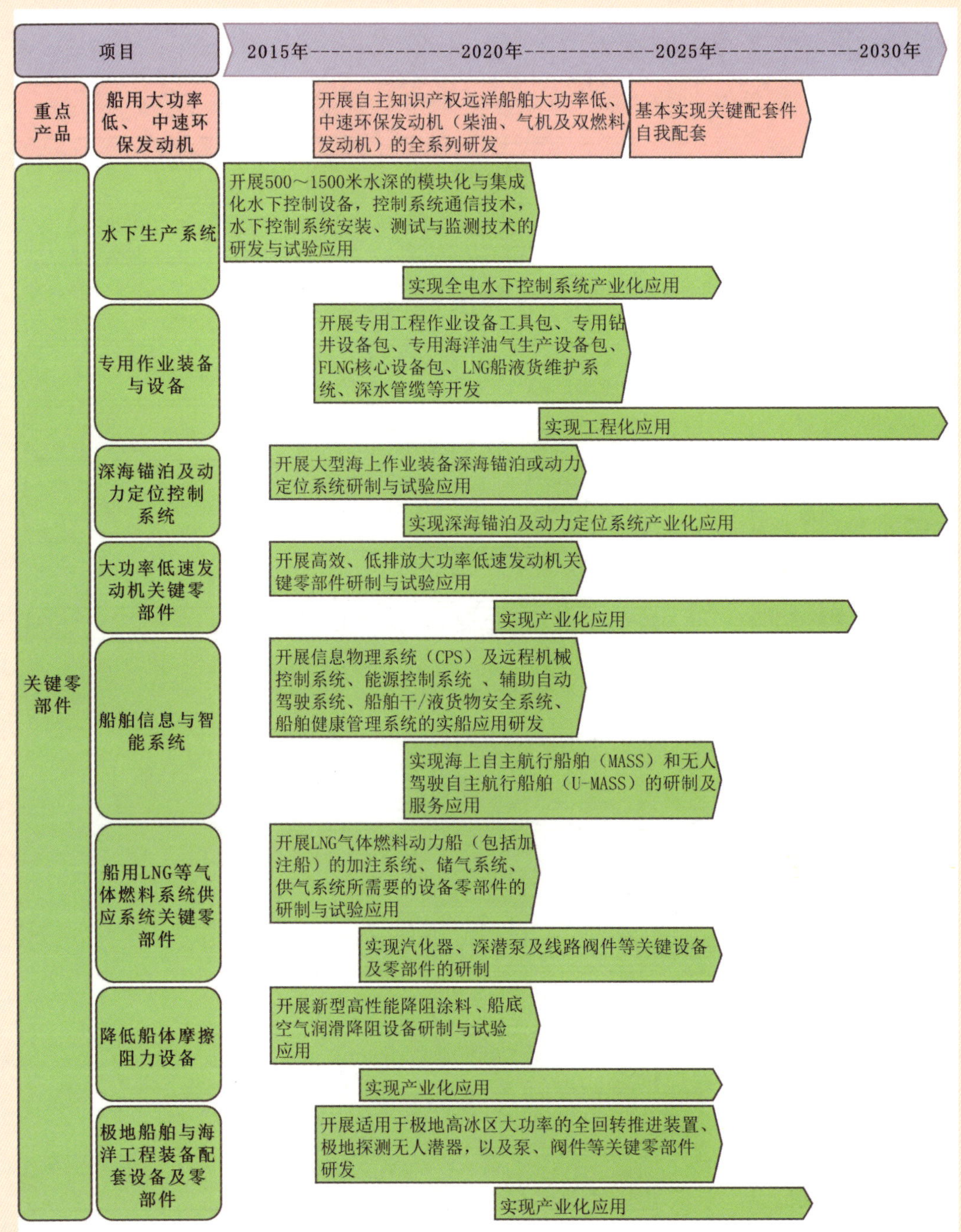

图 4-1 海洋工程装备及高技术船舶技术路线图（续）

项目	2015年--------------2020年------------2025年-------------2030年
关键共性技术	拓展目标型规范体系应用到各类大型货物运输船结构规范，提升船舶规范标准达到国际先进水平
	突破恶劣作业环境下所需的高能量密度、高可靠性、长寿命能源与储能技术
	突破深远海数据采集装备、数据传输装备、信息融合处理装备，以及数据应用服务装备等所需的信息传输关键技术
	突破水下安装定位技术、安装下放过程力学分析与数值计算、安装过程冲击分析技术等关键技术
	开展海洋浮式结构物及水下设备冰载荷、极限承载能力、风险分析理论与直接计算技术研究，提高浮式结构物及水下系统的可靠性和安全性
	攻克海洋结构物与航行体的水动力性能与总体设计技术，形成海洋装备水动力学数值模拟智慧系统
	开展船舶与海洋工程装备/主要配套设备海上实尺度测试、运动/安全性/生产状态在线监测及风险评估技术研究；开展主要配套设备海上试验技术与认证体系研究，形成适用于主要海洋工程配套设备的试验室、数字模型、岸基与海上试验技术相互配套的完整体系
	实现高效推进装置的技术集成
	重点突破双燃料发动机技术、气体发动机技术、风能助推技术
	重点突破设备隔振技术、高性能船用声学材料、建造声学工艺与舾装管理等
	重点突破声振主动控制技术、舒适性舱室设计技术、结构声学设计技术、螺旋桨噪声控制技术等
	通过互联网/物联网/e-技术/大数据/云计算等信息化技术的应用实现船舶智能设计制造技术
	重点开展冰力学特性与冰水池试验、极地船舶大功率吊舱及推进器、冰水动力性能预报等技术研究
关键材料	重点开展EH47以上的高强度钢材、钛合金材料、低温材料、轻型复合材料等，以及先进无损检测技术应用、激光焊等先进生产工艺高性能储能材料的研究与开发，开展材料基因（组）方法的研究与应用
	实现工程化应用
关键专用制造装备	重点开展用于船舶中间产品智能生产线上的船舶智能焊接装备、船舶智能打磨装备、船舶分段智能涂装机器人研究
	实现工程化应用
战略支撑与保障	加大海洋工程装备及高技术船舶科研投入
	启动深远海技术重大工程
	加大基础科研投入力度
	建立国家级大型深海装备应用保障基地
	分阶段研发船舶、海工装备、动力机电的设计、评估、制造和运行的自主软件体系

图 4-1 海洋工程装备及高技术船舶技术路线图（续）

5

先进轨道交通装备

轨道交通装备是我国高端装备“走出去”的重要代表。重点发展的产品是时速 400km 级高速轮轨客运列车系统、自导向城轨交通列车、时速 600km 以上高速磁浮运输工程化系统、混合动力机车、重载列车、时速 250km 级高速货运列车、新一代地铁列车、列车运行控制系统、区域轨道交通协同运输与服务成套系统装备。

先进轨道交通装备

轨道交通装备是国家公共交通和大宗运输的主要载体，属高端装备。先进轨道交通装备包含采用现代技术的干线轨道交通、区域轨道交通和城市轨道交通的运载装备、通号装备、运控装备、供电装备与路网装备。轨道交通装备制造业将重点围绕研制安全可靠、先进成熟、节能环保、互联互通的绿色智能谱系化产品，建立世界领先的现代轨道交通装备产业体系，实现全球化运营。

需求

我国是全球最大的轨道交通装备市场。预计“十三五”期间全国新建铁路不低于23000km，总投资不低于2.8万亿元，我国铁路装备需求将维持在高位。截至2018年末，我国在建53个城市的轨道交通建设，在建线路6374km，城市线路规模稳步增长，未来十年，城轨车辆平均年需求将超过5000辆。

全球轨道交通产业和轨道交通装备产业呈现出强劲的增长态势，据德国SCIVerkehr公司统计，全球轨道交通装备市场容量处于持续增长过程中，预计到2020年将突破2000亿欧元。

我国政府提出了“一带一路”倡议，沿线国家及辐射区域的互联互通工程建设将为我国轨道交通装备制造业带来可观的市场需求。

目标

到2020年，轨道交通装备研发能力和主导产品达到全球先进水平，行业销售产值超过6500亿元，境外业务比重超过30%，服务业比重超过15%，重点产品进入欧美发达国家市场。

到2025年，我国轨道交通装备制造业形成完善且具有持续创新能力的创新体系，在主要领域推行智能制造模式，主要产品达到国际领先水平，境外业务占比达到40%，服务业务占比超过20%，实现主导国际标准修订，建成全球领先的现代化轨道交通装备产业体系，占据全球轨道交通产业链的高端位置。

到2030年，我国轨道交通技术、设施、系统和装备的谱系化、多样化，以及融合化研发、试验和验证能力达到国际先进水平。

发展重点

1. 重点产品

▶时速 400km 级高速轮轨客运列车系统

研发运营时速 400km 级高速轮轨客运列车关键技术及跨国互联互通运营的适应性技术，建立相关的技术和产品标准体系，完成时速 400km 及以上高速轮轨客运列车系统研制。

▶自导向城轨交通列车

研发基于虚拟轨道导向运输的新型地面无障碍乘降城市轨道交通列车系统关键技术，形成相关的技术标准与规范，完成自导向运输装备研制。目标为内外噪声降低 3dB(A) 以上；单位定员重量降低 20%左右；最小曲线半径≤11m；爬坡能力≥13%；比配置相同的传统轨道交通系统，配套基础设施成本降低 50%以上。

▶时速 600km 以上高速磁浮运输工程化系统

研发磁浮交通系统车辆与核心部件、牵引供电与控制系统、运行控制系统、复杂环境下列车—轨道—隧道多元耦合与控制等关键技术，提出高速磁浮交通系统评估方法，建立系统技术指标体系，研制具有自主知识产权的时速 600km 以上的高速磁浮运输工程化系统。

▶混合动力机车

突破 3000 马力节能环保型内燃调车机车型式试验及运用考核，研制 3000 马力混合动力调车机车，推进更安全、更环保、更节能的引领性关键技术攻关，目标为（与传统内燃机车相比）节油 40%；减少氮氧化物 40%；

降低运行噪声 10dB(A)。

▶重载列车

研发大轴重货车低动力作用转向架、单元制动及车轮异常磨耗机理等关键技术；形成支撑我国综合物流体系的铁路货运服务技术体系和装备；实现 3 万吨级重载列车重大突破，具备重载运输成套系统装备的技术和产业能力。

▶时速 250km 级高速货运列车

研发高速货运列车承载系、走行系及货物状态实时检测、监测、保持、预警、在途管理等关键技术，形成货物状态实时监控与在途管理系统；形成高速货运列车设计、制造、运维一体化技术与装备体系；完成时速 250km 级高速货运列车研制。

▶新一代地铁列车

开展新一代地铁列车技术研究及其平台建设，研制高能效、低噪声、高适应性的新一代 A、B 型地铁列车，形成模块化、标准化、系列化城轨车辆产品。

▶列车运行控制系统

研究高速铁路网与普速铁路网跨网融合运行的 CTCS-1 级列控系统技术体系，并形成系列装备；研究时速 400km 以上高速列车运行控制系统解决方案及装备研制；研究形成高速磁浮列车运行控制系统；研究形成智能铁路列车调度指挥及控制系统；研究基于北斗卫星导航的下一代列车运行控制系统；研究全自动无人驾驶互联互通城市轨道交通列控系统；研究有轨电车智能控制系统；研究智能信号基础装备；研究工电一体化智能检测运维系统。

▶区域轨道交通协同运输与服务成套系统装备

突破区域轨道交通协同运输与综合服务关键技术，实现区域轨道交通网络的高效能一体化运输、协同安全保障与综合信息服务。研究一体化系统框架设计，构建大数据中心体系，研究协同运输组织、安全综合保障、智能信息服务子系统设备，研制一体化平台下的区域轨道交通协同运输与服务成套系统及核心装备。

2．关键零部件

▶传感器

突破适用于轨道交通系统领域传感器的信号探测、自诊断、微型化、集成化等关键技术；满足传感器网络扩展性、容错性能要求；研制集成化的多功能传感器。

▶功率半导体器件

重点突破硅基 IGBT、MOSFET 等先进功率半导体器件芯片技术瓶颈，推进国产硅基器件的应用和产业发展；推进碳化硅（SiC）、氮化镓（GaN）等下一代功率半导体器件的研制和产业化。

▶高速柴油机

突破活塞、活塞环、活塞销、带可调喷嘴（VTG）高压比增压器、电喷控制系统等技术，研制新一代燃烧效率高、排放水平高、功率大、体积小、重量轻的高速柴油机。

▶车轮车轴

突破车轮/车轴用钢的冶金质量控制、材料热处理工艺、耐磨和减振降噪性能试验评估等技术，实现重载、高速自主化车轮/车轴批量应用。

▶ 氢燃料电池

积极促进轨道交通车辆用高比功率、长寿命、强低温冷启动性能和低成本的氢燃料电池和动力型超级电容器技术研究和产品研制，实现公共交通储能式电力牵引技术产业化。

▶高效牵引供电装备

研究轨道交通地面牵引供电系统高效节能技术，开展覆盖 AC 25kV、DC 3000V/1500V/750V 等不同交直流牵引系统供电节能装置的研制，形成轨道牵引绿色供电体系。

▶高可靠性联轴器

突破联轴器锥度比值选型、表面粗糙度等基础关键技术，掌握鼓形齿、内齿套的材料热处理技术、制造加工技术和试验验证技术，实现工程化应用。

▶超大型、高参数齿轮及传动装置

掌握高性能设计与制造、轻量化开发、模拟服役试验、齿轮热处理、轻合金箱体铸造等核心技术，形成适合不同平台的谱系化齿轮传动产品。

▶减振器

研制垂向、横向、抗蛇行等减振器，突破批量生产工艺难点，提高质量稳定性，实现产品国产化。

3. 关键共性技术

▶列车绿色节能技术

开展新型储能技术和相关储能材料的应用技术研究，在此基础上开发列车多能源混合驱动及控制系统，实现列车能量的综合有效利用与转换。

▶高效能牵引传动技术

突破电力电子牵引变压器、高功率密度的牵引变流直驱式永磁同步传动系统等关键技术，实现轨道交通牵引传动技术的升级换代。

▶智能化关键技术

研发应用于轨道交通装备领域的智能感知、大数据分析、机器学习、智能机器人等关键应用技术，推进人工智能技术与轨道交通装备领域技术的融合。

▶自动驾驶技术

掌握自动驾驶技术，开展公交自动驾驶场景测试研究，加强智能网联汽车（智能汽车、自动驾驶、车路协同）研发，形成自主化全自动驾驶技术体系。

▶自适应转向架关键技术

研究列车转向架稳定性、安全性、舒适性、磨耗性能、轮轨力、噪声等多目标灵敏度分析技术；研发自适应悬挂系统；形成线路自适应轮轨转向架的设计、制造、试验等技术标准与体系。

▶磁浮交通系统关键技术

突破中、高速磁浮交通系统悬浮、牵引与控制核心技术，攻克运输组织与运行控制一体化集成技术，形成新一代中、高速磁浮交通核心技术体系及标准规范体系。

▶运维服务关键技术

开展智能化修程、修制研究，构建新型维保模式；开展产品管理与远程监控系统研究，构建全生命周期内的健康管理体系；开展制造装备维护及能效评价技术研究，形成评价标准。

▶设计、节能与环境友好技术

研究全生命周期成本关键要素辨识及分析方法，突破面向全生命周期成本的一体化设计技术、列车环境友好技术和能耗过程解耦与能效提升关键技术，形成工程化技术和标准规范体系。

▶安全保障技术

突破轨道交通系统运营状态全息化智能感知、快速辨识、风险评估、预警和应急处置技术，提高信息及网络安全；基于材料与结构的力学、理化、服役环境影响性能分析评估和功能设计理论研究，提升轨道交通装备耐碰撞、防火、防冰雪设计等本构安全性能；构建轨道交通系统全寿命周期 RAMSI 综合评估与保障技术体系。

4. 关键材料

▶碳纤维复合材料

掌握轻量化复合材料产品设计、仿真优化、成型工艺等核心技术，实现碳纤维复合材料在车体、转向架架构、司机室等车辆承载结构上的全面应用。

▶石墨烯及其复合材料

突破石墨烯及其复合材料的可控制备及改性，实现石墨烯基金属复合材料、石墨烯超级电容器、锂离子电池、透明柔性薄膜和有机聚合物太阳能电池材料等工程化应用。

战略支撑与保障

1．进一步完善和健全行业协调机制

完善行业协调机制，提高行业素质，加强行业自律，避免无序和恶性竞争，并对企业研发成果、资源利用等多方面进行评估，构建评价模型，建立评价激励机制。

2．提高创新能力

以企业为主体，产学研用相结合，有效集成创新能力资源，加强基础性、前瞻性技术研究，开展国家高速列车技术创新中心建设，实施“新一代先进轨道交通装备”产业创新发展工程。

3．构建国际标准体系

加强产品质量检验检测能力建设，加快培育第三方的专业检验检测和认证机构，建立和完善轨道交通装备产品认证制度。加强轨道交通装备标准的研究和修订工作，鼓励有实力的单位牵头制定国际标准。

4．支持国际化经营

加强对企业“走出去”的宏观指导和服务，引导有实力的制造企业抓住全球产业布局下的新机遇，有序走出去，开展绿地投资、并购投资、联合投资等，在境外设立研发机构、制造服务基地和市场营销网络。

技术路线图

先进轨道交通装备技术路线图如图 5-1 所示。

项目		2020年 ---- 2025年 ---- 2030年		
需求		我国经济发展和城镇化建设带来巨大的轨道交通建设需求，我国铁路、城市轨道交通建设规模长期保持高位增长		
需求		全球轨道交通装备产业呈现出强劲的增长态势，同时，我国政府正强有力推动“一带一路”战略实施，建设互联互通工程，将带来可观的海外市场需求		
目标		研发能力和主导产品达到全球先进水平	形成完善、具有持续创新能力的创新体系，在主要领域推行智能制造模式，主要产品达到国际领先水平，主导国际标准修订	技术、设施、系统和装备的谱系化、多样化，以及融合化研发、试验和验证能力达到国际先进水平
目标		行业销售产值超过6500亿元，境外业务比重超过30%，服务业比重超过15%，重点产品进入欧美发达国家市场	境外业务占比达到40%，服务业务占比超过20%，建成全球领先的现代化轨道交通装备产业体系，占据全球轨道交通产业链的高端位置	
重点产品	时速400km级高速轮轨客运列车系统	研制时速400km及以上高速轮轨客运列车系统	形成相关的技术和产品标准体系	
重点产品	自导向城轨交通列车	研制自导向运输装备	形成相关的技术标准与规范	
重点产品	时速600km以上高速磁浮运输工程化系统	突破关键技术	提出评估方法，建立系统技术指标体系，研制具有自主知识产权的高速磁浮运输工程化系统	
重点产品	混合动力机车	研制3000马力混合动力机车	建立电力机车行业技术标准	
重点产品	重载列车	研发关键技术	突破3万吨级重载列车，具备成套系统装备产业化能力	
重点产品	时速250km级高速货运列车	形成货物状态实时监控与在途管理系统	研制高速货运列车	
重点产品	新一代地铁列车	开展技术研究及平台建设	研制新一代A、B型地铁列车，形成模块化、标准化、系列化城轨车辆产品	
重点产品	列车运行控制系统	开展不同列车运行控制系统	形成系统技术标准体系	
重点产品	区域轨道交通协同运输与服务成套系统装备	研制区域轨道交通协同运输与服务成套系统及核心装备		

图 5-1　先进轨道交通装备技术路线图

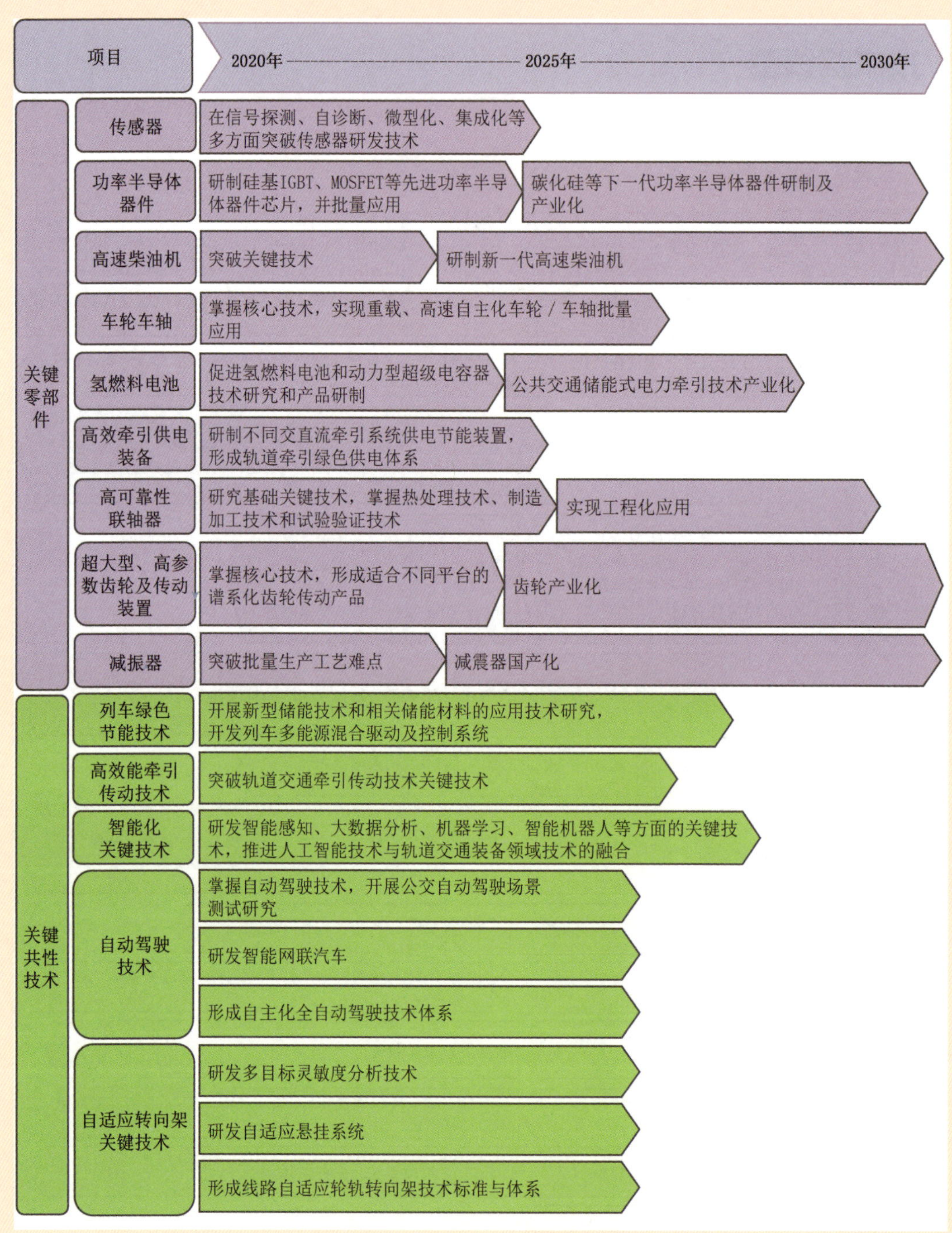

图 5-1 先进轨道交通装备技术路线图（续）

项目		2020年 —— 2025年 —— 2030年
关键共性技术	磁浮交通系统关键技术	突破核心技术，形成磁浮交通核心技术体系和标准规范体系
	运维服务关键技术	开展智能化修程、修制研究，构建新型维保模式
		构建全生命周期内的健康管理体系
	设计、节能与环境友好技术	突破设计、节能与环境友好技术，形成工程化技术和标准规范体系
	安全保障技术	突破运营状态全息化智能感知、快速辨识、风险评估、预警和处置技术
		提升装备耐碰撞、防火、防冰雪设计等本构安全性能
		构建轨道交通系统全寿命周期RAMSI综合评估与保障技术体系
关键材料	碳纤维复合材料	掌握轻量化复合材料产品设计、仿真优化、成型工艺等核心技术，实现碳纤维复合材料产业化应用
	石墨烯及其复合材料	突破石墨烯及其复合材料的可控制备及改性
		实现石墨烯基金属复合材料、石墨烯超级电容器和有机聚合物太阳能电池等工程化应用
战略支撑与保障		完善行业协调机制，构建评价模型，建立评价激励机制
		以企业为主体，产学研用相结合，有效集成创新能力资源，加强基础性、前瞻性技术研究，建设国家高速列车技术创新中心
		培育建立第三方的专业检验检测和认证机构，建立和完善轨道交通装备产品认证制度
		加强轨道交通装备标准的研究和修订工作，鼓励有实力的单位牵头制定国际标准
		引导有实力的制造企业抓住全球产业布局下的新机遇，有序走出去，开展绿地投资、并购投资、联合投资等，在境外设立研发机构、制造服务基地和市场营销网络

图 5-1 先进轨道交通装备技术路线图（续）

6

节能和新能源汽车

节能汽车

节能汽车重点发展的产品是节能内燃动力乘用车、混合动力乘用车、节能柴油商用车、混合动力商用车、替代燃料汽车。

新能源汽车

新能源汽车重点发展的产品是插电式混合动力汽车、纯电动汽车、燃料电池汽车。

智能网联汽车

智能网联汽车重点发展的产品是部分及有条件级自动驾驶汽车、高度自动驾驶商用车、智慧共享出行用车、车路协同信息交互与应用系统。

节能汽车

节能汽车是指以内燃机为主要动力，综合工况燃料消耗量优于下一阶段目标值的汽车。传统汽车在未来较长一段时期仍将在消费中占主体地位，因此推进节能汽车的大量普及对缓解我国能源与环境压力起着至关重要的作用。传统动力汽车技术的持续优化也是我国汽车工业缩短与世界先进水平差距并有利于新能源汽车发展和市场导入的重要举措。

需求

目前，车用汽柴油消费占全国汽柴油消费的比例已经达到55%左右，每年新增石油消费量的70%以上被新增汽车所消耗。伴随节能环保法规的不断加严，无论是国家层面、企业层面，还是用户层面，都对节能汽车提出强烈需求。近年来，汽车平均油耗持续下降，节能汽车的市场规模呈现快速提升态势。

目标

2020 年，形成以市场为推动、企业为主体、产学研用紧密结合的节能汽车产业体系。相比 2019 年，载重货车油耗水平降低 5%～8%，客车油耗水平降低 5%～10%；乘用车新车平均油耗优于 5L/100km（NEDC 工况）；国产乘用车在 2015 年的基础上实现整车轻量化系数降低 15%。

2025 年，相比 2019 年，载重货车油耗水平降低 8%～10%，客车油耗水平降低 10%～15%；乘用车新车平均油耗优于 5.2L/100km（WLTC 工况）；国产乘用车在 2015 年的基础上实现整车轻量化系数降低 20%。

发展重点

1. 重点产品

▶节能内燃动力乘用车

以小型节能乘用车的开发和大量普及为主，实现汽油机技术升级、能量损失减少、中低压助力与能量回收等技术在全系列乘用车产品的推广应用；2025 年，非混合动力乘用车平均油耗优于 6L/100km（WLTC 工况）。

▶混合动力乘用车

以 A 级以上混合动力乘用车的开发和普及为主，逐步实现混合动力技术在家庭用车、商务用车等全系列乘用车的推广应用；2025 年，混合动力乘用车平均油耗优于 4.5L/100km（WLTC 工况）。

▶节能柴油商用车

以节能型物流运输车等的大规模发展为主，实现高效动力总成、综合电子控制、轻量化、排放控制等技术在全系列商用车的推广应用。以综合燃料消耗位于前 20%的商用车为带动，形成中国特色节能品牌产品。

▶混合动力商用车

以混合动力城际客车的大规模发展为主，加快开发低成本、高节油度的城际客车及载货车的专用混合动力系统，并逐步实现大规模应用。

▶替代燃料汽车

实现天然气、甲醇等低碳燃料在商用车和乘用车上的大量应用。同时，加强电子控制单元、排放减少、气电混合动力、储气装置等方面的技术开发与应用，最终推出全生命周期碳排放优于汽柴油汽车的节能型产品。

2. 关键零部件

▶高效内燃机

乘用车汽油机热效率≥42%，轻型柴油机热效率≥44%，重型柴油机热效率≥48%；逐步掌握发动机高效燃烧机理及控制理论，持续开展发动机结构优化设计，研发应用电动 VVT 技术，逐步提升汽油机压缩比至 13:1。

▶高效内燃机关键部件

掌握电动 VVT 及电动气门技术、掌握 CVVL/DVVL 技术；突破电动增压技术和可变截面增压技术，实现产业化。

▶电子控制系统

加快电动发动机附件的应用，如电子水泵、电子调温器、电动压缩机、可变机油泵等，全面实现无刷风扇的应用与发动机 ECU 开环控制；陆续掌握油耗改进助手、智能玻璃等循环外技术并实现批量化应用，持续降低车载娱乐系统等电器的消耗。

▶混合动力电机/电池/专用发动机

开发阿特金森/米勒循环等专用发动机并持续提升性能水平，开发专用动力耦合机构；驱动电机功率密度达到 5.0kW/kg，电机控制器功率密度达到 40kW/L；持续优化混合动力系统构型。

▶中低压助力与能量回收系统

持续优化 48V 系统的制动能量回收、启停、电动助力等功能；一体化电机总成比功率≥1.5kW/kg，集成式功率单元实现功率密度≥11kW/L（含散热器），48V 电池系统功率达到 26kW，系统能量达到 0.85kW · h。

▶高效自动变速器

持续提升变速器传动效率；掌握 8 挡以上双离合器自动变速器研发及制造，突破无级变速器钢带技术，掌握 8 挡以上自动变速器研发及制造等。

▶自动变速器关键零部件

突破离合器总成、低噪声高压静音油泵、高频响电液耦合液压阀、液力变矩器技术，实现产业化发展。

▶轻量化零部件

车身、车身闭合件、内饰件、车轮、副车架、制动器、油箱等零部件广泛采用轻量化技术。

3. 关键共性技术

▶整车集成技术

突破可靠性设计技术；突破节能车系列化开发与匹配技术；突破整车智能热管理技术；突破轻量化材料整车应用评价技术。

▶动力技术

突破合适化增压直喷汽油机燃烧和控制技术；突破高效商用车柴油机燃烧和控制技术、突破乘用车先进柴油机技术；突破混合动力专用发动机开发及应用；突破排放后处理技术及控制技术；突破 48V 系统技术。

▶传动技术

突破高效自动变速器的开发和控制技术。

▶轻量化技术

突破轻质材料、复合材料汽车零部件性能分析、成形及连接等技术难题。

▶低阻力技术

突破内部机构优化、低黏度机油、低滚阻轮胎、低风阻正向设计优化等技术难题。

4. 关键制造技术与装备

▶动力系统制造装备

持续开发电控高压共轨柴油喷射系统制造技术与关键装备，掌握发动机与变速器壳体、轴齿类加工用高效精密数控机床及近净成形技术，开发基于自主化装备的成组成套生产线技术及自动化装配与检测技术。

▶动力电池生产制造装备

掌握影响电池质量水平的预涂系统、连续合浆系统、高速叠片系统、电池组高效组装系统等相关技术，开发智能化动力电池生产技术与装备，促进动力电池产品性能提升。

▶电驱动系统制造装备

开发电驱动系统的自动化生产装备以及混合动力制造集成技术，主要包括混合动力柔性集成系统，混合动力电控制造系统，混合动力在线检测系统。

▶车身制造装备

以超高强钢、铝合金、碳纤维轻质高强材料应用为方向，重点开发轻量化异种材质混合车身、基于国产机器人的伺服冲压成形、高效连接（激光焊接、铆接、黏接等）技术与装备，开发环保型涂装车间、基于智能化机器人装配的生产线等。

▶轻量化零部件制造装备

开发汽车轻量化零部件用高质量、长寿命、高精度模具/夹具，以及超高强度钢、玻璃纤维复合材料、碳纤维复合材料、玄武岩纤维复合材料高效先进成形（型）工艺与成形（型）装备，中空曲轴等动力系统、底盘系统的典型零部件加工成套装备；开发多材料车身（钢、铝合金、复合材料）、全铝车身及超轻车身自动化连接工艺等生产线与智能系统。

▶生产管控技术

开发车间设备、物流状态实时监测技术，车间自适应调度与排产技术，实现多品种、柔性化生产管控技术的应用。

▶大数据技术

开发三维模型、工艺数据传输技术，基于制造过程大数据突破工艺优化技术、生产可视化技术和质量管控技术。

▶虚拟现实技术

开发工厂布局与工艺仿真优化技术、智能化工厂物流及其仿真技术，突破混合现实技术在汽车生产中的应用。

战略支撑与保障

（1）完善“中国汽车道路行驶工况”，推进在各类车辆能耗和排放法规检验认证中的应用。

（2）完善知识产权保护政策法规，营造良好的创新发展环境，制定合理的分阶段乘用车和商用车油耗、排放限制标准。

（3）加快建立乘用车双积分交易机制及商用车积分管理办法，加快研究 CAFC 及 NEV 积分动态调节机制可行性。

（4）针对满足一定整备质量、轴距、节能效果、排放水平等条件的小型乘用车实施购置税优惠政策，根据节能环保度设置购置税减免力度，引导鼓励企业向高效、低排、小型化方向调整产品结构。

（5）支持关键共性技术研发，激励行业联合会建立节能汽车产业共性基础技术研究平台，完善行业交流平台建设，实现节能环保汽车技术提升。

（6）设立高效率动力总成、低摩擦、轻量化等技术专项，引导先进技术快速突破和推广应用，培育形成具有自主知识产权的产品，提升企业自主创新能力。

（7）加快突破混合动力系统关键技术，不断提升混合动力汽车自主研发水平，构建完善的混合动力汽车产业链体系，加强混合动力产品推广应用。

技术路线图

节能汽车技术路线图如图 6-1 所示。

项目		2020年	2025年	2030年
需求		石油资源消耗总量的限值推动节能汽车技术的需求		
		温室气体排放总量控制需求，环境保护的需求		
		消费者对节能、环保、安全、舒适、智能、低成本汽车的需求		
		不断加严的油耗限值及排放标准要求		
目标		乘用车新车平均油耗优于5L/100km(NEDC工况)	乘用车新车平均油耗优于5.2L/100km（WLTC工况）	乘用车新车平均油耗优于4.3L/100km（WLTC工况）
		相比2019年，载重货车油耗水平降低5%～8%，客车油耗水平降低5%～10%	相比2019年，载重货车油耗水平降低8%～10%，客车油耗水平降低10%～15%	相比2019年，载重货车油耗水平降低10%～15%，客车油耗水平降低15%～20%
		国产乘用车在2015年的基础上实现整车轻量化系数降低15%	国产乘用车在2015年的基础上实现整车轻量化系数降低20%	国产乘用车在2015年的基础上实现整车轻量化系数降低30%
重点产品	节能内燃动力乘用车	汽油机技术升级、能量损失减少、中低压助力与能量回收技术等推广应用		
		主要应用于小型节能乘用车	在全系列乘用车产品上实现推广应用	
		提前达到2020年乘用车油耗标准目标值	非混合动力乘用车油耗优于6L/100km（WLTC工况）	非混合动力乘用车油耗优于5.5L/100km（WLTC工况）
	混合动力乘用车	主要用于A级以上车型，在家庭用车、商务用车和出租车等车型上实现批量应用，混合动力乘用车新车占传统能源乘用车的80%		在家庭用车、商务用车和出租车等车型上实现大规模应用，混合动力乘用车新车占传统能源乘用车的90%
		混合动力乘用车平均油耗优于4.5L/100km（WLTC工况）		混合动力乘用车平均油耗优于4.0L/100km（WLTC工况）
	节能柴油商用车	综合燃料消耗位于前20%的商用车形成中国特色节能品牌产品		
		重型牵引半挂车风阻系数平均达到0.45～0.5；客车整车风阻较2019年降低8%～10%		重型牵引半挂车风阻系数平均达到0.4～0.45；客车整车风阻较2019年降低10%～15%
		开发单机版的可视化节油驾驶辅助系统		开发基于车联网、中控大屏的节油驾驶辅助

图 6-1　节能汽车技术路线图

项目		2020年	2025年	2030年
重点产品	节能柴油商用车	重型商用车队列行驶规模应用	实现智能化编队行车，道路示范运行	带编队行车功能的牵引车批产
	混合动力商用车	在城际客车上实现批量应用	在特定应用场景中重型载货汽车上实现批量应用	在普通客车、物流车、载货汽车上实现大规模应用
		加快开发低成本、高节油度的城际客车及载货车的专用混合动力系统，并逐步实现大规模应用		
		实现动力系统的专用化设计	控制策略和总成优化设计、附件电动化设计	
	替代燃料汽车	实现天然气、甲醇等低碳燃料在商用车和乘用车的示范应用		
		发展高性能替代燃料专用发动机		跟踪汽油机发动机技术进展，应用增压直喷、米勒循环等技术，实现高压缩比
		建立完善替代燃料热力学开发体系，形成成熟的燃烧分析等仿真技术、热力学试验能力		
		研发天然气的气电混合动力技术	在城市物流车、运营乘用车上推广使用气电混合动力技术	完善改良气电混合动力技术，提升节能效果，降低成本
		实现LNG气瓶阀、传感器自主生产，摆脱外资依赖	逐步提升自主部件的性能，比肩国际水准	
		加快研发高强度、低重量的CNG气瓶，为CNG提升压力提供技术支撑		
关键零部件	高效内燃机	乘用车汽油机热效率≥40%，轻型柴油机热效率≥42%，重型柴油机热效率≥46%	乘用车汽油机热效率≥42%，轻型柴油机热效率≥44%，重型柴油机热效率≥48%	乘用车汽油机热效率≥46%，轻型柴油机热效率≥46%，重型柴油机热效率≥50%
		逐步掌握发动机高效燃烧机制及控制理论，持续开展发动机结构优化设计		
		研发电动VVT及电动气门技术	掌握电动VVT及电动气门技术	成熟应用电动VVT及电动气门技术
		研究CVVL/DVVL	掌握CVVL/DVVL	成熟应用CVVL/DVVL
		汽油机压缩比实现12:1～13:1		汽油积压缩比实现14:1～16:1，掌握并应用可变压比技术
		逐步掌握低成本催化剂、催化器和GPF集成设计、二次空气、GPF再生、LNT、主被动式SCR等技术		

图 6-1　节能汽车技术路线图（续）

项目		2020年	2025年	2030年
关键零部件	高效内燃机关键部件	突破自主柴油共轨系统1800bar喷油技术与可变喷油规律技术	突破自主柴油共轨系统2000～2200bar喷油技术，实现高压共轨系统产业化，行业建立自主共轨产品批量生产能力	突破自主柴油共轨系统2500bar及以上喷油技术，实现超高压共轨系统产业化
		汽油机突破废气旁通阀电动执行器技术、双流道技术，形成批量生产能力	汽油机突破电动增压器技术和可变截面增压技术，实现产业化、形成批量生产能力	突破电辅助增压技术，形成产品开发和商品化能力
		柴油机采用废气旁通阀电动执行器，形成批量生产能力	柴油机突破可变增压器技术，形成批量生产能力	
		掌握并成熟应用热管理模块		
	电子控制系统	加快电动发动机附件的应用，如电子水泵、电子调温器、电动压缩机、可变机油泵等，全面实现无刷风扇的应用与发动机ECU开环控制		
		实现热泵空调+余热回收，实现智能格栅硬件及控制电机自主设计		实现热泵空调+VPI压缩机，实现智能格栅控制软件自主设计
		陆续掌握油耗改进助手、智能玻璃等循环外技术并实现批量化应用，持续降低车载娱乐系统等电器的消耗		
		研发客车电动增压器、BSG、DC/DC等48V系统核心部件，扩展发动机及整车附件电动化		
	混合动力电机/电池/专用发动机	成熟应用米勒循环/阿特金森循环、冷却EGR技术		突破并应用稀薄燃烧、快速燃烧等先进燃烧技术等
		开发专用动力耦合机构	机电耦合装置的传动效率达到95%	机电耦合装置的传动效率达到95.5%
		驱动电机功率密度达到4.0kW/kg，电机控制器功率密度达到30kW/L	驱动电机功率密度达到5.0kW/kg，电机控制器功率密度达到40kW/L	驱动电机功率密度达到6.0kW/kg，电机控制器功率密度达到50kW/L
		完全掌握电控逻辑单元自主开发及优化能力，通过怠速停机等策略实现整车节能减排		优化整车能量管理策略，开发具备驾驶习惯预测及辅助的整车控制自学习智能系统

图 6-1　节能汽车技术路线图（续）

项目		2020年	2025年	2030年
关键零部件	混合动力电机/电池/专用发动机	持续优化混合动力系统构型，发动机、电池以及整车的系统优化，提高混合动力整体系统的性价比		
	中低压助力与能量回收系统	持续优化48V系统的制动能量回收、启停、电动助力等功能		
		一体化电机总成比功率≥1.4kW/kg，比扭矩≥6N · m/kg	一体化电机总成比功率≥1.5kW/kg，比扭矩≥7N · m/kg	一体化电机总成比功率≥1.7kW/kg，比扭矩≥8N · m/kg
		集成式功率单元实现功率密度≥10kW/L（含散热器）	集成式功率单元实现功率密度≥11kW/L（含散热器）	集成式功率单元实现功率密度≥13kW/L（含散热器）
		系统功率达到16kW，系统能量达到0.45kW · h	系统功率达到26kW，系统能量达到0.85kW · h	系统功率达到39kW，系统能量达到1.1kW · h
	高效自动变速器	持续提升变速器的传动效率，并优化与发动机及整车的匹配应用，降低燃油消耗率		
		突破双离合器自动变速器、无级自动变速器和6挡以上自动变速器、自动机械式自动变速器等总成关键技术，并实现产业化	掌握8挡以上双离合器自动变速器研发及制造，突破无级变速器钢带技术，掌握8挡以上自动变速器研发及制造等	逐步掌握离合器、电磁阀等核心零部件开发及制造能力，研发9挡以上自动变速器，研发承载能力400N · m无级变速器等
	自动变速器关键零部件	离合器总成打破国外垄断，实现部分部件国产化		实现离合器摩擦材料国产化，总成80%实现国产
		电液耦合液压阀体打破国外垄断，开关阀国产化		电液耦合液压阀体，电磁阀和传感器实现国产
		液力变矩器，最高效率达到92%以上		
		高压静音油泵，噪声下降2dB（A）		
		逐步具备独立设计、开发、生产控制器（特别是控制器芯片）、数据采集设备的能力		
		持续开展变速器及传动系统NVH仿真及技术研究		

图 6-1　节能汽车技术路线图（续）

项目		2020年 ------ 2025年 ------ 2030年	
关键零部件	轻量化零部件	乘用车车身：碰撞安全件较多采用热成形钢；结构件采用第三代钢和先进高强钢，部分采用热成形钢，复合材料结构补强技术有所应用；覆盖件以高强IF和BH为主，发盖、前保横梁等部分采用铝合金，前端模块采用塑料复合材料	乘用车车身的碰撞安全件更多采用热成形钢，高强铝合金和碳纤维复材有一定应用；结构件以钢为主，部分采用高压铸造铝合金或碳纤维复合材料；覆盖件以高强IF和铝合金为主，加大铝合金在发动机罩盖、前保横梁等零件上的应用，前端模块部分采用镁合金
		乘用车底盘的副车架：先进高强钢冲压焊接为主，液压成形高强钢、低压铸造铝合金和挤压焊接铝合金有所增加；控制臂：单片式高强钢控制臂为主，少量锻造铝合金控制臂，部分钢塑复合控制臂；转向节：以铸铁为主，铝合金应用比例增加，部分采用高强度铸铁、ADI；车轮：旋压铸造铝合金比例增加，少量高强度钢轮毂；弹簧类：普通高强度钢螺旋弹簧或板簧	乘用车底盘的副车架：先进高强钢冲压焊接为主，液压成形高强钢、低压铸造铝合金和挤压焊接铝合金继续增加；控制臂：单片式高强钢和锻造铝合金控制臂为主，钢塑复合和低压铸造铝合金控制臂有所增加；转向节：以低压铸造铝合金为主，部分采用高强度铸铁；车轮：旋压铸造铝合金继续增加，少量镁合金轮毂；弹簧类：普通高强度钢螺旋弹簧或板簧为主，高强度钢或复合材料弹簧比例增加
		货车车身：700MPa先进高强度钢空间框架；高强钢热成形A柱、前横梁；高强钢辊压变截面地板纵梁；不等厚高强钢整体地板；700～1200MPa级高强钢货箱	货车车身：1000MPa级先进高强度钢空间框架；高强钢热成形铰链加强板、门槛、门内板等；高强钢辊压顶盖横梁、纵梁；高强钢辊压变截面不等厚地板纵梁、横梁及座椅加强梁；500MPa高强钢车门外板；铝合金货箱

图 6-1　节能汽车技术路线图（续）

项目		2020年 —— 2025年	—— 2030年
关键零部件	轻量化零部件	货车底盘的车架：700MPa级辊压或局部加强车架；制动盘：高性能铸铁制动盘；转向节：ADI球墨铸铁；悬架：高应力变截面少片簧悬架；车轮：高强度钢车轮、锻造铝合金车轮；传动轴：钢制、铝合金拉拔管式传动轴；车桥：高强度钢冲焊桥壳，铸造桥壳；油箱、储气筒：铝合金、非金属	货车底盘的车架：980MPa级辊压梁或者钢铝混合车架，液压胀型车架；制动盘：复合材料制动盘；转向节：锻造铝合金；悬架：复合材料板簧悬架；车轮：旋铸铝合金车轮；传动轴：铝合金、碳纤维复材传动轴；车桥：高强球墨铸铁桥壳，高强空心半轴；油箱、储气筒：铝合金或非金属
		客车车身：高强钢全承载骨架底架，变截面冲压车架纵梁，钢铝复合公交车身骨架	客车车身：功能集成高强钢全承载骨架底架，结构功能集成辊压激光焊接纵梁，全铝公交车身骨架
关键技术	整车集成技术	可靠性设计技术	
		节能乘用车系列化开发与匹配技术	
		整车智能热管理技术	
		轻量化材料整车应用评价技术	
	动力技术	合适化增压直喷汽油机燃烧和控制技术	
		乘用车先进柴油机技术	
		商用车柴油机燃烧和控制技术	
		混合动力专用发动机开发及应用	
		排放后处理技术和控制技术的研究及应用	
		48V系统技术的研究及产业化	
	传动技术	高效自动变速器开发技术	
		高效自动变速器控制技术	
	轻量化技术	基于成本约束和工艺实现的结构-性能一体化设计方法、基于疲劳寿命的承载件轻量化设计方法	铝合金车身覆盖件的设计方法、薄壁铝合金/镁合金结构件的设计方法

图 6-1 节能汽车技术路线图（续）

项目		2020年————2025年————2030年	
关键技术	轻量化技术	超高强度钢材料稳定性调控、成形、连接和评价关键技术	大尺寸挤压铝合金件、薄壁铸造铝合金/镁合金件、车身覆盖件成形质量控制、连接和评价关键技术
		铝合金、镁合金、工程塑料及复合材料性能提升技术	车用工程塑料与复合材料性能和成形效率提升技术
	低阻力技术	掌握先进低摩擦技术开发能力，持续降低整车摩擦能量损失	
		持续开展曲柄连杆机构的优化设计，同步实现轻量化，降低摩擦损失	
		开发GF-6节能汽油机油	开发5W/0W-20低黏度GF-6机油
		研发低滚阻轮胎	持续研发轮毂结构尺寸
		掌握低风阻正向设计和优化能力	
		同等车型整车风阻系数普遍降低10%以上	
		合作研发DLC技术	
		与低内阻相关的CAE模拟计技术研究	
		集测试、验证、仿真、优化等于一体的低风阻研究平台	
关键制造技术与装备	动力系统制造装备	持续开发电控高压共轨柴油喷射系统制造技术与关键装备，掌握发动机与变速器壳体、轴齿类加工用高效精密数控机床及近净成形技术	开发基于自主化装备的成组成套生产线技术及自动化装配与检测技术
	动力电池生产制造装备	掌握影响电池质量水平的预涂系统、连续合浆系统、高速叠片系统、电池组高效组装系统等相关技术	开发智能化动力电池生产技术与装备，促进动力电池产品性能提升
	电驱动系统制造装备	开发电驱动系统的自动化生产装备以及混合动力制造集成技术，主要包括混合动力柔性集成系统，混合动力电控制造系统，混合动力在线检测系统	
	车身制造装备	以超高强钢、铝合金、碳纤维轻质高强材料应用为方向，重点开发轻量化异种材质混合车身、基于国产机器人的伺服冲压成形、高效连接（激光焊接、铆接、黏接等）技术与装备	开发环保型涂装车间、基于智能化机器人的装配生产线等
	轻量化零部件制造装备	开发汽车轻量化零部件用高质量、长寿命、高精度模具/夹具，以及超高强度钢、玻璃纤维复合材料、碳纤维复合材料、玄武岩复合材料高效先进成形工艺与成形装备，中空曲轴等动力系统、底盘系统的典型零部件加工成套装备；开发多材料车身（钢、铝合金、复合材料）、全铝车身及超轻车身自动化连接工艺等生产线与智能系统	

图 6-1　节能汽车技术路线图（续）

<table>
<tr><td colspan="2">项目</td><td colspan="3">2020年 —— 2025年 —— 2030年</td></tr>
<tr><td rowspan="3">关键制造技术与装备</td><td>生产管控技术</td><td colspan="2">车间设备、物流状态实时监测技术、车间自适应调度与排产技术</td><td>实现多品种、柔性化生产管控技术的应用</td></tr>
<tr><td>大数据技术</td><td>制造装备及设备设施三维模型、基于工业互联网的数据传输技术</td><td>基于制造过程大数据突破工艺优化技术</td><td>基于工厂数字化的生产可视化技术和质量管控技术</td></tr>
<tr><td>虚拟现实技术</td><td colspan="2">工厂布局与工艺仿真优化技术、智能化工厂物流及其仿真技术</td><td>混合现实技术在汽车生产中的应用</td></tr>
<tr><td colspan="2" rowspan="7">战略支撑与保障</td><td colspan="2">完善“中国汽车道路行驶工况”，推进在各类车辆能耗和排放法规检验认证中的应用</td><td>持续开展工况数据采集和工况研究工作，加快推进“中国汽车道路行驶工况”标准制定和测试规程的制定</td></tr>
<tr><td colspan="3">完善知识产权保护政策法规，营造良好的创新发展环境，制定合理的分阶段乘用车和商用车油耗、排放限制标准</td></tr>
<tr><td>加快建立乘用车双积分交易机制及商用车积分管理办法</td><td colspan="2">加快研究乘用车及商用车CAFC积分及NEV积分动态调节机制可行性，根据技术先进度及发展阶段，对积分进行合理赋值</td></tr>
<tr><td colspan="2">针对满足一定整备质量、轴距、节能效果、排放水平等条件的小型乘用车实施购置税优惠政策，根据节能环保度设置购置税减免力度，引导鼓励企业向高效、低排、小型化方向调整产品结构</td><td>综合考虑车型排量、能耗、排放、级别等多元因素，进一步细化消费税征收条件，适时调整征收机制打通混合动力汽车、小型车等在购置税、车船税等方面的政策调整渠道，促进节能环保车型推广应用</td></tr>
<tr><td colspan="3">支持关键共性技术研发，激励行业联合会建立节能汽车产业共性基础技术研究平台，完善行业交流平台建设，实现节能环保汽车技术提升</td></tr>
<tr><td colspan="3">设立高效率动力总成、低摩擦、轻量化等技术专项，引导先进技术快速突破和推广应用，培育形成具有自主知识产权的产品，提升企业自主创新能力</td></tr>
<tr><td colspan="3">加快突破混合动力系统关键技术，不断提升混合动力汽车自主研发水平，构建完善的混合动力汽车产业链体系，加强混合动力产品推广应用</td></tr>
</table>

图 6-1　节能汽车技术路线图（续）

新能源汽车

新能源汽车是指采用新型动力系统，完全或主要依靠新型能源驱动的汽车，主要包括纯电动汽车、插电式混合动力汽车和燃料电池汽车。

新能源汽车的大规模发展是有效缓解我国能源与环境压力，推动汽车产业技术创新与转型升级的重要战略举措。

需求

近年来，新能源汽车呈现快速发展态势。2018 年新能源汽车在我国汽车市场整体下行的形势下逆势增长，生产 127.0 万辆，销售 125.6 万辆，产销双双超百万辆，比 2017 年同期分别增长 59.9%和 61.7%。其中，纯电动汽车产销分别完成 98.6 万辆和 98.4 万辆，比上年同期分别增长 47.9%和 50.8%；插电式混合动力汽车产销分别完成 28.3 万辆和 27.1 万辆，比 2017 年同期分别增长 121.9%和 116.8%；燃料电池汽车产销均完成 1527 辆，规模进一步扩大。中国已连续数年保持全球第一大新能源汽车市场地位。预计汽车产业碳排放总量将在 2030 年之前达到峰值，且随着新能源汽车在家庭用车、公务用车、公交客车、出租车和物流用车等领域的大量普及，到 2030 年，新能源汽车将成为主流产品，我国汽车产业基本实现电动化、智能化转型。

目标

到 2020 年，初步建成以市场为导向、企业为主体、“产、学、研、用”紧密结合的新能源汽车产业体系。新能源汽车年销量占总销量的 7%～10%；打造明星车型，进入全球销量排名前 10，新能源客车实现批量出口；动力电池、驱动电机等关键系统达到国际先进水平。其中，燃料电池汽车保有量 8000～10000 辆。充电端口总数超过 180 万，保持规模全球领先；建立若干个具有一定规模的无线充电试验示范区域或线路，完成商业化实用性验证。

到 2025 年，形成自主可控完整的产业链，与国际先进水平同步的新能源汽车年销量占总销量的 15%～25%；拥有 2 家在全球销量进入前 10 名的一流整车企业，海外销售占总销量的 10%；其中，燃料电池汽车运行车辆 5 万～10 万辆。继续推动充电基础设施建设，完成纯电动汽车和插电式混合动力汽车、融合风光发电的智能电网的整体联网的区域试点，无线充电技术水平进一步提升。

到2030年，自主产业链发展完善，新能源汽车年销量占总销量的40%～50%；主流自主企业新能源汽车技术国际领先，自主产品美誉度与国际品牌接轨，成功培育具有国际领先水平的新能源汽车零部件企业，新能源汽车性能和产品竞争力得到大幅提升；其中，燃料电池汽车保有量80万～100万辆。建成慢充桩端口达7000万端以上（含自有桩及公共桩），公共快充端口（含专用车领域）达128万端，推广车辆与电网双向互动技术，充储放一站式电能交易得到应用，无线充电产品实现小型化、实用化。

发展重点

1. 重点产品

▶插电式混合动力汽车

实现插电式混合动力技术在紧凑型以上的私人乘用车、公务用车以及其他日均行驶里程适中的使用领域中的批量应用。技术领先的典型紧凑型插电式混合动力车型在电量维持模式条件下油耗不超过4L/100km。

▶纯电动汽车

实现纯电动技术在乘用车和短途商用车领域的大批量应用。技术领先的典型紧凑型纯电动乘用车CLTC综合工况电耗小于10.5kW · h/100km；技术领先的典型纯电客车CHTC综合工况电耗小于60kW · h/100km。

▶燃料电池汽车

在城市物流用车、公共服务用车领域实现区域大批量应用。通过优化燃料电池系统结构设计，加速关键部件国产化，大幅降低燃料电池系统成本，全面提升整车性能。

2. 关键零部件

重点推进电机、电池、逆变器等关键核心零部件自主化，满足新能源汽车产业的发展需求。

▶驱动电机

乘用车电机比功率≥6kW/kg。

▶电机控制器

电机控制器实现功率密度不低于 50kW/L，逆变器综合性能达到国际先进水平。

▶动力电池系统

纯电动汽车用动力电池单体比能量达到 500W · h/kg 以上，成本降至 0.5 元/W · h；系统比能量达到 350W · h/kg，成本降至 0.8 元/W · h，循环寿命达到 2000 次，日历寿命 10 年。

▶机电耦合装置

纯电驱动系统最高机械传动效率达到 94%以上，插电式混合动力汽车机电耦合总成最高机械传动效率大于 95.5%。

▶增程式发动机

增程式发动机最低比油耗降至 220g/kW · h 以下。

▶高压总成

直流—直流变换器（DC-DC）、充电器系统效率达到 95%以上，高压继电器、熔断器实现小型化、低成本；实现新型导体材料线束及电连接技术的应用。

▶整车控制器

整车控制器达到与信息化、智能化融合的目标。

▶燃料电池系统及电堆

乘用车燃料电池电堆比功率达到 6kW/L，寿命 8000h；商用车燃料电池电堆比功率达到 3kW/L，寿命 30000h。

▶轻量化车身

先进轻量化材料在新能源汽车上的应用率达到 50%，多种轻量化材料成本降低，其中碳纤维车身制造技术与生产能力达到国际领先水平。

▶车载高压储氢系统

高效车载储氢技术实现应用，质量储氢率达到 6.5%，体积储氢密度达到 65g/L。

3. 关键共性技术

▶整车集成技术

实现整车智能控制技术与信息化、智能化相融合，下一代电动汽车动力系统研发取得突破性进展。

▶电驱动系统技术

突破新型集成式驱动电机总成、可高压化的高速电机技术，突破基于第三代宽禁带半导体封装的高集成度逆变器技术和新构型、新材料电机技术等多项技术难题。

▶能量存储系统技术

研发新体系电池和电池管理技术。

▶燃料电池系统技术

实现燃料电池关键材料、部件的批量国产和降本。

▶高压电气系统技术

持续研发超快速充电技术；车辆与电网双向互动（V2G）技术在大型城市智能停车场推广；无线充电产品实现小型化实用化；突破新导体材料高压电连接等技术难题。

4. 关键材料

▶动力电池关键材料

开发高容量/高电压正极材料、高容量负极材料、安全性/高电压电解质（液）、全固态电解质、高熔点隔膜等关键材料。重点解决材料结构稳定性、热稳定性、性能衰减等问题。

5. 关键专用制造装备

▶动力电池及关键材料的制造装备

实现生产制造单一工序自动化、生产制造控制及管理系统一体化、生产制造过程中的信息化管理和生产过程可视化，建立动力电池及关键材料数字化工厂。

战略支撑与保障

（1）在国家层面形成产业间联动的新能源汽车自主创新发展规划，设立新能源汽车产业创新与示范基金。

（2）制定持续可行的新能源汽车财税鼓励政策，强化新能源汽车双积分政策的实施效果预评估。

（3）推动建立新能源汽车产业共性基础技术创新平台。

（4）组建新能源技术创新联盟，搭建关键零部件测试评价平台及行业基础数据库平台。

（5）完善相关标准法规体系，加强检测评价能力建设。

（6）加强充电站、加氢站、无线充电等基础设施建设。

（7）形成新能源汽车与智能网联汽车、智能电网、智慧城市建设及关键部件、材料等的协同发展机制。

技术路线图

新能源汽车技术路线图如图 6-2 所示。

项目		2020年	2025年	2030年
需求		汽车产业碳排放总量先于国家碳减排承诺和产业规模，在2030年之前达到峰值		
		建立安全、高效、便携、绿色的智慧出行体系，引领全球汽车智慧出行变革，率先形成汽车—交通—能源—城市融合发展的新兴产业生态		
		新能源汽车逐渐成为主流产品，汽车产业基本实现电动化、智能化转型		
		技术创新体系成熟，持续创新能力和零部件产业具备国际引领能力		
目标		新能源汽车年销量占总销量的7%～10%，燃料汽车保有量8000～10000辆	新能源汽车年销量占总销量的15%～25%，燃料电池汽车运行5万～10万辆	新能源汽车年销量占总销量的40%～50%，燃料电池汽车保有量80万～100万辆
		打造明星车型，进入全球销量排名前10，新能源客车实现批量出口	2家在全球销量进入前10名的一流整车企业，海外销售占总销量的10%	主流自主企业的新能源汽车技术国际领先
		整车平均故障间隔里程达到2万km	自主产品美誉度与国际品牌接轨，质量排名处于前列	
		动力电池、驱动电机等关键系统达到国际先进水平；实现燃料电池关键材料批量化生产的质量控制和保证能力	动力电池、驱动电机等关键系统实现批量出口；燃料电池高品质关键材料、零部件实现国产化和批量供应	培育具有国际领先水平的新能源汽车零部件企业
		突破整车构型、性能控制、能量管理、轻量化等整车集成关键技术	与汽车轻量化、信息化、智能化同步规划、融合发展、协同创新，并成为新技术先导应用的载体	
重点产品	插电式混合动力汽车	在紧凑型以上的私人乘用车、公务用车以及其他日均行驶里程较短的使用领域实现批量应用		紧凑型以上的私人乘用车、公务用车以及其他日均行驶里程较短的使用领域实现大规模应用
		城市工况纯电行驶加速性能接近传统车水平，技术领先的典型紧凑型插电式混合动力车型在电量维持模式条件下油耗不超过5L/100km	技术领先的典型紧凑型插电式混合动力车型在电量维持模式条件下油耗不超过4.3L/100km	技术领先的典型紧凑型插电式混合动力车型在电量维持模式条件下油耗不超过4L/100km

图 6-2　新能源汽车技术路线图

项目		2020年	2025年	2030年
重点产品	纯电动汽车	在紧凑型及以下乘用车的城市家庭用车、租赁服务、公务车实现批量应用；在公交客车、市政卡车、短途物流车以及其他特定市场、特定用途等领域实现大批量应用	在中型及以下乘用车的城市家庭用车、租赁服务、公务车实现大批量应用	在高端商务、专用场地、短途商用车上实现大批量应用
		乘用车：技术领先的典型紧凑型纯电动车型综合工况电耗小于12kW · h/100km（CLTC）	乘用车：技术领先的典型紧凑型纯电动车型综合工况电耗小于11kW · h/100km（CLTC）	乘用车：技术领先的典型紧凑型纯电动车型综合工况电耗小于10.5kW · h/100km（CLTC）
		公交客车：技术领先的典型纯电客车（车长12 m）综合工况电耗小于70kW · h/100km（CHTC）	公交客车：技术领先的典型纯电客车（车长12 m）综合工况电耗小于65kW · h/100km（CHTC）	公交客车：技术领先的典型纯电客车（车长12 m）综合工况电耗小于60kW · h/100km（CHTC）
	燃料电池汽车	在特定区域的公共服务用车领域小规模示范应用	在城市物流用车、公共服务用车领域实现区域大批量应用	
		乘用车耐久性达到10万km，续驶里程达到500 km，冷起动温度达到-20℃	乘用车耐久性达到25万km，续驶里程达到650 km，冷起动温度达到-30℃	乘用车耐久性达到30万km，续驶里程达到800 km，冷起动温度达到-40℃
		商用车耐久性达到20万km，续驶里程达到400 km，冷起动温度达到-20℃	商用车耐久性达到40万km，续驶里程达到500 km，冷起动温度达到-30℃	商用车耐久性达到100万km，续驶里程达到800 km，冷起动温度达到-40℃
		开发燃料电池关键材料及部件	掌握双极板、膜电极等关键材料部件制造工艺	全面实现燃料电池关键材料、电堆等产品国产化

图 6-2 新能源汽车技术路线图（续）

项目		2020年	2025年	2030年
关键零部件	驱动电机	乘用车电机比功率≥4kW/kg	乘用车电机比功率≥5kW/kg	乘用车电机比功率≥6kW/kg
		高性能磁钢、成形绕组、汇流排、磁钢定位封装等先进工艺材料	低损耗硅钢、低无重稀土磁钢、高速轴承、高线速度密封件、耐高频高压绝缘材料、低黏度润滑油等核心零部件技术	
	电机控制器	功率密度达到30kW/L	功率密度达到40kW/L	功率密度达到50kW/L
		绝缘栅双极型晶体管（IGBT）模块具备自主供给能力，逆变器性能和可靠性达到国际主流水平	6英寸SiC芯片具备批量生产能力，逆变器综合性能达到国际主流水平	建立8英寸碳化硅芯片产业，逆变器综合性能达到国际先进水平
	动力电池系统	单体比能量达到300W·h/kg 系统比能量达到200W·h/kg	单体比能量达到400W·h/kg 系统比能量达到260W·h/kg	单体比能量达到500W·h/kg 系统比能量达到350W·h/kg
		单体使用寿命达到2000次/10年，系统使用寿命达到2000次/10年		
		单体成本低于0.6元/W·h 系统成本低于1.0元/W·h	单体成本低于0.55元/W·h 系统成本低于0.8元/W·h	单体成本低于0.5元/W·h 系统成本低于0.8元/W·h
	机电耦合装置	纯电驱动系统最高机械传动效率大于92.5%	纯电驱动系统最高机械传动效率大于93.5%	纯电驱动系统最高机械传动效率大于94%
		插电式混合动力汽车机电耦合总成最高机械传动效率大于93%	插电式混合动力汽车机电耦合总成最高机械传动效率大于95%	插电式混合动力汽车机电耦合总成最高机械传动效率大于95.5%
	增程式发动机	发动机最低比油耗小于230g/kW·h	发动机最低比油耗小于225g/kW·h	发动机最低比油耗小于220g/kW·h
		可靠性、安全性、NVH等性能满足车用需求		

图 6-2 新能源汽车技术路线图（续）

项目		2020年	2025年	2030年
关键零部件	高压总成	直流-直流变换器（DC-DC）总成效率达到92%、充电器系统效率达到92%	直流-直流变换器（DC-DC）、充电器系统效率达到95%以上	
		高压继电器、熔断器耐压等级提高、载流能力提升	高压继电器、熔断器小型化、低成本	
		高压铝导线的技术应用，重量降低25%，成本降低30%	实现高压铝导线的大批量应用	实现新型导体材料的线束及电连接技术的应用
	整车控制器	插电式混合动力汽车、纯电动汽车整车控制器	具备与全球定位系统、地理信息系统和智能交通系统相结合的智能行驶控制功能的插电式混合动力汽车、纯电动汽车整车控制器	与信息化、智能化融合的整车控制器
		燃料电池汽车整车控制器		
	燃料电池系统及电堆	乘用车燃料电池发动机功率密度500W/L，系统效率50%，寿命达到5000h	乘用车燃料电池发动机功率密度600W/L，系统效率55%，寿命超过5000h	乘用车燃料电池发动机功率密度800W/L，系统效率60%，寿命达到7000h
		商用车燃料电池发动机功率密度250W/kg，系统效率50%，寿命达到10000h	商用车燃料电池发动机功率密度350W/kg，系统效率55%，寿命达到15000h	商用车燃料电池发动机功率密度450W/kg，系统效率60%，寿命达到30000h
		乘用车燃料电池电堆比功率达到3kW/L，寿命达到5500h	乘用车燃料电池电堆比功率达到4kW/L，寿命超过5500h	乘用车燃料电池电堆比功率达到6kW/L，寿命达到8000h
		商用车燃料电池电堆比功率达到2kW/L，寿命达到11000h	商用车燃料电池电堆比功率达到2.5kW/L，寿命达到16500h	商用车燃料电池电堆比功率达到3kW/L，寿命达到30000h
		高性能紧凑型无油空气压缩机最高压缩比≥3.0	高集成度燃料电池专用空气供应系统，具备空气压缩、冷却、气体再循环等功能，最高压比≥4.0	
	轻量化车身	在新能源汽车上实现小批量应用	先进轻量化材料应用率达到30%	先进轻量化材料应用率达到50%
		复合材料/混合材料技术，降低成本，提高性能，实现批量稳定生产	低成本技术，大规模生产应用	碳纤维车身制造技术与生产能力国际领先

图 6-2　新能源汽车技术路线图（续）

<table>
<tr><th colspan="2">项目</th><th>2020年</th><th>2025年</th><th>2030年</th></tr>
<tr><td rowspan="6">关键零部件</td><td rowspan="3">车载高压储氢系统</td><td>70MPa Ⅲ型高压瓶应用</td><td>70MPa Ⅳ型高压瓶应用</td><td>高效车载储氢技术</td></tr>
<tr><td>质量储氢密度4.0%</td><td>质量储氢密度5.5%</td><td>质量储氢密度6.5%</td></tr>
<tr><td>体积储氢密度20g/L</td><td>体积储氢密度35g/L</td><td>体积储氢密度65g/L</td></tr>
<tr><td rowspan="3">其他部件</td><td>协调式制动能量回收系统</td><td>基于线控技术的制动能量回收系统</td><td>新型电动车制动系统</td></tr>
<tr><td>电动助力转向系统</td><td colspan="2">电动化、智能化相融合的转向系统</td></tr>
<tr><td>基于热泵的电动车空调系统</td><td>车室和电池一体化的电动车空调系统</td><td>新型高效环保电动车空调系统</td></tr>
<tr><td rowspan="10">关键共性技术</td><td rowspan="5">整车集成技术</td><td>动力系统电动化技术</td><td>基于专用总成的动力系统电动化技术；太阳能电池整车集成应用技术</td><td rowspan="2">基于下一代动力系统的全新概念电动汽车</td></tr>
<tr><td colspan="2">底盘系统电动化技术：电驱动系统与制动系统集成</td></tr>
<tr><td colspan="3">电动车整车安全、NVH、寿命等性能控制技术</td></tr>
<tr><td colspan="2">基于高强钢、轻金属和复合材料的车身和底盘轻量化技术</td><td>新型整车轻量化技术</td></tr>
<tr><td>以动力总成扭矩控制为核心的整车控制技术</td><td>以能量管理为核心的整车智能控制技术</td><td>与信息化、智能化相融合的整车智能控制技术</td></tr>
<tr><td rowspan="5">电驱动系统技术</td><td>电机与传动装置、逆变器集成技术</td><td>轮边/轮毂电机系统技术</td><td>新型集成式驱动电机总成</td></tr>
<tr><td>高输出密度、高效率永磁电机技术</td><td>新类型、新结构电机技术</td><td>可高压化的高速电机技术</td></tr>
<tr><td>高可靠高集成度逆变器技术，部分实现功能安全ASIL C</td><td>基于Si芯片封装高集成度逆变器技术，实现功能安全ASIL C/D</td><td>基于第三代宽禁带半导体封装高集成度逆变器技术，实现功能安全ASIL C/D</td></tr>
<tr><td>高速减速器及变速器技术</td><td>大速比、小型化减速器技术；高集成电驱动系统专用变速器技术</td><td>新构型、新材料电机技术</td></tr>
<tr><td>自动化制造技术及装备技术</td><td colspan="2">数字化、智能化制造技术</td></tr>
</table>

图 6-2　新能源汽车技术路线图（续）

项目		2020年	2025年	2030年
关键共性技术	能量存储系统技术	高容量锂离子电池材料技术	高电压、低成本锂离子电池材料技术	新体系电池材料技术
		高比能、高安全锂离子电池技术	宽温度、长寿命、高安全锂离子电池技术	全新材料体系电池技术
		高精度、高可靠性电池管理技术	低成本、高集成化电池管理技术	新型电池管理技术
		高比能、高安全电池总成技术		
	燃料电池系统技术	高性能国产燃料电池关键材料与部件技术	国产高耐久性燃料电池关键材料、部件及其小批量生产技术	国产低成本燃料电池关键材料、部件及其批量生产技术
		高比功率、高耐久性燃料电池电堆产品技术		低成本燃料电池电堆产品技术
		高可靠性供给系统及其关键部件产品技术		供给系统及关键部件低成本技术
		燃料电池系统优化控制技术	燃料电池高可靠性控制技术	燃料电池低成本、高集成化控制技术
		高压储氢技术和氢安全技术	储氢系统高可靠性技术	储氢系统低成本技术
	高压电气系统技术	整车高压触电防护技术		
		高集成度、高功率密度车载充电机		
		高压配电装置结构小型化、高安全性技术	高压配电部件低功耗、高可靠性技术	高压配电装置低成本技术
		车桩网电能交互协议及控制技术	车辆与电网双向互动（V2G）技术在大型城市智能停车场推广充储放一站式电能交易应用	
		慢充功率提高到6.6kW以上；快充每充电15 min可行驶里程≥100km	慢充功率提高到10kW以上；快充每充电15 min可行驶里程≥200km	
		超快速充电技术（10min）		
		无线慢充技术功率提升至6.6kW	无线慢充技术功率提升至11kW	无线充电效率最高≥93%，产品实现小型化实用化

图 6-2　新能源汽车技术路线图（续）

项目		2020年	2025年	2030年
关键共性技术	高压电气系统技术	铝导线导体结构和压接技术、高压线缆薄壁绝缘层技术	高耐压等级薄壁绝缘层技术	新导体材料高压电连接技术
关键材料和关键专用制造装备	动力电池关键材料	开发高容量/高电压正极材料、高容量负极材料、高安全性/高电压电解质（液）、全固态电解质、高熔点隔膜等动力电池关键材料		
	动力电池及关键材料的制造装备	生产制造单一工序自动化、生产制造控制及管理系统一体化、生产制造过程中的信息化管理和生产过程可视化		
战略支撑与保障		在国家层面形成产业间联动的新能源汽车自主创新发展规划，设立新能源汽车产业创新与示范基金		
		制定持续可行的新能源汽车财税鼓励政策，强化新能源汽车双积分政策的实施效果评估		
		推动建立新能源汽车产业共性基础技术创新平台		
		组建新能源技术创新联盟，搭建关键零部件测试平台及行业基础数据库平台		
		完善相关标准法规体系，加强检测评价能力建设		
		加强充电站、加氢站、无线充电等基础设施建设		
		形成新能源汽车与智能网联汽车、智能电网、智慧城市建设及关键部件、材料等的协同发展机制		

图 6-2　新能源汽车技术路线图（续）

智能网联汽车

智能网联汽车是指搭载先进的车载传感器、控制器、执行器等装置，融合现代通信、网络与人工智能等技术，实现车与X（车、路、人、云等）智能信息交换、共享，具备复杂环境感知、智能决策、协同控制等功能，可实现“安全、高效、舒适、节能”行驶，并最终可实现替代并最终超越人来操作的新一代汽车。

智能网联汽车是伴随新一轮科技革命而产生的新兴车辆产品形态，可显著改善交通安全、实现节能减排、降低拥堵、提升社会效率，并拉动汽车、电子、通信、服务、社会管理等领域协同发展，催生新的经济模式和产业生态，对促进我国产业转型升级具有重大战略意义。

智能网联汽车包括智能化与网联化两个技术层面，其分级也可对应地按照智能化与网联化两个层面进行划分。在智能化方面，参考美国 SAE J3016—2018 分级标准，并考虑中国道路交通情况的复杂性，加入对应级别下智能系统能够适应的典型工况特征，将智能网联汽车分为 DA、PA、CA、HA、FA 五级。各级定义如表 6-1 所示。

表 6-1　智能化等级

智能化等级	等级名称	等级定义	控制	监视	失效应对	典型场景
人监控驾驶环境						
1（DA）	驾驶辅助	系统根据环境信息执行转向和加减速中的一项操作，其他驾驶操作都由驾驶人完成	人与系统	人	人	车道内正常行驶，高速公路无车道干涉路段，泊车场景
2（PA）	部分自动驾驶	系统根据环境信息执行转向和加减速操作，其他驾驶操作都由驾驶人完成	人与系统	人	人	高速公路及市区无车道干涉路段，换道、环岛绕行、拥堵跟车等场景
自动驾驶系统（“系统”）监控驾驶环境						
3（CA）	有条件自动驾驶	系统完成所有驾驶操作，根据系统请求，驾驶员需要提供适当的干预	系统	系统	人	高速公路有条件自动驾驶、交通拥堵自动驾驶、商用车队列自动驾驶等场景

续表

智能化等级	等级名称	等级定义	控制	监视	失效应对	典型场景
自动驾驶系统（“系统”）监控驾驶环境						
4（HA）	高度自动驾驶	系统完成所有驾驶操作，特定场景下系统会向驾驶人提出响应请求，驾驶人可以对系统请求不进行响应（驾驶人需要及时提供适当的干预。）	系统	系统	系统	城市/近郊自动驾驶、城市开放道路自动驾驶、特定场景自动驾驶、高速公路高度自动驾驶、自主泊车等场景
5（FA）	完全自动驾驶	系统可以完成驾驶人能够完成的所有道路环境下的操作，不需要驾驶人介入	系统	系统	系统	所有行驶场景

在网联化层面，按照网联通信内容的不同将其划分为网联辅助信息交互、网联协同感知、网联协同决策与控制三个等级，如表 6-2 所示。

表 6-2　网联化等级

网联化等级	等级名称	等级定义	典型信息	传输需求	典型场景	车辆控制主体
1	网联辅助信息交互	基于车—路、车—云通信，实现导航、道路状态、交通信号灯等辅助信息的获取，以及车辆行驶与驾驶人操作等数据的上传	地图、交通流量、交通标志、油耗、里程等静态信息	传输实时性、可靠性要求较低	交通信息提醒、车载信息娱乐服务、eCall 等	人
2	网联协同感知	基于车—车、车—路、车—人、车—云通信，实时获取车辆周边交通环境信息，与车载传感器的感知信息融合，作为自车决策与控制系统的输入	周边车辆/行人/非机动车位置、信号灯相位、道路预警等动态数字化信息	传输实时性、可靠性要求较高	道路湿滑提示、紧急制动预警、特殊车辆避让等	人/系统
3	网联协同决策与控制	基于车—车、车—路、车—人、车—云通信，实时并可靠获取车辆周边交通环境信息及车辆决策信息，车—车、车—路等各交通参与者之间信息进行交互融合，形成车—车、车—路等各交通参与者之间的协同决策与控制	车-车、车-路、车-云间的协同控制信息	传输实时性、可靠性要求最高	列队跟驰等	人/系统

需求

截止到2019年6月底，中国汽车保有量已达到2.5亿辆，“能源紧缺、环境污染、道路拥堵、交通事故”等汽车带来的四大社会问题日益尖锐。作为智能化、网联化技术的集成体，以电动化汽车为平台的智能网联汽车可以提供更安全、舒适、节能、环保的乘行体验和交通出行综合解决方案，不但是解决汽车四大社会问题的重大举措，也是建设智慧城市智能交通系统的重要环节和构建绿色汽车社会的核心要素。

中国汽车工业伴随工业革命4.0转型发展，对工业化与信息化融合的需求加剧，这是智能网联汽车产业发展的基础条件；同时伴随信息化与智能化发展，加速实施智慧城市和智能交通建设的需求已经显现，智能网联汽车和智慧城市将是“互联网+”的一个重要实践。

近年来，无论是车载信息服务还是智能辅助驾驶装置的新车装备率都呈上升趋势，消费者对智能化与信息化产品需求的持续增强也是智能网联汽车发展的主要推动力。

目标

到2025年，基本建成中国智能网联汽车的政策法规、技术标准、产品监管和信息安全体系框架，智能网联汽车协同创新体系、多产业融合体系和新型生态体系初步形成。建立自主可控的智能网联汽车研发体系、生产配套体系、创新产业链体系。建设基本覆盖大城市、高速公路的车用无线通信网络和智能化基础设施，北斗高精度时空服务实现全覆盖，“人—车—路—云”系统达到初步协同；初步构建智能网联汽车信息安全体系和基于智能网联的智慧交通体系。

到2025年，PA、CA级智能网联汽车销量占当年汽车总销量的比例超过50%，HA级智能网联汽车开始进入市场，C-V2X终端新车装配率达50%，网联协同感知在高速公路、城市道路节点（如交叉路口、匝道口）和封闭园区实现成熟应用，具备网联协同决策功能的车辆进入市场。在高速公路、专用车道、停车场等限定场景及园区、港口、矿区等封闭区域实现HA级智能网联汽车的商业化应用。

到2030年，全面建成中国智能网联汽车的政策法规、技术标准、产品监管和信息安全体系框架，技术创新能力显著增强，相关产业深度融合，新型产业生态基本建成，中国标准体系成为国际标准的重要组成部分。形成完善的智能网联汽车自主研发体系、生产配套体系、创新产业链体系，中国品牌智能网联汽车及核心零部件企业具备较强国际竞争力，实现产品成规模出口；建立完善的智能交通体系，形成覆盖城市主要道路的车用无线通信网络和智能化基础设施，“人—车—路—云”系统可实现高度协同，智能网联汽车与智能交通形成高效的协作发展模式。

DA、PA、CA 级新车装配基本普及，其中 PA、CA 级占比 70%，HA 级自动驾驶新车装配率达到 20%，C-V2X 终端新车装配率基本普及，车路云一体化协同控制功能开始应用。HA 级自动驾驶汽车在高速公路能广泛应用，在部分城市道路可商业化应用。

发展重点

1. 重点产品

▶部分及有条件级自动驾驶汽车

基于车载传感器和网联式信息交互，逐步实现机器系统对车辆的智能驾驶辅助、驾驶介入和驾驶接管，以网联车辆智能控制和编队管理技术突破为主，突出交通安全性、舒适性、便利性和高效机动性、运行经济性，实现网联信息的安全管理。到 2025 年，PA、CA 级智能网联汽车占当年汽车市场销量的 50%，到 2030 年，PA、CA 级新车装配率占比 70%。

▶高度自动驾驶商用车

基于多源信息融合、多网融合，利用人工智能、机器学习、数据挖掘及自动控制技术，配合智能环境和辅助设施实现限定作业场景内商用汽车的高度自动驾驶。到 2025 年，可实现矿区、港口、园区、厂区等封闭场景的高度自动驾驶物流运输、配送及作业车辆商业化应用，到 2030 年，可实现高速公路长途物流运输、城市部分区域物流运输与配送服务等场景的高度自动驾驶商用车辆（队列）的商业化应用。

▶智慧共享出行用车

依托智慧城市和智慧交通体系建设，实现公交客车与出租车的智慧化共享应用管理。到 2025 年，基于城市专用车道的 HA 级自动驾驶公交车实现商业化应用，基于城市特定区域的 HA 级自动驾驶共享汽车实现商业化应用。到 2030 年，部分城市实现城市道路的高度自动驾驶共享汽车应用。

▶车路协同信息交互与应用系统

基于“端—管—云”的体系架构和 C-V2X 通信网络技术，构建车与车、车与人、车与道路交通基础设施、车与大数据云平台等其他交通要素的多源实时信息交互和应用系统，为智能化驾驶和出行提供行驶环境、交通资讯、车辆运行状态等信息服务及基于多交通参与体的交通态势协同认知和协同决策控制等功能，突出动态实时海量交通信息交互和分布式处理与协同控制应用。2025 年，C-V2X 终端新车装配率达 50%，网联协同决策功能开始应用，2030 年，C-V2X 终端新车装配基本普及，车路云一体化协同控制功能开始应用。

2. 关键零部件

▶车载视觉系统

光学摄像头、夜视系统等产品具备图像处理和视觉增强功能，具有自主知识产权的图像感光芯片、专用图像处理 ISP 芯片，视觉增强算法取得突破，基于机器视觉的安全预警类产品、视觉与其他感知系统融合的 ADAS 控制类产品和高等级自动驾驶环境感知类产品大规模装配应用，性能与国际品牌相当并具有成本优势，到 2025 年，具有自主知识产权的国产机器视觉系统和驾驶辅助系统产品开始广泛装配。

▶车载雷达系统

近距与中远距毫米波雷达、远距超声波雷达、多线与固态激光雷达等实现关键芯片、软硬件制造、感知算法等核心技术的自主掌控，有效目标识别精度与国际品牌相当，并具有成本优势。实现基于国产核心部件的车载毫米波成像雷达、三维成像激光雷达、低成本小型化多线激光雷达和固态激光雷达产品的自主化开发和规模化应用。到 2030 年，具有自主知识产权的国产车载雷达产品开始广泛装配。

▶高精定位与地图

基于北斗系统开发，实现北斗高精度定位、多源辅助定位及其他新型定位定姿技术的深度融合，实现广域范围内高精度时空服务技术的自主突破，达到对 GPS 的逐步替代与升级，无通信条件下定位精度仍然保持在厘米级，同时具备室内外无缝定位能力，满足智能网联汽车 FA 阶段的感知和认知需求。2030 年左右，具有自主知识产权的国产高精度时空服务产品成为主要选择方式。

2025 年左右，能提供覆盖全国大中城市和高速公路网的适用于自动驾驶的高精度地图（HD MAP）数据，精度达到厘米级，具有知识产权的国产数据采集设备和技术全面普及应用，实现高精度地图数据模型和存储式样的标准化。

▶车载智能终端

突破集成信息娱乐、信息协同和安全保障的车载智能化终端创新设计，突破 5G-V2X 车载通信终端、车载智能网关、数据协同处理、智能信息服务等核心技术和软硬件核心部件的自主供应率，满足具备网联协同决策与控制功能的 HA/FA 级自动驾驶汽车的产业化发展需求，实现软件、硬件和系统平台的国产化大规模应用，形成面向智能网联汽车应用的车载智能终端软硬件生态圈。

到 2025 年，具备信息服务功能的车载终端新车装备基本普及，具有自主知识产权的国产产品市场份额达到 80%，网联自动驾驶的协同感知功能开始应用，到 2030 年，C-V2X 车载智能终端新车装配基本普及，网联自动驾驶的车路云一体化协同决策控制功能开始应用。

▶线控执行系统

攻克线控驱动、制动、转向、悬架等智能系统的关键技术，满足 HA/FA 级自动驾驶对车辆驱动、制动、转向等系统的精确、高效、可靠及协调控制，形成完全自主的智能网联汽车底盘电控化技术。国产化部件在产品性能、产品成本和质量方面与国外品牌相比具有竞争优势，并得到规模化产业化应用。到 2030 年，形成完全自主可控的线控执行系统产品供应链。

▶HMI 产品及智能座舱

面向智能网联汽车从有人驾驶向无人驾驶过渡的人机交互需求，实现低成本、多点触控、触感反馈的人机交互界面产品应用，并突破虚拟/增强现实、手势控制、语音控制、乘员状态监控、多模态人机智能交互关键技术，适应中国标准智能网联汽车、具备自主知识产权的智能座舱产品获得规模化实车应用。

到 2030 年，形成自主可控的自动驾驶汽车 HMI 产品和智能座舱产业链，国产产品得到广泛应用。

3. 关键共性技术

▶电子电气架构技术

突破满足智能网联汽车需求的新型电子电气架构及其技术标准规范，以及关键硬件和软件平台的自主开发技术。

▶面向自动驾驶的人工智能技术

研究面向自动驾驶的专用人工智能技术框架和深度学习系统架构，发展"汽车+AI"的体系技术。建设面向中国道路环境不同级别自动驾驶系统的深度学习开源样本库和测试场景库。

▶通信与信息交互平台技术

完成 C-V2X 通信协议、技术标准规范制定，实现 C-V2X 频谱规划和频谱指派，实现商用 C-V2X 模块产品开发及应用。建立信息交互平台架构体系，确定不同平台间数据交互标准，建立全国智能网联汽车基础数据交互管理平台，实现数据交互共享。

▶车路协同决策控制技术

基于"车—路—网—云"的通信架构，实现各交通参与者之间信息交互融合，实时并可靠获取车辆周边交通环境、交通态势认知及车辆决策信息，突破车路云等各交通参与者之间的协同决策与控制技术，实现交通安全与效率最大化。

▶高精度动态基础地图平台技术

完成高精度地图数据中心的平台规模应用运营、实时加密审图、传输安全等技术体系，形成高精地图实时采集、生产、加密审图、实时发布的规模化应用。

▶车载智能计算平台技术

车规级通用芯片、人工智能处理 AI 芯片、高等级自动驾驶专用芯片和计算平台硬件的设计、开发和制造技术取得自主突破，具备自主知识产权的自动驾驶操作系统、核心应用和工具链关键软件实现商业化应用。

▶多源信息融合技术

突破环境感知与多传感器信息融合，V2X 通信模块集成，车载设备与路侧终端互联信息融合技术。

▶信息安全技术

突破基于“端—管—云”体系的信息安全架构、安全标准、保障体系等系统智能监测技术。

▶功能安全技术

形成成熟的功能安全开发体系及验证测试技术方法，功能安全配置管理、安全档案的管理等内容均得到有效的落地措施。

▶智能基础设施与标准法规

突破道路基础设施信息化、智能化技术，形成中国版先进智能驾驶辅助、V2X 及多网融合的技术标准体系和测试评价方法，完善基于 V2X 通信标准体系的道路基础设施。

战略支撑与保障

（1）确立并实施中国智能网联汽车发展的国家战略规划，制定出台智能网联汽车与新能源汽车、物联网、智能交通网络及智慧城市的跨行业、跨部门协同共建与合作创新的组织体系、技术体系和产业体系；促进重点领域核心技术的自主研发和产业化应用能力的突破，推动形成跨界产业集群新生态和智慧城市、智能交通融合的新兴产业应用示范效应。

（2）建立国家智能网联汽车共性基础技术协同创新平台，支持关键零部件企业发展。

（3）完善智能网联汽车相关的法律和法规体系，探索新型智能网联汽车共享商业化运行模式，完善配套管理机制。

（4）制定出台国家层面的智能网联汽车环境感知传感器、网络通信、高精度地图及应用、网络安全及信息服务、高等级自动驾驶汽车产品认证和全寿命周期监管等技术标准。

（5）在现有的汽车产业集群基础上，结合区域特色，建立 3 ~ 6 个智能网联汽车整车产业集聚区；围绕高精度传感器、高精度定位导航、关键芯片与计算平台、车载终端及集成控制器、电控执行系统等，打造 2、3 个零部件产业集聚区；围绕技术测试与示范运行重点区域，建立 3 ~ 6 个智能网联汽车先行集聚区。

（6）推动智能化道路基础设施建设，加快道路基础设施数字化改造和新建，加快路侧车联网通信设备部署，支撑智能网联汽车测试与应用。

（7）完善企业考评机制，对智能网联转型发展突出、核心技术开发与产业化取得突破的企业给予政策与税费支持。

技术路线图

智能网联汽车技术路线图如图 6-3 所示。

项目		2020年—2025年	2025年—2030年
需求		消费者对信息化与智能化产品需求的持续增强是智能网联汽车发展的主要推动力	全球新经济增长点竞争需求，预测中国将是全球第二大自动驾驶汽车市场
需求		中国汽车工业伴随工业革命4.0转型发展，对工业化与信息化融合的需求加剧，两化融合既是制造智能网联汽车的基础条件，也是解决汽车能耗、排放、拥堵及交通事故等社会问题的重大举措	中国汽车工业伴随工业革命4.0转型发展，对工业化与信息化融合的需求加剧，两化融合既是制造智能网联汽车的基础条件，也是解决汽车能耗、排放、拥堵及交通事故等社会问题的重大举措
需求		伴随信息化与智能化发展，加速实施智慧城市和智能交通建设的需求已经显现，智能网联汽车和智慧城市将是“互联网+”的一个重要实践	伴随信息化与智能化发展，加速实施智慧城市和智能交通建设的需求已经显现，智能网联汽车和智慧城市将是“互联网+”的一个重要实践
目标		建立自主可控的智能网联汽车研发体系、生产配套体系、创新产业链体系；掌握自动驾驶系统关键技术	形成完善的智能网联汽车自主研发体系、生产配套体系、创新产业链体系
目标			中国品牌智能网联汽车及核心零部件企业具备较强国际竞争力，实现产品成规模出口
目标		建设基本覆盖大城市、高速公路的车用无线通信网络和智能化基础设施，北斗高精度时空服务实现全覆盖，“人-车-路-云”系统达到初步协同；初步构建智能网联汽车信息安全体系和基于智能网联的智慧交通体系	建立完善的智能交通体系，形成覆盖城市主要道路的车用无线通信网络和智能化基础设施，“人-车-路-云”系统可实现高度协同，智能网联汽车与智能交通形成高效的协作发展模式
目标		DA、PA、CA级车辆市场占有率约50% PA、CA级智能网联汽车销量占当年汽车市场总销量的比例超过50%，HA级智能网联汽车开始进入市场，C-V2X终端新车装配率达50%	DA、PA、CA级新车装配率接近100%，其中PA、CA级占比70%，HA级自动驾驶新车装配率达到20%，C-V2X终端新车装配基本普及，车路云一体化协同控制功能开始应用
重点产品	部分及有条件级自动驾驶汽车	基于车载传感器和网联式信息交互，逐步实现机器系统对车辆的智能驾驶辅助、驾驶介入和驾驶接管，以网联车辆智能控制和编队管理技术突破为主，突出交通安全性、舒适性、便利性和高效机动性、运行经济性，实现网联信息的安全管理	
重点产品	部分及有条件级自动驾驶汽车	PA、CA级智能网联汽车占当年汽车市场销量的50%	PA、CA级新车装配率占比70%

图 6-3　智能网联汽车技术路线图

项目		2020年----------------2025年	2025年----------------2030年
重点产品	高度自动驾驶商用车	制定中国版完全自主驾驶标准，基于多源信息融合、多网融合，利用人工智能、机器学习、数据挖掘及自动控制技术，配合智能环境和辅助设施实现限定作业场景内商用汽车的高度自动驾驶，可改变物流运输与作业模式、提高运输效率、降低物流成本	
		可实现矿区、港口、园区、厂区等封闭场景的高度自动驾驶驾驶物流运输、配送及作业车辆商业化应用	可实现高速公路长途物流运输、城市部分区域物流运输与配送服务等场景的高度自动驾驶商用车辆（队列）的商业化应用
	智慧共享出行用车	依托智慧城市和智慧交通体系建设，实现公交客车与出租车的智慧化共享应用管理	
		基于城市专用车道的HA级自动驾驶公交车实现商业化应用，基于城市特定区域的HA级自动驾驶共享汽车实现商业化应用	部分城市实现城市道路的高度自动驾驶共享汽车应用
	车路协同信息交互与应用系统	基于“端-管-云”的体系架构和C-V2X通信网络技术，构建车与车、车与人、车与道路交通基础设施、车与大数据云平台等其他交通要素的多源实时信息交互和应用系统，为智能化驾驶和出行提供行驶环境、交通资讯、车辆运行状态等信息服务及基于多交通参与体的交通态势协同认知和协同决策控制等功能，突出动态实时海量交通信息交互和分布式处理与协同控制应用	
		2025年C-V2X终端新车装配率达50%，网联协同决策功能开始应用	C-V2X终端新车装配基本普及，车路云一体化协同控制功能开始应用
关键零部件	车载视觉系统	光学摄像头、夜视系统等产品具备图像处理和视觉增强功能，具有自主知识产权的图像感光芯片、专用图像处理ISP芯片，视觉增强算法取得突破	
		基于机器视觉的安全预警类产品、视觉与其他感知系统融合的ADAS控制类产品和高等级自动驾驶环境感知类产品大规模装配应用，性能与国际品牌相当并具有成本优势，到2025年，具有自主知识产权的国产机器视觉系统和驾驶辅助系统产品开始广泛装配	
	车载雷达系统	近距与中远距毫米波雷达、远距超声波雷达、多线与固态激光雷达等实现关键芯片、软硬件制造、感知算法等核心技术的自主掌控，有效目标识别精度与国际品牌相当，并具有成本优势	实现基于国产核心部件的车载雷达产品大规模应用，实现基于国产核心部件的车载毫米波成像雷达、三维成像激光雷达、低成本小型化多线激光雷达和固态激光雷达产品的自主化开发和规模化应用。到2030年具有自主知识产权的国产车载雷达产品开始广泛装配

图 6-3　智能网联汽车技术路线图（续）

项目		2020年----------------2025年----------------2030年	
关键零部件	高精定位与地图	基于北斗系统开发，实现北斗高精度定位、多源辅助定位及其他新型定位定姿技术的深度融合，实现广域范围内高精度时空服务技术的自主突破，达到对GPS的逐步替代与升级，无通信条件下定位精度仍然保持在厘米级，同时具备室内外无缝定位能力，满足智能网联汽车FA阶段感知和认知需求	具有自主知识产权的国产高精度时空服务产品成为主要选择方式
		地图精度达到分米级，制作范围覆盖骨干路网；实现高精度地图数据模型和存储式样的标准化	能提供覆盖全国大中城市和高速公路网的适用于自动驾驶的高精度地图（HD MAP）数据，精度达到厘米级，具有知识产权的国产数据采集设备和技术占比达到100%，实现高精度地图数据模型和存储式样的标准化
	车载智能终端	具备信息服务功能的车载终端新车装备基本普及，具有自主知识产权的国产产品市场份额达到80%	C-V2X车载智能终端新车装配基本普及
		网联自动驾驶的协同感知功能开始应用	网联自动驾驶的车路云一体化协同决策控制功能开始应用
	线控执行系统	攻克线控驱动、制动、转向、悬架等智能系统的关键技术，满足HA/FA级自动驾驶对车辆驱动、制动、转向等系统的精确、高效、可靠及协调控制，形成完全自主的智能网联汽车底盘电控化技术	国产化部件在产品性能、产品成本和质量方面与国外品牌相比具有竞争优势，国产线控执行系统零部件得到规模化产业化应用
		到2030年，形成完全自主可控的线控执行系统产品供应链	
	HMI产品及智能座舱	面向智能网联汽车从有人驾驶向无人驾驶过渡的人机交互需求，实现低成本、多点触控、触感反馈的人机交互界面产品应用，并突破虚拟/增强现实、手势控制、语音控制、乘员状态监控、多模态人机智能交互关键技术，适应中国标准智能网联汽车、具备自主知识产权的智能座舱产品获得规模化实车应用	
		到2030年，形成自主可控的自动驾驶汽车HMI产品和智能座舱产业链，国产产品得到广泛应用	

图 6-3　智能网联汽车技术路线图（续）

项目		2020年------------------2025年------------------2030年
关键共性技术	电子电气架构技术	满足智能网联汽车需求的新型电子电气架构及其技术标准规范、设计规则、测试评估规范
		关键硬件和软件平台的自主开发技术
	面向自动驾驶的人工智能技术	研究面向自动驾驶的专用人工智能技术框架和深度学习系统架构，发展“汽车+AI”的体系技术
		建设面向中国道路环境不同级别自动驾驶系统的深度学习开源样本库和测试场景库
	通信与信息交互平台技术	完善技术标准规范，实现C-V2X频谱规划和频谱指派，完成认证体系建设，实现商用V2X通信模块产品开发
		建立信息交互平台架构体系，确定不同平台间数据交互标准，建立全国智能网联汽车基础数据交互管理平台，实现数据交互共享
	车路协同决策控制技术	平台搭建与协同通信技术
		基于“车-路-网-云”的通信架构，实现各交通参与者之间信息交互融合，实时并可靠获取车辆周边交通环境、交通态势认知及车辆决策信息
		突破车-车、车-路、车-云等各交通参与者之间的协同决策与控制技术，实现交通安全与效率最大化
	高精度动态基础地图平台技术	完成高精度地图数据中心的平台规模应用运营、实时加密审图、传输安全等技术体系，形成高精地图实时采集、生产、加密审图、实时发布的规模化应用
	车载智能计算平台技术	车规级通用芯片、人工智能处理AI芯片、高等级自动驾驶专用芯片和计算平台硬件的设计、开发和制造技术取得自主突破
		具备自主知识产权的自动驾驶操作系统、核心应用和工具链关键软件实现商业化应用
		形成自主可控的自动驾驶车载计算平台软硬件产品供应链，国产产品的市场份额达到50%

图 6-3　智能网联汽车技术路线图（续）

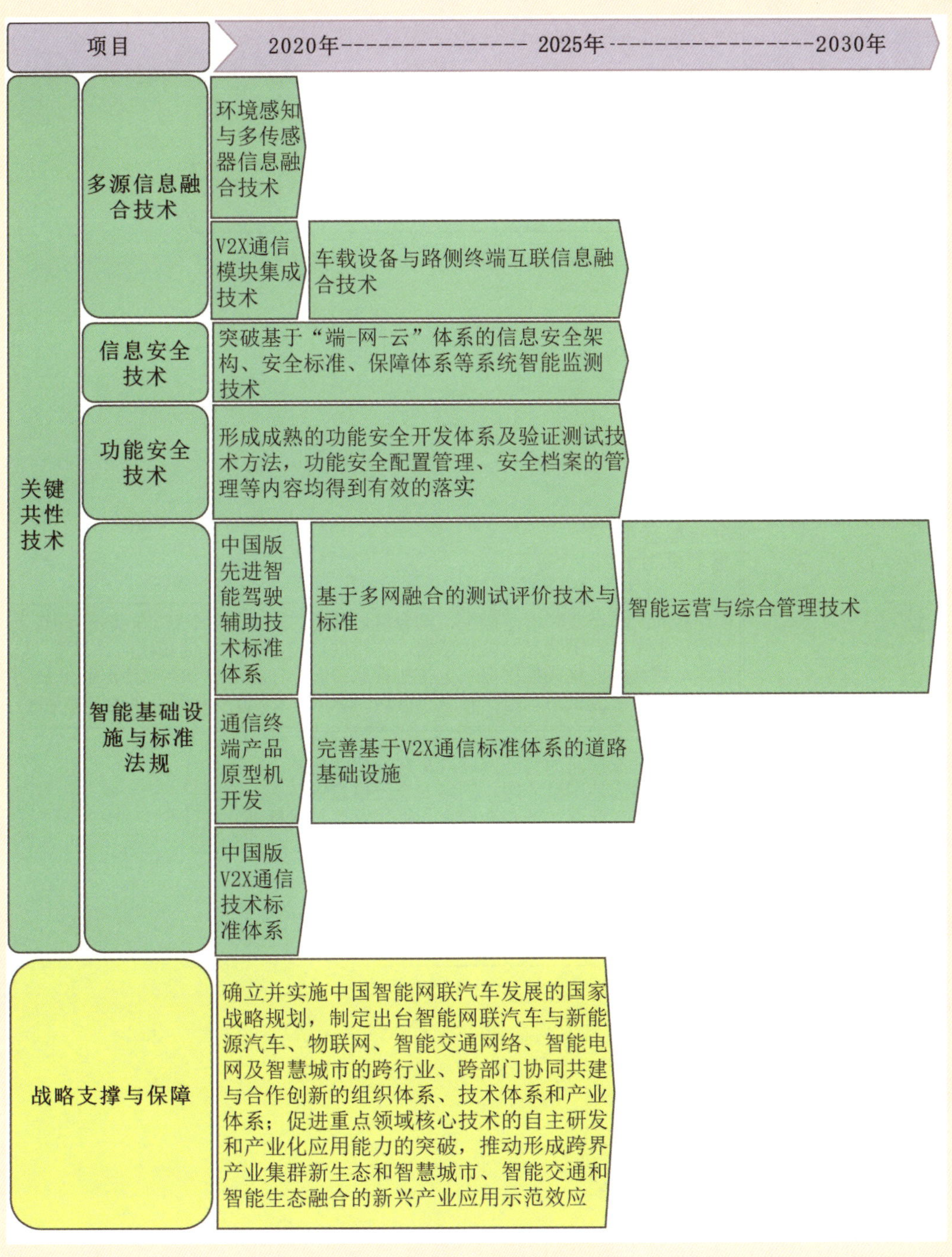

图 6-3　智能网联汽车技术路线图（续）

项目	2020年----------------2025年----------------2030年
战略支撑与保障	建立国家智能网联汽车共性基础技术协同创新平台，支持关键零部件自主企业发展
	设立智能网联汽车发展的国家专项项目，支持智能网联汽车的技术开发和产业推广
	完善智能网联汽车相关的法律和法规体系，建立探索新型智能网联汽车共享商业化运行模式，完善配套管理机制
	在现有的汽车产业集群基础上，结合区域特色，建立3～6个智能网联汽车整车产业集聚区；围绕高精度传感器、高精度定位导航、关键芯片与计算平台、车载终端及集成控制器、电控执行系统等，打造2、3个零部件产业集聚区；围绕技术测试与示范运行重点区域，建立3～6个智能网联汽车先行集聚区
	制定出台国家层面的智能网联汽车环境感知传感器、网络通信、高精度地图及应用、网络安全及信息服务、高等级自动驾驶汽车产品认证和全寿命周期监管等技术标准
	推动智能化道路基础设施建设，加快道路基础设施数字化改造和新建，加快路侧车联网通信设备部署，支撑智能网联汽车测试与应用

图 6-3　智能网联汽车技术路线图（续）

7

电力装备

发电装备

清洁高效发电设备将成为我国发电领域主流技术，重点发展的产品是清洁高效煤电成套装备、燃气轮机发电装备、先进核电成套装备、大型先进水电成套装备和可再生能源发电装备。

输变电装备

输变电装备是中国装备走向世界的优势领域之一。重点发展的产品是特高压输变电成套设备、智能输变电成套设备、智能电网用户端设备，以及海工装备、氢能装备、储能装备。

发电装备

发电装备是将一次能源转换为电能的装备，包括先进煤电、核电、水电、气电和风电、光伏等可再生能源装备，是国家实现能源安全、结构优化和节能减排战略目标的重要保障。

需求

全生命周期的绿色清洁高效智能发电设备将成为我国发电领域主流技术，预计到 2020 年，发电设备的市场需求将在 4000 亿元左右，清洁高效智能煤电成套装置、绿色环保智能水电成套装备仍为主力装备；预计到 2025 年，发电设备的市场需求将在 6000 亿元左右，新能源的占比将逐年提高。预计到 2030 年，发电设备的市场需求将在 7000 亿元左右，新能源及可再生能源装机的占比将达到 50%。

目标

到 2020 年，先进发电装备产业规模达到每年 1 亿 kW，满足我国能源结构调整、重大工程建设及环保需求，技术水平总体达到国际先进水平。

到 2025 年，形成具有国际竞争力的企业集团。具备持续创新能力，大型火电、水电、核电等成套装备达到国际领先水平，新能源装备及储能装备达到国际先进水平。

到 2030 年，国际竞争力持续增强，发电装备全面处于国际领先水平。

▶技术发展趋势及路径

煤电发展以清洁高效、近零排放、二次再热、低热值，高纳、高水分煤的燃烧为重点；水电以百万千瓦混流式水电机组和 30 万 kW 及以上可变速抽水蓄能机组为重点；燃气轮机以 30 万 kW 及以上重型燃气轮机和分布式燃气轮机为重点；核电以华龙一号和 AP1000 技术为重点；可再生能源以 5～8MW 等级陆上风电、10～15MW 海上风电、太阳能光伏发电和储能装备为重点。

发展重点

1. 重点产品

▶清洁高效煤电成套装备

（1）1000～1200MW 等级超超临界机组。

32～35MPa/ 600℃/620℃/620℃（二次再热），发电效率 48%。

（2）高参数 630℃等级超超临界二次再热机组。

35MPa/615℃/630℃/630℃，发电效率 50%。

（3）高效、清洁、低热电比的分布式燃煤供热机组。

16.7MPa/566℃/566℃，50～100MW 等级，高效、清洁、低热电比的分布式燃煤供热机组。

（4）660MW 等级超超临界循环流化床锅炉。

高煤种适应性，清洁燃烧，低排放。

（5）1000MW 等级超（超）临界空冷机组。

适用于富煤缺水地区。

（6）1000MW 等级超（超）临界褐煤机组。

25～28MPa/ 600℃/620℃，发电效率 45%；适用于富褐煤地区。

（7）高参数小容量亚、超临界机组。

17.5～25.4MPa/540℃/571℃；提升中小机组整体性能和经济性，实现节能减排。

（8）在役机组（含亚临界锅炉）灵活性运行节能提效升级改造成套装备。

（9）烟气高效超净排放成套装备。

烟尘排放指标高标准，脱硫、脱硝、除尘一体化。

（10）煤基多联产及燃气轮机联合循环发电。

单炉日处理 500 吨、1000 吨煤级以上循环流化床煤气化技术及成套装备。

▶燃气轮机发电装备

（1）10～80MW 燃气轮机。

用于分布式能源及机械驱动等领域。

（2）超低热值 E 级重型燃气轮机发电装备。

燃料适应范围 2.8～6.5MJ/kg，联合循环效率 53%（不含煤气压缩耗功）。

（3）F 级 300MW 重型燃气轮机发电装备。

联合循环出力 450MW 及以上，联合循环效率 58%以上。

（4）G/H 级 500MW 重型燃气轮机发电装备。

联合循环出力 700MW，联合循环效率 62%。

▶先进核电成套装备

（1）第三代大型先进压水堆核电成套装备。

形成具有自主知识产权的 1000MW 、1500MW 等级系列成套设备。

（2）第四代核电成套装备。

高温气冷堆功率 200MW、钠冷快堆功率 600MW、钍基熔盐堆功率 100MW 等。

（3）海洋核动力平台成套装备功率 25～125MW。

▶大型先进水电成套装备

（1）大容量抽水蓄能机组。

容量 150～400MW，可变速抽水蓄能机组；700m 水头段定速抽水蓄能机组。

（2）1000MW 等级水轮发电机组。

国际领先的超大型水轮发电机组，200m 水头段，机组效率 96%。

（3）高水头大容量冲击式水轮发电机组。

800～1000m 水头段、容量 300～1000MW 级冲击式水轮发电机组。

▶可再生能源发电装备

1）大型风力发电装备

（1）5～8MW 等级风电机组。

先进高可靠性风力发电机，风能转化效率（CP 值）0.48。

（2）大型海上风电机组。

先进的风电机组，功率为 10～15MW 等级。

2）先进太阳能发电装备

（1）大型光热发电机组。

太阳能单塔功率 50～150MW，聚光集热系统、熔盐吸热器、熔盐蓄换热蒸汽发电系统。

太阳能槽式光热发电 50～200MW，导热油集热管及熔盐储热系统换热系统。

（2）光伏及薄膜光伏发电设备。

50～250MW 光伏发电设备、CIGS 薄膜光伏发电设备。

3）生物质和垃圾发电装备

生物质和垃圾清洁燃烧及气化成套装备：生物质和垃圾高效清洁焚烧发电成套装置；生物质和垃圾气化发电成套装备；生物质气化耦合发电技术及成套装备。

4）海洋能发电装备

潮汐、潮流、波浪等海洋能发电成套装备。

5）超临界 CO_2 循环发电装备

1～10MW 等级发电机组：超临界 CO_2 循环涡轮入口温度 550～600℃、压力 20～35MPa，用于第四代核电、太阳能光热发电等系统。

6）ORC 余热发电装备

100～300kW 等级余热回收发电机组：向心透平，高速磁悬浮发电机，温度范围 80～150℃，功率 100～300kW，产品模块化，用于工业余热回收再利用。

▶氢能发电装备

（1）氢燃料电池电堆、模块和系统，以及 2～10MW 等级氢能成套发电装备。

（2）60kW 燃料电池系统。

面向工业园区、商业中心等分布式能源应用领域，稳定、高效、可靠的热力电力联合供应燃料电池系统。

▶储能装备

1）大型灵活性改造火电机组

斜温层热水储罐。

2）先进的储氢加氢设备

（1）电解水制氢装备。

先进的碱性电解水制氢装备，MW 等级，形成系统成套解决方案。

（2）高压加氢储氢设备。

45～90MPa 固定式和移动式储氢、加氢设备及系统。

3）储能电池

锂离子大型电池储能系统。

4）空气储能、飞轮储能及多能互补的储能装备

2. 关键零部件

（1）重型燃气轮机燃烧室、透平叶片等高温部件及控制装置。

（2）大型核电压力容器、蒸汽发生器、冷却剂主泵、控制棒驱动机构、堆内构件、大型核电汽轮机焊接（整锻）转子和 2000mm 等级末级长叶片。

（3）可变速抽水蓄能发电机、可变速水泵水轮机转轮、调速系统，交流励磁及控制保护系统，大容量发电机保护断路器、可变速机组交流励磁设备。

（4）大型风力发电机组的超长叶片、轴承（主轴轴承、变速箱高速、变桨轴承）、智能控制系统。

（5）大型热能发电机护环锻件。

（6）有机工质、二氧化碳等发电系统密封系统研究。

（7）超超临界高端阀门，主要包括高加三通阀、高低压旁路阀、安全阀、调节阀等。

（8）光热发电机组熔盐高端阀门，主要包括安全阀、调节阀、蝶阀、截止阀。

（9）核电汽水分离再热器汽水分离板。

（10）燃气压缩机组动力涡轮部件。

3. 关键材料

（1）深入研发 G115 锅炉材料，建立材料工程应用体系和性能数据库，满足未来高参数燃煤发电应用。P91/P92 焊材国产化开发。

（2）重型燃气轮机高温合金材料，完善燃气轮机材料体系，突破单晶、定向结晶和等轴晶铸造等关键部件制造技术，形成燃气轮机用关键材料工程应用技术体系。

（3）高温长寿命防护涂层陶瓷基复合材料，材料基体可承受 1000℃以上高温，用于目前的 F 级燃机及未来的 H 级燃机。

（4）重型燃气轮机材料性能数据库，形成材料开发的基础能力。

（5）3D 打印金属材料技术，掌握 3D 打印高温合金材料的质量评估和检测技术，可用于热部件制造和修复。

（6）核电站核岛主设备材料。

核电反应堆压力容器用一体化顶盖、一体化容器法兰接管段锻件；核电蒸汽发生器用一体化水室封头、一体化椭圆封头锻件。压水堆核电站核岛主设备配套锻件；蒸汽发生器用 U 形管；第四代核电站核岛主设备配套锻件。

（7）核电站新材料，第三代、四代核电站用关键材料国产化和新材料研究。

（8）风力发电机组叶片用碳纤维材料，开发风力发电用的经济型碳纤维材料——轴承材料。

（9）超大型转轴和护环锻件国产化，满足未来 1200MW 以上二极火电和第三代 1300～2000MW 四极核电发电机需求。

（10）电机绝缘材料。

开发及应用高导热绝缘材料、高场强主绝缘材料。

4. 关键共性技术

▶**清洁高效煤电技术**

准东高碱煤煤质、煤灰和煤燃烧特性的判定和评价；准东高碱煤结渣、沾污和积灰机理；准东高碱煤结渣、沾污和积灰的控制和清除技术；新型气化技术；尾气处理一体化技术；煤电的灵活性改造技术。高效智能化的深度调峰、运行灵活、无功补偿发电技术。

▶**清洁高效燃气技术**

低 NO_x 燃气技术研发。

▶**核电共性技术**

新一代核岛及常规岛主设备设计、验证、制造技术。

▶**燃气轮机技术**

先进燃气轮机压气机、燃烧室、透平关键设计技术；系统设计技术、试验验证和控制技术，关键部件加工制造技术。

▶大型先进水电装备技术

抽水蓄能可变速电机、水泵水轮机水力设计、机组总体设计、交流励磁等关键设计技术；大型水轮发电机组总体设计及水力设计、高效冷却技术；高水头大容量冲击式水轮机组水力设计技术；风、光、水可再生能源互补型新型水轮发电机组水力设计技术及相关验证技术。

▶可再生能源发电技术

超长柔性轻量化风力发电机组叶片设计技术；多场耦合下的大功率海上风力发电机组一体化设计技术；海上漂浮式风力发电机组一体化设计技术；海上柔性直流输电技术；智能控制技术。

太阳能高效集热、储换热系统及设备研制，智能控制技术，系统集成技术。

生物质和垃圾气化工艺，二噁英脱除及灰渣玻璃化处理技术，气流床气化技术和循环流化床气化技术。

▶发电设备运维控制技术

火电、水电、核电、太阳能发电、风电等电厂远程智能监测、智能诊断、智能运维、智能检修、优化运行、寿命预测等。

▶全寿命周期绿色制造技术

设计、材料、制造、运行、报废处置等全寿命周期绿色发电设备技术。

▶储能设备共性技术

储能系统集成技术，功率型储能系统热设计与热管理技术，控制与保护技术。

▶智能制造技术

三维参数化设计平台建设关键技术、协同设计平台建设关键技术、设计制造数据流管控关键技术、诊断关键技术、大数据分析技术、发电设备健康状况评估技术。

5. 关键专用制造和检测装备

▶智能制造装备

大容量发电机组定转子线圈、冲片的智能制造生产线、发电机智能叠片系统、百万千瓦级以上机组汽轮机焊接转子自动喷丸设备、先进光伏电池智能化生产线等设备。

▶专用机加工装备

核电蒸汽发生器管子管板深孔钻削加工装备、核电蒸汽发生器管子支撑板异形孔拉削加工等设备。燃气轮机高温透平叶片制造设备。

▶专用挤压、焊接、热处理装备

核电1200/1500MN锻挤压机组、核电堆内构件吊篮筒体/堆芯围筒激光—电弧复合焊接系统、高效可靠智能化焊接系统、核电空心导叶自动焊接、节能高效安全加热等设备。锅炉集箱短管和长管接头智能装焊系统、锅炉水冷壁全自动销钉焊系统。核电产品的压力容器焊接过程在线监测系统。轨道式全位置焊接机器人等设备。

▶专用试验验证装备

全参数超临界安全阀热态性能试验等设备。

▶关键检测装备

大壁厚粗晶材料焊缝检测设备、产品表面质量智能检测、智能焊缝缺陷检测、关节臂测量系统和激光跟踪仪及其软件、工业 DR 检测用成像板、三坐标检测仪。

定子线圈智能检测中心、白光三维数字化测量设备、发电机膛内智能检测设备。

战略支撑与保障

1. 完善政策措施，积极营造支持清洁高效发电装备产业发展的环境，支持清洁高效发电设备技术进步和产业化。

2. 建设清洁高效发电技术国家重大创新基地。支持发电装备行业龙头企业牵头创建国家级创新平台，优化和集成创新资源，进一步发挥创新链各类创新载体的整体优势，以新的组织形式，跨领域、跨部门、跨区域集中组织实施面向国家目标的协同创新。

技术路线图

发电装备技术路线图如图 7-1 所示。

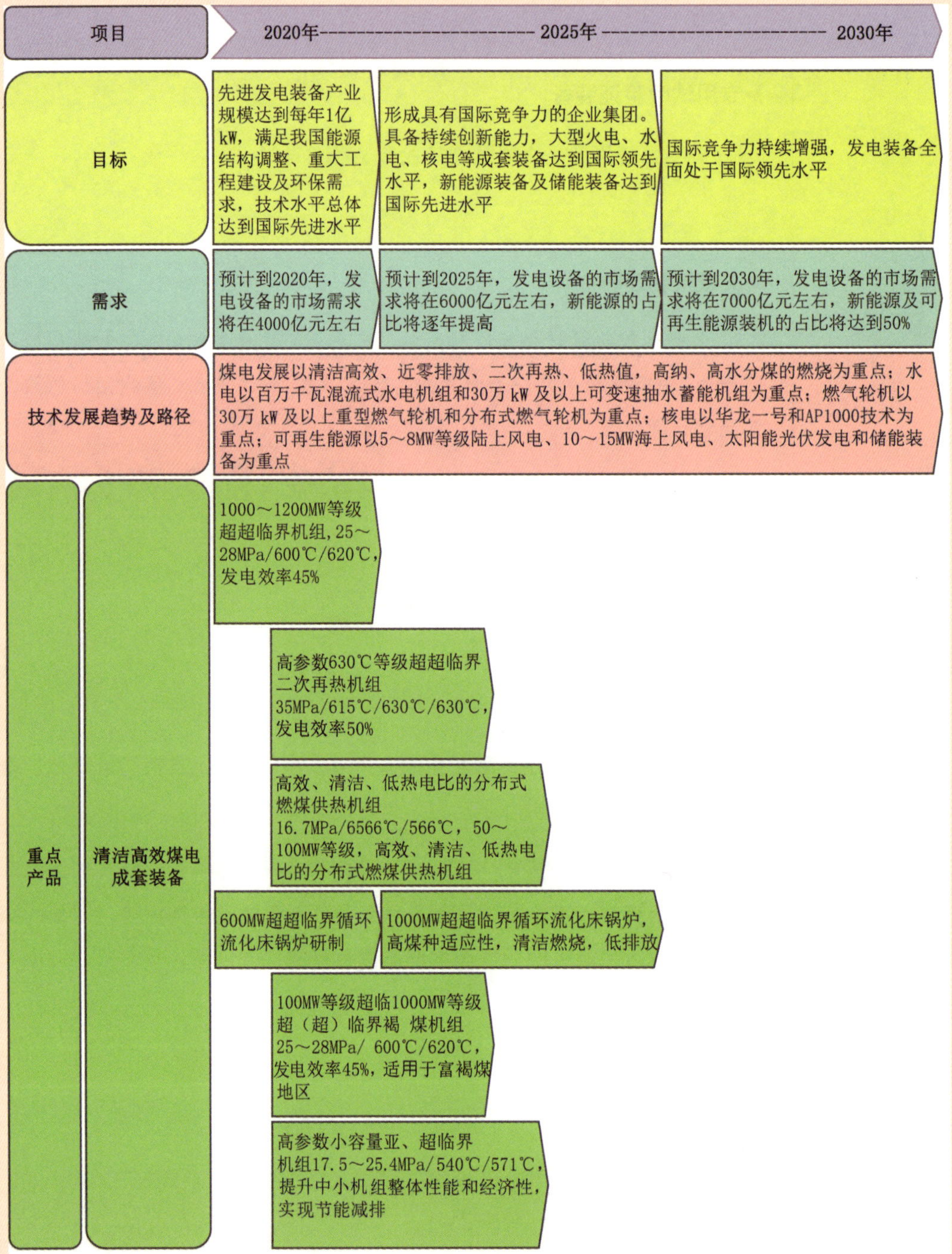

项目	2020年	2025年	2030年
目标	先进发电装备产业规模达到每年1亿kW，满足我国能源结构调整、重大工程建设及环保需求，技术水平总体达到国际先进水平	形成具有国际竞争力的企业集团。具备持续创新能力，大型火电、水电、核电等成套装备达到国际领先水平，新能源装备及储能装备达到国际先进水平	国际竞争力持续增强，发电装备全面处于国际领先水平
需求	预计到2020年，发电设备的市场需求将在4000亿元左右	预计到2025年，发电设备的市场需求将在6000亿元左右，新能源的占比将逐年提高	预计到2030年，发电设备的市场需求将在7000亿元左右，新能源及可再生能源装机的占比将达到50%
技术发展趋势及路径	煤电发展以清洁高效、近零排放、二次再热、低热值，高纳、高水分煤的燃烧为重点；水电以百万千瓦混流式水电机组和30万 kW 及以上可变速抽水蓄能机组为重点；燃气轮机以30万 kW 及以上重型燃气轮机和分布式燃气轮机为重点；核电以华龙一号和AP1000技术为重点；可再生能源以5～8MW等级陆上风电、10～15MW海上风电、太阳能光伏发电和储能装备为重点		

重点产品 — 清洁高效煤电成套装备

- 1000～1200MW等级超超临界机组，25～28MPa/600℃/620℃，发电效率45%
- 高参数630℃等级超超临界二次再热机组35MPa/615℃/630℃/630℃，发电效率50%
- 高效、清洁、低热电比的分布式燃煤供热机组16.7MPa/6566℃/566℃，50～100MW等级，高效、清洁、低热电比的分布式燃煤供热机组
- 600MW超超临界循环流化床锅炉研制
- 1000MW超超临界循环流化床锅炉，高煤种适应性，清洁燃烧，低排放
- 100MW等级超临1000MW等级超（超）临界褐 煤机组25～28MPa/ 600℃/620℃，发电效率45%，适用于富褐煤地区
- 高参数小容量亚、超临界机组17.5～25.4MPa/540℃/571℃，提升中小机组整体性能和经济性，实现节能减排

图 7-1　发电装备技术路线图

项目		2020年--------2025年--------2030年
重点产品	清洁高效煤电成套装备	在役机组（含亚临界锅炉）灵活性运行节能提效升级改造成套装备
		1000MW等级超（超）临界空冷机组，适用于富煤缺水地区
		烟气高效超净排放成套装备，烟尘排放指标高标准，脱硫、脱硝、除尘一体化
		煤基多联产及燃气轮机联合循环发电，单炉日处理500吨、1000吨煤级以上循环流化床煤气化技术及成套装备
		采用生物质耦合发电技术升级改造300MW等级亚临界机组
	燃气轮机发电装备	10～80MW燃气轮机用于分布式能源及机械驱动等领域
		超低热值E级重型燃气轮机发电装备。燃料适应范围2.8～6.5MJ/kg，联合循环效率53%（不含煤气压缩耗功）
		F级300MW重型燃气轮机发电装备，联合循环出力450MW及以上，联合循环效率58%以上
		G/H级500MW重型燃气轮机发电装备，联合循环出力700MW，联合循环效率62%
	先进核电成套装备	第三代大型先进压水堆核电成套装备。形成具有自主知识产权的1000MW、1500MW等级系列成套设备
		第四代核电成套装备，高温气冷堆功率200MW
		钠冷快堆功率600MW、钍基熔盐堆功率100MW等
		海洋核动力平台成套装备功率25～125MW
	大型先进水电成套装备	容量150～400MW，可变速抽水蓄能机组

图 7-1　发电装备技术路线图（续）

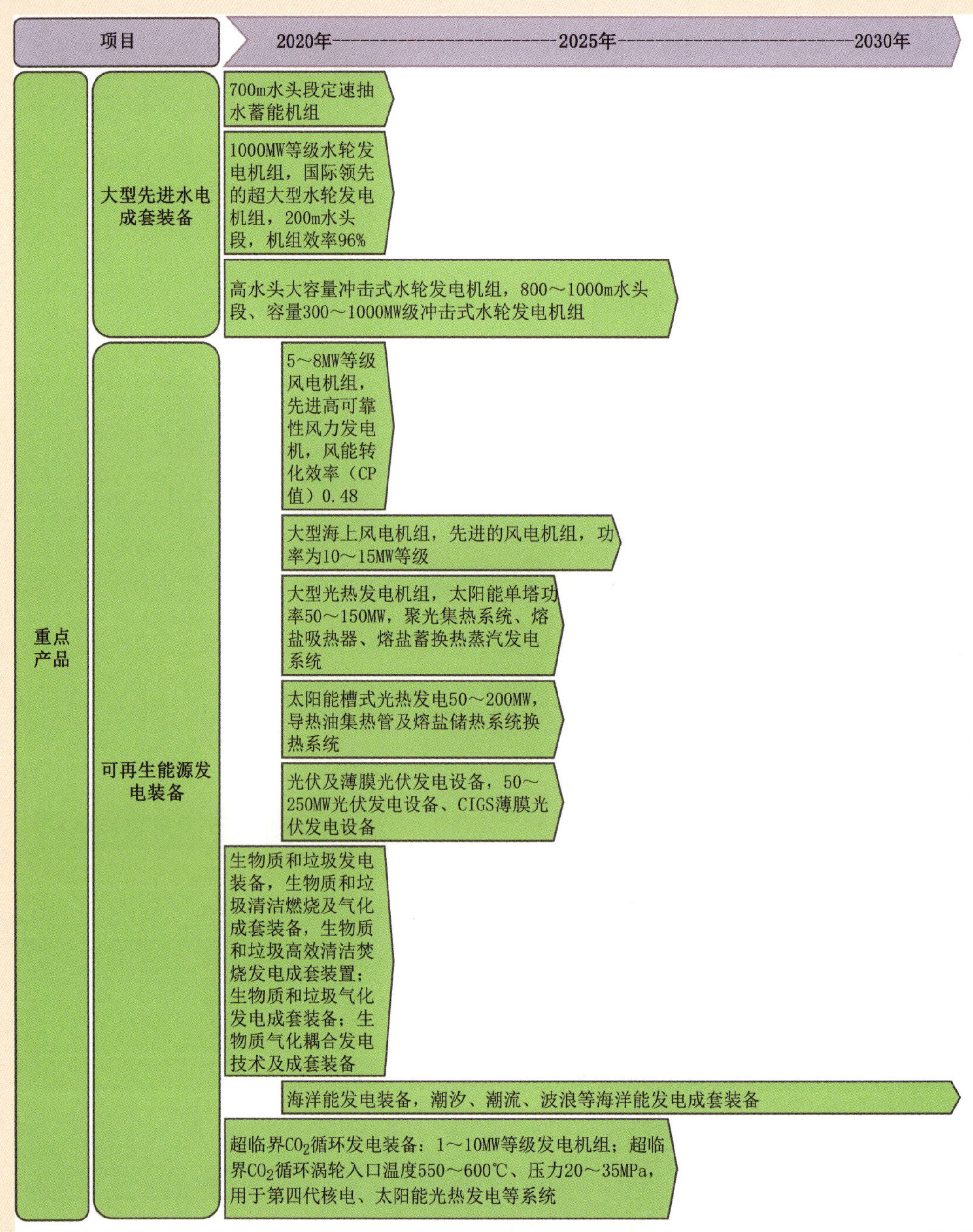

图 7-1　发电装备技术路线图（续）

项目		2020年——2025年——2030年
重点产品	可再生能源发电装备	ORC余热发电装备：100～300kW等级余热回收发电机组
	氢能发电装备	固定式加氢站内电解水制氢或天然气重整制氢，系统成套
		储氢、增压、氢气加注设备集成为一体的移动式加氢装备系统成套
		氢燃料电池电堆、模块和系统，以及2～10MW等级氢能成套发电装备
		60kW燃料电池系统：面向工业园区、商业中心等分布式能源应用领域，稳定、高效、可靠的热力电力联合供应燃料电池系统
	储能装备	高压加氢储氢设备：45～90MPa固定式和移动式储氢、加氢设备及系统
		大型灵活性改造火电机组：斜温层热水储罐
		电解水制氢装备：先进的碱性电解水制氢装备，MW等级，形成系统成套解决方案
		储能电池：锂离子大型电池储能系统
		空气储能、飞轮储能及多能互补的储能装备
关键零部件		重型燃气轮机燃烧室、透平叶片等高温部件及控制装置
		超超临界高端阀门，主要包括高加三通阀、高低压旁路阀、安全阀、调节阀等
		有机工质、二氧化碳等发电系统密封系统
		1000MW、1500MW第三代大型先进压水堆核电压力容器、蒸汽发生器、稳压器、冷却剂主泵、控制棒驱动机构、堆内构件、大型核电汽轮机焊接转子、整锻转子研制和2000mm等级超大末级长叶片
		新型（大开叉槽、硅油槽等）集热器、熔盐导热介质的集热管，定日镜组件及跟踪系统，熔盐储热罐、油盐换热系统
		可变速抽水蓄能机组发电电动机、可变速水泵水轮机转轮，调速系统，交流励磁及控制保护系统，大容量发电机保护断路器、可变速机组交流励磁设备

图 7-1　发电装备技术路线图（续）

项目	2020年------------------------2025年 ------------------------2030年
关键零部件	大型风力发电机组的超长叶片、轴承（主轴轴承、变速箱高速、变桨轴承）、智能控制系统
	光热发电机组熔盐高端阀门，主要包括安全阀、调节阀、蝶阀、截止阀
	核电汽水分离再热器汽水分离板
	燃气压缩机组动力涡轮部件
	大型热能发电机护环锻件
关键材料	深入研发G115锅炉材料，建立材料工程应用体系和性能数据库，满足未来高参数燃煤发电应用。P91/P92焊材国产化开发
	重型燃气轮机高温合金材料，突破单晶、定向结晶和等轴晶铸造等关键部件制造技术，形成燃气轮机用关键材料工程应用技术体系
	高温长寿命防护涂层陶瓷基复合材料，材料基体可承受1000℃以上高温，用于目前的F级燃机及未来的H级燃机
	3D打印金属材料技术，掌握3D打印高温合金材料的质量评估和检测技术，可用于热部件制造和修复
	压水堆核电站核岛主设备配套锻件；蒸汽发生器用U形管
	第四代核电站核岛主设备配套锻件
	第四代核电站用关键材料国产化和新材料研究
	开发风力发电用的经济性碳纤维材料——轴承材料
	超大型转轴和护环锻件国产化，满足未来1200MW以上二极火电和第三代1300～2000MW四极核电发电机需求
	电机绝缘材料，开发及应用高导热绝缘材料、高场强主绝缘材料
	重型燃气轮机材料性能数据库，形成材料开发的基础能力

图 7-1 发电装备技术路线图（续）

项目		2020年—2025年	2025年—2030年
关键共性技术	清洁高效煤电技术	清洁煤燃烧技术	
		准东高碱煤煤质、煤灰和煤燃烧特性的判定和评价；准东高碱煤结渣、沾污和积灰机制；准东高碱煤结渣、沾污和积灰的控制和清除技术；新型气化技术；尾气处理一体化技术	
		电站锅炉超净排放技术	
		煤电的灵活性改造技术	
		高效智能化的深度调峰、运行灵活、无功补偿发电技术煤电的灵活性改造技术	
		碳捕捉、利用和存储成套技术	
	清洁高效燃气技术	低NO_x燃气技术研发	
	核电共性技术	1000MW、1500MW第三代先进压水堆核岛、常规岛主设备设计、验证、制造技术	
		2000MW第三代先进压水堆核岛、常规岛主设备设计、验证、制造技术	
		高温气冷堆核岛、常规岛主设备设计、验证、制造技术	
		钠冷快堆核岛、常规岛主设备设计、验证、制造技术	
		钍基熔盐堆核岛、常规岛主设备设计、验证、制造技术	
	燃气轮机技术	F级高温部件高温高强超级合金材料研制	G/H级先进燃气轮机高温部件高温高强超级合金材料研制
		F级高压比大流量高效压气机设计制造技术	G/H级压气机设计制造技术
		F级干式低NO_x燃烧室设计制造技术	G/H级燃烧室设计制造技术
		F级高温透平叶片冷却技术	G/H级高温透平叶片冷却技术

图 7-1　发电装备技术路线图（续）

项目		2020年-------------------2025年-------------------2030年
关键共性技术	燃气轮机技术	整机测试及运行维护技术
		模块化设计、系统成套、辅助系统、试验验证及控制技术
	大型先进水电装备技术	抽水蓄能可变速电动机、水泵水轮机设计、验证技术、机组总体设计技术
		1000MW等级水轮发电机组总体设计及水力设计、验证，高效冷却技术
		高水头大容量冲击式水轮机组水力设计、验证技术
		风、光、水可再生能源互补型新型水轮发电机组水力设计技术及相关验证技术；高水头大容量冲击式水轮机组水力设计、验证技术
	可再生能源发电技术	风力发电机智能控制技术
		超长柔性轻量化风力发电机组叶片设计技术
		多场耦合下的大功率海上风力发电机组一体化设计技术
		海上柔性直流输电技术
		海上漂浮式风力发电机组一体化设计技术
		太阳能光热电站高效集热、储换热系统及设备研制技术
		太阳能光热电站智能控制技术
		太阳能光热电站系统集成技术
		生物质和垃圾气化工艺技术
		二噁英脱除及灰渣玻璃化处理技术
	发电设备运维控制技术	火电、水电、核电、太阳能发电、风电等电厂远程智能监测、智能诊断、智能运维
		火电、水电、核电、太阳能发电、风电等电厂远程智能检修、优化运行、寿命预测
	储能设备共性技术	储能系统集成技术
		功率型储能系统热设计与热管理技术，控制与保护技术
	智能制造技术	三维参数化设计平台建设关键技术
		协同设计平台建设关键技术
		设计制造数据流管控关键技术

图 7-1　发电装备技术路线图（续）

项目		2020年------2025年------2030年
关键共性技术	智能制造技术	远程诊断关键技术
		大数据分析技术
		发电设备健康状况评估技术
	全寿命周期绿色制造技术	设计、材料、制造、运行、报废处置等全寿命周期绿色发电设备技术
关键专用制造检测装备	智能制造装备	百万千瓦级以上机组汽轮机焊接转子自动喷丸设备
		先进光伏电池智能化生产线等设备
		大容量发电机组锅炉部套数字化车间
		大容量发电机组锅炉部件附件自动化装焊系统
	专用机加工装备	核电蒸汽发生器管子管板深孔钻削加工装备
		核电蒸汽发生器管子支撑板异形孔拉削加工等设备
		燃气轮机高温透平叶片制造设备
	专用挤压、焊接、热处理装备	核电堆内构件吊篮筒体/堆芯围筒激光-电弧复合焊接系统设备
		核电堆内构件高效可靠智能化焊接系统设备
		核电空心导叶自动焊接设备
		核电堆内构件节能高效安全加热设备
		锅炉集箱短管接头机器人智能装配及焊接系统
		锅炉水冷壁全自动销钉焊系统
		核电产品的压力容器焊接过程在线监测系统
		轨道式全位置焊接机器人等设备
		核电1200/1500MN锻挤压机组

图 7-1　发电装备技术路线图（续）

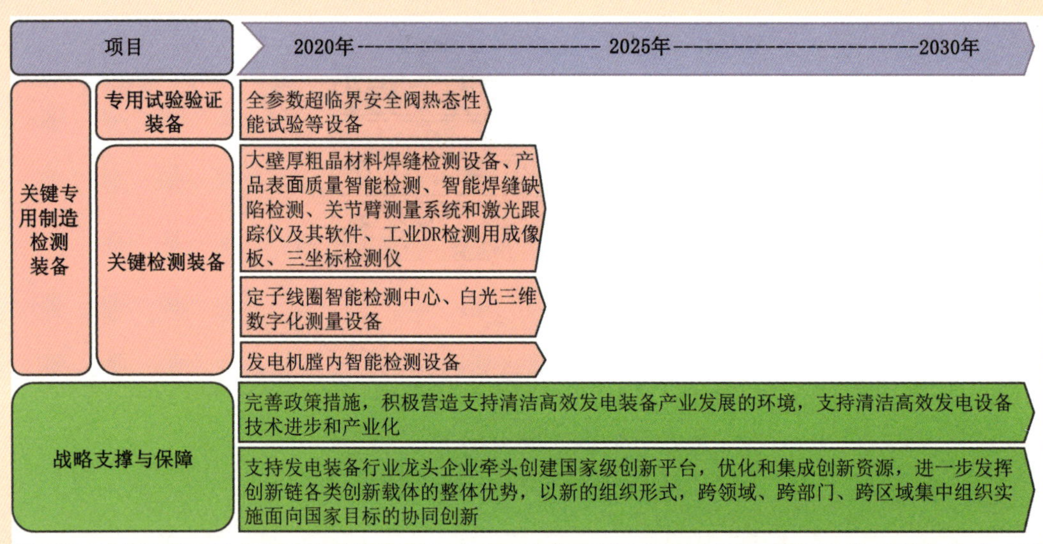

图 7-1　发电装备技术路线图（续）

输变电装备

输变电装备是实现电能传输、转换的及保障电力系统安全、可靠、稳定运行的设备。包括高压/超高压/特高压输变电设备、智能输变电设备、智能电网用户端设备。

需求

2018 年我国全社会用电量 6.8449 万亿 kW · h，同比增长 8.5%，分产业看，第一产业用电量 728 亿 kW · h，同比增长 9.8%；第二产业用电量 47235 亿 kW · h，同比增长 7.2%；第三产业用电量 10801 亿 kW · h，同比增长 12.7%；城乡居民生活用电量 9685 亿 kW ·h，同比增长 10.4%。预计 2020 年全社会用电量将达到 7.54 万亿 kW · h，2019 年至 2020 年将保持 5.5%左右、2020 年至 2030 年将保持 3%以上的年均增长率。输变电装备发展将呈现出智能化、集成化、绿色化的特点，并为实施“一带一路”发展战略提供输变电装备支撑。

目标

2020 年输变电行业装备关键零部件自主化率达到 80%以上；输变电成套装置出口比重超过 10%；特高压输变电技术国际领先，进入世界强国行列。

2025 年输变电行业形成以我国为主导的国际特高压交直流输电成套装备标准体系；装备关键零部件自主化率达到 90%以上；输变电成套装置出口比重超过 20%；提高电能在终端能源消费中的比重，用户端设备总体将从“跟跑”转为“并跑”，产品安全性、可靠性及技术指标达到国际先进水平。

2030 年输变电行业装备关键零部件自主化率达到 95%以上；输变电成套装置出口比重超过 25%；行业总体达到国际先进水平，部分领域达到国际领先水平；较大幅度提升中国标准在国际上的话语权及中国装备品牌的国际影响力。

技术发展趋势及路径

特高压交直流输电以电压 1300kV 和±1100kV 为重点；智能输变电成套设备以智能变电站成套装置、智能配电网成套装置、柔性直流输变电设备、节能环保型输变电设备、电力物联网创新应用为重点；智能电网用户端设备以用户端电器元件、用户端电气成套装置、用户端系统解决方案、交直流混合及直流系统解决方案为重点。

发展重点

1. 重点产品

▶特高压输变电成套设备

1）特高压交流输变电成套装备

（1）铁路运输变压器：电压 1000kV，容量 1000MVA。现场组装发电机升压变压器，电压 1000kV，容量 400～600MVA。

（2）并联电抗器系列产品（包括可控电抗器）：系列化产品涵盖电压 1000kV、容量 120～400MVA 全系列。

2）特高压直流输电成套装备

（1）现场组装式换流变压器：容量 200～620MVA。换流阀：±800kV/6250A 晶闸管换流阀、±1100kV/5455A 晶闸管换流阀，以及相配套的换流阀监视与控制设备。

（2）直流控制保护系统。

3）发电机保护断路器成套装置

（1）SF6 发电机保护断路器：适合 CAP1000 核电机组，额定短路开断电流 210kA；适合 CAP1400 核电机组，额定短路开断电流 250kA。

（2）真空发电机保护断路器：适合抽水蓄能，额定电流 6300～12000A，额定短路开断电流 120kA。

(3) 气体绝缘金属封闭母线（GIL）：电压 252～1100kV，额定电流 3150～8000A。

▶智能输变电成套设备

1) 智能变电站成套装置

(1) 智能变压器：交流输变电用智能变压器，电压 110～1000kV，容量 50～1000MVA；直流输电用智能换流变压器，电压±100～±1100kV，容量 200～600MVA。

(2) 智能开关设备：126～1100kV 气体绝缘金属封闭智能开关设备。

(3) 智能变电站监控系统：实现全站信息智能共享，提供设备全寿命周期的管理与运维支持。

(4) 智能变电站远程专家诊断系统：实现设备智能控制，远程诊断服务，通过云数据实现变电站智能管理和运营支持。

(5) 智能电缆及附件：110～500kV 高压智能电缆及附件，高压智能电缆及附件运行状态监测系统，实现高压智能电缆及附件全线路运行检测、评估及全寿命周期的管理和运维支持。

2) 智能配电网成套装置

(1) 智能直流互联设备：直流电压等级±110～±35kV，容量 50MVA 以内。

(2) 多端口电力电子变压器：满足多电压等级 AC/DC、DC/DC 电能变换需求，容量 1～10MW。重点研究基于 SiC 器件的配电网 10kV 多端口电力电子变压器的研制，负荷侧分为 AC 380V 和 DC 750V，容量 1～10MW。

(3) 智能配电开关、智能配电变压器、智能组件及电力电子装置。

(4) 交直流混合微电网设备及直流配网设备：控制保护设备、能量管理运行系统及核心交直流变流设备。

(5) 储能系统：针对新能源并网及分布式微电网的发展需求，开发电池储能装置、电池管理系统、高压储能变流系统、超级电容储能系统。

（6）10kV 智能配电网用弹性功率分配装置，额定容量 5～10MVA。

（7）城市轨道交通牵引供电系统制动能量回馈技术。峰值回馈功率：3.6MW，间歇工作制；额定回馈功率：2MW，持续工作制；标称电压：DC 1500V；回馈装置动作电压范围：DC 1700～1900V。

（8）直流配电网控制保护系统、多端口能源路由器。

（9）大规模高渗透率分布式电源并网装置：分布式电源容量 5～30MW，并网电压等级 10～35kV。

3）柔性直流输变电设备

（1）500kV/≤25kA，800kV/≤25kA 高压直流断路器。

（2）±100～±800kV 直流变压器。

（3）直流电网及混合直流输电控制保护。

（4）±500kV 直流输电电缆及附件。

4）节能环保型输变电设备

（1）环保型高压开关：选择环保型气体替代 SF6 作为绝缘、开断介质。

（2）环保型变压器：采用天然脂的变压器、低噪声变压器。

（3）低损耗变压器：立体卷铁芯变压器等。

（4）超导输变电设备：超导变压器、超导限流器、超导电缆等。

（5）经济型高压交流限流器：电压：≥500kV，预期电路电流减低 35% 以上，稳态运行损耗≤0.1%，故障响应时间≤20ms。

5）电力物联网创新应用

面向电力装备制造行业建设工业互联网平台并展开创新应用。研发智能电力装备、设备运行状态采集与控制系统、云服务平台，实现制造效率优化、产品质量提升、制造资源管理与协同和产品服务新模式的转变。

（1）支持云端远程运维的智能电力装备。

（2）电力装备制造过程物联传感网络及状态采集监控系统。

（3）基于云端的电力装备制造、试验和远程运维过程质量大数据分析及服务。

▶智能电网用户端设备

1）用户端电器元件

（1）断路器。

智能型交流万能式断路器 8000A/200kA；直流万能式断路器：DC 1000～1500V/800～4000A/I_{cu}=I_{cs} 50kA；固态万能式断路器：DC 250～1500V/1000～2500A/100kA。

智能交流微型断路器 125A/15kA；直流微型断路器：DC 250～1500V/16～100A/10kA。

智能交流塑壳式断路器：1600A/200kA；直流塑壳式断路器：DC 1000～1500V/160～1600A/30kA；固态塑壳式断路器：AC 220～415V/15～100A/100kA。

机车牵引用直流断路器：4000A/DC 1500V/80kA。

用户端电力物联网断路器，基于物联网技术具有状态信息感知边缘计算技术的多功能断路器。

分布式多能互补微电网应用断路器，基于微电网网络拓扑结构，具有协调控制和保护能力的新型断路器。

（2）自动转换开关及隔离开关。

自动转换开关电器 6300A/176kA。

直流隔离开关：16～63A/DC 1000～1500V/DC-1。

（3）智能控制与保护电器。

交流接触器：3000A/AC 1；直流接触器：1000～1500V/ 100～1600A；

固态接触器：1000V/300～600A。

电动机控制与保护开关电器160A。

电弧故障保护电器63A/10kA。

直流熔断器：32A/DC 1000～1500V。

DC RCD：IΔn：20～300mA。

用户端DC/DC 变换设备：2～5kVA/DC 400V。

2）用户端电气成套装置

应用物联网技术，具有实时网络通信与远程监控、恶劣环境自运行、自愈等功能，可实现能耗分配优化、负载均衡、远程运维等功能。

3）用户端系统解决方案

支持各种形式的分布式电源、EV 充电、储能等系统的接入，支持多种通信协议和网络化远程监控软件，具有电能消耗统计和分析、需求响应与需量控制、多电源投切协调控制和用电量预测等微电网管理功能。

4）交直流混合及直流系统解决方案

交直流混合及直流微电网系统、数据中心直流配电系统、生态住宅全直流系统、电动汽车直流充电系统、轨道交通用直流牵引系统及智能站用电系统。

▶海工装备

1）海洋石油平台（含岛屿）成套供电设备

（1）海洋直流(包括柔性直流)平台建设(海上平台和海下平台)（±35～±500kV）。

（2）高压直流海缆（10～500kV）。

2）海底石油生产供电装备

（1）海底开关设备10～35kV。

（2）海底变压器设备220kV 110kV/35kV 10kV。

(3) 水下生产纯电控系统。

3) 船舶电器

(1) 燃料电池动能系统用大功率高密度DC/DC变换器：基于SiC的器件，功率密度15kW/L；额定容量300kW。

(2) 高压岸电电源：额定输入10kV，额定输出6.6kV，额定容量2MW。

▶氢能装备

1) 制氢装备

电解水制氢、天然气制氢、煤制氢装备研究与产业化。

2) 储氢装备

开发35～75MPa高压储氢装备。

3) 燃料电池

开展电动汽车用燃料电池研究与装备研制。

▶储能装备

开展大规模电力储能装备研究，包括但不限于大规模液态金属电池储能、大规模化学储能及超导储能系统研究。

2. 关键零部件

▶特高压用关键零部件

(1) 换流变阀侧直流（干式）套管±800～±1100kV。

(2) 换流变阀侧±1100kV出线装置。

(3) 特高压直流换流变压器有载调压开关。

(4) 特高压交流变压器无励磁调压开关。

▶智能输变电装备用零部件

(1)高压大功率IGBT模块：3.3kV/2500～4000A、4.5kV/2000～3000A、6.5kV/1000～2000A。

(2) 高压大功率IGBT模块配套直流电容器：3.3kV配套直流电容器、4.5kV配套直流电容器、6.5kV配套直流电容器。

(3) 高压大功率IGBT模块国产化驱动器件：推动相关国产化驱动器件的大规模应用。

(4)宽禁带高压大功率半导体器件：SiC功率器件(10kV/60～300A)；10kV及以上SiC功率器件的封装与集成。

(5) 高电压等级真空灭弧室：110～220kV、额定电流 1250～4000A、短路电流31.5～40kA。

(6) 大容量真空灭弧室：18～30kV，短路电流80～210kA。

▶用户端零部件

(1) 执行机构：6～8000A；机械寿命大于50000次操作循环；可耐受大于150kA/1s短时耐受电流的电动冲击力。

(2)交流触头及灭弧系统：$I_{cu}=I_{cs}$大于(AC 400V/690V) 200kA/100kA。

(3)直流触头及灭弧系统：$I_{cu}=I_{cs}$大于(DC 1000V/1500V) 40kA/20kA。

(4) 直流传感器：4000A及以下，精度高于1级。

(5) 直流绝缘监测装置：检测精度小于10%，0～1MΩ。

(6)控制器：具有全电流范围选择性保护、故障预警、寿命指示等功能。

(7)用户端电气成套装置母线系统：具有安全可靠的防触电保护设计。

(8)用户端电力物联网系统：应用于设备健康管理、预测性远程运维、智能工厂统一信息管理等新应用场景。

(9) 高端芯片及其核心器件的研制。

3. 关键材料

▶特高压交直变压器用高端材料及部件

特高压交直流变压器采用的绝缘纸板、阀门、温度计、油流继电器等高端材料及部件。

▶新型绝缘材料

（1）基于纳米改性的高性能绝缘材料及电介质材料基础研究。

（2）高韧性、高耐热、高导热树脂材料及其制品研究。

（3）新型热塑性（工程塑料）环保绝缘材料、产气材料配方及关键工艺技术研究。

(4)超净级220kV及以上交直流电缆用绝缘材料[交联聚乙烯(XLPE)]国产化研制及应用研究。

（5）高韧性、高耐热、高导热树脂基复合材料及其制品研究。

（6）高耐热绝缘纸研究。

（7）环保型植物绝缘油研究与应用。

（8）高强度SMC材料。

▶新型导电材料

（1）轻质高强高导电工合金材料配方及工艺技术研究。

（2）高强高导、耐烧蚀、耐磨损新型电接触材料。

▶半导体材料

（1）碳化硅、氮化镓等高压大功率器件材料制造关键工艺技术研究。

（2）金刚石、氮化铝等高压大功率器件材料制造关键工艺技术研究。

（3）宽禁带高压大功率器件模块封装材料关键工艺技术研究。

▶磁性材料

高性能规模化取向电工硅钢片、高导磁低损耗硅钢片、高灵敏度的非晶纳米晶材料的制造工艺和应用技术研究。

▶功能材料

碳纳米管/石墨烯等新型涂层材料、环保型防腐涂料、阻燃防火涂料等表面功能材料，以及新型陶瓷材料在电工产业的应用。

▶储能材料

（1）高能量密度电池用聚合物薄膜材料。

（2）先进微纳米产业制造技术制备的电极材料。

4. 关键共性技术

▶智能化技术

重点是复杂环境下的低成本、长寿命智能传感器及其融合应用技术、高紧凑高耐受型集成化控制和保护技术及综合诊断专家系统应用技术。

基于人工智能的设备远程运维、寿命指示、故障预警、产品与系统安全等技术。

▶可靠性技术

应用可靠性工程理论体系，创新设计、制造、检测的可靠性技术，对电器产品进行适用性改进与创新，创建以可靠性为中心的全寿命周期制造服务技术，建立可量化的设计、制造、试验和运行全过程的管理评估方法及标准体系。

▶数字仿真技术

重点是电弧、电磁、结构、流体、温度、运动等仿真技术。

▶新型电工材料应用技术

（1）纳米技术在电工绝缘材料中的应用技术。

（2）轻质高强、高导电电工合金材料的研究和应用技术。

（3）先进功能材料——碳材料和高温超导材料应用技术。

（4）石墨烯在电工产品中的应用技术。

▶标准及试验检测技术

（1）建立完善的标准体系，搭建与关键性能指标相关的试验研究及检测平台。

（2）开展中国标准的推广，搭建“一带一路”的国际标准体系。

（3）依托重点领域、重大项目，开展中外标准、试验检测技术对比分析，实现与国际标准、试验检测技术的互采互认。

▶高效配电变压器技术

宽幅非晶合金带材制造、天然脂应用的技术经济性及适用性研究、配套电力电子装置实现可连续调容调压的混合式配电变压器技术、立体卷铁芯变压器自动化生产工艺等。

▶电力电子技术

变流器件高电压、大容量化、高频化的技术研究；主电路及保护控制电路模块化，产品小型化、智能化和低成本化研究。

▶大规模高效储能技术

研究适用于 10MW/40MW · h 级系统的液流电池储能技术和适用于 10MW/100MW · h 级系统的压缩空气储能技术。研究适用于数据中心 UPS 的 200kW 级飞轮储能技术和适用于电网调频的基于 200kW 和/或 500kW 飞轮的 MW 级飞轮阵列储能技术。研究 200A · h 液态金属电池单体技术，研究兆瓦级液态金属电池系统。

▶无线传感器网络化技术

智能配电网用多功能无线传感器网络关键技术。

▶新型配电网络中的储能应用技术

新型配电网络中储能应用的稳定建模及动态仿真、虚拟同步机、能量管理系统及协调运行等关键技术。

▶电力物联网技术

研究电力物联网技术，构建产业链共同参与生态建设的良性循环，通过智能设备的全面感知化和可视化，实现电力物联网平台的高级分析和诊断。

5．关键制造及检测装备

（1）变压器全自动绕线机、自动叠片机的开发与应用。

（2）应用于高压开关的环氧浇注设备、大型加工中心。

（3）应用于变压器硅钢片的横、纵剪生产线。

（4）应用于用户端电器元件制造的激光测振装备，线圈全自动绕制与组装装备，零件焊、铆、装一体化装备，数字化在线检测装置及智能化生产线。

战略支撑与保障

（1）打造完整的输变电装备研发、制造、试验、检测和认证体系，实现具有与国际实验室同等的认证资格。

（2）组建行业研究院，围绕产业发展提供规划、标准、试验认证、产品故障分析诊断、可靠性评价、行业管理、信息化咨询，以及基础性、前瞻性、共性的技术研发和服务。

（3）建立输变电产业“政产学研用”创新联盟，重点突破智能电网关键共性技术和重大应用技术方面的瓶颈。

技术路线图

输变电装备技术路线图如图 7-2 所示。

项目		2020年	2025年	2030年
目标		装备关键零部件自主化率达到 80%以上	装备关键零部件自主化率达到90%以上	装备关键零部件自主化率达到95%以上
		特高压输变电技术国际领先，进入世界强国行列	提高电能在终端能源消费中的比重，用户端设备总体将从“跟跑”转为“并跑”，产品安全性、可靠性及技术指标达到国际先进水平	行业总体达到国际先进水平，部分领域达到国际领先水平；较大幅度提升中国标准在国际上的话语权及中国装备品牌的国际影响力
需求		全社会用电量将达到7.54万亿 kW · h	全社会用电量将保持5.5%左右的年均增长率	全社会用电量将保持3%以上的年均增长率
		将呈现出智能化、集成化、绿色化的特点，并为实施“一带一路”发展战略提供输变电装备支撑		
技术发展趋势及路径		特高压交直流输电以电压1300kV和±1100kV为重点；智能输变电成套设备以智能变电站成套装置、智能配电网成套装置、柔性直流输变电设备、节能环保型输变电设备、电力物联网创新应用为重点；智能电网用户端设备以用户端电器元件、用户端电气成套装置、用户端系统解决方案、交直流混合及直流系统解决方案为重点		
重点产品	特高压输变电成套设备-特高压交流输变电成套装备	现场组装发电机升压变压器		
		并联电抗器系列产品（包括可控电抗器）		
	特高压输变电成套设备-特高压直流输变电成套装备	现场组装式换流变压器		
		直流控制保护系统		
	特高压输变电成套设备-发电机保护断路器成套装置	SF6发电机保护断路器		
		真空发电机保护断路器		
		气体绝缘金属封闭母线（GIL）		
	智能输变电成套设备-智能变电站成套装置	智能变压器		
		智能开关设备		
		智能变电站监控系统		
		智能变电站远程专家诊断系统		
		智能电缆及附件		
	智能输变电成套设备-智能配电网成套装置	智能直流互联设备		
		多端口电力电子变压器		
		智能配电开关、智能配电变压器、智能组件及电力电子装置		

图 7-2　输变电装备技术路线图

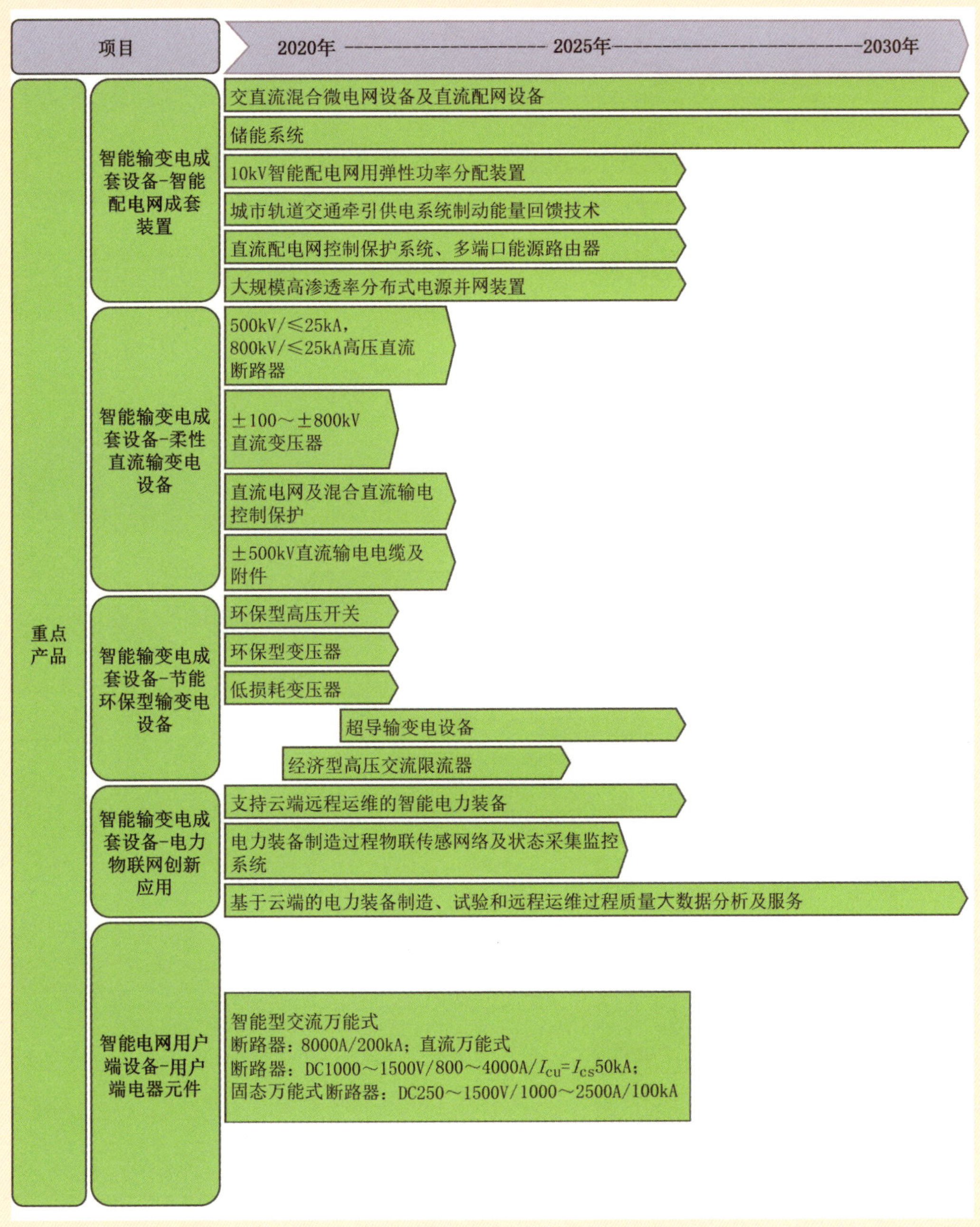

图 7-2　输变电装备技术路线图（续）

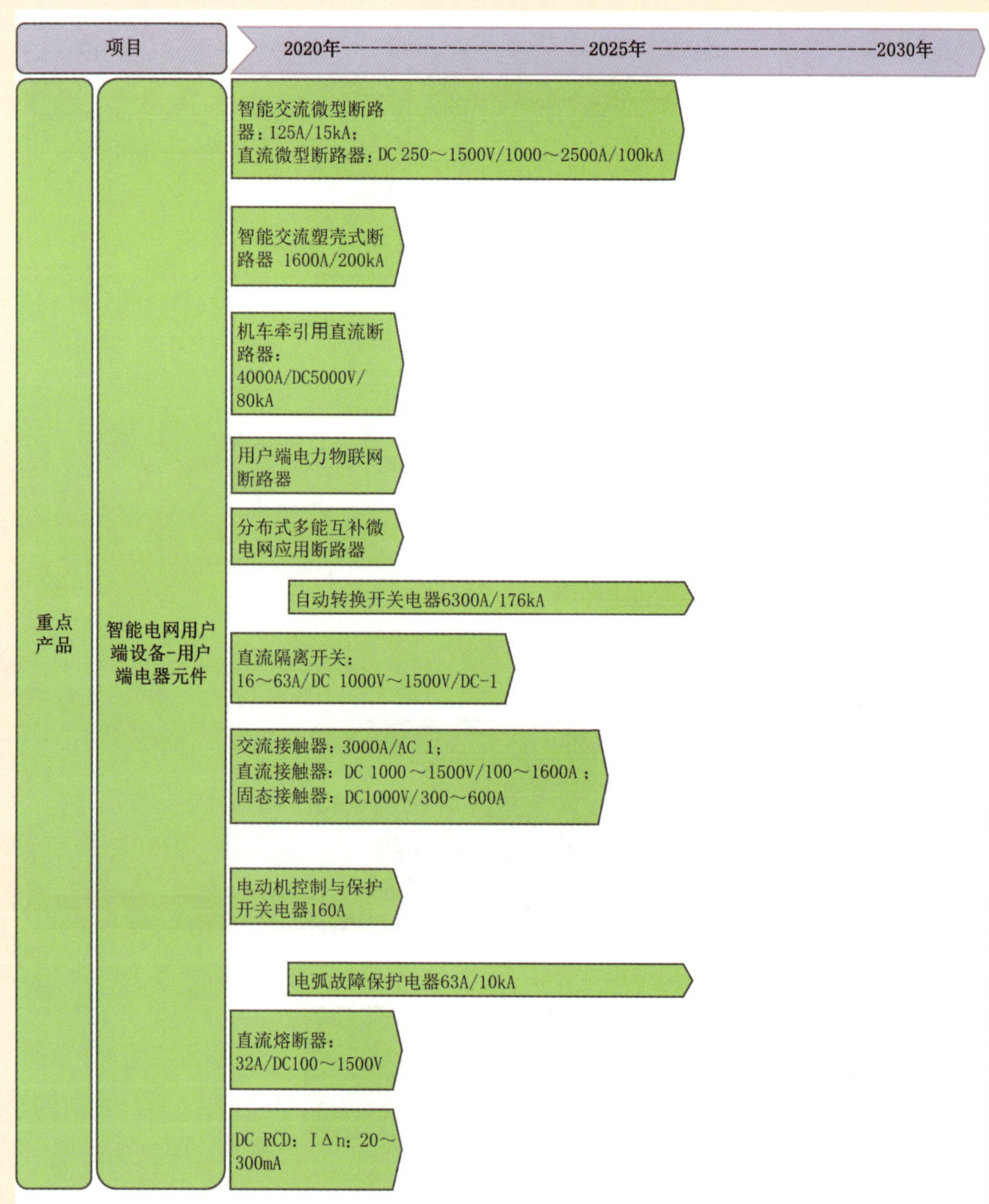

图 7-2　输变电装备技术路线图（续）

项目		2020年——2025年——2030年
重点产品	智能电网用户端设备-用户端电器元件	用户端DC/DC变换设备：2～5kVA/DC400V
	智能电网用户端设备-用户端电气成套装置	应用物联网技术，具有实施网络通信与远程监控、恶劣环境自运行、自愈等功能，可实现能耗分配优化、负载均衡、远程运维等功能
	智能电网用户端设备-用户端系统解决方案	支持各种形式的分布式电源、EV充电、储能等系统的接入，支持多种通信协议和网络化远程监控软件，具有电能消耗统计和分析、需求响应与需量控制、多电源投切协调控制和用电量预测等微电网管理功能
	智能电网用户端设备-交直流混合及直流系统解决方案	交直流混合及直流微电网系统、数据中心直流配电系统、生态住宅全直流系统、电动汽车直流充电系统、轨道交通用直流牵引系统及智能站用电系统
	海工装备-海洋石油平台(含岛屿)成套供电设备	海洋直流(包括柔性直流)平台建设(海上平台和海下平台)（±35～±500kV）
		高压交直流海缆（10～500kV）
	海工装备-海底石油生产供电装备	海底开关设备（10～35kV）
		海底变压器设备220kV 110kV/35kV 10kV
		水下生产纯电控系统
	海工装备-船舶电器	燃料电池动能系统用大功率高密度DC/DC变换器
		高压岸电电源
	氢能装备-制氢装备	电解水制氢、天然气制氢、煤制氢装备研究与产业化
	氢能装备-储氢装备	开发35～75MPa高压储氢装备
	氢能装备-燃料电池	开展动力汽车用燃料电池研究与装备研制
	储能装备	开展大规模电力储能装备研究，包括但不限于大规模液态金属电池储能、大规模化学储能及超导储能系统研究
关键零部件	特高压用关键零部件	换流变阀侧直流（干式）套管±800～±1100kV
		换流变阀侧±1100kV出线装置

图 7-2 输变电装备技术路线图（续）

项目		2020年------------------------2025年------------------------2030年
关键零部件	特高压用关键零部件	特高压直流换流变压器有载调压开关
		特高压交流变压器无励磁调压开关
	智能输变电装备用零部件	高压大功率IGBT模块
		高压大功率IGBT模块配套直流电容器
		高压大功率IGBT模块国产化驱动器件
		宽禁带高压大功率半导体器件
		高电压等级真空灭弧室
		大容量真空灭弧室
	用户端零部件	执行机构：6～8000A；机械寿命大于50000次操作循环
		交流触头及灭弧系统：I_{cu}=I_{cs}大于（AC 400/690V）200kA/100kA
		直流触头及灭弧系统：I_{cu}=I_{cs}大于（DC 1000V/1500V）40kA/20kA
		直流传感器：4000A及以下，精度高于1级
		直流绝缘监测装置：检测精度小于10%，0～1MΩ
		控制器：具有全电流范围选择性保护、故障预警、寿命指示等功能
		具有安全可靠的防触电保护设计
		用户端工业互联网系统：应用于设备健康管理、预测性远程运维、智能工厂统一信息管理等应用场合
		高端芯片及其核心器件的研制
关键材料	特高压交直变压器用高端材料及部件	采用的绝缘纸板、阀门、温度计、油流继电器等高端材料及部件
	新型绝缘材料	基于纳米改性的高性能绝缘材料及电介质材料基础研究

图 7-2　输变电装备技术路线图（续）

项目		2020年 ---2025年---2030年
关键材料	新型绝缘材料	高韧性、高耐热、高导热树脂基材料及其制品研究
		新型热塑性（工程塑料）环保绝缘材料、产气材料配方及关键工艺技术研究
		超净级200kV及以上交直流电缆用绝缘材料［交联聚乙烯（XLPE）］国产化研制及应用研究
		高韧性、高耐热、高导热树脂基复合材料及其制品研究
		高耐热绝缘纸研究
		环保型植物绝缘油研究与应用
		高强度SMC材料
	新型导电材料	轻质高强高导电工合金材料配方及工艺技术研究
		高强高导、耐烧蚀、耐磨损新型电接触材料
	半导体材料	碳化硅、氮化镓等高压大功率器件材料制造关键工艺技术研究
		金刚石、氮化铝等高压大功率器件材料制造关键工艺技术研究
		宽禁带高压大功率器件模块封装材料关键工艺技术研究
	磁性材料	高性能规模化取向电工硅钢片、高导磁低损耗硅钢片、高灵敏度的非晶纳米晶材料的制造工艺和应用技术研究
	功能材料	碳纳米管/石墨烯等新型涂层材料、环保型防腐涂料、阻燃防火涂料等表面功能材料，以及新型陶瓷材料在电工产业的应用
	储能材料	高能量密度电池用聚合物薄膜材料

图 7-2　输变电装备技术路线图（续）

项目		2020年----------2025年----------2030年
关键材料	储能材料	先进微纳米产业制造技术制备的电极材料
关键共性技术	智能化技术	重点是复杂环境下的低成本、长寿命智能传感器及其融合应用技术、高紧凑高耐受型集成化控制和保护技术及综合诊断专家系统应用技术
		基于人工智能的设备远程运维、寿命指示、故障预警、产品与系统安全等技术
	可靠性技术	应用可靠性工程理论体系，创新设计、制造、检测的可靠性技术，对电器产品进行适用性改进与创新，创建以可靠性为中心的全寿命周期制造服务技术，建立可量化的设计、制造、试验和运行全过程的管理评估方法及标准体系
	数字仿真技术	重点是电弧、电磁、结构、流体、温度、运动等仿真技术
	新型电工材料应用技术	纳米技术在电工绝缘材料中的应用技术
		轻质高强、高导电电工合金材料的研究和应用技术
		先进功能材料——碳材料和高温超导材料应用技术
		石墨烯在电工产品中的应用技术
	标准及试验检测技术	建立完善的标准体系，搭建与关键性能指标相关的试验研究及检测平台
		开展中国标准的推广，搭建“一带一路”的国际标准体系
		依托重点领域、重大项目，开展中外标准、试验检测技术对比分析，实现与国际标准、试验检测技术的互采互认
	高效配电变压器技术	宽幅非晶合金带材制造、天然脂应用的技术经济性及适用性研究、配套电力电子装置实现可连续调容调压的混合式配电变压器技术、立体卷铁芯变压器自动化生产工艺等
	电力电子技术	变流器件高电压、大容量化、高频化的技术研究；主电路及保护控制电路模块化，产品小型化、智能化和低成本化研究
	大规模高效储能技术	研究适用于10MW/40MW · h级系统的液流电池储能技术和适用于10MW/100MW · h级系统的压缩空气储能技术。研究适用于数据中心UPS的200kW级飞轮储能技术和适用于电网调频的基于200kW和/或500kW飞轮的MW级飞轮阵列储能技术
		研究200A · h液态金属电池单体技术，研究兆瓦级液态金属电池系统
	无线传感器网络化技术	智能配电网用多功能无线传感器网络关键技术

图 7-2　输变电装备技术路线图（续）

项目		2020年 ------ 2025年 ------ 2030年
关键共性技术	新型配电网络中的储能应用技术	新型配电网络中储能应用的稳定建模及动态仿真、虚拟同步机、能量管理系统及协调运行等关键技术
	电力物联网技术	研究电力物联网技术，构建产业链共同参与生态建设的良性循环，通过智能设备的全面感知化和可视化，实现电力物联网平台的高级分析和诊断
关键制造及检测装备		变压器全自动绕线机、自动叠片机的开发与应用
		应用于高压开关的环氧浇注设备、大型加工中心
		应用于变压器硅钢片的横、纵剪生产线
		应用于用户端电器元件制造的激光测振装备，线圈全自动绕制与组装装备，零件焊、铆、装一体化装备，数字化在线检测装置及智能化生产线
战略支撑与保障		打造完整的输变电装备研发、制造、试验、检测和认证体系，实现具有与国际实验室同等的认证资格
		组建行业研究院，围绕产业发展提供规划、标准、试验认证、产品故障分析诊断、可靠性评价、行业管理、信息化咨询，以及基础性、前瞻性、共性的技术研发和服务
		建立输变电产业“政产学研用”创新联盟，重点突破智能电网关键共性技术和重大应用技术方面的瓶颈

图 7-2　输变电装备技术路线图（续）

8

农业装备

农业装备是我国实现农业农村现代化和乡村振兴的物质保证和核心支撑。重点发展的产品是新型农用动力机械、精量施肥播种机械、高速栽植机械、高效田间管理机械、智能收获机械、种子繁育与加工机械、节能保质运储机械、畜禽养殖机械、农产品加工机械。

农业装备

农业装备是融合生物、农艺和工程技术，集成先进制造与智能控制、新一代信息通信、新材料等高新技术的自动化、信息化、智能化的先进装备，发展重点是粮、棉、油、糖等大宗粮食和战略性经济作物育、耕、种、管、收、运、贮等，以及养殖、农产品加工主要生产过程使用的装备。农业装备是不断提高土地产出率、劳动生产率、资源利用率，实现农业农村现代化和乡村振兴的物质保证和核心支撑。

需求

经过多年快速发展，我国已是世界农业装备生产和使用大国，产业发展已进入转型升级新阶段，主要矛盾由总量不足转变为结构性矛盾，90%以上的国产农业装备仍为中低端产品，约 80%的农业装备仍为田间生产作业装备，不能全面满足高质、高效的现代农业发展需求。创新驱动发展、乡村振兴、制造强国战略实施，构建现代化经济体系，推进新型工业化、信息化、城镇化、农业农村现代化同步发展，实施乡村振兴战略，保障粮食、食品、生态三大安全，转变农业发展方式，实现一、二、三产业融合发展，推进供给侧结构性改革，实现农业机械化和农业装备产业转型升级，走中国特色农业机械化、智能化发展道路，要求农业装备产业不断增强基础、提升水平、完善功能、增加品种、拓展领域，并着力向高效化、智能化、网联化、绿色化发展，实现自主可控、安全高效发展。

目标

2020 年，稳居世界农业装备制造和使用大国前列，农作物耕种收综合机械化率达到 70%；掌握核心零部件制造和可靠性关键技术，典型农业装备产品质量可靠性水平提升 30%；大宗粮食和战略性经济作物装备品类基本齐全，高端产品占比达到20%，形成1～2个国际知名农机品牌；构建形成关键核心零部件与整机协同发展能力，形成面向农业生产的信息化整体解决方案。

2025 年，成为世界最大的农业装备制造和使用国家，农作物耕种收综合机械化率达到 75%；全面掌握关键核心零部件制造和整机可靠性技术，主要农机装备产品质量可靠性达到世界先进水平；农业装备品类基本齐全，高端产品占比达到 30%，产品和技术供给基本满足需要，1～2

家企业进入世界先进水平行列；形成智能技术及产品全面创新能力，以智能装备、智能管理服务为核心的智能农业生产实现示范应用。

2030年，产业规模稳居世界首位，迈入农业装备制造强国行列，农作物耕种收综合机械化率超过80%；产品质量可靠性水平达到世界先进水平；形成以智能装备为主导的产品格局，产品品种达到5000种以上，满足全程全面机械化、智能化需求，1～2家企业进入世界前列；构建以自主创新为核心的技术创新体系，形成新一代智能农业装备技术、产品、服务体系，创新能力基本达到先进国家水平。

发展重点

1. 重点产品

▶新型农用动力机械

200马力及以上、8速及以上动力换挡拖拉机，主变速电控、主离合器电液控制的CVT无级变速拖拉机；25马力及以上电动拖拉机，高低档无级变速，作业续航能力≥6小时，具备导航作业、故障诊断、参数监控、远程运维等功能。农用无人机动力平台，有效载荷30kg及以上，满足搭载遥感、农情监测、植保、播种等装置及系统需求，具备自动避障、失控自返等功能。

▶精量施肥播种机械

6行及以上水稻精量直播机，施肥播种一体、播深播量可调、堵塞监控等。小麦、玉米、大豆变量施肥播种机，配套动力100马力及以上，实现免耕、变量施肥、精量播种一体化作业，具备播量监测、堵塞监控等功能。马铃薯、蔬菜、油菜等精量播种机，开沟、播种、施肥、培土一体化作业，具备堵塞或漏播监控等功能。

▶高速栽植机械

高速水稻插秧机，四轮驱动、液压转向、无级变速，作业 6 行及以上，配备同步施肥装置，具备株距、取苗量、栽插及施肥深度调节等功能。全自动高速移栽机，取苗频率 7000 株/（小时 · 行）以上，具备种苗识别、漏栽监测等功能。

▶高效田间管理机械

大型自走式高地隙喷杆喷雾机，离地间隙 1500mm 及以上，静液压驱动、地隙与轮距自动可调，具备导航作业及参数调控功能。轻型水田自走式喷杆喷雾机，离地间隙 800mm 及以上，具备导航定位及参数监测功能，大型喷灌机组，长度 400m 及以上，具备水肥药一体化喷洒、远程遥控、作业环境及参数监测等功能。

▶智能收获机械

喂入量 10kg/s 及以上谷物联合收获机、喂入量 8kg/s 及以上水稻联合收获机、4 行及以上玉米籽粒与穗茎兼收收获机、6 行及以上大型采棉机，以及马铃薯联合收获机、甘蔗联合收获机、油菜联合收获机、秸秆和饲草料收获机，具备导航定位、作业参数调控、故障诊断、产量/流量监测、远程运维管理等智能控制功能。

▶种子繁育与加工机械

玉米、小麦、水稻、蔬菜等小区精细种床整备、父母本精量交错播种、去雄授粉、高净度收获等种子繁育机械，具备参数监测、智能调控等功能。种子数控干燥、精细分选、智能丸化、计数包装等精细选别加工成套设备，水稻、小麦、玉米种子加工成套装备生产率达到 10t/h 以上。种子智能考种、活性和健康检测、溯源等种子品质检测设备。高通量植物表型平台，可用于大田农作物自动表型成像及分析。

▶节能保质运储机械

粮食、果蔬等农产品节能干燥设备，具备精准在线水分监测、精准自动温湿度控制功能。粮食、果蔬、畜禽及水产品等农产品运储环境调控、微生物滋生控制智能运储设备。

▶畜禽养殖机械

环境精准调控设备，实现对温湿度、光照等环境参数和有害气体智能调控。畜禽个体行为与生长健康状况智能监测设备，实现对畜禽生理生态、采食、应激、疫病、繁殖监测。个体精量饲喂设备，具备采食量、饲喂时间及饲喂量等在线采集功能。智能化挤奶系统，具备在线采样、乳腺炎检测、在线计量等功能。畜禽粪便固液分离机、病死畜禽无害化处理设备，具备远程监控功能。

▶农产品加工机械

谷物、马铃薯等制面、制米、制粉智能化、自动化加工成套设备。油料适温/低温压榨、精炼等智能化、自动化加工成套设备。果蔬及中药材产地预冷、高效清选、规格切制、分等分级、自动包装等设备。畜类自动化屠宰、畜禽肉品智能化分割分级、水产品自动化剥制分级等设备。禽蛋高通量检测及分级包装设备，生产能力 50000 枚/小时。乳品品质无损检测、高速无菌灌装等设备，生产能力 10000～20000 瓶/小时。

2. 核心零部件

▶农用柴油机

非道路国Ⅳ及以上排放，扭矩储备达到 35%以上，噪声声功率级不高于 114dB，电控系统等关键零部件及系统、整机自主化。

▶电液传动及智能控制系统

液压全悬浮转向驱动桥，满足200马力及以上拖拉机、喂入量10kg/s及以上联合收获机需要。无级变速器（CVT），具备机械和液压混合双动力、电控液压换挡换向、故障诊断等功能。电液悬挂系统基于控制器局域网络（CAN）总线控制，具备力、位置、高度调节及智能调节功能。

▶专用传感器及智能仪表

施肥播种机作业深度、播种量与漏播等检测传感器。植保机械喷量、压力、喷洒面积等检测传感器。联合收获机割台高度、滚筒转速、清选与夹带损失、籽粒破碎率、产量流量和谷物水分等检测传感器。收获机械损失、籽粒破碎、产量流量和谷物水分等检测传感器。土壤质构、综合肥力等检测传感器，动植物生理、生长信息检测传感器，农田及设施环境检测传感器。传感器平均故障间隔工作时间超过10000h，智能仪表平均故障间隔时间达到5000h。

▶导航与智能化控制作业装置

农业机械导航定位装置，定位精度不低于厘米级；农业机械作业对象跟踪装置，控制精度不低于5%；栽植、播种、施肥、灌溉、施药变量精量智能控制系统及装置，控制精度不低于5%；自走式农机无人作业系统，实现在特定条件下遥控行驶、辅助驾驶或自动驾驶功能。

3. 关键共性技术

▶农业机械数字化设计及验证技术

突破关键零部件及整机数字化建模、虚拟设计、动态仿真验证，以及数字孪生、基于模型的产品数字化定义（MBD）等技术，构建模型库、工具包及专用软件与设计平台等，发展众包设计、协同设计等新型模式，解决创新设计与智能制造融合发展问题。

▶农业机械可靠性技术

突破关键零部件及整机作业载荷、工况环境、失效特征、故障等检测分析与控制技术，以及可靠性试验方法、制造过程质量检测、再制造等技术，构建重点零部件失效及产品质量数据库，实现服役环境主动可靠性设计技术应用。

▶农业机械关键零部件标准验证技术

突破关键零部件标准化、系列化、通用化技术，构建标准关键零部件库，推进农业机械产品组合化、模块化发展，加速产品创新开发。

▶自走式农机新型动力及高效传动技术

突破电能、太阳能、氢能等独立或混合新型动力系统应用技术；以及机械和液压混合双动力、静液压闭式回路调速，电控液压换挡换向、重载大传动比行星传动及润滑冷却、静液压传动装置可靠性等无级变速传动技术，推进自走式农机高效、节能、绿色发展。

▶农业装备传感与控制技术

突破土壤、动植物、环境等信息感知技术，基于北斗卫星导航系统（BDS）、新一代信息通信技术的农机高精度导航及定位技术，作业工况监测与智能调控技术，以及智能农业机器人技术等，实现人机物协同和装备、信息、生物融合发展。

▶农业装备智能作业技术

突破农机作业大数据智能分析与决策、自主作业、多机协同等智能作业技术，故障自动预警与自动诊断、远程运维等智能管理技术，构建以全链条信息感知、定量决策、智能控制、精准投入、智慧管理为核心的智能农业生产技术体系。

▶高效绿色农业机械化技术

突破土壤、植物、机器、环境系统互作机理，作物高速种植、节水灌溉、水肥一体化、低损收获，以及畜禽、水产精细饲养等机械化、标准化生产工艺技术，适合不同农业生产区域性特点、农艺要求、种植规模、耕作制度、气候环境的粮食和经济作物高效化、绿色化、机械化生产配套技术及模式，构建高效生产机械化系统。

4. 关键材料

犁铧、旋耕刀、耙片、开沟圆盘等土壤耕作工具部件，以及收割机械切割刀片、采棉指与脱棉盘、离合器活塞等耐磨延寿材料，包括球墨铸铁、硼钢等铸造材料；碳化铬、碳化钨、高铬合金等堆焊材料；Zn-Al 合金等涂层材料；高强度耐磨橡塑材料。

5. 关键制造及检测装备

变速箱、传动箱等复杂部件智能化、绿色化制造装备；联合收割机底盘、脱粒滚筒等自动焊接及质量检测设备；土壤工作、采收作业等关键部件智能冲压、模压成型、增材制造及表面工程等成套装备；农机电液控制单元与系统、整机出厂质量在线检测系统。

战略支撑与保障

（1）支持建立国家农业装备技术创新中心。建立共性技术平台和研发、设计、检测、标准等行业数据平台；开展基础前沿、关键共性技术及重大战略装备等协同创新；开展研发设计、科技服务、检验检测、信息服务等公共技术服务；鼓励多方投入设立产业创新基金；构建适应国情、立足产业、协同高效、支撑发展的农业装备产业技术创新体系。

（2）支持实施农业装备发展行动。推进新一代人工智能技术在农业装备中的应用及产业化开发；推进企业"两化"融合，发展智能制造、绿色制造、服务型制造，培育创新型领军整机企业和"专精特新"高性能零部件中小企业；推进农业装备企业研发全球化布局及产业国际化，支持产业链、供应链稳定发展；发展农机保险、信贷，完善和优化农机关键零部件及整机税收优惠、农机新产品购置补贴、大型农机作业补助等政策，形成以创新为导向的产业支持政策体系。

（3）支持实施全程全面农业机械化、智能化推进行动。加强科技与产业融通发展，促进研发、制造、市场监管、应用等产业链协同；加强薄弱环节生产全程机械化解决方案集成，支持智能农机装备研发成果应用示范和推广，探索建立"企业+合作社+基地"的农机产品研发、生产、推广新模式；支持全程机械化、"互联网+农机装备"、智慧农场等试点示范，构建绿色、高效、智能农业生产技术系统。

技术路线图

农业装备技术路线图如图 8-1 所示。

项目		2020年 ---------- 2025年	2025年 ---------- 2030年
需求		创新驱动发展、乡村振兴、制造强国战略实施，构建现代化经济体系，推进新型工业化、信息化、城镇化、农业农村现代化同步发展	
		转变农业发展方式，实现一、二、三产业融合发展，推进供给侧结构性改革，实现农业机械化和农业装备产业转型升级，走中国特色农业机械化、智能化发展道路	
		信息、生物、新材料、新能源等技术广泛渗透，农业装备迫切需求增强基础、提升水平、完善功能、增加品种、拓展领域，并向高效化、智能化、网联化、绿色化发展，实现自主可控、安全高效发展	
目标	规模发展	成为世界最大的农业装备制造和使用国家，农作物耕种收综合机械化率达到75%	产业规模稳居世界首位，农作物耕种收综合机械化率超过 80%
	质量效益	主要农机装备产品质量可靠性达到世界先进水平	产品质量可靠性达到世界先进水平
	结构优化	农业装备品类基本齐全，高端产品占比达到30%，产品和技术供给基本满足需要，1～2家企业进入世界先进水平	以智能装备为主导，产品品种达到5000种以上，满足机械化、智能化发展需求，1～2家企业进入世界前列
	持续发展	形成智能技术及产品全面创新能力	构建以自主创新为核心的技术创新能力
		以智能装备、智能管理服务为核心的农业生产实现示范应用	形成新一代智能农业装备技术、产品、服务体系
重点产品	新型农用动力机械	200马力及以上、8速及以上大型动力换挡、拖拉机产业化	无人驾驶大型拖拉机产业应用
		25马力及以上电动拖拉机产业化	
		大载荷农用无人机动力平台产业化，配套作业系统完善	
	精量施肥播种机械	稻麦精量施肥播种机产业化	稻麦、玉米、大豆、蔬菜等智能施肥播种机产业应用
		玉米、大豆、蔬菜等精量施肥播种机产业化	
	高速栽植机械	具备肥量及作业调节功能的高速水稻插秧机产业化	
			具备作业测控的全自动高速移栽机产业化

图 8-1 农业装备技术路线图

项目		2020年—2025年	2025年—2030年
重点产品	高效田间管理机械	大中型自走式高地隙喷杆喷雾机产业化	对象精准识别、水肥药精量调控、装备智能控制、自动无人作业产业应用
		轻型水田自走式喷杆喷雾机产业化	
		智能大型喷灌机组产业化	
	智能收获机械	大型智能化谷物联合收割机产业化	谷物联合收割机智能化应用，产业化
		大型采棉机产业化	采收及打包一体化智能采棉机产业化
		大型玉米籽粒、甘蔗、油菜、秸秆及饲草料收获机产业化	玉米籽粒、甘蔗、油菜、饲草料收获机智能化应用，产业化
	种子繁育与加工机械	精细种床整备、去雄授粉机械产业化	种床整备、播种、去雄授粉、高净度收获机智能化应用，产业化
		精量交错播种、高净度收获机械产业化	
		智能考种、精细分选、计数包装与溯源设备、活性和健康检测产业化	种子干燥、分选、包装、溯源等智能加工成套设备产业应用
		高通量植物表型平台应用	
	节能保质运储机械	粮食、果蔬节能干燥设备产业化	
		粮食、果蔬、畜禽及水产品等智能控温控湿运贮设备产业化	农产品贮运环境调控、微生物滋生控制等智能运储设备应用
	畜禽养殖机械	环境精准调控、个体精准饲喂设备普遍应用	智能设施、饲喂、行为监测、环境调控等智能设备产业应用，构建智能牧场
		畜产品采集智能化设备普遍应用	挤奶机器人等产业应用
		畜禽粪便及病死畜禽无害化处理智能化设备普遍应用	
	农产品加工机械	谷物及油料自动化、智能化加工成套设备产业化	谷物、果蔬等品质检测、分选分级、包装、溯源等智能成套设备产业应用
		果蔬及中药材产地预冷、高效清选、规格切制、分等分级、自动包装等设备产业化	

图 8-1　农业装备技术路线图（续）

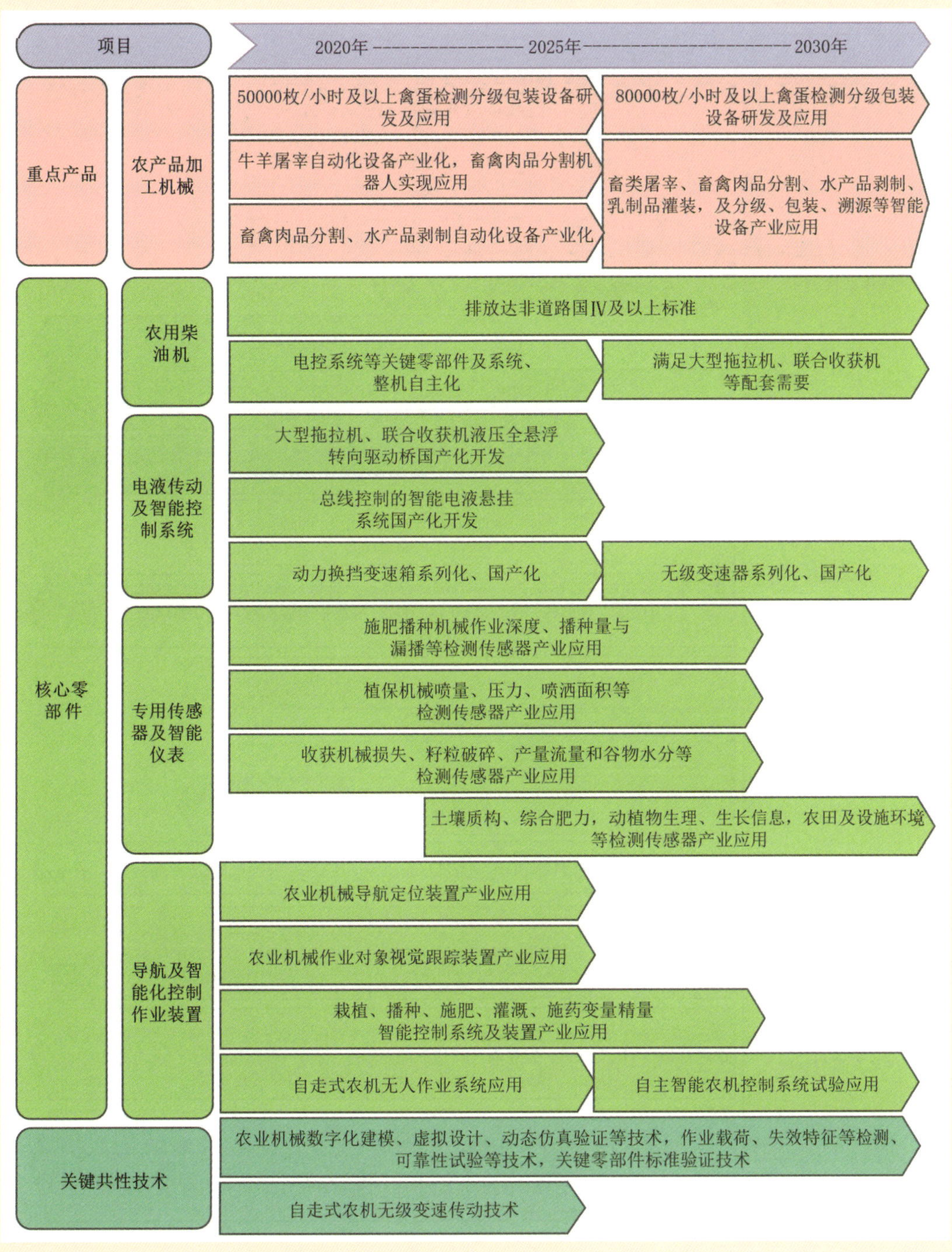

图 8-1　农业装备技术路线图（续）

项目	2020年——2025年——2030年
关键共性技术	电能、太阳能、氢能等独立或混合新型动力系统应用技术
	土壤、动植物、环境等信息感知技术
	农机工况检测与参数智能调控、高精度导航及定位技术
	整地、栽种、植保、收获等作业智能监控技术
	智能农业机器人技术
	自主作业、多机协同、智能决策、故障诊断、远程运维等农机智能作业技术
	高速种植、节水灌溉、水肥一体化、低损收获及精细饲养等高效绿色农业机械化技术、体系及模式
关键材料	球墨铸铁、硼钢等铸造材料在土壤耕作工作部件、切割刀片铸造中广泛应用
	碳化铬、碳化钨、高铬合金、Zn-Al等堆焊及涂层材料、高强度耐磨橡塑材料在土壤耕作工具部件、收割机械切割刀片、采棉指与脱棉盘、离合器活塞等耐磨延寿材料中广泛应用
关键制造及检测装备	变速箱、传动箱等复杂部件智能化、绿色化制造装备
	联合收割机底盘、脱粒滚筒等自动焊接及质量检测设备
	土壤工作、采收作业等关健部件智能冲压、模压成型、增材制造及表面工程等成套设备
	农机电液控制单元与系统、整机出厂质量在线检测系统产业应用
战略支撑与保障	建立国家农业装备技术创新中心 → 构建适应国情、立足产业、协同高效、支撑发展的农业装备产业技术创新体系
	实施农业装备发展行动，推进新一代人工智能技术在农业装备中的应用及产业化开发，推进企业“两化”融合，发展智能制造、绿色制造、服务型制造，发展产业金融服务，推进产业国际化，支持产业链、供应链稳定发展
	实施全程全面农业机械化、智能化推进行动，加强薄弱环节生产全程机械化解决方案集成，支持智能农机装备研发成果应用示范和推广，探索建立“企业+合作社+基地”的农机产品研发、生产、推广新模式

图 8-1　农业装备技术路线图（续）

9

新 材 料

先进基础材料

先进基础材料发展重点是先进钢铁材料、先进有色金属材料、先进石化材料、先进建筑材料、先进轻工材料和先进纺织材料。

关键战略材料

关键战略材料发展重点是高端装备用特种合金、高性能纤维及复合材料、新型能源材料、先进半导体材料、芯片制造和封装材料、稀土功能材料、电子陶瓷材料和人工晶体、先进结构功能一体化陶瓷和功能梯度材料、高性能分离膜材料、新型显示材料、新一代生物医用材料、生物基材料。

前沿新材料

前沿新材料发展重点是 3D 打印材料、超导材料、智能仿生材料、石墨烯材料。

先进基础材料

先进基础材料是钢铁、有色金属、石化、建材、轻工、纺织等行业中性能优异、量大面广、应用范围宽的精品材料，具有“一材多用”的特点，既在国民经济和国防军工建设各个领域起着保障作用，也是支撑航空航天、现代交通、海洋工程、先进能源、电子信息等高端制造业和战略性新兴产业发展的基础材料，是材料产业的“压舱石”。

需求

基础材料产业是实体经济不可或缺的发展基础，更是新时期实现经济、国防、民生高质量发展的物质基础。我国百余种基础材料产量已达世界第一，但存在总体产能过剩、产品结构不合理、高端应用领域尚不能完全实现自给等突出问题，并面临资源、能源与环境的挑战，迫切需要实施精品制造、智能制造、绿色制造战略。

发达国家重振制造业，我国也制定多项国家规划来提升制造业的发展水平，对基础材料的高性能、差别化、功能化，以及材料制造过程的绿色化、智能化提出了更为迫切的需求。

目标

在 2020 年，基础材料产业总体规模得到有效控制，产业结构调整初见成效，先进基础材料总体实现自给，形成一定出口能力。

到 2025 年，基础材料中中高端产品占比达到 30%，智能化制造与服务的理念和技术初步融入基础材料的设计、生产、服务全过程，二氧化碳等温室气体排放减少 10%，自主保障能力超过 90%。

到 2030 年，基础材料中中高端产品占比达到 40%，智能化制造与服务的理念和技术基本融入基础材料的设计、生产、服务全过程，二氧化碳等温室气体排放减少 15%。

发展重点

1. 先进钢铁材料

▶先进制造基础零部件用钢

突破先进装备用高性能轴承、齿轮、工模具、弹簧、紧固件等用钢的材料、设计、制造及应用评价系列关键技术，重点发展高效节能电机、高端发动机、高速重载铁路、高端精密机床、高档汽车等先进装备用关键零部件用钢铁材料，提高关键零部件寿命和性能稳定性。

▶高性能海工钢

通过 690MPa 级低预热焊接特厚板及无缝管（100mm）以上、420～460MPa 级可大线能量焊接厚板、R6 级大规格锚链钢的研发、生产、应用技术和规范标准研究，实现工程化示范考核，满足我国 121.92m（400ft）以上自升式平台、重型导管架平台，以及新一代半潜式平台对国产材料的迫切需求；降低高端海工钢的生产成本。

▶高技术船舶用钢

发展船体结构用耐低温钢、货油舱用耐蚀钢、集装箱船用高止裂钢（最大厚度达到 100 mm，止裂钢脆性断裂指标 Kca≥8000N/$mm^{3/2}$），并实现产业化生产。开发极地、极寒等苛刻环境科考作业船舶用钢，研发高性能、轻质化、结构与功能复合的船舶用钢及复合金属材料。

▶新型高强韧汽车钢

研发包括 Q&P、δ-TRIP、中锰钢、TWIP 及低 Mn-TWIP 钢等在内的新型超高强韧汽车用钢，强塑积达到 20～50GPa%。

▶高速、重载轨道交通用钢

350km/h 以上高断裂韧性、高疲劳性能车轮钢，30～40 吨轴重重载货车车轮用钢，承载寿命 2 亿～4 亿吨级快速重载铁路用钢，新型热处理贝氏体钢、新型贝氏体车轮用钢及车轴用钢。

▶新一代耐火、耐蚀、耐候建筑用钢和海洋环境用建筑用钢

厚度为 100mm 以上、屈服强度为 600～1000MPa、屈强比低于 0.8、600℃ 时的屈服强度高于室温强度指标的 2/3，弹性模量高于室温时 75%以上。适用于我国东南海域的抗高湿热、高侵蚀、高风暴（台风）建筑用钢。

▶超大输量油气管线用钢和深海钻、采、输、储钢铁材料

X90/100 超高强管线钢，以及 33mm 以上厚度规格 X80 级别管线钢。

▶能源用钢

630～700℃ 高蒸汽参数先进超超临界机组用钢，要求更高的高温持久和蠕变强度、优异的组织稳定性、良好的冷/热加工性能、良好的抗氧化、抗腐蚀性能和焊接性能。

核电用钢，主要包括核级低合金钢、不锈耐热钢、镍基/铁镍基合金材料。

2. 先进有色金属材料

▶高性能轻合金材料

研发 650MPa 级、厚度 200mm 以上，700MPa 级、厚度 150mm 以上，800MPa 级、厚度 50mm 以下新型高强韧、低淬火敏感性、厚度 200mm 以上铝合金预拉伸板。研发高强、高比模量铝锂合金挤压型材和轧制薄板；研发高强、高弹性模量耐热铸造铝锂合金；研制 1mm 以下高性能 6××× 系铝合金车身覆盖板；研发新一代高弹性模量、高损伤容限性 2××× 系铝合金板材。研发耐蚀镁合金；研发耐热镁合金；研制高强、高导热镁合金；研发新型高强、高塑性铸造镁合金。研制高性能活塞、涡轮增压叶轮

关键汽车用耐磨铝合金材料；研发新一代高强耐热铝合金；研发新型高导电导热铝合金；研制高性能泡沫铝合金；研发高强、低裂纹敏感性铝合金焊接材料；研制耐热、高强、高弹性模量铝合金。研制≥700℃高温钛合金、1300MPa 以上高强韧钛合金、直径≥450mm 超大规格棒材等。加工成材率提高 10%。

▶功能元器件用有色金属关键配套材料

开发宽度在 600mm 以上高纯无氧铜压延铜箔等配套材料；研发抗拉强度为 900～1350 MPa、弹性模量为 135×10^3～140×10^3MPa、δ: 4%～9%，150℃/100 小时应力松弛≤2%，室温 3.5%Cl^- +0.5%S^{2-}条件下的腐蚀速率≤0.01mm/年的超高强铜合金的板、带、箔、管、棒、线。

▶稀有稀贵金属材料

在现有基础上提高稀有稀贵金属及高纯金属纯度 1～2N，注重材料的循环再生与高效利用，利用率提高 10%。

3. 先进石化材料

▶润滑油脂

注重基础油的开发与利用，实现先进制造装备用液压油、重载工业齿轮油、航空与航海用透平油、复合基润滑脂中最常见工业润滑油脂的通用型产品的自主知识产权配方开发；开发高性能、长寿命空间润滑剂产品和芯片制造配套电子级润滑油，满足电子、能源、交通、航空航天等领域对润滑油脂的特殊要求。

▶高性能聚烯烃材料

突破茂金属聚乙烯、茂金属聚丙烯、聚烯烃弹性体（POE）、高压聚乙烯的国产化聚合技术；开发高端、高熔融指数聚丙烯、纤维级超高分子量聚乙烯、高 VA 含量乙烯醋酸乙烯酯共聚物（EVA）、聚丁烯-1（PB-1）、聚异丁烯等的工业化生产技术，实现规模化应用。

▶功能性树脂

重点发展高端聚氨酯（PU）、聚甲基丙烯酸甲酯树脂（有机玻璃PMMA）、邻甲酚醛环氧树脂、不饱和聚酯树脂、高端酚醛树脂、双马来酰亚胺树脂材料；加快发展配套单体技术，包括特种异氰酸酯、脂肪族异氰酸酯和丙烯酸类树脂（MMA）等原料。

▶氟硅树脂

重点发展超高分子量聚四氟乙烯、膨化聚四氟乙烯（e-PTFE）、高性能聚偏氟乙烯（PVDF）、聚全氟乙丙烯（FEP）、可熔性聚四氟乙烯（PFA）、乙烯-四氟乙烯共聚物（ETFE）、全氟离子膜用树脂、高端硅树脂、无溶剂硅树脂；加快发展全氟辛酸（PFOA）替代品、改性含氟聚合物配套用的特种含氟单体。

▶特种合成橡胶和弹性体

突破耐低温（-60℃以下）与耐多类油脂的聚膦腈橡胶的生产技术。

重点发展溴化丁基［透气量≤50cm³/（m²·d·0.1MPa），扯断强度≥5.5MPa，扯断伸长率≥400%］、氢化丁腈（ACN17%～50%，饱和度80%～99%，门尼黏度20～130）、高端溶聚丁苯、稀土异戊橡胶、高端苯基硅橡胶和电子用硅橡胶（热导率≥4.0W，击穿电压≥20kV/mm，阻燃等级为V1～V0）；重点发展全氟醚橡胶、耐低温氟橡胶、四丙氟橡胶、高含氟耐含醇燃料氟橡胶、过氧化物硫化氟橡胶。

开发无卤阻燃动态硫化热塑性弹性体(TPV，硬度65～75A，强度>10MPa）。

▶工程塑料及特种工程塑料

重点发展特种工程塑料聚苯硫醚（PPS，低氯级：氯含量≤1200ppm，拉伸强度≥70MPa，弯曲强度≥130MPa，弯曲模量≥3.2GPa、特种工程塑料聚酰亚胺（PI）树脂（包括膜级、纤维级）、特种工程塑料杂环聚芳醚系列（PPESK、PPENSK，包括高性能热塑性复合材料）、特种工程塑料聚醚醚酮（PEEK）、特种工程塑料聚砜（PSF）聚醚砜（PES）及通用工程塑料聚苯醚（PPO）树脂、通用工程塑料特种尼龙树脂［PA6、PA66（如高流动性尼龙：拉伸强度>55MPa，弯曲强度>60MPa，235℃、0.325kg条件下的熔融指数10～30，熔点220～225℃）］及单体、半芳香耐高温尼龙PA6T、通用工程塑料聚甲醛（POM）、通用工程塑料PBT，特种工程塑料聚芳酯和液晶材料，以及高性能功能膜、特种纤维、高性能复合材料、高性能功能涂料、特种胶黏剂用的配套特种工程塑料等。

▶催化剂及催化材料

重点发展第六代聚烯烃催化剂、高端炼油催化剂、茂金属催化剂、高端催化材料、助催化剂、高端工业生物催化剂等。

▶新型高分子材料

重点发展材料双向拉伸技术及配套高分子基材（如BOPP、BOPET等），固相拉伸技术、纳米注塑技术、新型吹塑技术及3D打印用低形变材料（如ABS）、生物相容性材料（如PLA）等新型高分子材料加工技术及装备应用材料。

▶高端电子化学品材料

重点突破高透明氟化聚酰亚胺显示屏用膜材料、超高分辨率光刻胶、耐温PCB基板材料（如PEEK）等。

4. 先进建筑材料

▶极端环境下重大工程用水泥基材料

研发满足水电工程的冲刷磨损、气蚀破坏混凝土，非贯穿裂缝、渗漏修补水泥基材料；开发满足海洋工程用高抗侵蚀低碳水泥基胶凝材料，超高强、高韧低碳水泥基复合材料；攻克满足超低温海洋油田固井水泥制备技术，研发复杂地质环境下固井（高温、酸性气体侵蚀）自修复水泥基材料；开发满足轨道交通用道桥混凝土结构超快速修复水泥基材料；开发满足结构性能和功能提升、特殊建造、未来建造、绿色低成本可持续发展等需求中不可或缺的新型高性能水泥基材料。

▶功能化、智能化玻璃材料

加强高世代玻璃基板、太阳能发电玻璃等高端技术玻璃基础理论及产业化技术研究，开发柔性、智能感知等新型超薄玻璃和光电建筑用太阳能发电玻璃，实现传统材料与信息材料充分融合，实现建材的智能感知与物联网的全面融合。研发绿色建筑所使用的外围护建筑材料（如电致变色智能玻璃、真空玻璃、智能感知显示玻璃等），整体技术水平达到国际领先。智能光伏与建筑一体化建材制备技术得到全面应用。

▶工业陶瓷材料

攻克关键基础陶瓷粉体材料、新型陶瓷部件的关键共性制造技术，研制碳化硅纤维增强碳化硅陶瓷基复合材料，攻克静压氮化硅陶瓷轴承球、微波介质陶瓷等材料的批量制备技术，实现全规格热等静压氮化硅陶瓷轴承球大批量制造，达到国外同类产品的先进水平。开发高效、高温 CO_2 陶瓷分离膜材料，突破电池隔膜用大尺寸中空、薄壁、异型陶瓷电解质膜构件成形、加工与组装等关键技术，突破热电池隔膜用氮化硼纤维工程化制备关键技术，形成自主工程化稳定生产能力。高性能非氧化物陶瓷粉体实现大批量制备，关键装备制造实现自主可控。突破国产高性能陶瓷纤维关键制备技术，提供规模化、工程化建设能力。

▶高性能纤维及其复合材料

开展先进复合材料的高性能化低成本制备技术攻关，突破先进复合材料设计、制备、评价和应用面临的瓶颈问题。建立具有自主知识产权的高性能纤维及其复合材料制备与应用技术体系，完成国产高性能碳纤维品种系列化、工艺多元化、产能规模化。攻克 T1100 碳纤维及大丝束低成本碳纤维产业化关键技术，实现批量生产；连续碳化硅纤维、氧化铝纤维和氮化硅纤维的工程化技术成熟；开发新型高性能特种玻璃纤维，包括超高模量玻璃纤维、高低介电玻璃纤维、半导体玻璃纤维；航空发动机风扇叶片及机匣、发动机热端部件用预制体形成小批量供货能力，实现示范应用；攻克 8～10MW、100m 级大型海上风电叶片设计、产业化制造及检测技术，实现示范应用；突破 70MPa 复合材料储氢技术，实现批量供货；开发自动铺带机、自动铺丝机，实现在重点复合材料产品生产中的示范应用。满足我国国防军工、航空航天、新能源汽车等重点领域业、重点工程对先进复合材料的迫切需求。

▶环境友好型非金属矿物功能材料

开发农业农村、生物医药、环境治理与环境调节用矿物功能材料，突破伴生萤石矿等优势矿种的选别方法理论和选矿技术。深入研究矿物材料设计与制备的新原理与新方法，以及纳米尺寸矿物材料理化性能；研发精深加工技术，研制隔热防火复合矿物功能材料、大功率石墨基相变储能材料等高端非矿材料。

5. 先进轻工材料

▶高性能纸基材料

研发一批高精度、高容量、高效率的纸基或纸基复合过滤分离材料，不断改善电气绝缘材料的介电损耗、击穿强度等性能指标；开发纸基液体包装复合材料、高档纸浆模塑制品、纳米纤维素基阻隔包装材料、代塑限塑用纸基替代材料等高端阻隔包装材料；研发满足新型人造纤维素纤维-天丝（Lyocell）用的高纯度溶解级纸浆材料。

▶高性能皮革材料

重点发展无铬鞣皮革，收缩温度≥95℃。研发阻燃皮革，水平燃烧速度≤100mm/min。开发抗菌抑菌皮革，对大肠杆菌、金黄色葡萄球菌和白色念珠菌的抑菌率≥95%。研发具有防水、防油、防污性能的三防皮革，皮革防水性：弯曲次数为≥15000 次，水不渗透；防油污性≥6 级。研发可洗皮革，色泽牢度（耐光、耐水洗）≥4 级，面积收缩率≤3%。开发高强度皮革，抗拉强度≥200MPa。

6. 先进纺织材料

▶差别化功能纤维材料

研发分子结构设计与可控聚合、新型催化体系、大容量原位连续聚合、大容量液相增黏、超细纤维形态结构精确控制等关键技术与核心装备，实现超仿真、原液着色、阻燃、抗静电、可生物降解等差别化功能纤维的品质、功能的升级换代，以及规模化、智能化制备，满足高端纺织品和工业领域的需求。

▶生物基纤维材料

突破高效生物发酵、精制技术，实现高纯度生物法呋喃二甲酸、丙交酯等原料的生物基单体高品质、规模化、低成本制备；突破 Lyocell 国产化装备大型与超大型化技术，低成本原纤化控制技术，PLA 立构复合技术，生物基合成纤维大容量连续聚合直纺技术，海藻、壳聚糖、蛋白纤维等低成本、高品质制备技术，实现生物基纤维的规模化、高品质化制备与高水平应用。

▶非织造纤维材料

突破静电纺、闪蒸纺等超细纤维、纳米纤维高效率制备，多工艺、多组分、多规格复合，特种纤维湿法均匀成网；突破制造过程高效、节能、柔性化、智能化关键技术与核心装备；实现超细、高强、耐温、长效驻极、可降解、粗旦等非织造纤维材料品质、功能的升级换代和规模化、柔性化制备，满足过滤、分离、医疗、防护、救援、土工建筑、电池、包装等特殊功能和特殊领域的高端需求。

▶高性能纤维及其编织材料

研发碳纤维、对位芳纶、超高分子量聚乙烯纤维、聚酰亚胺等高性能纤维规模化、高性能化关键核心技术与装备；突破高性能纤维的超宽幅编织、多层多轴向编织、超大间隔编织、经编 3D 成形、可穿戴智能服饰用纺织品编织等关键技术；开发碳纤维三维仿形预制体，高强膜结构、高温过滤用基体编织材料，植入型医用编织材料等；发展柔性化、集成化、智能化制造技术，实现对航空航天等高技术产业领域的自主保障。

▶纺织复合材料

研发复合材料设计、制造一体化技术，热压预定型技术，高精度混合注射技术，飞艇蒙皮等材料的多层结构与功能涂层复合技术，囊体等宽幅材料的多层涂层及稳定控制技术等；开发危险化学品、核工业、疫情等救援的高阻隔材料，消防救援的防火隔热材料，安全事故应急处理的防刺防爆材料，汽车车身、飞机壳体、大型船舶、临近空间等应用领域的复合材料产品。

▶回收再利用纤维材料

突破废旧纺织品快速识别与分拣技术、预处理技术、化学法规模化高效率再生技术等，实现混纺织物的高效率、高比例利用，制备出高品质、功能再生纤维材料。

战略支撑与保障

（1）建立重点基础材料的“产学研用”创新发展平台，平台间相互依靠、支持、长期合作，实现双赢目标，以解决材料制造与服役脱节、需求与供应脱节的突出问题。

（2）建立健全基础材料全生命周期（LCA）服役评价平台。

（3）加强基础共性标准、关键技术标准和重点应用标准的研究制定；建立专业化的新材料认证评价体系，培育发展我国自主的专业性材料质量认证品牌；积极参与国际标准化工作，与国际认证结果形成互认。

（4）完善第三方检测评价等公共服务平台、新材料技术成熟度评价体系和新材料产品认定体系，构建国家基础材料数据库，开展专业质量认证评价，实施先进基础材料质量提升评价示范项目。

技术路线图

先进基础材料技术路线图如图 9-1 所示。

项目		2015年--------------2020年	--------------2025年	---------------2030年
需求		钢铁、有色金属、石化、建材、轻工、纺织等基础材料产业是实体经济不可或缺的发展基础，我国百余种基础材料产量已达世界第一，面临总体产能过剩、产品结构不合理，高端应用领域尚不能完全实现自给等三大突出问题，严重制约了基础材料产业的健康可持续发展，迫切需要转型升级，破除瓶颈		我国在钢铁、有色金属、石化、轻工、纺织、建材等基础材料方面有较好的基础和优势，大多数大宗材料产量居世界首位。通过持续的科技投入，有力地促进了各行业科技创新能力的提升，形成了一批竞争能力较强的优势企业，组建了若干创新平台，为支撑材料产业持续发展提供了有力支撑。但同时我国基础材料产业的技术水平、国产化技术装备与世界领先水平之间依然存在较为明显的差距
		发达国家重振制造业，我国也制定多项国家规划来提升制造业的发展水平，对基础材料的高性能、差别化、功能化，以及材料制造过程的绿色化、智能化提出了更为迫切的需求		
目标	总体目标	基础材料产业总体规模得到有效控制，产业结构调整初见成效，先进基础材料总体实现自给，形成一定出口能力	产品结构调整显著，基础材料产品实现升级换代，自主保障能力超过90%	通过先进基础材料的升级换代，提升先进基础材料产业的整体竞争力，实现先进基础材料的性能均匀一致、制造绿色智能、应用满足需求、标准引领发展的目标。对先进基础材料的高端产品，应具有国际视野的材料研发自主创新能力；具备实现高端产品布局、研发、生产、应用、标准全环节的能力；具备自主集成高端产品制造装备的能力。高端产品应具备与先进制造强国的产品竞争的能力
	先进钢铁材料	钢铁生产绿色化。吨钢CO_2排放量由2.2t降低到2.0t；吨钢能耗和排放达到国际先进水平，吨钢能耗下降4%；电炉钢比例提高到30%；废气排放按超低排放标准占60%；废水处理达标100%；固体废弃物利用率95%（其中钢渣利用率60%）；城市钢厂在吸纳废弃物、能源供应调节等方面做出贡献，与社会共生共荣		吨钢CO_2排放量降低到1.8t；吨钢能耗下降5%；电炉钢比例达到40%；废气排放按超低排放标准占80%；废水处理达标不外排100%；固体废弃物利用率98%（其中钢渣利用率>80%）
		钢材生产智能化。工艺生产线少人/无人化占60%；生产、质量、能源管理协同优化占80%；采用大数据、云计算、区块链等使企业服务（采购、运输、供应、贮存、销售）和决策智慧化占20%		工艺生产线少人/无人化占80%；协同优化占90%；决策智慧化占70%

图 9-1 先进基础材料技术路线图

项目		2015年—2020年	2020年—2025年	2025年—2030年
目标	先进钢铁材料	材料品种精品化。主要品种自主保障率超过90%；大部分产品性能质量接近世界先进水平，部分产品性能质量达到世界先进水平，形成2～3家具有世界级竞争力的钢铁集团		主要品种自主保障率超过95%；大部分产品性能质量达到世界先进水平；形成品种生产、应用评价与标准规范体系
目标	先进有色金属材料	先进有色金属材料总体实现自给，功能元器件用有色金属关键配套材料对高端元器件的国产化保障能力由目前的不足40%提高到80%以上	先进有色金属材料产品收入占到行业规模以上企业主营业务收入的20%以上，有效支撑交通运输领域节能减排、海洋开发利用、重大装备制造和高端功能元器件等的发展	先进有色金属材料产业整体水平达到国际领先水平，实现大规模绿色制造和循环利用，建成高性能金属材料产业创新体系，实现金属材料的自给和输出，领导全球相关产业的发展。突破下一代高强韧铝合金大型整体结构件、新一代超高强和超高导电铜合金及其复合材料、高性能低成本钛合金和镁合金及其复杂精密加工产业化核心技术。到2035年，国家重大工程用先进有色金属材料实现保障，形成12000亿元的金属材料产业并带动相关产业40000亿元，促进交通运输领域节能40%以上、减排50%以上
目标	先进石化材料	润滑油脂、高性能聚烯烃材料等先进石化材料总体实现自给并形成一定出口能力，关键产品性能质量接近世界先进水平	关键产品性能质量达到世界先进水平，部分产品性能质量世界领先	实现基础化学品的绿色制备，工程塑料、合成树脂、合成橡胶和高分子复合材料的高性能化，掌握特种高端石化材料制备技术，产品结构总体合理，高端产品能基本保障，石化基础材料制备技术与产品性能整体达到国际先进水平
目标	先进建筑材料	水泥基材料、玻璃材料、工业陶瓷材料、复合材料、环境友好型非金属矿物功能材料等先进建材实现规模应用的主要先进建材产品达到世界领先水平，占全球30%的市场份额		形成产品门类齐全的先进建材工业体系，材料制造技术水平与产品性能达到或超过国际龙头企业的水平。建立完善的建材先进基础材料产业科技创新体系，形成覆盖各类产品的技术标准体系与核心专利布局，使我国重大工程的先进建材自主保障率大幅提高

图 9-1　先进基础材料技术路线图（续）

项目			2015年--------------2020年	--------------2025年	---------------2030年
目标	先进轻工材料	高性能纸基材料	重点突破中高档产品依赖进口的现状，形成系统完善的基础研究、制造技术、应用技术的研发体系，增强自主创新能力，提升绿色制造水平。在过滤分离、电气绝缘、绿色阻隔包装、高等级溶解浆粕等重点高性能纸基材料领域，突破重大关键技术壁垒。高性能纸基材料（特种纸和纸板）的产量占比从3%提高到5%		高性能纸基材料总体水平进入世界先进水平行列。绝大部分产品性能指标达到或接近国际同类先进产品；满足我国高新技术发展对高性能纸基材料的需求；高性能纸基材料（特种纸和纸板）的产量占比从5%提高到6%
		高性能皮革材料	皮革材料整体水平达到国际先进水平，实现皮革全行业规模化的绿色制造和循环利用，建成高性能、功能化皮革材料产业创新体系，实现部分高性能皮革材料的自给和部分高性能皮革材料输出，带动全球相关产业的发展，突破高性能皮革材料及相关制品产业的工程化能力。形成300亿元高性能皮革材料产业规模，带动相关产业1000亿元，促进全行业领域节能30%以上、减排40%以上		突破下一代皮革生产及相关制品产业的工程化能力。形成1000亿元高性能皮革材料产业规模，带动相关产业3000亿元
	先进纺织材料		巩固、提升先进纺织材料产业的国际竞争优势，具备高性能纤维及其编织材料等重要产品的自主保障能力，生物基、生物可降解、循环再利用等绿色纤维总量增长100%，先进纺织材料重点企业基本实现全流程自动化与数字化		自主创新能力与产业总体水平国际领先，中高端产品、绿色纤维、高性能纤维及其编织材料总量居全球第一，先进纺织材料重点企业实现智能制造，拥有若干有国际竞争力的跨国公司和品牌产品
发展重点	先进钢铁材料	先进制造基础零部件用钢	高效节能电机、高端发动机、高速重载铁路、高端精密机床、高档汽车等先进装备用关键零部件自给率达到80%	力争全面自给，关键零部件寿命提高1倍以上	基本满足高端先进装备关键零部件的需求，实现长寿命、性能稳定产品的绿色制造、智能制造
		高性能海工钢	690MPa级低预热焊接特厚板、420～460MPa级可大线能量焊接厚板、R6级大规格锚链钢		齿条钢特厚板关键服役性能达到或超过同类型进口产品。开发420～460MPa级高强韧特厚钢板及配套焊接技术，稳定产品质量，建立统一产品规范
		高技术船舶用钢	发展船体结构用耐低温钢、货油舱用耐蚀钢、集装箱船用高止裂钢（最大厚度达到100mm，止裂钢脆性断裂指标Kca≥8000N/mm$^{3/2}$），并实现产业化生产。开发极地、极寒等苛刻环境科考作业船舶用钢，研发高性能、轻质化、结构与功能复合的船舶用钢及复合金属材料		发展51kg、56kg集装箱船用止裂钢、船体结构用轻质钢、400kJ/cm及以上大线能量焊接钢，稳定产品质量，建立统一产品规范
		新型高强韧汽车钢	研发包括Q&P、δ-TRIP、中锰钢、TWIP及低Mn-TWIP钢等在内的新型超高强韧汽车用钢，强塑积达到20～50GPa%		突破先进高强度钢的质量一致性控制和应用技术，实现先进高强度钢的质量一致性控制

图 9-1　先进基础材料技术路线图（续）

项目			2015年——2020年——2025年	2030年
发展重点	先进钢铁材料	高速、重载轨道交通用钢	350km/h以上高断裂韧性、高疲劳性能车轮钢，30～40吨轴重载货车车轮用钢，承载寿命2亿～4亿吨快速重载铁路用钢，新型热处理贝氏体钢，新型贝氏体车轮用钢与车轴用钢	满足高速、重载、高强韧、高疲劳性能过共析钢、贝氏体钢的产业化生产；开发新型抗多边形化抗剥离时速350km/h高铁用国产化高速车轮；提高时速350km/h等级行走部件可靠性和使用寿命，开发400km/h等级用车轴材料及部件，满足部件服役要求，实现自主保障，填补国际空白
		新一代耐火、耐蚀、耐候建筑用钢和海洋环境建筑用钢	厚度为100mm以上，屈服强度为500～1000MPa屈强比低于0.8～0.85、600℃时的屈服强度高于室温强度指标的2/3，弹性模量高于室温时75%以上。开发适用于我国东南海域的抗高湿热、高浸蚀、高风暴（台风）建筑用钢	实现690MPa级高强韧、抗震耐蚀耐火钢板、型钢及配套的连接材料的推广应用
		超大输量油气管线用钢和深海钻、采、输、储钢铁材料	X90/100超高强管线钢，以及33mm以上厚度规格X80级别管线钢。深海油气钻采集储用超级奥氏体不锈钢、超级沉淀硬化不锈钢、超级双相不锈钢、耐蚀合金、高强奥氏体无磁不锈钢等材料关键服役性能指标达到或超过同类型进口产品	开发适用于各种特殊环境的高强高韧管线钢新材料，保证油气在恶劣环境下安全输送，同时降低制造和运维的成本。深海工程关键装备用零部件相关指标满足设计要求，部分产品在相关示范工程上应用
		能源用钢	显著提高核电用钢材料性能和产品质量稳定性；开展信息技术与增材制造技术在核电设备材料的应用研究。开发核电大型锻件质量保障和过程控制与低成本制造技术	形成我国自主的先进核电用钢规范标准体系，建立先进核电用钢研究评价体系和公用技术平台。实现核电材料设备数字化设计、制造一体化。掌握核电材料全寿命周期服役性能评估技术
			实现630℃高蒸汽参数大型高效超净排放煤电机组关键用国产耐热材料的工程化、产业化和示范工程应用	实现650～700℃高蒸汽参数大型高效超净排放煤电机组关键用国产耐热材料的工程化、产业化和示范工程应用

图 9-1　先进基础材料技术路线图（续）

项目			2015年—2020年—2025年	2030年
发展重点	先进有色金属材料	高性能轻合金材料	提升前四代航空铝合金产业化竞争力，达到国际先进水平。研发650MPa级中厚板和500MPa级超厚板，650～700MPa超高强铝合金挤压材，新一代高损伤容限性2XXX系铝合金板材，高强高比模量铝锂合金，高性能中强焊6XXX系铝合金。研制≥700℃高温钛合金、1300MPa以上高强韧钛合金、直径＞450mm超大规格棒材、低成本钛合金材料；研制高性能耐热铝合金，高强高导电导热铝合金，新型超高强、高导镁合金材料等。超薄铝箔在动力电池领域实现50%的替代。加工成材率提高10%	五代铝合金国产化率80%以上，航空航天用轻合金材料产量和应用达到20万吨/年，交通运输用轻合金材料产量和应用达到300万吨/年。超薄铝箔在动力电池领域实现80%的替代
		功能元器件用有色金属关键配套材料	开发宽度在600mm以上高纯无氧铜压延铜箔等配套材料；研发新一代高强高导、高强高弹、高强耐磨等先进铜合金材料	开发新一代超薄高纯铜箔；新一代高强高导、高强高弹、高强耐磨等先进铜合金材料实现产业化，替代30%的同类材料
		稀有稀贵金属材料	在现有基础上提高稀有稀贵金属及高纯金属纯度1～2N，注重材料的循环再生与高效利用，利用率提高10%。研发超纯稀土金属及化合物、高纯稀有稀贵金属多元靶材、高性能锆/铪合金材料，满足电子信息、核电等领域所用材料的国产化要求	产业化生产纯度达6～8N的高纯Ga、Se、Zn、Te、Cd、As、Sb等金属；超纯稀土金属及化合物、高纯稀有稀贵金属多元靶材、高性能锆/铪合金材料等高性能稀有稀贵金属材料国产化率达到70%以上，替代同类普通材料量30%
	先进石化材料	润滑油脂	注重基础油的开发与利用，实现液压油、重载工业齿轮油、航空与航海透平油、复合基润滑脂最常见工业润滑油脂的通用型产品的自主知识产权配方开发； 开发高性能、长寿命空间润滑剂产品和芯片制造配套电子级润滑油，满足电子、能源、交通、航空航天等领域对润滑油脂的求特殊要求	形成具有自主知识产权的产品开发体系，主要产品达到国际先进水平
		高性能聚烯烃材料	突破茂金属聚乙烯、茂金属聚丙烯、聚烯烃弹性体（POE）、高压聚乙烯的国产化聚合和装备技术；开发高端、高熔融指数聚丙烯、纤维级超高分子量聚乙烯、高VA含量乙烯醋酸乙烯酯共聚物（EVA）、聚丁烯-1（PB-1）、聚异丁烯等的工业化生产技术，实现规模化应用	发展茂金属聚丙烯、聚烯烃弹性体等高端聚烯烃制备关键技术，实现具有自主知识产权的高端聚烯烃成套技术开发
		功能性树脂	重点发展高端聚氨酯（PU）、聚甲基丙烯酸甲酯树脂（有机玻璃PMMA）、邻甲酚醛环氧树脂、不饱和聚酯树脂、高端酚醛树脂、双马来酰亚胺树脂材料；加快发展配套单体技术，包括特种异氰酸酯、脂肪族异氰酸酯和丙烯酸类树脂（MMA）等原料	发展高端功能性树脂材料制备关键技术，实现具有自主知识产权的高端功能性树脂材料的成套技术开发

图 9-1　先进基础材料技术路线图（续）

项目			2015年--------------2020年--------------2025年---------------2030年	
发展重点	先进石化材料	氟硅树脂	重点发展超高分子量聚四氟乙烯、膨化聚四氟乙烯（e-PTFE）、高性能偏聚乙烯（PVDF）、聚全氟乙丙烯（FEP）、可熔性聚四氟乙烯（PFA）、乙烯-四氟乙烯共聚物（ETFE）、全氟离子膜用树脂、高端硅树脂、无溶剂硅树脂	发展高端氟硅材料的关键技术，实现具有自主知识产权的高端氟硅材料的成套技术开发
		特种合成橡胶和弹性体	重点发展溴化丁基、氢化丁腈、高端溶聚丁苯、稀土异戊橡胶、高端苯基硅橡胶、电子用硅橡胶等具有特殊性能的橡胶等	发展高端橡胶材料的关键技术，实现自主知识产权的高端橡胶材料的成套技术开发，达到国际先进水平
		工程塑料及特种工程塑料	重点发展特种工程塑料聚苯硫醚（PPS）、特种工程塑料聚酰亚胺（PI）树脂（包括膜级、纤维级）、特种工程塑料杂环聚芳醚系列（PPESK、PPENSK，包括高性能热塑性复合材料）、特种工程塑料聚醚醚酮（PEEK）、特种工程塑料聚砜（PSF）和聚醚砜（PES）及通用工程塑料特种聚苯醚（PPO）树脂、通用工程塑料特种尼龙树脂（PA6、PA66）及单体、半芳香耐高温尼龙PA6T、通用工程塑料聚甲醛（POM）、通用工程塑料PBT，特种工程塑料聚芳脂和液晶材料，以及高性能功能膜、特种纤维、高性能复合材料、高性能功能涂料、特种胶粘剂用的配套特种工程塑料等	发展高端工程塑料及特种工程材料的关键技术，实现具有自主知识产权的成套技术开发
		催化剂及催化材料	重点发展第六代聚烯烃催化剂、高端炼油催化剂、茂金属催化剂、高端催化材料、助催化剂、高端工业生物催化剂等	发展高端催化剂及催化材料的关键技术，实现具有自主知识产权的成套技术开发
		新型高分子材料	重点发展材料双向拉伸技术及配套高分子基材（如BOPP、BOPET等）、固相拉伸技术、纳米注塑技术、新型吹塑技术及3D打印用低形变材料（如ABS）、生物相容性材料（如PLA）等新型高分子材料加工技术及装备	发展新型高分子材料加工工艺，实现具有自主知识产权的成套技术开发
		高端电子化学品材料	重点突破高透明氟化聚酰亚胺显示屏用膜材料、超高分辨率光刻胶、耐温PCB基板材料（如PEEK）等	发展高端电子化学品材料加工工艺，实现具有自主知识产权的成套技术开发

图 9-1　先进基础材料技术路线图（续）

项目			2015年——2020年——2025年	2030年
发展重点	先进建筑材料	极端环境下重大工程用水泥基材料	开发出满足水电工程的混凝土及修补水泥基材料；满足海洋工程用高抗侵蚀低碳水泥基胶凝材料及复合材料；复杂地质环境下固井自修复水泥基材料 实现低水化热型高强核电水泥基和微膨胀型核电水泥产业化生产和规模化应用；研制出适用于海工大体积混凝土工程的低热水泥、低膨胀高抗裂海工水泥，实现产业化生产和应用	完善水工大坝工程的裂缝修补技术，保障大坝工程安全运营；发展极地严寒、超深页岩气等新型油气资源开发用固井水泥基材料；提高油气井采收率和服役寿命；解决我国高放射性废物地质处置库建设和运行中的瓶颈问题，保障高放射性废物地下实验室和地质处置工程安全运行；解决极寒地区海洋工程施工难题；海洋工程大体积混凝土用低热水泥、微膨胀高抗裂水泥实现产业化生产和应用
		功能化、智能化玻璃材料	实现玻璃的功能化、智能化升级，实现高选择性、稳定性低辐射镀膜玻璃的智能改造。实现固态全无机电致变色玻璃、复合防火玻璃的规模化生产。大幅提升高强盖板玻璃产品质量，实现8.5代TFT-LCD超薄基板产业化，填补国内空白。突破大尺寸高性能合成石英玻璃、真空玻璃、薄膜太阳能玻璃关键制备技术与核心装备国产化，完成示范线的建设	实现传统材料与信息材料充分融合，实现建材的智能感知与物联网的全面融合。绿色建筑所使用的外围护建筑材料，如电致变色智能玻璃、真空玻璃、智能感知显示玻璃等，整体技术水平达到世界领先水平。智能光伏与建筑一体化建材制备技术得到全面应用
		工业陶瓷材料	实现静压氮化硅陶瓷轴承球批量制造，攻克微球（直径小于1mm）高效近净尺寸成型技术，大尺寸规格（直径25.4～50.8mm）静压陶瓷轴承球制造技术；攻克超、特高压带釉瓷芯复合绝缘子批量制备关键技术，圆柱头悬式瓷绝缘子绿色、智能制造技术；攻克高温陶瓷膜材料的烧结增韧技术，高强度陶瓷纤维膜材料制备技术及与纳米催化剂的高效复合技术，大尺寸陶瓷平板膜材料的功能改性技术，CO_2陶瓷分离膜材料制备技术；攻克高纯超细氮化硅、氮化铝等非氧化物陶瓷粉体关键制备技术	攻克中大尺寸氮化硅陶瓷轴承球、组分均化、自动化造粒、自动化成型及表面缺陷智能检测等产业化技术；实现带釉瓷芯复合绝缘子、防“污闪”绝缘材料、圆柱头悬式瓷绝缘子产业化，攻克高压直流用非线性陶瓷绝缘子关键技术；研制高效高温CO_2陶瓷分离膜材料，高性能、大尺、异型电解质陶瓷膜构件；攻克非氧化陶瓷粉体的原料处理、稳定控制、在线监测等规模化技术；攻克SiC纤维的规模化制备技术

图 9-1　先进基础材料技术路线图（续）

项目			2015年--------2020年--------2025年	2030年
发展重点	先进建筑材料	高性能纤维及其复合材料	高性能纤维、预浸料及预制体：T1100、M40纤维及预浸料实现技术突破；耐辐射玻璃纤维达到国外同类水平；低介电玻纤实现量产，扩大在5G通信产品上的应用；氧化铝、氮化硅纤维获得应用；纤维预制体在商用飞机实现应用。高性能复合材料：提升热塑性复合材料性能，增加在风力发电、高压气瓶、交通运输等领域的应用量；提升陶瓷基、碳基复合材料性能；研发复合材料自动化设备，提高自动化水平，部分工艺流程实现无人化操作，数字化设计与自动铺放技术达初步应用	攻克T1100及大丝束低成本碳纤维产业化关键技术，氮化硅陶瓷纤维及预制体在发动机热端部件形成小批量应用；自动铺放技术稳定、复合材料产品大量采用
		环境友好型非金属矿物功能材料	渗透系数≤50×10^{-11}m/s的防渗材料，难溶钾转化率≥80%及生防菌≥2.5×10^{13}个/kg的土壤修复剂，悬浮物SS 30mg/L、COD＜100mg/L的水处理剂，指定摩擦系数04±0.06的摩擦材料，导热系数≤0.05W/m·K的保温材料，氧指数≥35%的阻燃剂及高强石膏、高效冶金保护渣、高端石墨制品、高效催化剂、助滤剂、缓控释药物和化肥、高性能聚合物等典型新材料	突破伴生萤石矿等优势矿种的选别方法理论和选矿技术。隔热防火复合矿物功能材料、大功率石墨基相变储能材料等高端非金属矿物功能材料满足农业农村、生物医药、环境治理与环境调节所需，技术水平达到国际领先
	先进轻工材料	高性能纸基材料	过滤分离材料：高精度、高容量、高效率的纸基空滤、油滤和超滤材料关键性能指标达到国际先进水平	过滤分离材料领域形成产学研创新体系，主要产品类别和性能满足航空航天、交通运输和军工装备的需求
			电气绝缘材料：特高压变压器用绝缘纸和纸板的国产化，产品性能指标达到国际同类产品先进水平；大功率电机或干式变压器用高等级芳纶绝缘纸、耐电晕性的芳纶云母纸基绝缘材料等重点产品性能指标达到国际同类产品先进水平	特高压变压器用绝缘纸和纸板、高等级芳纶绝缘纸、耐电晕性的芳纶云母纸基绝缘材料在国家重大工程中自给率≥70%
			高端阻隔包装材料：重点突破纸基液体包装复合材料、高档纸浆模塑制品、纳米纤维素基阻隔包装材料、代塑限塑纸基替代材料的技术与产业化障碍，满足食品、化妆品和高档包装材料的安全化和绿色化消费需求	形成高性能纸基阻隔包装材料的产业化创新体系，建立资源节约型的可降解、可循环、使用安全的绿色包装材料工业，技术水平和创新能力国际领先
			高纯度溶解级纸浆材料：纺织用新一代人造纤维素纤维-天丝（Lyocell）所需溶解浆粕的技术研发和大规模产业化，产品技术指标达到国外同类产品水平。解决高等级溶解浆粕原料全部依赖进口问题	以竹材和麻类原料开发高等级溶解浆粕，实现特色Lyocell纤维的产业化

图 9-1　先进基础材料技术路线图（续）

项目			2015年—2020年—2025年	—2030年
发展重点	先进轻工材料	高性能皮革材料	无铬鞣皮革，在鞣制过程中采用非铬盐鞣剂的皮革，收缩温度≥95℃。阻燃皮革，水平燃烧速度≤100mm/min。抗菌抑菌皮革，对大肠杆菌、金黄色葡萄球菌和白色念珠菌的抑菌率≥95%。具有防水、防油、防污性能的三防皮革，皮革防水性：弯曲次数为≥15000次，水不渗透；防油污性≥6级。可洗皮革，色泽牢度（耐光、耐水洗）≥4级，面积收缩率≤3%。高强度皮革，抗拉强度≥200MPa	建立高性能皮革生产示范工厂；实现绝大部分高性能皮革材料的自给；实现下一代皮革生产及相关制品产业的工程化
	先进纺织材料	差别化功能纤维材料	突破万吨规模功能聚酯、聚酰胺原位连续聚合技术，非重金属等新型催化体系等关键核心技术，可降解聚酯单线产能≥3万吨/年；实现超仿真、原液着色、阻燃、抗静电、可降解等产品的升级换代，以及规模化、智能化制备；高端产品产量达到1200万吨，聚酯纤维等材料实现全流程智能化	中高端产品产量达到3000万吨，居全球第一，占我国化学纤维总量的50%以上；实现制造全流程智能化，达到国际领先水平；拥有若干有国际竞争力的跨国公司和品牌产品
		生物基纤维材料	实现呋喃二甲酸、丙交酯等生物基单体高品质、规模化、低成本制备，Lyocell大型化、低成本抗原纤化，高品质PLA、生物基聚酯、生物基聚酰胺大容量连续聚合；Lyocell单线溶解能力≥3万吨/年，万吨规模丙交酯国产化，聚乳酸、生物基聚酯、生物基聚酰胺连续聚合单线产能≥3万吨/年；生物基纤维总量达到100万吨	实现全生物基聚酯、聚酰胺工业化，生物基纤维总量达到500万吨，产量居全球第一，在高端产品中广泛应用，形成具有国际影响力的全产业链、全生命周期的标准与认证体系
		非织造纤维材料	突破双组分的纺熔复合、纺黏水刺的规模化制备（纺熔复合幅宽≥3200mm，速度≥600m/min，纺黏水刺纤维直径≤6μm）；突破闪蒸纺、静电纺的规模化技术与装备；满足过滤、分离、医疗、防护、土工建筑、电池、包装等领域高端需求	高端产品和装备的自主保障率超过90%，制造过程的绿色化、智能化水平达到国际先进水平；在重要细分领域，拥有国际竞争力的公司和品牌产品，拥有标准与认证体系的国际话语权
		高性能纤维及其编织材料	碳纤维等高性能纤维总体达到国际先进水平；百吨规模超高分子量聚乙烯纤维模量≥1800cN/tex，低成本聚酰亚胺、超细耐高温聚苯硫醚等实现规模化生产，间位芳纶建成万吨规模生产线；三维正交结构碳纤维仿形预制体，纤维体积含量≥30%，幅宽≥2000mm，厚度≥100mm；实现碳化硅纤维等脆性材料的低损伤高效编织；基本满足国民经济建设、重大工程的需求	碳纤维等高性能纤维总体达到国际领先水平，自主保障率超过90%，纤维产量居全球第一；实现超宽幅、多层多轴向、超大间隔、3D经编等编织过程的智能化；满足航空航天、国防军工、可穿戴智能服装等重要领域、重大工程的需求

图 9-1　先进基础材料技术路线图（续）

项目			2015年——2020年——2025年	2030年
发展重点	先进纺织材料	纺织复合材料	实现应急救援的高阻隔材料、消防救援的防火隔热材料、安全事故应急处理的防刺防爆材料、大型船舶与临近空间等应用领域复合材料产品的国产化；膜结构等复合材料幅宽≥5500mm，使用寿命>25年；飞艇蒙皮等气密性材料克重≤140g/m²、强力≥1000N/cm	高端产品的自主保障率超过90%；形成完善的标准与认证体系；复合材料制造过程的绿色化、智能化水平达到国际先进；满足应急救援、空天运输、航空航天等重大工程的需求
		回收再利用纤维材料	实现废旧纺织品识别分拣生产线自动化，涤棉纺织品实现高比例、高值化利用，化学法再生聚酯单线产能≥5万吨/年，聚酰胺纤维的化学法再利用；再利用纤维产量超过500万吨	实现化学纤维主要品种、混纺织物、纺织复合材料的高品质、规模化回收再利用，再利用纤维产量超过1000万吨，居全球第一；形成具有国际影响力的全产业链、全生命周期的标准与认证体系；拥有若干具有国际竞争力的跨国公司和品牌产品
关键技术及装备	先进钢铁材料		复杂、极端服役环境下材料行为研究，洁净化冶炼技术，组织性能精细控制和精确成形，生态钢铁材料高效、绿色制备关键技术及装备	
	先进有色金属材料		低能耗短流程、高效高精度加工新技术、新工艺及新装备	
			高性能、大规格材料制备及精密成形工艺与控制、材料分析表征及服役性能评价等技术	
			高纯金属、稀有稀贵金属材料制备、粉末冶金材料及制品低成本化等应用技术与成套工艺	
	先进石化材料		合成树脂、合成橡胶、合成纤维催化体系、超高压聚合技术、POE溶液聚合技术、关键单体、合成工艺和关键设备、特种加工技术	
	先进建筑材料		水泥绿色制造成套关键技术及装备；建筑玻璃绿色智能化制造技术和成套装备；建材工业智能化制造技术	

图 9-1 先进基础材料技术路线图（续）

项目			2015年--------------2020年--------------2025年---------------2030年	
关键技术及装备	先进轻工材料	高性能纸基材料	基于制浆造纸平台的生物质精炼技术体系；纸基材料过滤分离机制的系统研究和共性技术体系的建立；超长纤维和非植物纤维的分散、混合、成形和干燥技术	高性能纸基材料结构表征和仿生设计技术；高性能纸基材料生产专用装备的开发
		高性能皮革材料	高性能皮革的生产技术；高性能皮革生产的配套技术；建立产品性能的评价、品质检测方法及标准体系	
	先进纺织材料		分子结构设计与可控聚合、超细纤维材料形态结构精确控制；编织、复合等制造过程的高效率、自动化；装备的大型与超大型化、计算机仿真与精密加工；先进纺织材料的应用技术与标准评价等关键技术与核心装备	
战略支撑与保障			建立基础材料的“产学研用”创新发展平台，平台间相互依靠、支持、长期合作，实现双赢目标，以解决材料制造与服役脱节、需求与供应脱节的突出问题	
			建立健全基础材料全生命周期（LCA）服役评价平台	
			加强基础共性标准、关键技术标准和重点应用标准的研究制定；建立专业化的新材料认证评价体系，培育发展我国自主的专业性材料质量认证品牌；积极参与国际标准化工作，与国际认证结果形成互认	
			完善第三方检测评价等公共服务平台、新材料技术成熟度评价体系和新材料产品认定体系，构建国家基础材料数据库，开展专业质量认证评价，实施先进基础材料质量提升评价示范项目	

图 9-1　先进基础材料技术路线图（续）

关键战略材料

关键战略材料是支撑战略性新兴产业、高端装备制造、国防安全、重大工程发展的主干材料，主要包括高端装备用特种合金、高性能纤维及其复合材料、新型能源材料、先进半导体材料、稀土功能材料、先进陶瓷材料及人工晶体、高性能分离膜材料、新型显示材料、生物医用材料、生物基材料等。

需求

关键战略材料是支撑和保障航空、航天、舰船、能源、车辆、海洋工程等高端装备领域发展的物质基础，也是实施智能制造、新能源、电动汽车、智能电网、环境治理、医疗卫生、新一代信息技术和国防尖端技术等重大战略的重要保障，更是调整产业结构、形成新的经济增长点、提升国家实力的战略支撑。

发展以新型结构材料、高性能功能材料等为代表的一大批关键战略材料，解决我国关键战略材料自主保障问题，破解核心关键技术受制于人的局面，将有效推动传统产业转型升级和战略性新兴产业发展，对实现社会生产力和经济发展质量的跃升，对实施创新驱动发展战略、加快供给侧结构性改革、增强产业核心竞争力，具有重要战略意义。

目标

到 2020 年，部分关键战略材料实现产业化及应用示范，解决新一代信息技术、高端装备制造业等战略新兴产业的发展急需。

到 2025 年，初步建成关键战略材料产业体系，国家重大工程、重点国防装备、战略性新兴产业重点领域关键战略材料受制于人的问题得到有效缓解，部分关键战略材料品种填补国内空白，部分产品初步进入国际供应体系。

到 2030 年，建立关键战略材料自主发展体系，国家重大工程、重点国防装备、战略性新兴产业重点领域关键战略材料受制于人的问题得到基本解决，部分关键战略材料的性能、质量、成本、产量达到国际同期先进水平。

发展重点

1. 高端装备用特种合金

▶先进变形、粉末、单晶高温合金

发展高性能变形、粉末、单晶高温合金材料技术，突破第三代高温合金的低成本规模化生产、第四代单晶（粉末）高温合金制备关键技术，打通先进高温合金制备工艺流程。国产高代次涡轮盘和单晶叶片等高温合金产品形成稳定供应能力，满足航空发动机与燃气轮机对高温合金材料的需求。

▶先进黑色耐热合金

发展以 700℃超超临界电站汽轮机用耐热合金为代表的先进耐热合金材料技术，突破 10~30 吨级耐热合金超纯净均质化制备及大型铸锻件成套制造技术，建立先进耐热合金体系；以超超临界电站汽轮机高中压转子、高温气缸、叶片及紧固件等为代表的先进耐热合金关键零部件通过 700℃环境下 10 万小时持久强度大于 100MPa 的等效考核，实现在超超临界电站等工程装备中的应用和自主保障。

▶先进黑色耐蚀合金

发展深海、远海、南海海洋工程用先进耐蚀材料，突破高强度、高耐蚀、高耐磨的特种不锈钢、耐蚀合金、硬质合金等关键材料及零部件成套制造技术，形成海洋工程装备用先进耐蚀合金材料体系；无磁钻铤、立管、水下管汇、脐带缆、缆带浮力组件、涂覆管道、隔水管等关键零部件实现工程应用；大型浮式结构平台、机场、雷达站等用耐候钢、不锈钢、耐蚀合金等实现自主研制和应用，海洋工程装备用关键零部件实现完全自给。

▶特种铝、镁、钛合金

发展特种规格铝、镁、钛合金材料制备及精密成形工艺技术，突破材

料成分性能精细化控制、复杂精密结构件精确成形制造、服役性能评价等关键技术，建立高性能铝、镁、钛合金设计、制造及应用共性技术平台，实现第三、第四代铝合金升级换代；新一代超高强铝合金、第四代铝锂合金、新型耐蚀铝合金，超轻、高性能、耐蚀系列镁合金，耐高温、超高强韧、低成本高性能钛合金，纤维增强钛基复合材料等实现升级换代和工程应用，满足航空、航天、兵器和深海装备研制的需要。

2. 高性能纤维及其复合材料

▶碳纤维及其复合材料

持续推进国产碳纤维及其复合材料在航空、航天、兵器、交通、能源、建筑等国防和国民经济领域的工程应用，构建完整的碳纤维及其复合材料产业链。突破高强中模、高强高模、高强高模高韧碳纤维及其复合材料工程化制备关键技术，实现高强中模碳纤维拉伸强度≥7GPa；高强高模碳纤维拉伸模量≥650GPa；高强高模高韧碳纤维拉伸强度≥5.7GPa，拉伸模量≥370GPa，断裂延伸率≥1.5%。突破大丝束碳纤维千吨级产业化制备与应用技术，以国产T300、T700级碳纤维为增强体的第一代先进复合材料在民用领域应用取得显著突破，以国产T800级碳纤维为增强体的第二代先进复合材料实现规模化应用，高强高模高韧第三代先进复合材料实现自主发展。

▶有机纤维及其复合材料

发展间位芳纶、聚酰亚胺、聚苯硫醚、超高分子量聚乙烯等国产有机纤维及其复合材料技术，突破对位芳纶、高强高模聚酰亚胺、聚对苯撑苯并二噁唑（PBO）等国产高性能有机纤维产业化制备及其复合材料工程应用关键技术，实现在国家重大装备上的稳定应用。

▶陶瓷纤维及其复合材料

发展以超高温、低成本碳化物纤维为代表的系列高性能陶瓷纤维及其复合材料技术，突破碳化硅、氧化铝、氮化硅、氮化硼、硅硼氮等纤维及其前驱体的工程化稳定制备技术，解决工程尺寸复合材料制备、工艺与装备技术瓶颈，初步形成系列陶瓷纤维及其复合材料产品型谱，实现陶瓷基复合材料在燃气发动机等重大装备上的工程应用。

3. 新型能源材料

▶ Si 基太阳能电池材料

发展光电转换效率大于 20%的柔性 Si 基太阳能电池材料、光电转换效率大于 25%的新结构 Si 基太阳能电池材料技术，探索光电转换效率大于 30%的新结构 Si 基太阳能电池材料技术，解决太阳能电池低成本发展瓶颈，逐渐实现太阳能电池对煤电的替代化发展。

▶GaAs 基太阳能电池材料

突破极宽光谱响应的单结 GaAs 太阳能电池结构设计技术，发展光电转换效率大于 40%的新结构、柔性 GaAs 基太阳能电池材料技术，探索 GaAs 基石墨烯肖特基结太阳能电池材料技术，有效支撑太阳能电池材料的创新发展。

▶锂离子电池材料

发展新型高能量密度锂离子电池关键正负极材料（如高镍三元、富锂锰基固溶体、硅碳等），突破功能隔膜及隔膜原材料、功能电解液及添加剂等功能性材料的稳定制备技术，突破快充锂离子电池和电芯等动力电池关键材料的工程化制备与应用关键技术，建立锂离子电池新型关键材料评估技术和方法，支撑高性能锂离子电池的快速发展。

▶全固态电池材料

发展以高性能固体电解质、高稳定性锂或锂合金负极等为代表的全固态电池关键材料制备技术，突破关键部件（如集流体、封装材料）制备成形和电池组装工艺稳定控制等关键技术，开发出具有自主知识产权的固态锂二次电池材料，并形成中试级产品。

▶燃料电池材料

发展燃料电池催化剂、质子交换膜、固体电解质、固态金属储氢及有机储氢等所需的关键材料制备技术，突破低铂膜电极集合体技术、超薄长寿命质子交换膜技术、高性能碳纸和扩散层制备技术、高性能长寿命膜电极批量制备技术；解决高比功率燃料电池电堆、低功耗高压比空压机、氢气循环泵、固体氧化物燃料电池鼓风机等系统关键部件制造问题，实现高可靠性燃料电池发动机、高效“气态—固态”复合储氢等系统的集成应用，推动燃料电池产业化、规模化发展。

▶其他能源材料

发展钙钛矿太阳能电池材料、有机太阳能电池材料、铜铟镓硒太阳能电池材料技术，突破关键材料稳定、低成本的工程化制备技术，实现太阳能电池体系创新发展；发展高性能热电转换材料与器件技术、同位素热电电源技术等新兴能源材料技术，支撑能源有效利用和循环再利用。

4．先进半导体材料、芯片制造和封装材料

▶大尺寸硅半导体材料

突破 12 英寸硅片的完整晶体生长、纳米尺度精密加工、高纯控制、绝缘体上硅（SOI）制备、关键装备、检测方法等成套工程化技术，12 英寸硅片及 SOI 实现稳定生产，满足 10/7nm 线宽以下集成电路规模化应用需求；发展更大尺寸硅片制备技术，支撑国内智能制造、通信、大数据、人工智能、消费电子和自动驾驶等发展。

▶III-V族半导体材料

发展 6/8 英寸 GaAs 和 InP 高品质外延片高稳定批量制备技术，初步建成 GaAs 和 InP 微波器件应用产业链，支撑我国 5G 及未来 6G 通信设备发展。

▶第三代半导体材料

面向第三代半导体应用器件不断向更高电压、更大电流、更高功率密度、更高效率和更高可靠性的发展需求，发展第三代半导体大尺寸单晶衬底材料制备技术，突破 6/8 英寸 SiC、4/6 英寸 GaN、2/4 英寸 AlN 单晶生长和相关装备技术，突破 8/12 英寸 Si 基 GaN 和 6/8 英寸 SiC 基 GaN 外延片制备技术，实现对 SiC 和 GaN 单晶材料的电学性能调控；面向电力电子、功率微波和光电子器件，研发本征、半绝缘和高导电的单晶衬底材料，发展其外延技术，实现在光电子、电力电子、微波射频等领域应用，满足国家重大需求，支撑第三代半导体产业全面发展。

▶超宽禁带半导体材料

发展氮化硼、金刚石、氧化镓等超宽禁带半导体单晶衬底材料制备技术；突破 4 英寸及以上金刚石单晶、6 英寸氧化镓单晶生长和相关装备技术；发展电子级单晶薄膜材料及超大功率高频电子器件制备技术；实现氧化镓单晶的推广应用、金刚石电子器件的示范应用。

▶芯片制造和封装材料

发展以光刻胶与掩膜、电子气体、CMP 抛光材料等为代表的芯片制造关键材料，突破 ArF/ArFi、EUV 和电子束光刻胶等光刻胶及其配套掩膜制备关键技术，解决高端光刻胶所需的树脂主体材料、光敏剂、抗反射涂层（ARC）等保障问题，通过应用验证；突破离子注入、蚀刻/清洗、化学沉积等工艺用高纯电子气体的规模化稳定制备技术，实现在集成电路领域的应用；开发高端 CMP 抛光液、抛光垫及其核心原材料，ppt 级超净高纯工艺化学品和功能性化学品；提升溅射靶材及超纯金属产业化水平，实现批量稳定生产与供货。

发展互连、底板、基板等封装关键材料制备技术，突破新型高熔点软钎料制备技术、高效低成本瞬时液相扩散连接技术、纳米银浆料低温烧结低温连接技术、高导热高温可靠封装基板材料制备技术、新型制冷底板与热沉连接技术等系列关键技术，实现在宽禁带半导体器件等领域的工程应用。

5. 稀土功能材料

▶稀土磁性材料

发展高磁性能、耐高温、强韧性、低温度系数、高稳定性和低成本的稀土永磁材料制备技术，解决高丰度稀土的高值化和平衡利用问题；开发新型高性能稀土黏结磁粉，突破稀土磁动力系统用稀土磁性材料、超高性能永磁材料、新型稀土磁热/磁弹和稀土高频软磁材料组织结构设计与制备等系列关键技术，实现高性能稀土磁性材料在交通运输、航空航天、海洋工程、新一代信息技术等重大装备和重大工程的示范应用和规模化应用。

▶稀土发光材料

发展新型高性能稀土发光材料技术，突破高能量密度激发用新型荧光粉设计与制备、全光谱照明及超高色域液晶显示用高性能荧光粉设计与制备、近红外发光材料高质量低成本制备等系列关键技术，实现在新一代照明、显示及信息探测器件等领域的应用示范。

▶稀土催化材料

发展高性能稀土催化材料及催化系统集成技术，突破广谱性、抗中毒、长寿命有机废气（VOCs）处理催化剂设计与工程化制备，满足国Ⅵ及以上标准汽车尾气净化催化剂设计与工程化制备，新型清洁燃油炼制催化剂设计与工程化制备，新型稀土改性或稀土基工业废气脱硝催化剂设计与高稳定制备等系列关键技术，实现在钢铁、水泥、玻璃等领域的工业应用。

▶稀土晶体材料

发展高性能稀土晶体低成本、规模化制备技术，突破大尺寸稀土激光晶体、闪烁晶体高效生长等关键技术，LYSO、LaBr3:Ce 等新型稀土闪烁晶体实现规模化生产，成本显著下降，满足核医学、国土安全、环境监测及新一代 TOF-PET 设备等不同应用领域需求。

▶稀土储氢材料

发展稀土储氢材料新体系设计与制备技术，突破高能量密度、长寿命、低成本稀土储氢材料制备关键技术，开发高安全性、高容量的新型储氢系统，实现储氢系统—燃料电池的高效匹配和集成，满足国产氢能源汽车的更新换代和自主创新发展需求。

▶高纯稀土金属及化合物材料

突破4N5级超高纯稀土金属及合金靶材制备关键技术，大幅提升关键原材料国产化供应率；发展5N级超高纯稀土基础材料制备关键技术，优化集成超高纯稀土金属及化合物规模化制备系统；发展高纯稀土化合物及稀土材料的低成本、高效、绿色制备技术，实现稀土化合物的材料体系创新与规模化应用。

6. 电子陶瓷材料和人工晶体

▶电子陶瓷材料

发展高性能低成本多层陶瓷电容器元件与材料、新型片式感性元件与材料、高性能多层片式敏感元件与材料、高性能多层陶瓷压电变压器与材料、片式微波元件与材料等新一代电子陶瓷元件与材料技术，突破材料配方设计、规模化生产质量控制、高端电子陶瓷元件精密成形和加工工艺与装备等系列关键技术，保证高品质电子陶瓷粉体的自主稳定供应，实现新型元器件的工程化应用和产业化制备。

发展无源集成模块设计、制备、测试及其关键材料技术，突破LTCC用系列化电磁介质材料批量制备、无源模块集成制备工艺等关键技术，实现关键材料的自主可控和元件的工程应用。

▶人工晶体

发展超大尺寸激光晶体、闪烁晶体与非线性光学晶体等人工晶体技术，解决大口径 YAG 晶体、钛宝石、非线性晶体、高性能弛豫铁电晶体、氟化钙晶体，以及磁光、声光、电光晶体等高质量、高效率制备技术瓶颈，形成模块化、自动化和智能化制备技术，实现高性能人工晶体的批量生产和规模化应用。

7. 先进结构功能一体化陶瓷和功能梯度材料

▶结构功能一体化陶瓷材料

发展耐高温透波氮化物纤维增强氮化物陶瓷材料、耐高温宽频吸波 SiC_f 增强陶瓷材料、防辐射 SiC_f/SiC 复合材料、石油裂解炉管用 SiC 陶瓷材料、薄带连铸侧封板用 BN 陶瓷材料、高温耐腐蚀高强度多孔 SiC 陶瓷载体等结构功能一体化陶瓷材料制备技术，突破超大尺寸复杂形状陶瓷构件近净尺寸成形与净尺寸烧结、高精密陶瓷构件加工、大尺寸高刚度异形陶瓷部件 3D 打印批量制造、高强度复杂形状模具制造等系列制造技术，实现关键原材料国产化，满足结构功能一体化陶瓷材料与构件的自主高效、规模化发展需求。

▶功能梯度材料

开发多维、多尺度梯度复合新技术，突破组成、结构在 10nm 级连续渐变的精细构筑与控制关键技术，实现功能梯度材料在动高压加载、高速飞行器原位热防护、高阻尼/多功能减振结构、极端负荷管材内表强化，以及高能推进剂、功能性火炸药开发等重大工程中的应用；突破刀具、工模具用的高性能梯度纳米涂层设计与制备技术，研发出系列高端产品并形成产业化能力，支撑我国的高端刀具、工模具制造技术进入国际一流。

8. 高性能分离膜材料

▶水处理膜材料

发展耐污染、耐高压、耐氯氧化、高通量反渗透膜材料制备技术；发展高抗污染、大通量正渗透膜材料制备技术；发展高抗污染性、高耐受性、高精度、低阻力纳滤膜材料制备技术；发展工业废水处理用高强度超滤膜材料制备技术；发展面向膜蒸馏等新型膜过程应用的高性能膜材料制备技术。

▶特种分离膜材料

发展高稳定性、高渗透选择性的分子筛型/有机型/混合基质型渗透汽化膜材料制备技术；发展高选择性离子交换膜、双极膜及燃料电池膜材料制备技术；发展高分离精度及高稳定性陶瓷纳滤膜、高装填密度陶瓷超微滤膜材料制备技术；发展超浸润微滤油水分离膜材料制备技术等。

▶气体分离膜材料

发展耐高温、高过滤性能、高功能化的 PTFE、陶瓷及金属等中高温分离膜材料技术；发展低成本高性能 CO_2 分离膜、气固分离膜、氢分离膜、氧分离膜等关键膜材料技术；发展空气净化、工业烟气除尘、煤化工应用等中高温气体过滤膜材料技术。

9. 新型显示材料

▶ OLED/QLED 显示材料

发展高效率长寿命的蒸镀/印刷有机发光显示（OLED）材料、印刷量子点发光显示（QLED）材料、印刷薄膜晶体管（TFT）材料、印刷墨水材料及大尺寸可卷绕柔性显示材料等材料制备技术，构建具有自主知识产权的 OLED/QLED 显示关键材料体系，实现规模化产业应用，国产化率达 80%，技术指标达到国际领先水平。

▶Micro/Mini-LED 显示材料

发展新结构、高性能、高稳定性、低成本的 GaN 发光材料与高迁移率的半导体材料技术；发展电流型有源寻址驱动技术、高良率高密度精细点距 Micro/Mini-LED 巨量转移技术、显示与驱动一体化新型阵列技术及其核心器件，实现超高亮度、超高清、长寿命Micro/Mini-LED显示材料国产化，支撑产品规模化应用。

▶激光显示材料

发展InGaP红光LD、InGaN蓝绿光三基色LD发光材料，以及其他关键材料、器件、工艺设备关键技术，突破大尺寸、4K/8K超高清、12bit大颜色数、160%NTSC宽色域的激光显示器产业化关键工艺与装备技术，构建完整的激光显示创新体系，红绿蓝三基色激光等关键材料达到国际领先水平，支撑激光显示整机规模化生产。

▶显示基板材料

发展高世代液晶基板玻璃、新型显示玻璃、高强高铝盖板玻璃材料与装备技术；发展具有自主知识产权的柔性显示用PI材料与高精度超薄型涂布装备技术等。

▶其他显示材料

发展面向大尺寸、高分辨率、柔性/印刷显示应用的TFT材料制备技术，形成自主材料体系，引领国际TFT材料技术发展；发展彩色化、视频化、柔性化反射显示材料体系及量产工艺，形成反射式显示产业体系和国际级的产业聚集区。

10．新一代生物医用材料

▶再生医学产品

发展具有调控干细胞功能、诱导定向分化、可控因子释放性能的组织器官再生生物活性材料，开展骨、皮肤、血液、神经、肌肉等组织器官再生修复研究。

▶功能性植/介入材料

发展骨科修复与植入材料技术，突破可承载骨诱导修复材料、新型力—电响应性骨修复材料等关键技术，研制出可吸收骨固定产品，高耐磨、长耐久新型人工髋、人工膝及人工椎间盘等；发展新一代具有高杀灭率、低毒性及耐药性的骨植入材料。

发展口腔修复与种植材料技术，突破仿生电活性颌骨修复材料和神经生理反应性种植体材料、力学增强增韧全瓷材料、牙齿原位修复及粘贴材料等关键材料技术；研制出高生物相容性的口腔植入材料、力学适配长耐久牙齿修复材料等。

发展新型心脑血管修复与植介入材料技术，突破血管支架可控降解及药物缓释、小口径人造血管抗凝血与抗栓塞、心脏瓣膜缓钙化与抗增生等技术，研制出新一代全降解血管支架、小口径人造血管、新型人工心脏瓣膜系统等。

发展中枢神经修复与再生材料技术，突破电活性神经修复、再生材料的制备与加工技术，研制出可促进中枢神经再生的脊髓、脑神经修复的中枢神经修复材料和产品等。开发具有国际先进水平的肿瘤治疗、药物缓释材料及抗感染材料。

▶医用级原材料

实现90%以上关键医用级基础原材料完全自主供给，支撑量大面广的医用耗材、渗透膜、可降解材料、检测材料等产品应用。

11. 生物基材料

▶天然高分子生物基材料

发展纤维素、淀粉、木质素、壳聚糖等天然高分子生物基新材料制备技术，突破新溶剂法纤维素材料工程化制备、淀粉（纤维素）可塑性加工与制备等关键技术，实现日用塑料制品领域的规模化应用；发展第二天然橡胶提取、制备与加工技术，达到国际领先水平。

▶**生物基合成材料**

发展PLA、PBS、PBAT、PHA、PA、PTT、PPC等聚合物合成与装备技术，突破关键单体（氨基酸、丙交酯、1,3-丙二醇、丁二酸、戊二胺、对苯二甲酸等）的生物制备技术瓶颈，关键单体国产化率达到80%以上；发展新型生物基涂料和橡胶制备技术，实现生物基塑料、纤维材料、生物降解制品应用领域拓展；降低生物降解一次性用品成本，提高传统产品替代率。

战略支撑与保障

（1）建立产业链安全评估机制，发挥举国体制优势，汇聚科研和人才资源，解决关键的科技和产业安全问题。

（2）实施生产应用示范工程，建立材料研发、生产及应用全链条融通的生态环境。

（3）扶持基础原材料和制造装备的国产化，加强共性和基础技术研发，实现产业基础再造。

（4）在重点领域创建一批由新材料生产企业、重点用户和科研院所共同组建的国家级新材料产业联合创新中心，构建协同创新体系。

（5）加强关键战略材料产品标准及应用标准的研究制定，加强产品全生命周期服役性能评价。

技术路线图

关键战略材料技术路线图如图 9-2 所示。

项目		2015年	2020年	2025年—2030年
需求		高端装备用特种合金、高性能纤维及其复合材料、新型能源材料、先进半导体材料、芯片制造和封装材料、稀土功能材料、电子陶瓷材料和人工晶体、先进结构功能一体化陶瓷功能梯度材料、高性能分离膜材料、新型显示材料、新一代生物医用材料、生物基材料等关键战略材料是支撑和保障航空、航天、舰船、能源、车辆、海洋工程等高端装备领域发展的物质基础，也是实施智能制造、新能源、电动汽车、智能电网、环境治理、医疗卫生、新一代信息技术和国防尖端技术等重大战略的重要保障		
		目前，发达国家对关键战略材料实施严格管控和技术封锁，而我国关键战略材料的自主保障能力低；需要加快发展，解决关键战略材料自主保障问题，破解核心关键技术受制于人的局面，以支撑产业结构调整、重大工程实施和国家实力提升		
目标	总体目标	部分关键战略材料实现产业化及应用示范，解决新一代信息技术、高端装备制造业等战略性新兴产业重点领域的发展急需	初步建成关键战略材料产业体系，国家重大工程、重点国防装备、战略性新兴产业重点领域关键战略材料受制于人的问题得到有效缓解，部分关键战略材料品种填补国内空白，部分产品初步进入国际供应体系	建立关键战略材料自主发展体系，国家重大工程、重点国防装备、战略性新兴产业重点领域关键战略材料受制于人的问题得到基本解决，部分关键战略材料的性能、质量、成本、产量达到国际同期先进水平
	高端装备用特种合金	多用型高温合金产量比例提升至50%，变形、粉末冶金高温合金国产化率达70%以上，单晶叶片和粉末涡轮盘满足型号研制批量生产需求，形成高温合金自主保障能力和尖端品种、前沿技术的自主创新能力；解决700℃超超临界电站和深海工程对先进耐热、耐蚀合金品种急需的问题，初步形成先进耐热、耐蚀合金的自主供应能力；完成第三、第四代铝合金升级换代；建立新一代高强、高韧、耐蚀铝合金材料体系，超轻、高性能镁合金材料体系，耐高温、超高强韧、低成本钛合金及钛基复合材料体系，满足航空、航天、兵器和深海装备的研制需要		形成高温合金自主选材体系，高温合金国产化率达到90%以上，支撑高端装备开发；建立标准体系和性能数据库，国产高温合金性能和质量整体达到世界先进水平；700℃超超临界电站及深海工程用先进耐热、耐蚀合金基本实现自主保障，建成先进耐热、耐蚀合金品种开发、生产制造、评价、应用全链条创新体系，产业整体达到国际先进水平；建立完整的铝、镁、钛合金材料、工艺、装备及评价体系，形成低成本、稳定的产业化制备能力，实现高端装备用铝、镁、钛合金全面自主保障

图 9-2　关键战略材料技术路线图

项目		2015年—2020年	2020年—2025年	2025年—2030年
目标	高性能纤维及其复合材料	国产碳纤维产量达到1万吨/年，在国民经济部分领域初步实现规模化应用；对位芳纶产量达到3千吨/年，超高分子量聚乙烯纤维国外市场占比20%以上，高强高模PI纤维实现百吨级工程化制备，产品技术达到国际先进水平；突破重点陶瓷纤维及其复合材料工程化制备技术，实现在重大工程上应用的初步验证	突破高端碳纤维品种工程化制备技术，国产碳纤维产量达5万吨/年；建设万吨级对位芳纶纤维智能化生产线，打造1～2个知名品牌；超高分子量聚乙烯纤维国外市场占比达40%以上；高强高模PI纤维实现千吨级产业化制备；突破高性能碳化硅、氧化铝等陶瓷纤维工程化制备技术。支撑两机专项、重型运载、大型客机等重大工程对复合材料的需求	国产碳纤维产量达10万吨/年，实现在国防和国民经济领域的规模化应用；对位芳纶纤维国内自给率达50%以上，芳纶/超高分子量聚乙烯纤维高端产品达到国际先进水平，PI纤维实现规模化应用；初步形成系列陶瓷纤维及其复合材料产品型谱，全面满足国家重大工程和重点国防装备的应用需求
	新型能源材料	突破新结构、柔性Si基太阳能电池，新结构、柔性GaAs基太阳能电池技术；实现固液混合锂电池比能量≥400W·h/kg，金属锂负极二次电池比能量≥500W·h/kg，全固态金属锂电池比能量≥400W·h/kg；燃料电池关键材料满足1万套车用PEMFC系统需要；提升新一代能源材料研发能力，提高高端产品占比，全面提升新能源材料产业化技术成熟度和产品的市场竞争力		突破新型太阳能电池材料技术，解决太阳能电池低成本发展瓶颈，逐渐实现太阳能电池对煤电的替代化发展；实现固液混合锂电池比能量≥450W·h/kg，全固态金属锂电池比能量≥500W·h/kg；燃料电池关键材料满足10万套车用PEMFC系统需要，实现燃料电池和氢能的标准化、规模化推广应用；实现新型能源材料技术多元化、品种系列化、产能规模化发展，建立新能源材料创新发展体系
	先进半导体材料、芯片制造和封装材料	8英寸Si片实现全面放量，突破12英寸SOI硅片制备关键技术；GaAs、InP晶圆及外延材料初步具备国产替代能力；突破2英寸GaN单晶衬底及同质外延材料产业化制备技术；6英寸SiC导电/半绝缘衬底及外延材料形成一定产业能力；初步突破1英寸金刚石单晶及2英寸氧化镓单晶制备关键技术；部分中低端光刻胶、电子气体、抛光材料、封装材料实现国产替代	12英寸硅片及SOI实现稳定生产，确保国内10/7nm以下集成电路研制的需要，发展更大尺寸硅片制备技术；GaAs、InP晶圆及外延材料具备国产化替代能力，保证GaAs和InP微波器件产业的供应链安全；突破6英寸SiC、4英寸GaN单晶衬底及外延材料制备与产业化应用技术；建立2英寸金刚石、氧化镓等单晶生长、加工和器件制造的产业能力；部分中高端光刻胶、电子气体、工艺化学品、抛光材料、靶材、封装材料实现国产业替代	12英寸Si片实现全面放量，占据全球主要市场，突破符合7nm以下芯片制造的FDSOI制备技术；突破8英寸SiC、6英寸GaN等第三代半导体单晶衬底及外延材料产业化制备技术，实现在光电子、电力电子、微波射频等领域的规模应用；突破3英寸金刚石、6英寸氧化镓等超宽禁带单晶及外延材料制备技术；光刻胶、电子气体、工艺化学品、抛光材料、靶材、封装材料初步进入国际采购体系

图 9-2　关键战略材料技术路线图（续）

	项目	2015年—2020年	2020年—2025年	2025年—2030年
目标	稀土功能材料	突破稀土功能材料稳定、批量制备技术，满足不同应用领域需求，稀土功能材料综合保障能力超过70%，初步建立稀土新材料创新体系	开发出新型高性能稀土功能材料并获得产业化应用，基本解决稀土功能材料现有领域的“卡脖子”问题，实现稀土资源的平衡利用；稀土磁性新材料重大原创成果全球占比达到8%，稀土新材料综合保障能力超过85%	开发出具有原始知识产权的新型高性能稀土功能材料，稀土磁性新材料重大原创成果全球占比达到15%，综合保障能力超过95%，实现稀土功能材料生产过程绿色化，初步实现世界稀土产业强国目标
	电子陶瓷材料和人工晶体	主要电子陶瓷材料国产化率达到50%以上，产品占国际市场份额20%以上。大尺寸人工晶体部分满足国家重大战略需求；形成极端尺寸人工晶体研制的基本条件	主要电子陶瓷材料国产化率达到60%以上，产品占国际市场份额30%以上。攻克极端尺寸人工晶体制备、加工和镀膜技术；激光、闪烁与非线性光学晶体达到0.5米量级；闪烁晶体突破米级；解决“卡脖子”问题	主要电子陶瓷产品的材料国产化率达到75%以上，产品占国际市场份额40%以上。全面解决极端尺寸人工晶体制备的自动化、智能化制备的关键技术问题，实现人工晶体的自主可控；产品的国际市场份额达到80%以上
	先进结构功能一体化陶瓷和功能梯度材料	提升先进结构功能一体化陶瓷材料设计水平与性能指标，突破轻量化、复杂形状结构功能一体化陶瓷材料的高效制造技术，建立性能和服役动态评价表征体系，全面保障国家重大装备研制		形成一批具有自主知识产权的材料牌号与体系，高性能 Si_3N_4、AlN、B_4C、ZrB_2 等陶瓷粉体实现完全自主生产，提高先进结构功能一体化陶瓷材料的产业技术成熟度，初步建立完整产业链
		突破复杂波阻抗变化梯度弹丸材料的精细制备技术，初步建成针对武器高水平发展需求的可控加载平台；突破梯度阻尼复合材料组分与结构精准、梯度化增材构筑的控制技术；形成高端涂层刀具、特种高温密封梯度材料的绿色、高效、自主产业链		建立武器关键材料的极端高压状态数据库、复杂加载条件下的响应特性数据库；建立高性能、多功能化超构防护材料新体系、新结构及其产业化制造新技术；梯度涂层刀具寿命较目前金属刀具寿命延长5～10倍，涂层制造成本降低约20%；高温密封梯度材料实现示范应用
	高性能分离膜材料	突破混合基质海水淡化膜、高装填密度无机膜、高性能离子交换膜及双极膜、高温复合膜等材料关键制备技术，在海水淡化、工业废水资源化、燃料电池、高温分离等工业领域实现应用	实现海水淡化反渗透膜脱盐率达到99.88%，陶瓷膜装填密度>300m²/m³，离子交换膜性能提升20%；纳滤膜、MBR用膜、渗透汽化膜、CO_2分离膜、气固分离膜得到规模化生产，实现关键膜材料在国内大型工程中的规模化应用，获得国际市场认可	实现反渗透膜、纳滤膜在海水淡化、饮水净化工程中稳定应用；陶瓷膜、渗透汽化膜、离子交换膜在工业废酸碱、溶剂回收中广泛应用；气固分离膜、CO_2分离膜、双极膜及燃料电池膜在能源、化工得到广泛应用，具备国际竞争优势

图 9-2　关键战略材料技术路线图（续）

项目		2015年	2020年	2025年—2030年
目标	新型显示材料	突破OLED/QLED显示、激光显示、Micro-LED显示及其他新型显示核心材料关键制备技术，实现在电视、影院、移动终端等显示产品中初步应用	掌握柔性显示技术，65英寸以上、8K、可卷绕式印刷OLED技术，全彩色Micro-LED技术等；研发出满足200英寸、8K、高亮度激光显示产品应用的红绿蓝三基色LD，新型显示关键材料基本实现自主保障，国产化率超过60%；打造新型显示创新平台，实现新型显示材料总体并跑国际先进水平	全面掌握全印刷显示器件技术、高成品率/低成本红绿蓝三基色LD量产工艺和Micro-LED量产技术，支撑多元化显示产品市场开发。建成新型显示材料、器件到整机的完整产业链，提升关键材料成熟度、持续创新能力和产品的市场竞争力，国产化率超过80%
目标	新一代生物医用材料	实现重要原材料国产化，支撑量大面广的医用耗材、渗透膜、可降解器械等产品应用，生物医用材料产品的国产化率达到50%以上	实现仿生电活性骨修复材料、牙齿原位修复材料、增强增韧全瓷修复材料等关键材料的产业化；实现骨关节修复材料、心血管支架等国产生物医用材料的国内市场份额达50%以上；实现70%的关键医用级基础原材料完全自主供给	研制出高端生理反应性颌骨修复材料及种植体，高耐磨持久人工关节及间盘，活性骨软骨、心血管等；实现高端生物医用材料的国产化率达到85%以上，产品占国际市场份额30%以上
目标	生物基材料	生物基材料产能达400万吨。突破6种以上关键单体和5种以上关键聚合物的生物合成技术，关键单体国产化率达30%以上，生物基材料在日用塑料、纺织纤维领域实现规模化应用，实现2种以上生物基弹性体千吨级生产，提高传统产品替代率	生物基材料产能达800万吨。全面提高PBS等关键单体生物转化率，降低PLA、PA、PBAT等关键单体成本，建立单套10万吨级生产装置，主要生物基单体国产化率达70%以上；PTT等纤维制备实现产业化，生物基纤维占合成纤维总量10%；建立万吨级生物基弹性体生产线，生物降解生物基地膜示范面积达100万亩，生物降解一次性用品替代率达30%以上，建立2个国家级产业技术创新平台	生物基材料产能达1600万吨。开发新型单体及聚合物，主要单体国产化率达90%以上；生物基纤维达到合成纤维总量20%以上，生物降解一次性用品替代率达90%以上，建立4个以上国家级产业技术创新平台，牵头制定国际标准3项以上

图 9-2　关键战略材料技术路线图（续）

项目			2015年——2020年——2025年	2025年——2030年
发展重点	高端装备用特种合金	先进变形、粉末、单晶高温合金	发展航空发动机用变形高温合金三联冶炼及镦拔开坯技术、750℃及以上温度机匣用多晶铸造合金及大尺寸复杂机匣精密铸造技术、航天动力用高温高强抗烧蚀合金制备技术、F级燃气轮机用超大尺寸盘件及叶片制备技术、第三代单晶/粉末高温合金低成本工程化技术、增材制造等先进技术	发展航空发动机用复杂冷却单晶叶片技术、航天用超高强度板材合金技术、第四代粉末/单晶高温合金及高性能通用型变形高温合金技术；增材制造高温合金实现系列化，关键生产及检测设备实现国产化
		先进黑色耐热合金	发展700℃超超临界电站用系列耐热合金，满足700℃环境下10万小时持久强度大于100MPa的等效考核。突破大型铸锻件、管材等部件的关键制造技术，开展工程样件试制，满足电站设计要求	研制高中压转子、高温气缸、叶片及紧固件等关键零部件，实现先进耐热合金产业化生产及在700℃超超临界电站示范应用
		先进黑色耐蚀合金	突破海洋工程用超级奥氏体不锈钢、超级沉淀硬化不锈钢、超级双相不锈钢、高强奥氏体无磁不锈钢、耐蚀合金等材料及其工程化制备技术；试制部分海洋平台典型件，实现规范化检测，产品的关键指标达到或超过同类进口产品水平	突破系列特种不锈钢、耐候钢、耐蚀合金等材料关键工艺和应用技术，实现规模化稳定生产，研制出海洋工程关键装备用零部件，实现工程示范应用
		特种铝、镁、钛合金	突破新型材料成分控制、精密成形、性能评价等关键技术，完成第三、第四代铝合金升级换代；突破新一代超高强铝合金、第四代铝锂合金、新型耐蚀铝合金关键制备技术；形成超轻、高性能镁合金批量生产与工程化应用能力；发展耐高温、超高强韧、低成本高性能钛合金，纤维增强钛基复合材料技术	建立完全自主、可持续发展的铝、镁合金体系，满足重大装备自主研发需求；提升高端钛合金及其制件精密化、大型整体化、低成本化制造技术的成熟度，建立稳定批量自主供应能力
	高性能纤维及其复合材料	碳纤维及其复合材料	高强中模碳纤维拉伸强度≥7GPa；高强高模碳纤维拉伸模量≥650GPa；高强高模高韧碳纤维拉伸强度≥5.7GPa，拉伸模量≥370GPa，断裂延伸率≥1.5%	
			以国产T300、T700级碳纤维为增强体的第一代先进复合材料在民用领域应用取得显著突破；以国产T800级碳纤维为增强体的第二代先进复合材料实现规模化应用；高强高模高韧第三代先进复合材料实现自主发展	
			突破大丝束碳纤维产业化制备及应用技术；发展新型低成本碳纤维及其复合材料制备技术	

图 9-2　关键战略材料技术路线图（续）

项目			2015年——2020年——2025年——2030年	
发展重点	高性能纤维及其复合材料	有机纤维及其复合材料	发展间位芳纶、对位芳纶、聚酰亚胺、聚苯硫醚、超高分子量聚乙烯、PBO等国产有机纤维及其复合材料制备技术；对位芳纶拉伸强度≥3GPa、弹性模量≥110 GPa；超高分子量聚乙烯纤维拉伸强度≥3.5GPa；高强高模聚酰亚胺纤维拉伸强度≥4GPa，弹性模量≥150GPa	对位芳纶拉伸强度≥3.5GPa、弹性模量≥145GPa；聚酰亚胺纤维拉伸强度≥4.5GPa，弹性模量≥150GPa；实现在国家重大装备上的稳定应用
		陶瓷纤维及其复合材料	发展以超高温、低成本碳化物纤维为代表的系列高性能陶瓷纤维及其复合材料技术，突破碳化硅、氧化铝、氮化硅、氮化硼、硅硼氮等纤维及其前驱体的工程化稳定制备技术	突破新型陶瓷纤维稳定制备技术；解决工程尺寸复合材料制备、工艺与装备技术瓶颈，实现在重大装备上的工程应用
	新型能源材料	Si基太阳能电池材料	发展光电转换效率大于20%的柔性Si基太阳能电池材料、光电转换效率大于25%的新结构Si基太阳能电池材料技术，探索光电转换效率大于30%的新结构Si基太阳能电池材料技术	
		GaAs基太阳能电池材料	发展光电转换效率大于40%的新结构、柔性GaAs基太阳能电池材料技术，探索GaAs基石墨烯肖特基结太阳能电池材料技术	
		锂离子电池材料	突破关键正负极材料（如高镍三元、富锂锰基固溶体、硅碳等）技术	
			发展功能隔膜及隔膜原材料、功能电解液及添加剂等功能性材料的稳定制备技术，突破快充锂离子电池和电芯等动力电池关键材料的工程化制备与应用关键技术	
			发展以高性能固体电解质、高稳定性锂或锂合金负极等为代表的全固态电池关键材料技术，突破关键零部件（如集流体、封装材料）制备成型和电池组装工艺稳定性控制等关键技术	
		燃料电池材料	发展燃料电池催化剂、质子交换膜、固体电解质、固态金属储氢及有机储氢等所需的关键材料制备技术；突破低铂膜电极集合体技术、超薄长寿命质子交换膜技术、高性能碳纸和扩散层制备技术、高性能长寿命膜电极批量制备技术	
			解决燃料电池系统关键部件制造问题，实现高可靠性燃料电池发动机、高效“气态-固态”复合储氢等系统的集成应用	
		其他能源材料	发展钙钛矿太阳能电池材料、有机太阳能电池材料、铜铟镓硒太阳能电池材料技术；发展高性能热电转换材料与器件技术、同位素热电电源技术等新兴能源材料技术	

图 9-2 关键战略材料技术路线图（续）

项目			2015年—2020年—2025年—2030年
发展重点	先进半导体材料、芯片制造和封装材料	大尺寸硅半导体材料	突破12英寸硅片的完整晶体生长、纳米尺度精密加工、高纯控制、绝缘体上硅（SOI）制备、关键装备、检测方法等成套工程化技术，满足10/7nm线宽以下集成电路规模化应用需求
		III-V族半导体材料	发展6/8英寸GaAs和InP高品质外延片高稳定批量制备技术，初步建成GaAs和InP微波器件应用产业链，支撑我国5G及未来6G通信设备发展
		第三代半导体材料	突破6/8英寸SiC、4/6英寸GaN、2/4英寸AlN单晶生长和相关装备技术，面向电力电子、功率微波和光电子器件，研发本征、半绝缘和高导电的单晶衬底材料，发展其外延技术，实现在光电子、电力电子、微波射频等领域应用
		超宽禁带半导体材料	发展氮化硼、金刚石、氧化镓等超宽禁带半导体单晶衬底材料制备技术，突破4英寸及以上金刚石单晶、6英寸氧化镓单晶生长和相关装备技术，发展电子级单晶薄膜材料及超大功率高频电子器件制备技术，实现氧化镓单晶的推广应用、金刚石电子器件的示范应用
		芯片制造和封装材料	突破ArF/ArFi、EUV和电子束光刻胶等光刻胶及其配套掩膜制备关键技术，突破离子注入、蚀刻/清洗、化学沉积等工艺用高纯电子气体的规模化稳定制备技术，开发高端CMP抛光液、抛光垫及其核心原材料，ppt级超净高纯工艺化学品和功能性化学品，提升溅射靶材及超纯金属产业化水平
			发展互连、底板、基板等封装关键材料制备技术，突破新型高熔点软钎料制备技术、高效低成本瞬时液相扩散连接技术、纳米银浆料低温烧结低温连接技术、高导热高温可靠封装基板材料制备技术、新型制冷底板与热沉连接技术等系列关键技术
	稀土功能材料	稀土磁性材料	发展高磁性能、耐高温、强韧性、低温度系数、高稳定性和低成本的稀土永磁材料制备技术；开发新型高性能稀土黏结磁粉，突破稀土磁动力系统用稀土磁性材料、超高性能永磁材料、新型稀土磁热/磁弹和稀土高频软磁材料组织结构设计与制备等系列关键技术
			发展磁能积超过第三代永磁材料理论极限的新型永磁材料体系及其制造技术，实现稀土磁性材料在国家重大装备工程的规模化新应用
		稀土发光材料	突破高能量密度激发用新型荧光粉及其核心制备技术；产业化应用的白光LED器件显色指数Ra>97（Rg≥100和Rf≈100），光效≥120lm/W
			开发满足全光谱照明及超高色域液晶显示用高性能荧光粉及其制备技术；封装的显示器显示色域≥100%NTSC，光效≥150lm/W
			开发满足新应用领域的新型稀土发光材料，实现在新型高效近红外等发光材料体系、制备技术及应用方面达到国际领先地位

图 9-2　关键战略材料技术路线图（续）

项目			2015年--------------2020年---------------2025年	---------------2030年
发展重点	稀土功能材料	稀土催化材料	发展满足国Ⅵ及以上标准汽车尾气净化催化剂及其工程化制备技术，稀土催化材料综合保障能力超过85%	开发广谱性、抗中毒、长寿命有机废气（VOCs）处理催化剂，新型清洁燃油炼制催化剂，新型稀土改性或稀土基工业废气脱硝催化剂及其工程化制备技术，满足在钢铁、水泥、玻璃等领域的工业应用
		稀土晶体材料	突破大尺寸稀土激光晶体、闪烁晶体高效生长等关键技术，LYSO、$LaBr_3$：Ce等新型稀土闪烁晶体实现规模化生产	开发满足核医学、国土安全、环境监测及新一代TOF-PET设备等应用领域的新型晶体材料，形成一批具有重要国际影响力的原创性技术成果
		稀土储氢材料	发展稀土储氢材料新体系设计与制备技术，突破高能量密度、长寿命、低成本稀土储氢材料制备关键技术，稀土复合储氢材料的可逆储氢容量≥5.5wt%	开发高安全性、高容量的新型储氢系统，实现储氢系统-燃料电池的高效匹配和集成，稀土复合储氢材料的可逆储氢容量≥6.0wt%，满足氢能源汽车的发展需求
		高纯稀土金属及化合物材料	突破4N5级高纯稀土金属及合金靶材制备关键技术，解决稀土高纯领域的关键问题；开发超高纯稀土化合物及稀土材料的低成本、高效、绿色制备技术	突破5N级以上超高纯稀土金属、大尺寸合金及靶材的稳定化制备技术，满足集成电路、硅光芯片、高阶制程芯片等领域的应用需求
	电子陶瓷材料和人工晶体	电子陶瓷材料	发展高性能低成本多层陶瓷电容器元件与材料、新型片式感性元件与材料、高性能多层片式敏感元件与材料、高性能多层陶瓷压电变压器与材料、片式微波元件与材料等新一代电子陶瓷元件与材料技术	
			发展无源集成模块设计、制备、测试及其关键材料技术，突破LTCC用系列化电磁介质材料批量制备、无源模块集成制备工艺等关键技术	
		人工晶体	发展超大尺寸激光晶体、闪烁晶体与非线性光学晶体等人工晶体技术，解决大口径YAG晶体、钛宝石、非线性晶体、高性能弛豫铁电晶体、氟化钙晶体，以及磁光、声光、电光晶体等材料高质量、高效率制备技术瓶颈，形成模块化、自动化和智能化制备技术	

图 9-2 关键战略材料技术路线图（续）

项目			2015年——2020年——2025年——2030年	
发展重点	先进结构功能一体化陶瓷和功能梯度材料	结构功能一体化陶瓷材料	发展耐高温透波氮化物纤维增强氮化物陶瓷材料、耐高温宽频吸波SiC_f增强陶瓷材料、防辐射SiC_f/SiC复合材料、石油裂解炉管用SiC陶瓷材料、薄带连铸侧封板用BN陶瓷材料、高温耐腐蚀高强度多孔SiC陶瓷载体等结构功能一体化陶瓷材料制备技术	
			突破超大尺寸复杂形状陶瓷构件近净尺寸成型与净尺寸烧结、高精密陶瓷构件加工、大尺寸高刚度异形陶瓷部件3D打印批量制造、高强度复杂形状模具制造等系列制造技术	
		功能梯度材料	开发多维、多尺度梯度复合新技术，实现功能梯度材料在动高压加载、高超飞行器原位热防护、高阻尼/多功能减振结构、极端负荷管材内表强化，以及高能推进剂、功能性火炸药开发等重大工程中的应用；突破刀具、工模具用的高性能梯度纳米涂层技术，研发出系列高端产品并形成产业化能力	
	高性能分离膜材料	水处理膜材料	发展混合基质型反渗透膜、正渗透膜、高性能纳滤膜、超滤膜等关键膜材料制备技术，实现其在海水淡化、工业废水处理等工程领域的示范应用	
		特种分离膜材料	发展分子筛型/有机型/混合基质型渗透汽化膜材料，高选择性离子交换膜、双极膜及燃料电池膜材料，陶瓷纳滤膜、超微滤膜材料，油水分离膜等膜材料制备技术	
		气体分离膜材料	发展PTFE、陶瓷及金属中高温分离膜，低成本高性能CO_2分离膜、气固分离膜、氢分离膜、氧分离膜，以及空气净化、工业烟气除尘、煤化工应用中高温气体过滤膜等膜材料技术	
	新型显示材料	OLED/QLED显示材料	研发高效率长寿命的蒸镀和印刷OLED、QLED、TFT材料、印刷墨水材料及其关键工艺，掌握65英寸、8K高分辨率OLED的印刷制备技术和可卷绕技术	构建具有自主知识产权的OLED/QLED显示关键材料体系，开发环保型QLED材料、全印刷显示器件等制备技术，实现规模化产业应用
		Micro/Mini-LED显示材料	发展新结构、高性能、高稳定性、低成本的GaN发光材料与高迁移率的半导体材料技术，发展显示与驱动单元一体化等关键技术及其核心器件，研制全彩色微显示、全彩色Micro-LED平板显示样机	发展大尺寸Micro-LED显示产业化技术，研制8K分辨率的Micro-LED电视等消费电子显示产品，实现超高亮/超高/长寿命Micro-LED显示材料国产化

图 9-2　关键战略材料技术路线图（续）

项目			2015年—2020年—2025年	2030年
发展重点	新型显示材料	激光显示材料	发展InP红光LD、InGaN蓝绿光三基色LD材料技术，建成生产示范线，三基色LD分别实现2W、1W、5W功率输出，寿命大于2万小时，满足激光显示整机应用需求。研制基于自主材料体系的4K/8K、10bit/12bit超高清、160%NTSC宽色域的激光显示产品	全面掌握可控制备、高成品率、低成本的红绿蓝三基色LD稳定量产工艺，实现激光显示整机规模化生产，100英寸激光家庭影院成本小于1万元，国产化率达80%，开发出基于激光全息真三维显示器
		显示基板材料	发展高世代液晶基板玻璃、新型显示玻璃、高强高铝盖板玻璃材料与装备技术；发展具有自主知识产权的柔性显示用PI材料与高精度超薄型涂布装备技术等，形成国产化替代能力	发展新功能基板玻璃产业化技术；发展耐高温柔性显示基板材料低成本技术
		其他显示材料	发展面向大尺寸、高分辨率、柔性/印刷显示应用的TFT材料，以及彩色化、视频化、柔性化反射显示材料制备技术	发展面向全印刷显示应用的TFT材料体系及量产工艺；反射显示材料自主材料牌号（下一代彩色、视频及柔性化电子纸显示）的应用占比≥65%
	新一代生物医用材料	再生医学产品	研制出一批应用于骨、皮肤、血液、神经、肌肉等组织器官再生修复的再生生物活性材料，实现产业化，提高国产化率	
		功能性植/介入材料	开发一批可吸收骨固定产品，高耐磨、长耐久新型骨关节科修复材料，口腔修复与种植材料，新型心脑血管修复与植/介入材料，中枢神经修复与再生材料，肿瘤治疗、药物缓释材料及抗感染材料	
		医用级原材料	实现90%以上关键医用级基础原材料完全自主供给，支撑量大面广的医用耗材、渗透膜、可降解材料、检测材料等产品应用	
	生物基材料	天然高分子生物基材料	发展纤维素、淀粉、木质素、壳聚糖等天然高分子生物基新材料制备技术，突破新溶剂法纤维素材料工程化制备、淀粉（纤维素）可塑性加工与制备等关键技术，发展第二天然橡胶提取、制备与加工技术	
		生物基合成材料	发展PLA、PBS、PBAT、PHA、PA、PTT、PPC等聚合物合成与装备技术，突破关键单体（氨基酸、丙交酯、1,3-丙二醇、丁二酸、戊二胺、对苯二甲酸等）的生物制备技术瓶颈；发展新型生物基涂料和橡胶制备技术，实现生物基塑料、纤维材料、生物降解制品应用领域拓展	

图 9-2　关键战略材料技术路线图（续）

项目		2015年--------------2020年---------------2025年---------------2030年
关键技术及装备	高端装备用特种合金	变形高温合金三联冶炼及镦拨开坯技术，超高强度板材合金轧制技术，复杂结构单晶叶片、粉末盘件生产技术，超大尺寸盘件及叶片工程化技术，机匣精铸技术，高温合金残余应力预置技术及寿命管理技术等；真空自耗、水浸探伤及炉前分析等关键设备及控制软件，高温度梯度定向凝固炉，全封闭等温锻造设备，高温合金增材制造、残余应力控制及预置设备等
		700℃超超临界电站先进耐热合金设计技术，大型铸锻件洁净化及均质化制造技术及装备，深海工程先进耐蚀合金设计、部件制造工艺及装备等
		高冶金质量合金优化技术，冷、热加工整体成型技术，钛合金绿色制造、短流程加工关键技术，紧固件丝材、型材和无缝管材等产品深加工技术等；残料回收清洗设备，冷床炉熔炼设备，增材制造设备等
	高性能纤维及其复合材料	碳纤维、芳纶纤维、陶瓷纤维低成本化和高性能化制备技术；复合材料应用技术、低成本化制造和回收/再利用技术
		高性能纤维大规模生产装备（高精度计量泵、收丝机、宽口石墨化炉等）；复合材料连续自动化智能制造装备
	新型能源材料	新型高效太阳能电池技术及关键设备；动力电池及其关键材料低成本、规模化制备技术；高速电极生产设备；全自动高速电池生产及电池模块组装设备；电池和电池模块内部缺陷检查等关键设备
	先进半导体材料、芯片制造和封装材料	超大尺寸单晶生长设备及超大尺寸晶圆的加工设备，用于大尺寸碳化硅、氮化镓、氮化铝、氧化镓、金刚石等单晶快速生长设备，分子束外延设备（MBE）及金属有机化学气相沉积设备（MOCVD）；高温离子注入、高温氧化、高温退火，以及刻蚀、封装等工艺用关键设备
	稀土功能材料	超越永磁材料磁能积理论极限的新型稀土永磁材料及制备技术；稀土永磁材料的高性能化和资源平衡利用技术；稀土永磁材料的服役稳定性提升及应用技术；先进稀土晶体材料及其产业化制备技术；高端稀土发光材料及其关键制备技术和装备

图 9-2　关键战略材料技术路线图（续）

项目		2015年--------------2020年---------------2025年---------------2030年
关键技术及装备	电子陶瓷材料和人工晶体	低温共烧陶瓷技术，无源集成相应的关键技术，100nm级电子陶瓷粉体批量生产技术
		极端尺寸激光、闪烁与非线性光学晶体材料关键制备技术；人工晶体自动化、智能化批量制备技术与装备
	先进结构功能一体化陶瓷和功能梯度材料	新型结构功能一体化Si_3N_4和BN基陶瓷复合材料关键制备技术，新型吸波SiC_f-CMC材料制备技术，石油裂解炉用SiC基陶瓷复合材料关键制备技术，新型SiC_f/SiC防辐射包覆管绿色制造技术
		功能梯度材料10nm级的组成/结构连续渐变精细构筑与控制关键技术，多维、多尺度梯度复合新技术
	高性能分离膜材料	面向水处理、海水淡化、小分子分离等应用的混合基质膜材料研制技术及关键装备
		面向化工分离、高纯溶剂、重油加工等应用的高装填密度无机膜材料研制技术及关键装备
		面向氯碱、酸碱回收、燃料电池等应用的高性能离子交换膜及双极膜材料研制技术及关键装备
		面向高温气体净化、纯化、分离等应用的耐高温复合膜材料研制技术及关键装备
	新型显示材料	可印刷OLED/QLED显示材料体系与技术；可印刷TFT材料体系与技术；印刷墨水配方体系与技术；大尺寸柔性可卷绕显示技术；高分辨率印刷工艺与装备技术
		InP红光、InGaN蓝绿光LD材料/器件/工艺/装备技术；性能表征评价与标准等技术
		Micro-LED显示芯片与高性能单色器件关键技术；高密度Micro-LED巨量转移技术与设备；Micro/Mini-LED与CMOS/TFT背板键合关键技术；Micro-LED显示色彩化技术
	新一代生物医用材料	组织再生材料的活性化技术，植/介入材料的表面改性技术，生物医用材料个性化成型加工技术

图 9-2　关键战略材料技术路线图（续）

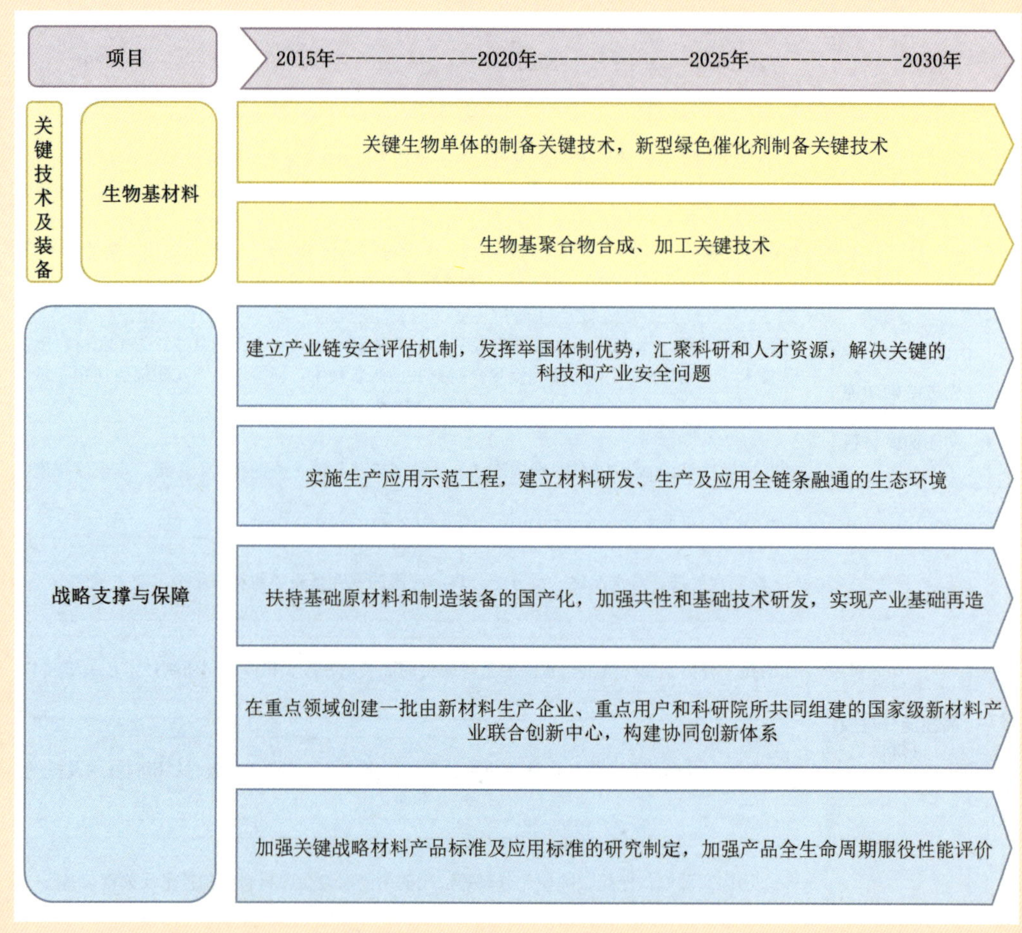

图 9-2　关键战略材料技术路线图（续）

前沿新材料

前沿新材料是由于基础领域和制造领域重大突破而出现或正在发展中的具备超越传统材料性能甚至反传统性能，并可能对制造业、国防、民生及新材料发明理念等产生革命性影响的、具有重大应用前景的新材料。新材料领域发展的同时，可为新一代信息技术、新能源等关键领域发展带来新机遇。在当前阶段，国际新材料界重点关注量子信息材料、超导材料、智能仿生材料、超材料、石墨烯及其他二维材料、液态金属、高熵合金、极端环境用材料、3D 打印材料等。

需求

前沿新材料是基础学科的重大突破和多学科交叉、多技术融合的产物，也是原始创新能力和颠覆性创新能力的集中体现，代表材料未来的发展方向，是新材料领域的战略制高点，也是我国材料科技实现跨越发展的着力点和抢占新一代信息技术、新能源、智能制造、生命健康等战略新兴领域的物质基础。当前，新科技革命和全球产业变革正在孕育，前沿新材料不断涌现，我国必须抓住时机，重点突破可能对传统产业产生颠覆性变革的前沿新材料。

目标

在 2020 年，积累一批前沿新材料核心技术专利，部分产品实现量产。

到 2025 年，实现部分前沿新材料技术、标准、专利有效布局；3D 打印等部分前沿新材料实现规模化应用，部分领域达到世界领先水平。

到 2030 年，在超导材料、智能仿生与超材料、石墨烯材料、3D 报印材料等方向达到国际一流水平。

发展重点

1．3D 打印材料

▶3D 打印金属材料

形成比较完善的 3D 打印金属材料设计、制备、生产与应用的技术体系，基于现有金属材料体系，构建超过 200 种合金牌号、具有良好工艺性能和使用性能的 3D 打印金属材料库；在钛合金、铝合金、高温合金、铁基合金等体系中，实现 50 种以上合金牌号的 3D 打印专用合金成分设计；形成具有自主知识产权的高品质细粒径球形金属粉末和均匀化丝材的规模化、低成本生产技术与装备；在国家重大需求中，3D 打印结构件的综合性能普遍达到或超过传统制造技术水平；实现金属 3D 打印不仅应用在高端装备和医疗植入体等高附加值产业，也普及性应用在汽车和普通机械工业等成本敏感产业中。

▶3D 打印有机高分子材料

建立与高端 3D 打印装备和工艺配套的比较完善的 3D 打印材料和技术体系，针对广泛的产业应用开发大批新型 3D 打印有机高分子材料，高端 3D 打印有机高分子材料及其制备装备 90%以上实现国产化，3D 打印有机高分子材料普遍满足高质量、大规模稳定生产要求；实现高分子材料 3D 打印除了在传统的研发、文创、教育、工装和备件等领域广泛普及性应用外，也在包括铸造、模具、汽车、注塑等大规模产业领域和航空航天、医疗、电子信息等高附加值产业的普及性应用。

▶3D 打印生物材料

建立面向不同临床应用的 10 种以上 3D 打印生物材料的设计与制备技术，建立较为完善的 3D 打印生物材料评价体系；开发与生物材料打印工艺匹配的国产生物 3D 打印装备并实现产业化；掌握结构-功能仿生的 3D 打印组织修复技术，实现 5 种以上 3D 打印生物材料植入医疗器械在口腔科、骨科、神经外科、普外科等多领域临床应用。开发3种以上针对干细胞、免疫治疗、再生医学等前沿新领域应用的3D打印生物材料体系和工艺方法；构建多种材料-细胞复合体系，掌握功能性生物材料、智能响应生物材料等生物活性材料的设计方法和制备技术体系；构建微生理系统、异质肿瘤模型、组织/器官芯片、体外微型肝、人工皮肤等功能性组织模型并转化应用；实现膀胱、软骨等初步功能性的组织和器官构建，为组织器官移植奠定技术与材料基础。

▶3D打印无机非金属材料

建立3D打印陶瓷、水泥、玻璃和碳材料的设计方法和制备技术体系。能够提供满足各种陶瓷3D打印工艺所需的高质量陶瓷粉材、树脂、助剂、浆料、膏体和前驱体等原材料，系统地掌握陶瓷3D打印的全流程工艺技术；提供满足3D打印工艺要求的高质量专用水泥及其辅助材料和全流程3D打印工艺技术，支撑3D打印建筑满足建筑设计国家标准要求；陶瓷3D打印材料在牙假体、航空发动机和燃气轮机涡轮叶片陶瓷型芯等领域实现工业应用，掌握太空环境3D打印建筑的材料、工艺与装备技术。

▶3D打印复合材料

针对金属基、非金属基复合材料与不同形态的增强相和功能相，突破面向不同3D打印技术的复合材料设计原理和工艺实现方法；针对比较广泛的工业应用领域，面向不同3D打印技术形成系列化的金属基和非金属基3D打印复合材料体系；建立3~5项性能/功能具有颠覆性意义的复合材料增材制造新原理与新方法，打印超轻质超高性能结构、具有特殊优异性能的材料/结构/功能一体化构件、各种类型和功能的超材料结构、高度智能化结构等。

在代表性的工业领域，如连续纤维增强树脂基复合材料结构件、颗粒增强（包括纳米颗粒增强）金属基复合材料和铸造砂型3D打印领域实现规模化的工业应用。

2．超导材料

▶强磁场用高性能超导线材

突破面向 30T 大型超导磁体应用的高性能超导线材结构设计及批量化加工控制技术，获得加速器、单晶硅制造等领域急需的超导磁体制造技术。

▶低成本、高性能千米级 Bi2223 和 YBCO 高温超导涂层导体

突破低成本 Bi2223 和 YBCO 涂层导体核心的前驱体制备、织构化技术和专用制造装备。

▶超导强电应用装备

突破强磁场超导磁体设计制造技术，获得高容量超导电缆和高电压等级超导限流器的电磁设计、超高压绝缘、装配结构与挂网运行等关键技术。

▶超导电子装备

突破大型、高效、长寿命制冷机和低漏热、低温容器制备技术，开发出面向不同波段和频率的超导电子装备。

3．智能仿生材料

▶资源利用智能仿生材料

重点发展淡水采集、雾气富集、油气开采等资源富集与有效利用的智能仿生材料与技术。

▶环境保护用智能仿生材料

重点发展油水分离、污水处理、化工废液分离、自清洁建筑涂料及纺织品、抗海洋生物黏附材料、仿生减阻降噪材料、仿生防覆冰材料、高效农药肥料制剂等环境保护用智能仿生材料与技术。

▶能源利用智能仿生材料

重点开发可用于新型能源转化材料，如仿生浓差发电膜材料、高效光能利用仿生材料、高效热功转换材料等；新型节能材料，如智能建材涂层材料、抗垢节能材料、仿生隔热节能材料等。

▶生命健康用智能仿生材料

重点开发可用于生命健康的智能仿生材料，仿免疫癌症检测、仿生黏附材料（湿态黏合剂、医用微针、伤口敷料等）、药物筛选及分离、仿生器官、人工透析滤膜与器件等。

▶仿生材料与智能集成

重点集成仿生功能材料，形成柔性可穿戴器件、仿生手、仿生足、仿生眼及水下机器人等系列智能产品。

4. 石墨烯材料

▶新能源领域用石墨烯材料

开发出高效石墨烯电极材料、石墨烯集流体等新能源产品。拓展高效石墨烯锂电池在动力电池等领域规模化应用。进一步突破石墨烯太阳能电池、氢能源等关键技术，实现初步应用。形成多样化能源采集及存储系统关键技术突破，并开发相关应用产品。

▶航空航天领域用石墨烯材料

快速推进石墨烯橡胶、芳纶等高分子复合材料，石墨烯碳纤维、玻璃纤维等复合材料，石墨烯金属复合增强材料的研发。突破石墨烯复合材料规模化制备与应用技术。实现石墨烯复合材料在基础建设、航空航天、交通工具等方面的规模化应用。

▶节能环保领域用石墨烯材料

突破石墨烯在污水处理、智能采暖等节能环保领域的关键技术，实现石墨烯在污水处理、智能采暖、大气治理、海水淡化等领域的规模化应用。

▶信息电子领域用石墨烯材料

石墨烯导热、散热材料在 LED 器件、消费电子、基站、服务器相关产品等信息电子领域实现全产业链条规模化应用。突破石墨烯柔性电子、光电子探测、传感器、射频及电磁屏蔽等关键技术，实现石墨烯材料在信息电子等领域的示范应用。突破石墨烯自旋电子器件、场效应晶体管等关键技术，实现石墨烯在柔性电子、传感器、光电探测、射频通信、电磁屏蔽电子封装、半导体晶圆、THz 传感等领域的规模化应用。

▶医疗健康领域用石墨烯材料

推动石墨烯医疗器械及石墨烯材料在药物/基因传递、抗菌材料、生物成像、电化学传感器、肿瘤光热治疗等领域的关键技术研究。突破石墨烯药物/基因传递、抗菌材料、生物成像、电化学及生物传感器、组织工程、肿瘤光热治疗、脑机接口等系列关键技术，实现部分领域的示范性应用。

▶现代农业领域用石墨烯材料

推动石墨烯材料在种植养殖、设施农业、生态修复、沙漠治理等现代农业的示范性应用。实现石墨烯材料在种植养殖、设施农业、生态修复、沙漠治理等现代农业领域的推广应用。

▶石油化工领域用石墨烯材料

推动石墨烯在防腐涂料、润滑油等石化、纺织领域规模化应用。实现石墨烯在高品质防腐涂料、润滑油、功能化纤维及复合材料等核心技术突破及规模化应用。

战略支撑与保障

（1）建立若干国家级前沿新材料创新中心。

（2）加强前沿新材料标准及应用标准的研究制定。

（3）优先支持前沿新材料的示范应用。

（4）建立产需对接长效机制，建设若干前沿新材料产业基地。

技术路线图

前沿新材料技术路线图如图 9-3 所示。

项目		2015年—2020年	2020年—2025年	2025年—2030年
需求		3D打印材料、超导材料、智能仿生材料、石墨烯材料等前沿新材料是新材料领域未来高技术竞争的战略制高点，也是支撑航空航天、新能源、智能制造、电子信息、生命健康和节能环保等战略新兴领域的物质基础		
		当前，新科技革命和全球产业变革正在孕育，前沿新材料不断涌现，我国必须抓住时机，重点突破可能对传统产业产生颠覆性变革的前沿新材料		
目标	总体目标	积累一批前沿新材料核心技术专利，部分产品实现量产	实现部分前沿新材料技术、标准、专利有效布局；3D打印等部分前沿新材料实现规模化应用，部分领域达到世界领先水平	在量子信息材料、高温超导材料、智能仿生与超材料、极端环境材料等方向达到国际一流水平
	3D打印材料	形成系统的3D打印专用材料设计方法，3D打印材料体系数量增加3倍以上，3D打印材料的综合性能平均提升20%以上，高端3D打印材料及其制备装备50%以上实现国产化		建立与高端3D打印装备和工艺配套的比较完善的3D打印材料和技术体系，高端3D打印材料及其制备装备90%以上实现国产化，在国家重大需求中的3D打印结构件的综合性能普遍达到或超过传统制造技术水平
	超导材料	实现超导材料、超导强电和超导弱电产品协同发展和规模化应用，超导材料总体技术水平达到国际领先水平，满足国内需求、全面进入国际市场		
		低温超导材料形成完整产业化体系，满足国内外应用需求	低成本、高性能高温超导材料全面实现产业化和批量应用	基于国产材料的超导应用装备全面实现产业化
	智能仿生材料	开发低成本、多功能、高效率的新型智能仿生材料并拓展其应用是未来主要方向。突破一批关键材料的制备技术，取得一批具有自主知识产权的核心技术成果，切实加强我国智能仿生材料高技术领域自主创新能力，切实提升产业的核心竞争力，为我国经济社会发展与国防安全提供强有力的材料支撑		
	石墨烯材料	突破高品质石墨烯材料规模化制备技术，形成从材料、装备到应用完整的石墨烯产业链		
		带动传统产业转型升级，推动石墨烯在新能源、航空航天、节能环保、信息电子（如散热、电子封装、半导体晶圆、传感、光电子探测、自旋电子器件等）、医疗健康、现代农业、石油化工及纺织等产业领域的全面应用		
		石墨烯薄膜材料和粉体材料制备技术全球领先，应用领域迅速拓展。突破薄膜、粉体、纤维等高品质石墨烯材料规模化制备技术，形成行业标准		突破电子级石墨烯制备技术，实现石墨烯材料在不同领域的规模化应用

图 9-3　前沿新材料技术路线图

项目			2015年——2020年——2025年	——2030年
发展重点	3D打印材料	3D打印金属材料	基于现有金属材料体系，构建超过100种合金牌号、具有良好工艺性能和使用性能的3D打印金属材料库；在钛合金、铝合金、高温合金和铁基合金等材料体系中，实现10种以上合金牌号的3D打印专用合金成分设计；形成具有自主知识产权的高品质细粒径球形金属粉末和均匀化丝材的规模化、低成本生产技术与装备	建立和完善3D打印金属材料的国家标准体系，我国自有知识产权的3D打印金属材料在品种、数量和质量上都能够基本满足10大领域高端装备制造与应用的主要需求，使基于3D打印的产品创新设计在我国高端装备的跨越式发展中起到关键支撑作用
		3D打印有机高分子材料	形成系统的3D打印有机高分子材料（含多组分高分子材料）设计方法和制备技术，针对主要的增材制造技术形成系列化的有机高分子材料牌号及其3D打印全流程工艺控制方法，高端3D打印有机高分子材料及其制备装备30%以上实现国产化，3D打印有机高分子材料成本平均降低一半	针对广泛的产业应用开发大批新型3D打印有机高分子材料，建立与高端3D打印装备和工艺配套的比较完善的3D打印材料和技术体系，高端3D打印有机高分子材料及其制备装备60%以上实现国产化，3D打印有机高分子材料成本平均降低80%，普遍满足高质量、大规模、稳定生产要求
		3D打印生物材料	开发面向不同临床应用的10种以上3D打印生物材料体系；开发与生物材料打印工艺匹配的国产生物3D打印装备并实现产业化；掌握结构-功能仿生的3D打印组织修复产品制备工艺，实现5种以上3D打印生物组织修复植入生物材料医疗器械的转化与应用，提升其组织修复能力；实现3种以上含细胞与生物材料的体外模型的临床转化示范应用	针对功能性组织仿生构建的材料及工艺研究，实现3种以上微生理系统、器官芯片的制备与初步产业转化； 1～2种主流国产组织打印装备技术性能达到国际领先水平；突破在（干）细胞扩增方法、转基因等应用，实现生物3D打印与干细胞、再生医学等前沿领域的交叉融合，开发针对新领域应用的材料体系和工艺方法，形成3种以上应用示范
		3D打印无机非金属材料	建立3D打印陶瓷材料设计方法和制备技术体系，能够提供满足各种陶瓷3D打印工艺所需的高质量陶瓷粉材、树脂、助剂、浆料、膏体和前驱体等原材料，系统地掌握陶瓷3D打印的全流程工艺技术，在代表性产业领域实现示范性应用，如陶瓷牙假体、航空发动机和燃气轮机涡轮叶片陶瓷型芯等	建立3D打印水泥材料设计方法和制备技术体系，能够提供满足3D打印工艺要求的高质量专用水泥及其辅助材料，系统地掌握水泥3D打印的全流程工艺技术，支撑3D打印建筑满足建筑设计国家标准要求，并实现示范性商业应用；陶瓷3D打印在广泛的产业领域实现规模化应用

图 9-3　前沿新材料技术路线图（续）

项目			2015年—2020年	2020年—2025年	2025年—2030年
发展重点	3D打印材料	3D打印复合材料	突破面向不同3D打印技术的金属基、非金属基复合材料设计原理和工艺实现方法，在代表性的工业领域，如连续纤维增强树脂基复合材料、颗粒增强金属基复合材料构件制造中实现初步的产业化应用。形成铸造砂型3D打印原材料设计方法与制造技术体系，支撑3D打印铸造砂型在砂型铸造行业占比大于10%		针对比较广泛的工业应用领域，面向不同3D打印技术形成系列化的金属基和非金属基3D打印复合材料体系，建立相关的3D打印复合材料与应用的国家标准系列，实现3D打印复合材料比较广泛的工业应用。3D打印铸造砂型在砂型铸造行业占比大于30%
	超导材料	强磁场用高性能超导线材	满足20T大型超导磁体制造需求	满足25T大型超导磁体制造需求	满足30T大型超导磁体制造需求
		低成本、高性能千米级Bi2223和YBCO高温超导涂层导体	性价比达到150元/千安米	性价比达到100元/千安米	性价比达到50元/千安米
		高温超导电缆	万安培级三相交流电缆实现应用	万安培级直流电缆实现应用	大容量交流和直流电缆产能达到100公里/年
		加速器用超导磁体	5～15T加速器超导磁体实现应用	5～15T加速器超导磁体产量达到500台/年	5～15T加速器超导磁体产量达到1000台/年
		磁控直拉单晶硅用超导磁体	实现批量应用	产量达到300台/年	产量达到500台/年
		超导量子计算机	突破原理及超导结制造技术	完成原理样机制造及应用	实现批量制造
	智能仿生材料	资源利用智能仿生材料	攻克油、水、气富集与开采用智能材料的关键制备技术，初步实现示范应用		实现油、水、气富集与开采用智能材料的规模化制备与应用
		环境保护用智能仿生材料	实现油水分离、污水处理、化工废液分离、自清洁建筑涂料及纺织品等智能仿生材料的规模化应用		
			攻克仿生防覆冰材料、高效农药肥料制剂、抗海洋生物黏附材料、仿生减阻降噪材料等智能仿生材料的规模化制备技术		
		能源利用智能仿生材料	突破高效光能利用仿生材料、抗垢节能材料、仿生浓差发电膜材料等关键制备技术，形成相关材料体系		
				实现智能建材涂层材料、仿生隔热节能材料、高效热功转换材料等在能源利用领域的示范应用	

图 9-3　前沿新材料技术路线图（续）

项目			2015年—2020年—2025年	2025年—2030年
发展重点	智能仿生材料	生命健康用智能仿生材料	发展仿免疫癌症检测、仿生黏附材料（湿态黏合剂、医用微针、伤口敷料等）、人工透析滤膜等可用于生命健康的智能仿生材料，实现在生命健康领域的示范应用	
			突破药物筛选及分离材料、仿生器官等关键制备技术，实现智能仿生材料的规模化制备和产业化应用	
		仿生材料与智能集成	突破仿生功能材料集成的关键技术，发展柔性可穿戴器件、仿生手、仿生足、仿生眼及水下机器人等系列智能产品并实现其示范应用	
	石墨烯材料	能源领域用石墨烯材料	开发出高效石墨烯电极材料、石墨烯集流体等新能源产品。拓展高效石墨烯锂电池在动力电池等领域规模化应用	进一步突破石墨烯太阳能电池、氢能源等关键技术，实现初步应用
		航空航天领域用石墨烯复合材料	石墨烯橡胶、芳纶等高分子复合材料，石墨烯碳纤维、玻璃纤维等复合材料，石墨烯金属复合增强材料研发快速推进。突破石墨烯复合材料规模化制备与应用技术	实现石墨烯复合材料在基础建设、航空航天、交通工具等方面的规模化应用
		节能环保领域用石墨烯材料	突破石墨烯在污水处理、智能采暖等节能环保领域的关键技术	实现石墨烯在污水处理、智能采暖、大气治理、海水淡化等领域的规模化应用
		信息电子领域用石墨烯材料	石墨烯导热、散热材料在LED器件、消费电子、基站、服务器相关产品等信息电子领域实现全产业链条规模化应用。突破石墨烯柔性电子、光电子探测、传感器、射频及电磁屏蔽等关键技术，实现石墨烯材料在信息电子等领域的示范应用	突破石墨烯自旋电子器件、场效应晶体管等关键技术，实现石墨烯在柔性电子、传感器、光电探测、射频通信、电磁屏蔽电子封装、半导体晶圆、THz传感等领域的规模化应用
		医疗健康领域用石墨烯材料	推动石墨烯医疗器械及石墨烯材料在药物/基因传递、抗菌材料、生物成像、电化学传感器、肿瘤光热治疗等领域的关键技术研究	突破石墨烯药物/基因传递、抗菌材料、生物成像、电化学及生物传感器、组织工程、肿瘤光热治疗、脑机接口等系列关键技术，实现部分领域的示范性应用
		现代农业领域用石墨烯材料	推动石墨烯材料在种植养殖、设施农业、生态修复、沙漠治理等现代农业的示范性应用	实现石墨烯材料在种植养殖、设施农业、生态修复、沙漠治理等现代农业领域的推广应用
		石油化工领域用石墨烯材料	推动石墨烯在防腐涂料、润滑油等石化、纺织领域规模化应用	实现石墨烯在高品质防腐涂料、润滑油、功能化纤维及复合材料等核心技术突破及规模化应用

图 9-3　前沿新材料技术路线图（续）

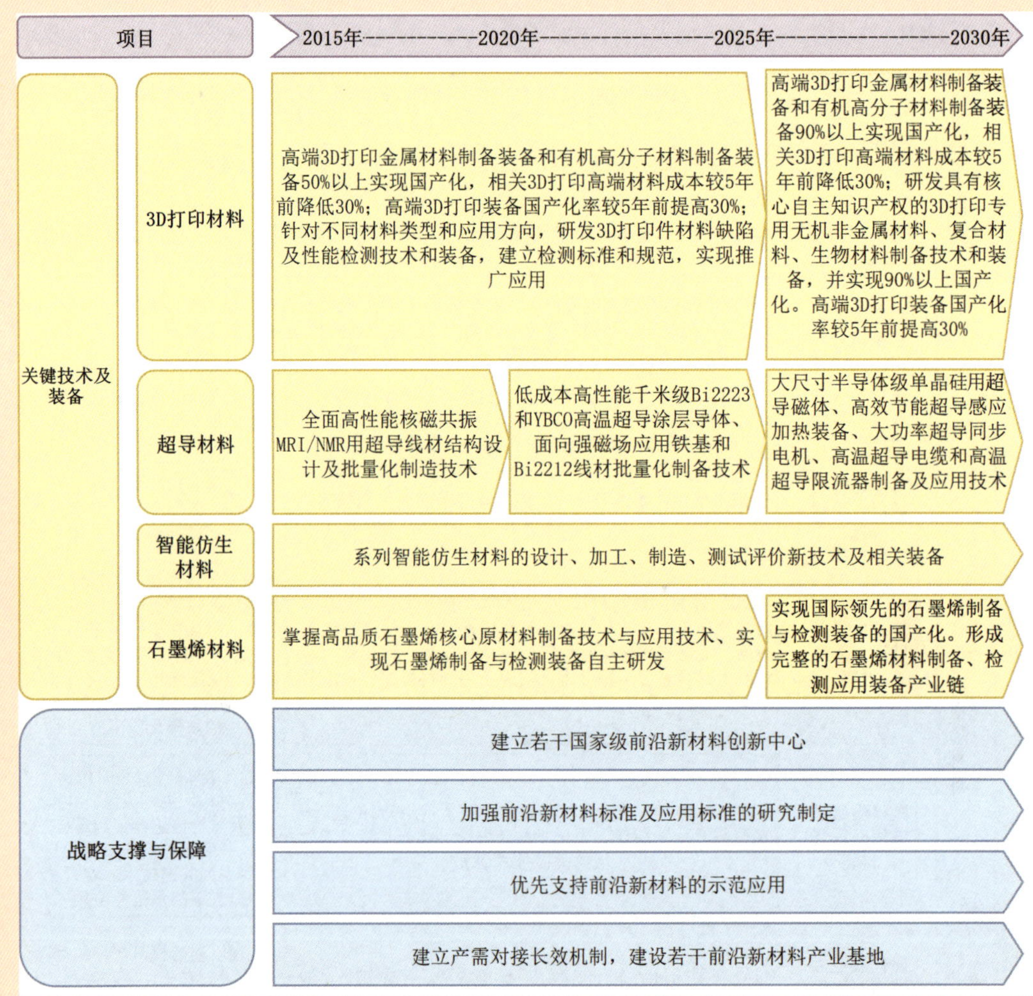

图 9-3　前沿新材料技术路线图（续）

10

生物医药及高性能医疗器械

生物医药

生物医药重点发展的产品是新型化学药物、中医优势病种创新中药与植物药、创新生物技术药物、组织工程新产品和再生医学产品，推进通用名药和生物类似药产业化。

高性能医疗器械

高性能医疗器械泛指在同类医疗器械中能够在功能和性能上满足临床更高要求的医疗器械，重点发展的产品是医学影像设备、手术室与急救设备、临床检验与生理检测设备、先进治疗设备、康复设备、医用植/介入物。

生物医药

生物医药是综合医学、药学和生物学等前沿交叉学科发展起来的，用于疾病防治及卫生保健制品及其技术体系的总称。生物医药重点发展针对重大疾病预防和治疗的新技术、新方法和新产品，主要包括化学药物、中药/植物药、生物技术药物及科学合理的临床用药方案等，其中生物技术药物包括抗体、疫苗、重组蛋白药物、核酸药物、免疫细胞与干细胞治疗制剂和组织工程产品等。基于重大疾病开展的药物基因组学分析，发展伴随分子诊断试剂，研发安全和优效的个性化药物。

需求

中国是全球第二大药品消费市场，2018 年，中国医药工业销售额为 23986 亿元，但医药工业的高速增长仍不能够高质量地满足日益增长的人口和健康需求。心脑血管疾病、肿瘤、代谢性疾病、神经退行性疾病、新发突发传染病等严重威胁我国人民的卫生健康，慢性疾病引起的死亡人数占 88%，亟待需要发展创新药物。目前，我国自主研发产品少，以仿制为主，一些制药关键技术与发达国家相比有较大差距。因此，加快我国生物医药产业的发展，加强前沿技术的提升，重点研发一批自主性强、安全有效的创新药物，提高我国医药产业的国际竞争力。

目标

到 2025 年，生物医药在抗体、疫苗、细胞治疗等生物技术药物和中药/植物药方面缩小与发达国家的差距，实现原始创新药物进入国际市场的突破。通过 WHO、ICH 等国际组织更广泛参与生物医药的国际标准、指南的制定；推动一大批企业实现药品质量标准和体系与国际接轨，有多家制药企业取得美国、欧洲、日本和 WHO 认证并实现产品出口；针对人类重大疾病及某些重要罕见病，研制并推动 10～20 个化学药及其高端制剂、3～5 个新中药、3～5 个新生物技术药物及其伴随分子诊断试剂在 FDA、EMA 完成药品注册，加快药品国际化进程；突破 10～15 项制药核心关键技术，建立国家药物创新体系。

到 2030 年，一批全球领先的原始创新药物进入国际市场，实现大型医药企业进入世界 500 强，生物医药产业达到世界先进水平。发展针对重大疾病及重要罕见病的化学药物、中药/植物药和生物技术药物新产品，实现30～35个创新药物产业化；20～30个自主产权新药通过FDA或EMA认证，进入国际市场；进一步加强国家药物创新体系的国际竞争力，推动我国医药国际化进程。在创新能力、制药规模和国际竞争力等方面达到世界先进水平，部分领域达到世界领先水平。

发展重点

1. 重点产品

发展针对重大疾病临床亟须的小分子靶向药物、抗体药物、新型疫苗、新型免疫细胞和干细胞制剂、组织工程产品、新中药/植物药制剂。研发具有分子表型的、以伴随诊断为依据的个性化创新药物。推进通用名药和生物类似药产业化，集成仿创结合，满足日益增长的临床需求。

▶新型化学药物

针对严重危害人类健康的重大疾病及某些罕见病，研制10～20个小分子药物及其高端制剂，涵盖靶向抗肿瘤药物（受体酪氨酸激酶、STAT3）、抗肿瘤小分子免疫药物（IDO、PD-1）、心脑血管及神经系统退行性疾病药物（GPCR、离子通道）、代谢性疾病药物（多靶点网络调控）、抗耐药菌药物（去甲万古霉素等）。

▶中医优势病种创新中药与植物药

实施中药全产业链标准化工程，构建符合中药复杂体系特点的质量标准体系，研发10～20个中医治疗优势病种新型中药，针对肿瘤、抑郁症、糖尿病、肾病等慢性病，开发中药新单体、复方中药、经典名方等重点产品，原创天然药物（青蒿素衍生物等），推动复方丹参滴丸等中药在FDA和EMA注册，加强中药制药行业技术升级和智能制造水平。

▶创新生物技术药物

自主研发25～35个创新生物技术药物，包括5～7个新靶点、新表位、新功能抗体药物，如黏附分子（CD147）、细胞因子（IL-17、IL-10）、免疫检测点分子（TIM-3、LAG3）、新型受体（GCGR），5～7个新型疫苗（联合疫苗、新型冠状病毒疫苗、13价肺炎球菌结合疫苗、诺如病毒疫苗），5～7个重组蛋白药物（NGF、Insulin aspart、长效GLP-1），5～7个免疫细胞治疗制剂（CAR-T、CAR-NK、DC等），5～7个干细胞及衍生产品。

▶组织工程新产品和再生医学产品

加快我国生物3D打印体系在药物筛选、组织工程、再生医学领域中的应用；结合智能生物制造、引导组织再生新分子、新型种子细胞等，推动可降解的高分子材料、无机材料3D打印器械、活细胞打印制品的临床转化应用，研制10～20个组织工程新产品和再生医学产品。

2．关键共性技术

▶基于疾病靶点网络调控、结构生物学、跨组学技术的新靶标发现与确证技术

运用计算机设计技术，构建疾病的细胞信号网络模型，描述疾病发生发展过程中的网络动态变化，进行虚拟分子筛选、反向分子对接、预测候选化合物优效性，确定疾病有效靶标，实现基于动态网络调控靶标发现。用结构生物学核磁共振波谱法解析小分子化合物化学位移、耦合常数等液相三维结构，用X衍射、冷冻电镜三维重构技术解析蛋白质及大分子三维结构、相互作用界面及药物精细靶点。由单细胞测序、高分辨率质谱、高通量流式细胞术等跨组学技术筛选新生抗原(Neoantigen)并经TCR识别、MHC相容，确定新生免疫治疗靶点/特异性肽段。

▶基于大数据挖掘和人工智能预测筛选的精准药物设计技术

用人工智能和生物医药大数据挖掘等赋能型技术，发展精准药物设计技术体系，主要包括药物发现与优化，药物测试分析，药物代谢动力学预测，药效学、毒理学的预测等，对药物分子在体内的复杂作用进行更精准的模拟和预测，提高创新药物的研发效率，延展人工计算机模拟药物设计，加快高质量先导化合物的发现和创新药物的发展。

▶基于细胞和靶标分子的药代动力学、药效学、毒理学的一体化成药性评价体系

运用人源细胞和人源化动物模型，如人源化造血干细胞、人源化免疫系统和人源化肝脏嵌合模型，结合靶标的分子病理机制，建立PK-PD、

TK-TD模型，强化药代/药效/毒性一体化的成药性评估，包括动物模型的肝脏、肾脏、心脏等靶器官毒性，发育和生殖毒性，遗传毒性和致癌性等方面的评价技术、方法的建立和应用。

▶基于修饰性抗体、新型疫苗、细胞治疗和组织工程新技术的创新生物技术药物体系

突破修饰性抗体前沿关键技术，包括去糖基化修饰、智能交联、前体靶向、重组中和、新一代CAR-T等，重点研发新一代抗体创新药物。通过折叠、融合、修饰等技术，建立新型融合蛋白研发平台。基于人工智能延展技术，生物模型技术，新型佐剂、细胞基质、细胞重编程技术等，突破新型疫苗和治疗性疫苗的生产工艺和评价技术。基于基因编辑与转染、iPS诱导分化等技术，重点建立免疫细胞和干细胞制备工艺平台。突破医用智能生物材料制备、生物3D打印等技术，重点构建组织工程与再生医学生产技术平台。系统建设我国创新生物技术药物产业链和生产体系。

▶基于药物基因组伴随分子诊断技术的个体化药物研发技术链

基于新一代测序技术获得个体基因信息，综合表观组、蛋白组、代谢组等环境信息，获得患者优效分组的基因表型，建立个体化药物伴随分子诊断的共性技术体系；基于高分辨质谱技术，获得氨基酸多样性、非编码氨基酸、蛋白质修饰谱等信息；基于高通量流式细胞术、全景多重标记技术，获得个体化特异抗原/新生抗原等信息，建立个体化药物、细胞治疗产品及伴随分子诊断试剂等关键技术链。

▶基于质量源于设计（QbD）理念的创新药物研发及质量控制技术平台

建立以QbD为导向的药物研发平台，通过高通量筛选技术、新型实验设计、新型生物反应器、在线分析、工艺过程表征、一次性技术、柔性生产等技术体系的建设，充分保证药物GMP生产质量的可控性及可预测性，并保证产品不同批次质量的连续性。

▶基于中药组学与大数据信息应用技术的创新中药研发平台

开展中药基因组、代谢组和蛋白组等多组学研究，建立其信息数据库，并进行大数据的分析和挖掘，评估其应用与研发规律，揭示中药生物学的

本质。选择心脑血管、代谢、慢性肾功不全、过敏性疾病等中医药治疗优势疾病，进行系统性挖掘整理，根据临床用药经验和经典数据，构筑中医药大数据信息平台，推动中药创新药物研发。

战略支撑与保障

（1）建立符合国际规范和水平的监管科学支持体系，遵照国际标准的药物临床试验质量管理规范（GCP）和药物非临床研究质量管理规范（GLP），依据新颁《药品管理法》，建立和标准化国际前沿的各项新药非临床和临床评价关键技术，强化药品上市后监管。支持生物医药创新产品研发与产业化。

（2）建立和加强与 WHO、ICH 等国际标准接轨的生物医药评审审批规则和技术指导原则，满足我国快速发展的实际需求，通过参与主导国际生物医药标准的修订，强化审评检验人员队伍的建设，为创新产品实现国际化提供基础和保障。

（3）遵照《"十三五"国家战略性新兴产业发展规划》，加快推动生物医药技术创新发展。细化落实国务院《关于深化审评审批制度改革鼓励药品医疗器械创新的意见》和 2019 版《药品管理法》，保障新药审批。贯彻落实《中医药法》，提升中医药科技创新能力，推动中医药国际化进程，加强中医药自主知识产权的保护。

（4）建立和完善药物一致性评价体系，重视生物类似药的研发和质量控制。

（5）建立生态政策环境，鼓励药品创新，鼓励和支持民营机构和社会资本抢占前沿技术制高点。

技术路线图

生物医药领域技术路线图如图 10-1 所示。

项目	2020年----------2025年----------2030年	
需求	人口健康问题仍然是中国面临的巨大挑战	我国自主研发产品少，以仿制为主，一些制药关键技术与发达国家相比有较大差距
	2018年，中国医药工业销售额为23986亿元	为高质量地满足日益增长的人口和健康需求，亟待需要发展创新药物
	心脑血管疾病、肿瘤、代谢性疾病、神经退行性疾病、新发突发传染病等严重威胁我国人民的卫生健康	
	加快我国生物医药产业的发展，加强前沿技术的提升，重点研发一批自主性强、安全有效的创新药物，提高我国医药产业的国际竞争力	
目标	生物医药在抗体、疫苗、细胞治疗等生物技术药物和中药/植物药方面缩小与发达国家的差距	一批全球领先的原始创新药物进入国际市场，实现大型医药企业进入世界500强，生物医药产业达到世界先进水平
	推动一大批企业实现药品质量标准和体系与国际接轨，有多家制药企业取得美国、欧洲、日本和WHO认证并实现产品出口	化学药物、中药/植物药和生物技术药物新产品，实现30～35个创新药物产业化；20～30个自主产权新药通过FDA或EMA认证，进入国际市场
	针对人类重大疾病及某些重要罕见病，研制并推动10～20个化学药及其高端制剂、3～5个新中药、3～5个新生物技术药物及其伴随分子诊断试剂在FDA、EMA完成药品注册，加快药品国际化进程	
	突破10～15项制药核心关键技术，建立国家药物创新体系	在创新能力、制药规模和国际竞争力等方面达到世界先进水平，部分领域达到世界领先水平

重点产品	新型化学药物、中医优势病种创新中药与植物药、创新生物技术药物、组织工程新产品和再生医学产品	研制10～20个小分子药物及其高端制剂	心脑血管及神经系统退行性疾病药物（GPCR、离子通道）
			靶向抗肿瘤药物（受体络氨酸激酶、STAT3）
			抗肿瘤小分子免疫药物（IDO、PD-1）
			抗耐药菌药物（去甲万古霉素等）
		研发10～20个中医治疗优势病种，如新型中药的中药新单体、复方中药、经典名方重点产品	针对肿瘤、抑郁症、糖尿病肾病等慢病，开发中药新单体、复方中药、经典名方等重点产品
			原创天然药物（青蒿素衍生物等）
			推动复方丹参滴丸等中药在FDA和EMA注册，加强中药制药行业技术升级和智能制造水平
		自主研发25～35个创新生物技术药物，包括5～7个新靶点、新表位、新功能抗体	黏附分子（CD147）、细胞因子（IL-17、IL-10）、免疫检测点分子（TIM-3、LAG3）、新型受体（GCGR）
			新型疫苗，如联合疫苗、新型冠状病毒疫苗、13价肺炎球菌结合疫苗、诺如病毒疫苗
			重组蛋白药物（NGF、Insulin aspart、长效GLP-1）
			免疫细胞治疗制剂（CAR-T、CAR-NK、DC等），以及干细胞及衍生产品
		研制组织工程和再生医学产品	结合智能生物制造、引导组织再生新分子、新型种子细胞等，推动可降解的高分子材料、无机材料3D打印器械、活细胞打印制品的临床转化应用，研制10～20个组织工程和再生医学产品

图 10-1 生物医药领域技术路线图

项目		2020年--------------------2025年--------------------2030年
关键共性技术	基于疾病靶点网络调控、结构生物学、跨组学技术的新靶标发现技术与确证技术	运用计算机设计技术，构建疾病的细胞信号网络模型，描述疾病发生发展过程中的网络动态变化
		用结构生物学核磁共振波谱法解析小分子化合物化学位移、耦合常数等液相三维结构，用X衍射、冷冻电镜三维重构技术解析蛋白质及大分子三维结构、相互作用界面及药物精细靶点
		由单细胞测序、高分辨率质谱、高通量流式细胞术等跨组学技术筛选新生抗原（Neoantigen）并经TCR识别、MHC相容，确定新生免疫治疗靶点/特异性肽段
	基于大数据挖掘和人工智能预测筛选的精准药物设计技术	用人工智能和生物医药大数据挖掘等赋能型技术，发展精准药物设计技术体系
		对药物分子在体内的复杂作用进行更精准的模拟和预测，提高创新药物的研发效率
		延展人工计算机模拟药物设计，加快高质量先导化合物的发现和创新药物的发展
	基于细胞和靶标分子的药代动力学、药效学、毒理学的一体化成药性评价体系	运用人源细胞和人源化动物模型，结合靶标的分子病理机制，建立PK-PD、TK-TD模型，强化药代/药效/毒性一体化的成药性评估
	基于修饰性抗体、新型疫苗、细胞治疗和组织工程新技术的创新生物技术药物体系	突破修饰性抗体前沿关键技术，重点研发新一代抗体创新药物
		基于人工智能延展技术，生物模型技术，新型佐剂、细胞基质、细胞重编程技术等，突破新型疫苗和治疗性疫苗的生产工艺和评价技术
		基于基因编辑与转染、iPS诱导分化等技术，重点建立免疫细胞和干细胞制备工艺平台
		突破医用智能生物材料制备、生物3D打印等技术，重点构建组织工程与再生医学生产技术平台
		系统建设我国创新生物技术药物产业链和生产体系
	基于药物基因组伴随分子诊断技术的个体化药物研发技术链	基于新一代测序技术获得个体基因信息，综合表观组、蛋白组、代谢组等环境信息，获得患者优效分组的基因表型，建立个体化药物伴随分子诊断的共性技术体系
		基于高分辨质谱技术，获得氨基酸多样性、非编码氨基酸、蛋白质修饰谱等信息
		基于高通量流式细胞术、全景多重标记技术，获得个体化特异抗原/新生抗原等信息，建立个体化药物、细胞治疗产品及伴随分子诊断试剂等关键技术链
	基于质量源于设计（QbD）理念的创新药物研发及质量控制技术平台	建立以QbD为导向的药物研发平台，通过高通量筛选技术、新型实验设计、新型生物反应器、在线分析、工艺过程表征、一次性技术、柔性生产等技术体系的建设
		充分保证药物GMP生产质量的可控性及可预测性，并保证产品不同批次质量的连续性

图 10-1　生物医药领域技术路线图（续）

项目	2020年--------------------------2025年--------------------------2030年	
关键共性技术	基于中药组学与大数据信息应用技术的创新中药研发平台	开展中药基因组、代谢组和蛋白组等多组学研究，建立其信息数据库，并进行大数据的分析和挖掘，评估其应用与研发规律，揭示中药生物学的本质
		选择心脑血管、代谢、慢性肾功不全、过敏性疾病等中医药治疗优势疾病，进行系统性挖掘整理，根据临床用药经验和经典数据，构筑中医药大数据信息平台，推动中药创新药物研发
战略支撑与保障	建立符合国际规范和水平的监管科学支持体系，遵照国际标准的药物临床试验质量管理规范（GCP）和药物非临床研究质量管理规范（GLP），依据新颁《药品管理法》，建立和标准化国际前沿的各项新药非临床和临床评价关键技术	
	建立和加强与WHO、ICH等国际标准接轨的生物医药评审审批规则和技术指导原则，满足我国快速发展的实际需求	
	通过广泛参与国际生物医药标准的修订，强化审评检验人员队伍的建设，为创新产品实现国际化提供基础和保障	
	遵照《“十三五”国家战略性新兴产业发展规划》，加快推动生物医药技术创新发展。细化落实国务院《关于深化审评审批制度改革鼓励药品医疗器械创新的意见》和2019版《药品管理法》，保障新药审批	
	建立和完善药物一致性评价体系，重视生物类似药的研发和质量控制	
	建立生态政策环境，鼓励药品创新，鼓励和支持民营机构和社会资本抢占前沿技术制高点	

图 10-1　生物医药领域技术路线图（续）

高性能医疗器械

高性能医疗器械泛指在同类医疗器械中能够在功能和性能上满足临床更高要求的医疗器械，主要包括医学影像、先进治疗、临床检验及生理检测、手术与急救、康复、医用植/介入物几大类别。

需求

《健康中国 2030》和国家战略性新兴产业发展的相关战略对高性能医疗器械的发展提出了新的要求，临床也对医疗器械的功能、性能、质量、安全性提出了更高的要求。

在国际环境不断变化、国际竞争日益激烈的背景下，发达国家针对新医学、新医疗模式、新技术、新产业生态的发展纷纷采取应对行动，我国的医疗器械产业面临着机遇与挑战，布局大数据与AI、实现创新引领、提升产业安全、突破关键技术和核心零部件成为产业发展重点。

高性能医疗器械的发展可促进创新能力及制造业能力的提升，是工业体系之间竞争的战略高地，我国和发达国家对发展高性能医疗器械均给予极大重视。

2018 年和 2019 年，我国医疗器械市场分别达到 4500 亿元、5000 多亿元，年增长率继续保持 10%左右，同期的世界市场分别为 4500 亿美元、4800 亿美元，增长率约为 6%，中国在世界市场上的占有率逐年增加，表明需求持续旺盛。

目标

1. 构建体系

到 2025 年，构建面向未来的产业体系，形成 6 个产值超 100 亿元的产业聚集区，提升高性能医疗器械全产业链国产化水平，“产学研医”创新体系富有效率，形成 10 家以上产值超 100 亿元的企业，10 个成规模的科技成果工程化平台。到 2030 年，产业生态进一步优化，形成平台支撑、科技成果转化机制健全的产业体系，形成 10 个以上面向不同专业技术的国际创新交流中心，开始应用基于区块链技术的知识成果交易机制，拥有最集中的国际化医疗器械创新企业和独角兽企业，创新成果输出居世界前列，成为国际医疗器械创新中心。

2. 补足短板

到 2025 年，产业发展不再有强制约项，当前依赖进口的技术或零部件可实现国产替代。到 2030 年，传统医疗器械的关键技术或零部件全面突破，部分拥有国际市场定价权，我国成为医疗器械创新方面的活跃力量，成为医疗器械工程技术创新的主导力量。

3. 夯实基础

到 2025 年，产业基础应用研究实力增强，战略研究、产业信息等可为创新、生产和投资提供翔实的参考，关键技术、重大工艺、核心部件、特种材料的研究能力显著提升，全面满足产业发展需要。到 2030 年，产业大数据和 AI 能力显著提升，为专业化的技术决策及 CAD、CAM 提供基础性支撑，标准化柔性生产线成熟，生产走向集约化，产品质量和产业运行效率显著提升，形成具有竞争力的大数据和人工智能辅助设计、辅助生产能力，智能制造走向成熟。

4. 开拓国际市场

到 2025 年，形成 10 个国际知名品牌，在“一带一路”沿线国家建设若干集约化的采购、展销、临床培训、技术支持中心或共建园区，覆盖率达 50%。到 2030 年，在国际市场占有较大份额，联合研发、合资企业等多种形式的国际合作模式走向成熟，拥有 10 家以上世界医疗器械百强企业。

5. 促进融合

到 2025 年，产业界与学术界的横向合作、临床与工程技术的深度融合迅速发展，建设 5 个针对“医工结合”的协同创新中心，临床试验中心布局合理、管理完善。到 2030 年，规模以上企业普遍性地与研究单位共建研发机构，产业的质量技术、工艺、生产管理、测试技术水平跨入新的台阶，医工深度融合取得成果，健康大数据与 AI 广泛运用于临床支持、个人生活方式干预，健康大数据和AI发展形成良好生态，发展步入良性循环。

6. 强化创新

到 2025 年，继续布局前沿技术，针对 5G 技术的发展研究未来临床及个人健康的数字生态，构建相应的规范标准，在分子诊断、分子影像、超声诊断等多个方面达到国际先进。到 2030 年，取得数个颠覆性医疗技术创新成果，在大型医疗影像、临床检验、先进治疗、医用材料、康复等多个领域达到工程技术一流水平，在方法学创新和尖端技术应用方面显著缩短与先进国家差距，建立成熟的临床及个人健康数字生态并实现国际领先的创新能力。

发展重点

1. 重点产品

▶医学影像设备

多功能动态实时三维超声成像系统及光声成像系统，血管内超声成像系统，超声内窥镜，超高场（≥5T）磁共振系统，基于光子计数的能谱 CT，静态 CT 系统，PET/MR，智能 X 射线成像系统，高性能 DSA，CT+DSA+US 多机融合诊疗系统，远程医疗系统及医院影像 AI 系统，大容量 X 射线管，高灵敏度、超低剂量 X 射线平板探测器，脑卒中快速电阻抗成像及动态监测系统等。

▶手术室与急救设备

实时影像引导手术机器人、智能微创手术机器人、智能反馈靶控麻醉机、高性能呼吸机与麻醉机、高性能重症治疗呼吸机、无创呼吸机、外科手术 PET 荧光引导设备、高性能电外科设备、复合手术室等。

▶临床检测及生理检测设备

心脑血管早期诊断装置、集各种抗凝全血检测项目为一体的全自动智能化流水线产品、全自动化生化免疫检验流水线产品、全集成基因检测系统、液态活检系统、面向社区和家庭的生理、生化检测器械、基于化学染色+半导体激光流式细胞术的全自动血样细胞分析仪、基于核酸荧光染色的全自动血样细胞分析仪、临床质谱检测仪及相关诊断试剂盒等。

▶先进治疗设备

MR/PET/SPECT/CT、PET 引导放疗加速器设备，高精度功能干预经颅神经磁刺激设备，离子束放射治疗设备（如质子和碳离子束治疗设备等），硼中子俘获放射治疗设备，AI 辅助放射治疗计划系统等。

▶康复设备

智能化康复训练系统、智能关节及助力系统、防摔倒装置、多模态动态康复评估系统、基于 3D 打印的个性化辅具、智能假肢、智能可穿戴康复设备、智能视听及言语功能代偿辅具、康复护理机器人等。

▶医用植/介入物

植入式生理、生化检测（监测）设备，植入式神经调控设备，心脏节律调控设备，人工耳蜗，人工心脏，人工视网膜，人工肝，人工肺，药物泵，生物可吸收冠状动脉药物洗脱支架及心脏封堵器，介入心脏瓣膜，新型主动脉生物瓣膜置换系统，新型外周血管药物球囊导管，人工晶状体，高性能骨科植/介入器械，人工骨与骨填充物等产品。

2. 关键共性技术及核心零部件

面向高性能医疗器械产业的关键技术及核心零部件包括多物理场耦合仿真技术、失效模型数据库建立、可靠性验证及可靠性设计技术、适用于行业的大数据及 AI 技术、AI 辅助设计与制造技术、面向产业的制造大数据技术及其标准，以及专用 AI 芯片、PET 专用硅光电倍增管、医学影像专用集成电路 ASIC、真空绝缘陶瓷。

▶医学影像

超声成像系统的量化与功能成像技术（造影成像、黏弹性成像、向量血流、光声成像等），智能化辅助诊断超声成像技术及智能应用（智能化成像、智能化工作流、智能化定量分析及辅助诊断），血管内超声探头，超声内窥镜技术，超宽带单晶超声换能器，超声面阵探头，压电复合材料探头，光声成像用纳秒级脉冲激光器。

低液氦预充及零挥发磁共振超导磁体技术，超高场MRI磁体（>5.0T）技术，高温超导MRI磁体技术，多通道和多核高通量谱仪系统，多通道蜂巢射频平台技术，高性能梯度放大器，高性能宽带/窄带射频放大器，高性能射频收发线圈。

超高时间分辨全数字PET探测器，大容量X射线管，用于大容量X射线管的高转速轴承、液态金属轴承和难熔金属靶盘，新型CT探测器，X射线碳纳米管，大功率CT高压发生器；CT高速滑环，CT高速轴承，基于平板探测器的3D重建技术，高灵敏、高分辨、动态平板DSA光子计数探测器，基于非接触磁感应电阻抗成像的高灵敏度检测技术及图像重构算法，基于大数据和人工智能的医学影像设备辅助诊断技术。

▶手术室与急救

多模态影像导航、机器人定位等技术，无标记点手术定位技术，颅脑血管三维高清可视化技术，基于计算机视觉的手术智能避障技术，基于力传感的高灵敏度感知技术，基于多生理参数信息反馈靶控麻醉技术，用于呼吸机的智能通气决策技术，肺部电阻抗三维实时成像技术，低噪声、大流量、高静压医用涡轮风机，医疗手术导航机器人术中协作型机械臂和智能控制器，腹腔手术机器人多自由度末端器械，精密光学跟踪与定位装置等。

▶临床检测及生理检测

心脑血管早期诊断及干预技术，柔性电子和微流控芯片技术，高性能生理信息传感器，心电人工智能辅助诊断算法，可穿戴检测技术，单分子测序技术，基于AI的细胞识别技术，临床质谱离子透镜技术，高灵敏度微通道平板检测器，高灵敏度特异性荧光染料，高灵敏度光电倍增管，高性能近红外摄像系统高像素、高灵敏度、高信噪比工业相机等。

▶先进治疗

大功率磁控管，长寿命栅控电子枪，加速器用栅控阴极电子枪，多模态影像引导、复杂调强、AI 辅助放疗技术，六维机器人治疗床，支气管平滑肌射频消融导管等。

▶康复

智能关节及智能助力装置，可实现多靶点、刺激点轨迹跟踪的经颅磁刺激导航技术，多模态康复评估技术及多模态综合干预技术，智能感知及柔性传感技术，高精度微型柔性传感器，微型驱动电机等。

▶医用植/介入物

高密度馈通技术，高集成度微机电技术，植入级大功率、长寿命电池，高密度微型连接部件，导丝超滑亲水涂层技术和细芯轴研磨技术，人工晶状体高次非球面设计技术，动物源性植入材料的化学改性技术，3D 打印技术（PEEK/钛合金）等。

3. 关键材料

超声探头晶片，用于 CT 检测的稀土闪烁陶瓷材料，用于光子计数能谱 CT 的室温半导体 CdTe/CZT 材料，用于 PET 的晶体材料，临床检验用相关试剂；长期植入级高分子材料，生物可降解医用高分子材料（如左旋 PLLA 等），瓣膜材料，组织诱导再生材料，疏水性丙烯酸酯材料，植入级 PEEK 及其衍生物材料，生物陶瓷，低温热塑材料；抗菌高分子材料，形状记忆高分子材料等。

4. 关键装备

精密飞秒激光切割机、高精度晶片切割机、等离子清洗机、派拉伦涂层设备、高精度 3D 打印机等。

战略支撑与保障

1．强化战略研究和基础应用研究

（1）面向未来临床与个人健康的数字生态开展场景研究。

（2）针对健康大数据和 AI、相关标准及发展路线图等开展研究。

（3）针对数字经济时代的知识产品交易、保护、管理开展研究并试点运行。

（4）针对产业大数据的架构进行研究，建立并启动相应的数据积累与管理。

（5）鼓励企业和科研机构面向前沿技术、关键共性技术开展基础应用研究，包括面向行业的质量、标准、测试、专用芯片、植/介入材料及专用电池、大数据与人工智能辅助的专业 CAD 和 CAM 技术等。

2．鼓励融合发展

（1）对“医工结合”共同开展健康大数据和 AI 应用予以鼓励。

（2）对临床、研究机构与企业共建研发机构予以鼓励。

（3）对跨国合作、在“一带一路”沿线国家建立集约化的服务中心、园区等予以鼓励。

（4）对关键技术与核心零部件的研发予以鼓励，对建立集约化、服务于关键技术与核心零部件的工程化平台、测试机构予以支持。

技术路线图

高性能医疗器械技术路线图如图 10-2 所示。

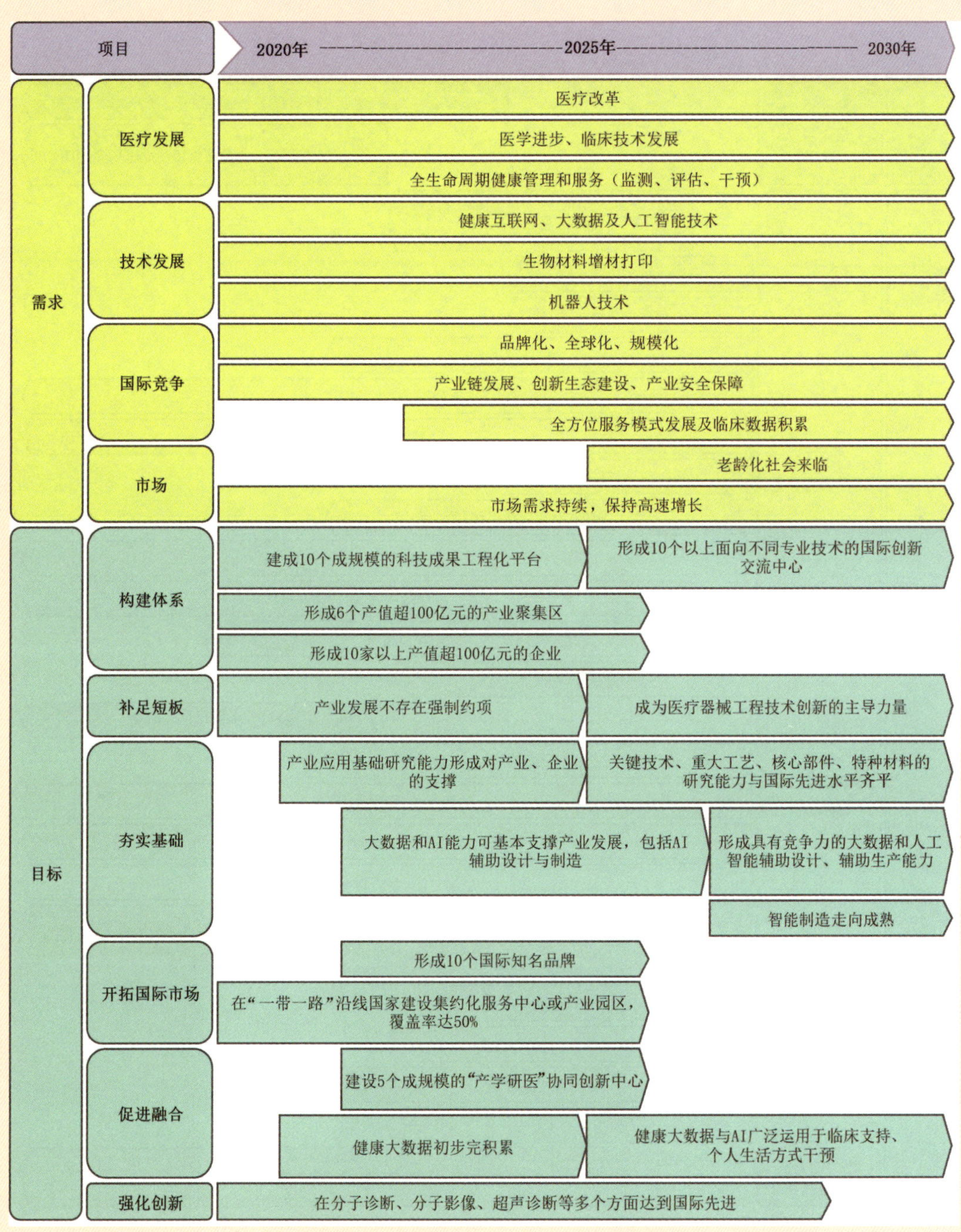

图 10-2　高性能医疗器械技术路线图

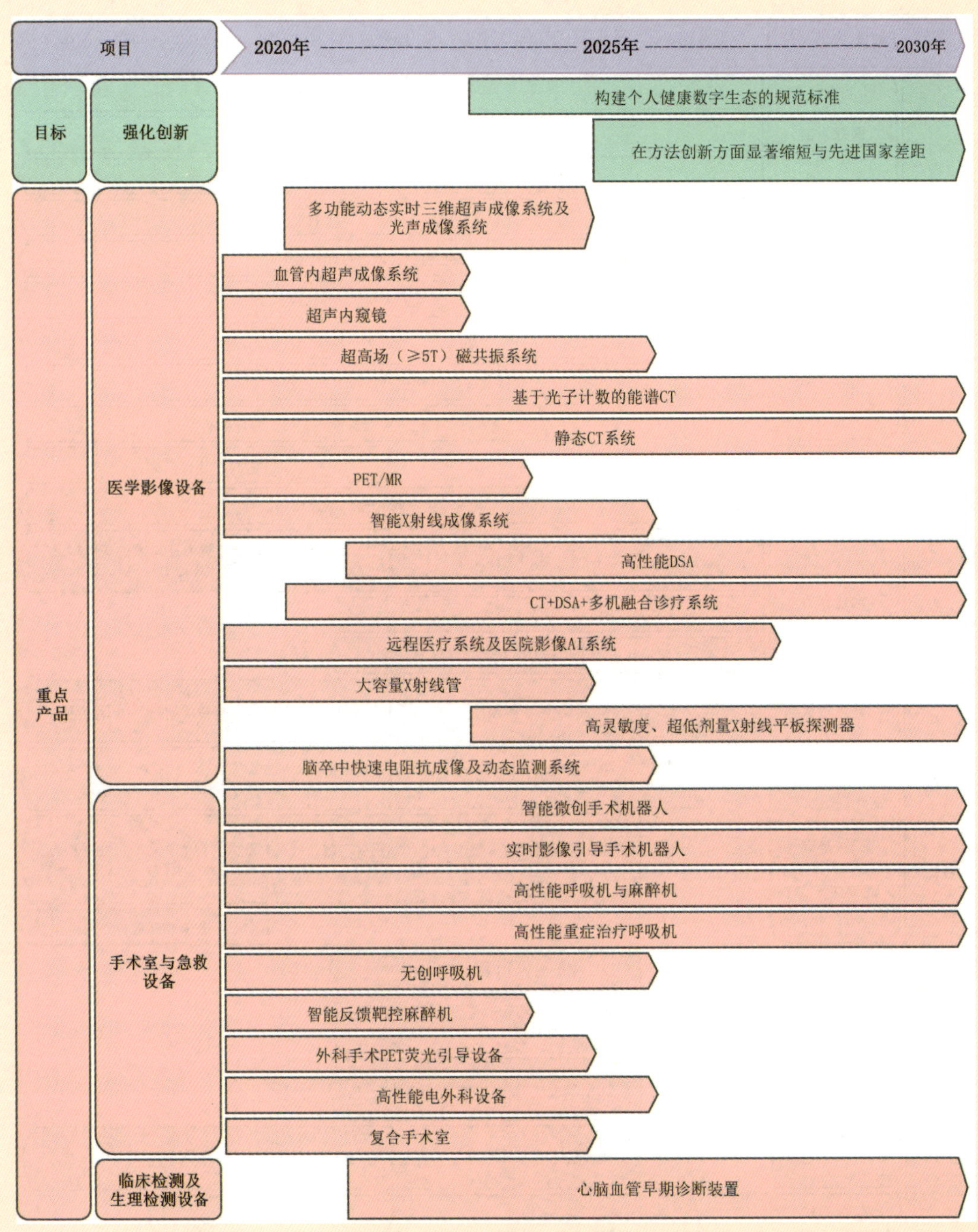

图 10-2　高性能医疗器械技术路线图（续）

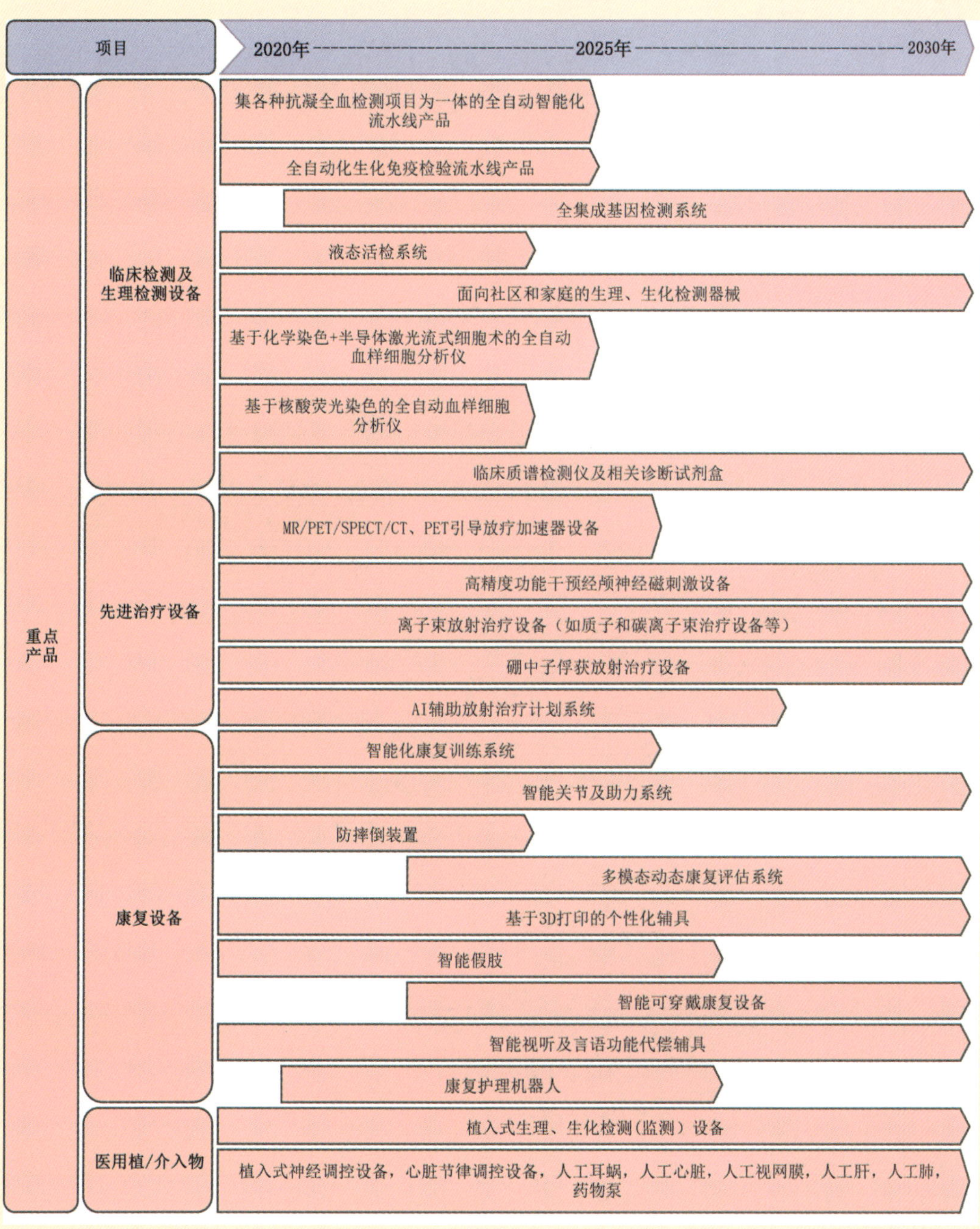

图 10-2 高性能医疗器械技术路线图（续）

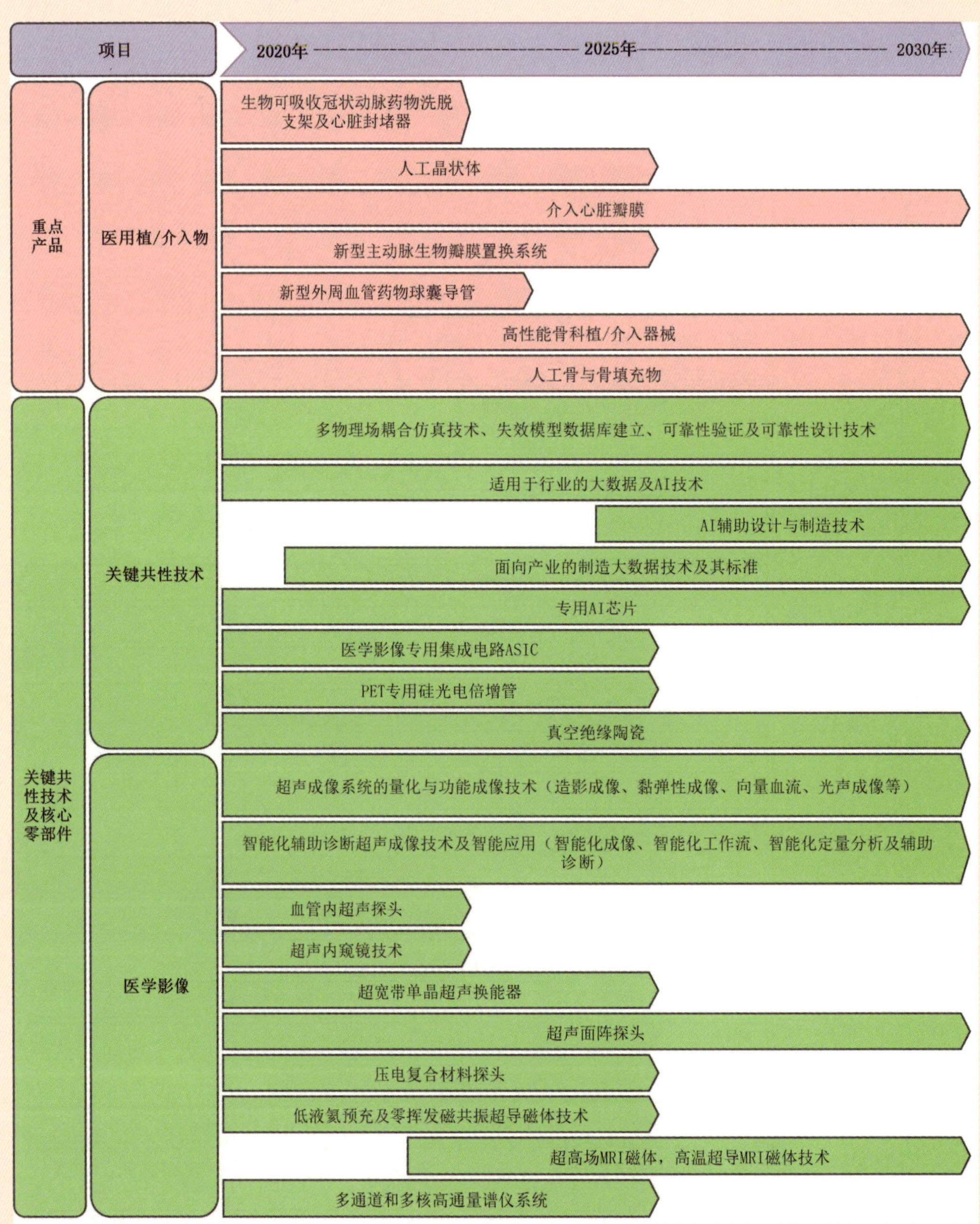

图 10-2 高性能医疗器械技术路线图（续）

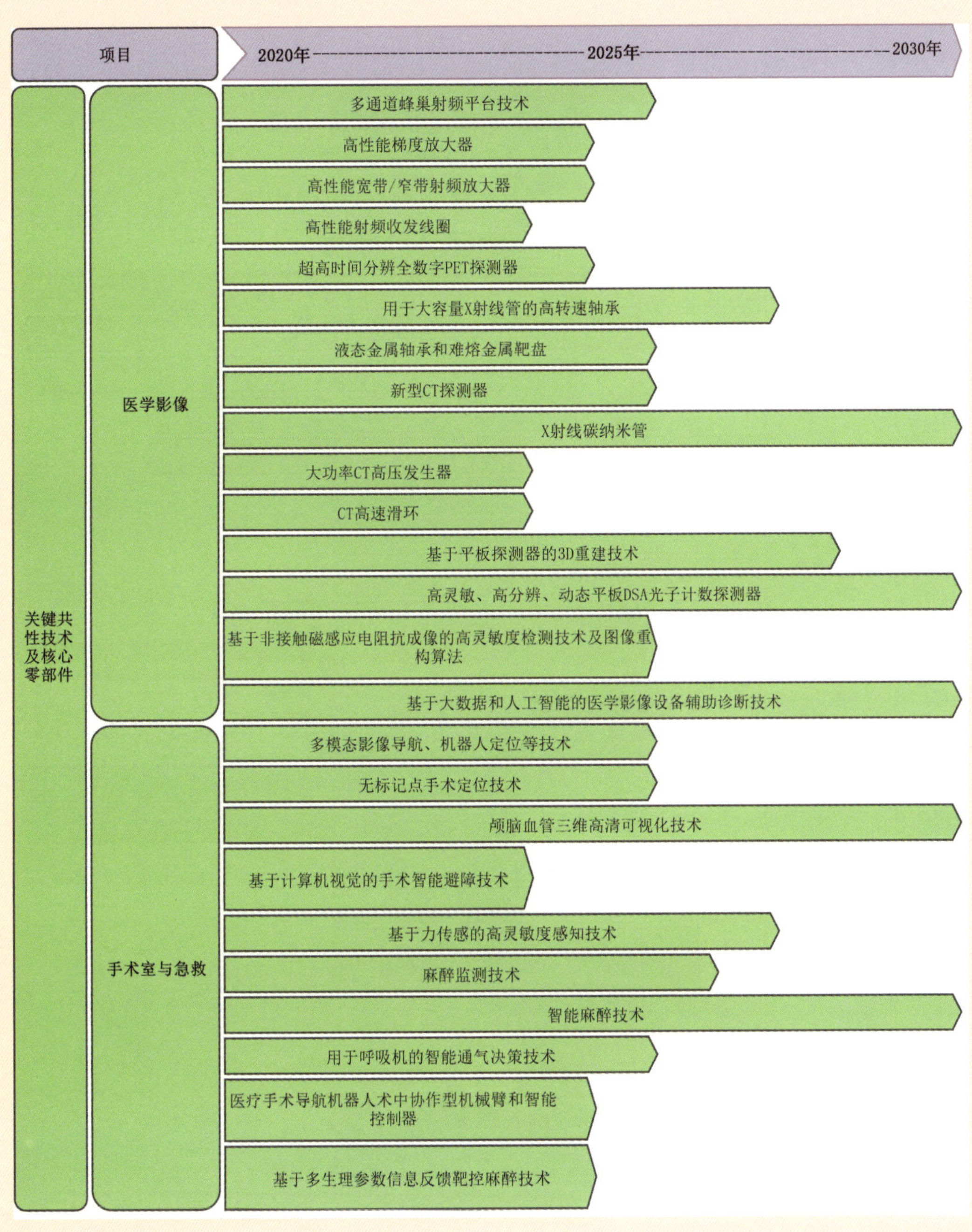

图 10-2 高性能医疗器械技术路线图（续）

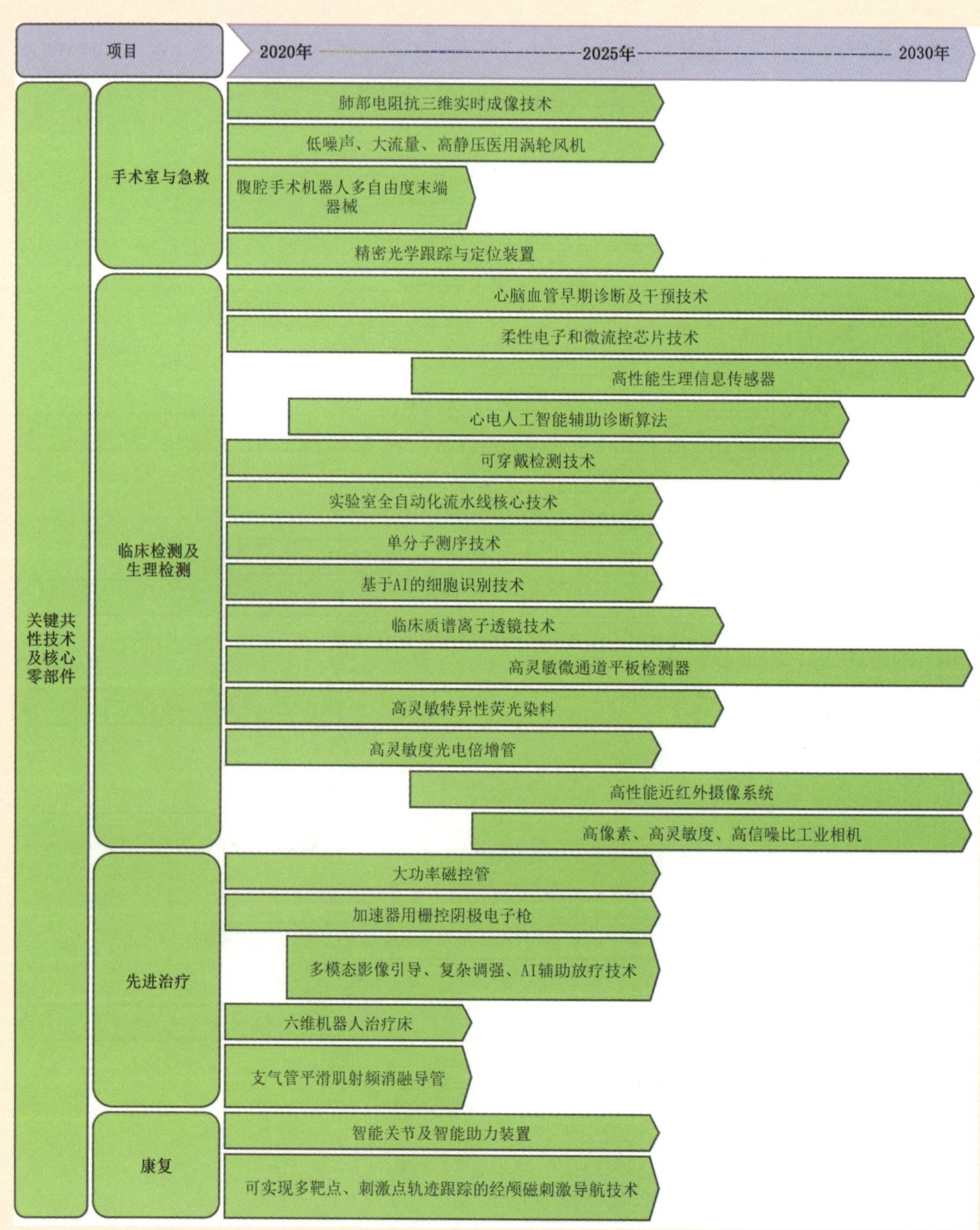

图 10-2　高性能医疗器械技术路线图（续）

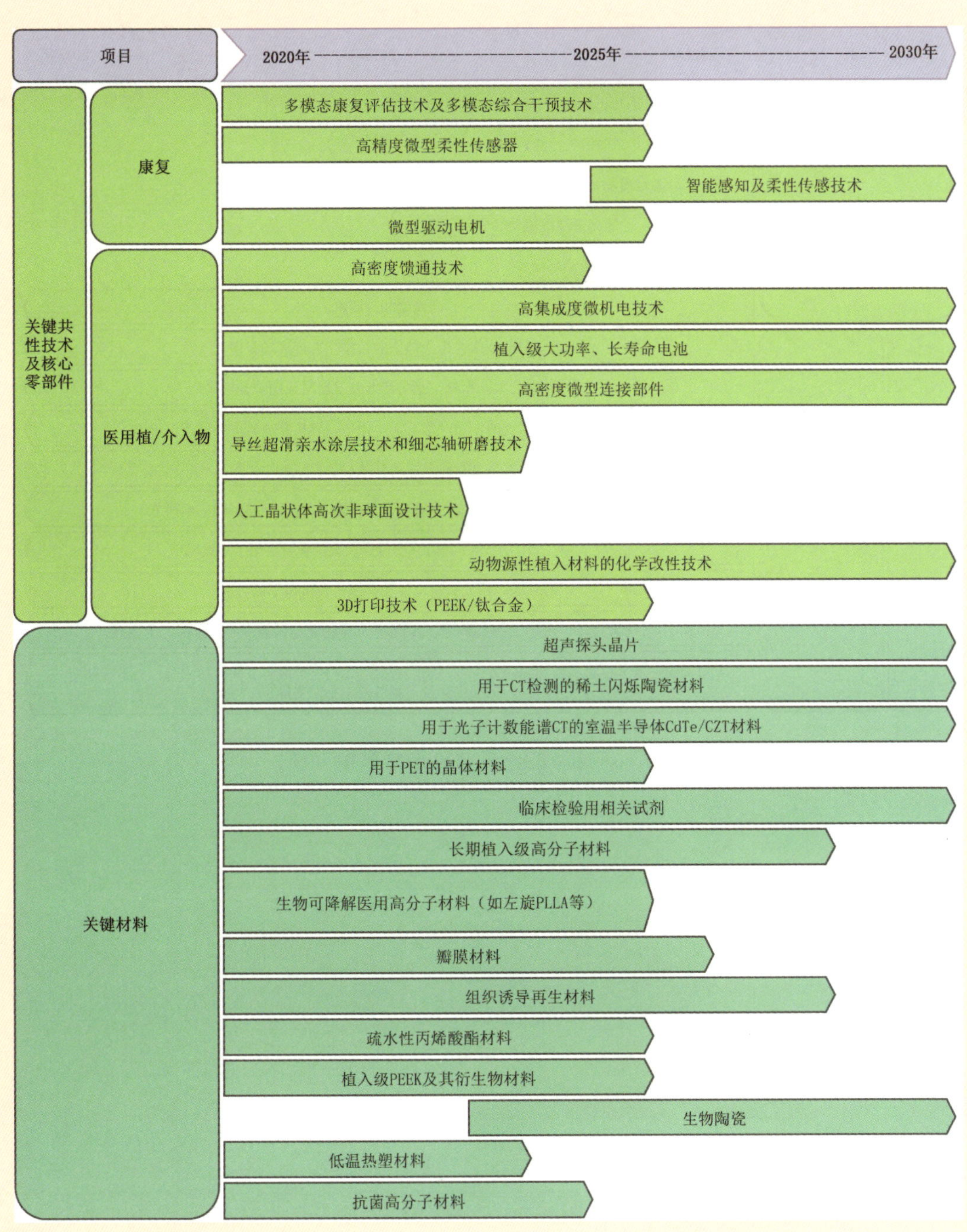

图 10-2 高性能医疗器械技术路线图（续）

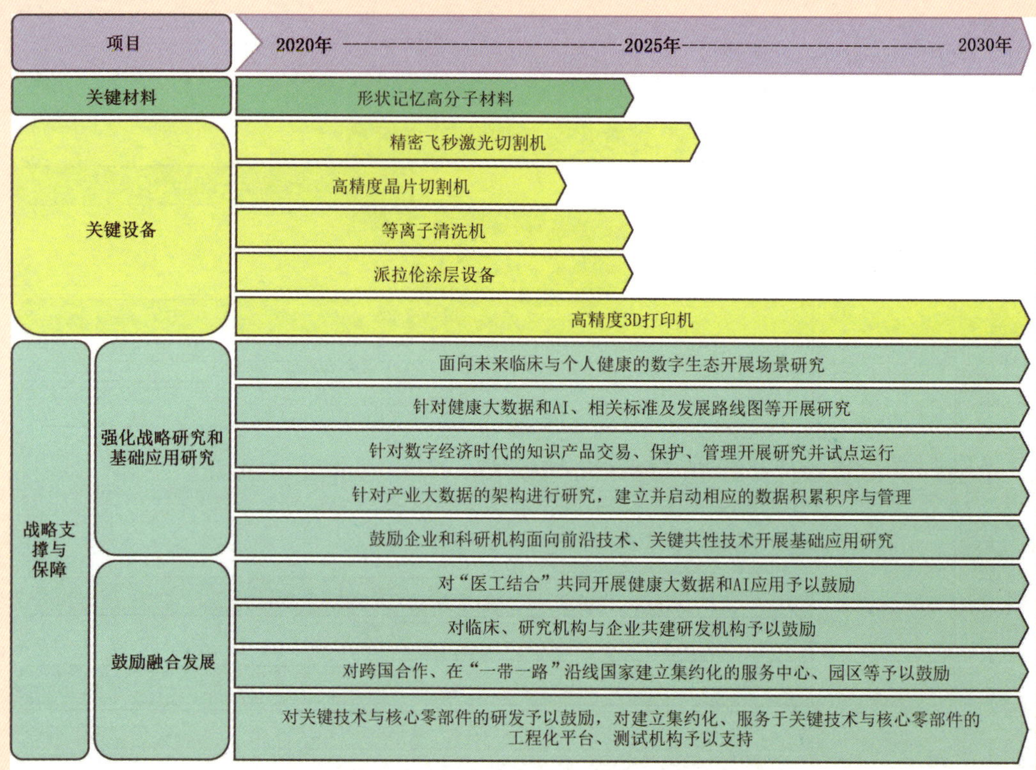

图 10-2 高性能医疗器械技术路线图（续）

11

食　品

我国的食品产业是国民经济的重要支柱产业，也是保障民生的基础产业，为满足人民群众美好生活需要和解决农村剩余劳动力就业做出了巨大贡献，具有举足轻重的战略地位和作用。

重点发展的产品是婴幼儿产品、老年人食品、全谷物食品、谷物及副产物健康食品、稻米方便营养食品、大豆深加工食品、重组牛肉制品、食药用菌健康食品、传统发酵食品、酶制剂食品、药食同源食品、应急救生/救灾食品、运动营养食品、特殊医学用途食品、新型乳制品、白兰地等中高端水果蒸馏酒。

食品

我国的食品产业是国民经济的重要支柱产业，也是保障民生的基础产业，为满足人民群众美好生活需要和解决农村剩余劳动力就业问题做出了巨大贡献，具有举足轻重的战略地位和作用。我国已经成为世界的食品生产和消费大国，粮食、水果、蔬菜、畜产品等多种农产品总量保持连续增长的趋势，居世界第一位。

食品产业以农、林、牧、渔及副业部门生产的初级产品为主要原料，采用物理加工、化学加工或微生物发酵等方法制造食品。依据国民经济行业分类，食品产业包含农副食品加工业、食品制造业，以及酒、饮料、茶制造业三个工业领域及多个细分产业，涵盖原料控制、食品加工、质量安全控制、装备制造、物流配送和消费等多个环节。食品装备制造业包含食品加工、食品包装及食品检测装备三大类，也可以包括在广义的食品产业中。

需求

我国是全球第一大食品消费市场。13.9 亿人口每天约消费食物 251 万吨，其中加工食品占 45%。城市中高端食品消费能力不断加大，农村大众化包装食品消费潜力不断释放。低收入群体对肉制品和乳制品需求大幅增加，中高收入群体对高品质、健康食品需求强劲；特殊膳食、保健品，以及提高老年人健康及寿命的老年群体专用食品需求旺盛；中高端酒饮料产品需要更好地满足市场需求；食品消费由生存性消费向健康性、享受性消费转变；营养、健康、美味、方便、实惠、个性化、多样性成为食品新需求。社会公众对健康食品的需求愈加强烈，需求量愈加巨大。

目标

到 2020 年，农产品加工业与农业产值提高到 2.4∶1，加工转化率提高到 68%；工业食品消费比重全面提升，传统食品加工程度大幅提高，食品加工技术水平明显提升；食品工业增加值年均增长速度保持在 10%以上；食品生物工程、绿色制造、安全保障等领域科技水平追赶世界前列。

到 2025 年，农产品加工向精深加工转变，农产品资源利用率、食品营养与健康功能显著提高，绿色加工、低碳制造和品质控制等核心技术得到推广普及，功能食品制造、传统食品功能化及新食品原料开发等关键技术广泛应用，农产品加工转化率接近 75%；食品产业实现绿色化、自动化、智能化生产，形成资源高效利用、生产提质减损、节能减排降耗的成套加工装备生产能力；农产品副产物废弃率降至10%以下；以粮食为基料食品制造占制造食品 50%以上；食品生产标准体系趋于完善，引导创制高效、营养、健康和高附加值食品，实现国民精准营养供给和智能健康管理；国产白兰地等高端果酒树立国际地位，参与或主导国际标准制定；食品装备生产形成产品品种齐全、单机生产能力大、生产线配套良好、产品质量稳定可靠，信息化、智能化、集成化特点显著，具有较高国际竞争力的完备食品装备工业体系；食品产业结构布局进一步优化、自主创新能力显著增强，形成一批具有较强国际竞争力的知名品牌、跨国公司和产业集群，食品产业从注重数量增长向提质增效全面转变；食品工业基本接近发达国家水平。

到 2030 年，我国工业食品消费增长 50%以上，基因组学、转录组学、蛋白质组学、代谢组学等基础理论及技术将得到广泛应用；农产品加工实现资源梯度增值和可持续利用，综合利用率接近 90%，食品资源综合利用水平显著提高；食品产业广泛应用工业互联网、大数据、云计算、人工智能等新一代信息技术，实现食品生产数字化集成和协同发展，构建数字化食品供应链。食品生产企业研发人员占从业人员比例达到 20%以上，研发经费占销售额比例 10%以上；食品装备骨干企业基本掌握国际先进技术、设计思想、设计方法、测试方法及关键设计数据、制造工艺等技术，形成食品装备自主开发能力和改进创新能力；我国工业食品占食品消费总量提高到 80%左右，基本接近发达国家先进水平；我国由“食品大国”迈入“食品强国”。

发展重点

1. 重点产品

▶婴幼儿食品

重点发展适合中国婴幼儿体质特征的配方奶粉及辅食产品，不断提升婴幼儿食品功能和档次，提高婴幼儿的营养与健康水平。

▶老年人食品

重点发展高能类、低糖无糖类、冲饮类、休闲类、旅游类食品，易吞咽食品，老年休闲食品及老年饮料，建立系统化老年人专用食品生产体系。

▶全谷物食品

重点开展全谷物食品技术研究，最大程度保留谷物营养成分和生物活性物质，满足市场对安全、营养、健康、方便、美味的全谷物食品的需求。

▶谷物及副产物健康食品

重点发展以低值籼米、碎米为原料生产低过敏性蛋白和抗性淀粉、多孔淀粉；发展稻米深加工高效增值技术，开发富集米糠优质蛋白质、脂肪、维生素、可溶性膳食纤维及矿物质的米糠健康食品。发展采用蒸谷米技术的天然健康谷物米。

▶稻米方便营养食品

重点发展速食营养米、方便米饭关键技术研究，开发符合不同消费需求的速食营养米、方便米饭系列产品。

▶大豆深加工食品

重点发展大豆浓缩蛋白与组织蛋白、高纯磷脂系列食品，提高大豆浓缩蛋白品种和质量；发展大豆蛋白素肉、仿真食品等高附加值食品；发展纳豆等发酵豆制品。

▶重组牛肉制品

重点发展消费者方便、质量稳定的重组肉制品，加强重组牛肉加工工艺、重组反应底物和重组剂研究，研制高血压、高血脂、冠心病等特定人群食用的保健肉制品和功能性肉制品。

▶食药用菌健康食品

重点发展食药用菌精深加工食品，开发食药用菌快消品、保健品、直接入口食品；挖掘食药用菌文化，创新食药用菌种，讲好中国蕈菌故事。

▶传统发酵食品

重点发展以谷物、豆类、果蔬为主的传统发酵食品，采用现代生物技术分离、选育、改良发酵菌株，保留和改进传统风味，提高传统发酵食品产品质量和工艺，保持营养丰富、风味浓郁、功能性强的民族特色。

▶酶制剂食品

重点开展高特异性脂肪酶、乳糖酶、酸性果胶酶、酸性淀粉酶、碱性蛋白酶和L-天冬酰胺酶等酶制剂食品。

▶药食同源食品

重点发展药食同源功能性食品，以及针对亚健康和慢性疾病人群年龄、性别、健康状况等特征的配方功能性食品；改进与完善功能食品评价技术；发展草本饮料。

▶应急救生/救灾食品

重点发展适于传统饮食习惯的应急救生/救灾食品；发展便于野外运输、携带和进食，保证基本营养需求的应急救灾食品，发展多种食谱可选择的袋装速食品。

▶运动营养食品

重点发展适应运动员营养搭配、体能恢复、机能提高的营养食品研发；制定运动营养食品标准；发展肽能饮料、乳清蛋白粉、能量棒等运动营养食品。

▶特殊医学用途食品

重点发展为急性病变、老年性疾病及手术后患者等提供的有益营养补充的特殊医学用途类食品和精准营养学食品，包括凝胶状、多孔状、粉状及糊状食品。

▶新型乳制品

重点发展益生菌与免疫活性肽等新型功能化乳制品、等效新工艺乳品。

▶白兰地等中高端水果蒸馏酒

重点发展国际高品质中高端白兰地产品，开发具有中国特色和收藏价值的顶级白兰地，带动国产白兰地产业崛起。

2. 关键共性技术

▶粮食深加工技术

重点发展稻米、小麦、玉米三大粮食作物，以及小杂粮、豆类、薯类等粮食作物深加工和副产品综合利用技术；发展燕谷米加工技术。

▶食品装备先进设计技术平台

重点发展利用 CAx/DFx 建模/仿真技术研发食品装备专用设计平台，建立通用食品加工关键部件、专用食品加工部件和通用机械支撑模块为一体的食品加工装备设计模型知识库，提升食品装备设计优化水平。

▶食品柔性智能制造技术

重点发展包括食品加工参数原位感知技术、智能食品专家系统、食品营养等质量无损检测技术、问题产品在线剔除技术、食品原料智能供给输送技术、模块化食品制造单位技术等在内的柔性智能制造技术。

▶食品成形 3D 制造技术

重点发展食品增材制造技术，结合传感器、执行器、食料储存器和应用软件的 3D 食品成形技术。

▶食品加工工艺品质调控技术

重点研究食品加工风险因子迁移、转化、分解影响检测技术，构建食品加工工艺评价技术体系。

▶食品无损检测技术

重点研究食品加工过程中品质快速监测及调控技术，突破过程快速检测增强技术；建立数据挖掘方法体系和食品大数据库。

▶传统特色食品工业化加工技术

重点开展传统特色食品品质评价、稳定性控制、工艺挖掘与工艺适应性改造等研究，发展传统特色食品标准化、连续化、智能化和工业化制造关键技术。

▶液体食品无菌灌装关键技术

重点发展自动化、智能化灌装装备制造技术，实现无菌灌装关键技术和核心装备的集成创新。

▶新型蛋白加工关键技术

重点发展新型植物基蛋白质资源食品，研发蛋白质绿色制备技术，突破蛋白质复合酶解、物理改性、浓缩及喷雾干燥技术，开发具有良好质构与风味的新型蛋白质技术。

▶食用菌高效加工关键技术

重点开展食用菌多糖、三萜及甾醇等主要活性成分的快速检测技术和指纹图谱技术研究，建立食用菌功效因子检控技术体系及特色食用菌原料数据库。

▶全产业链质量安全控制技术

重点发展食品原料质量鉴别和控制技术、危害因子识别与脱除技术、食品贮运品质控制与危害消减技术，构建全产业链信息溯源与监管技术集成体系。

▶特殊膳食营养创制关键技术

重点突破生物活性因子定向分离萃取与稳态化靶向递送技术、品质风味分子修饰与营养健康食品精准制造技术，创制营养靶向设计、健康个性订制的新型营养健康食品。

▶新型绿色包装材料制备关键技术

重点研究活性保鲜包装技术、生物基包装材料制备技术、新型智能纳米包装材料合成技术和包装密封食品安全评价技术，开发节能、环保、安全的新型生物基包装材料。

▶功能原料生物修饰关键技术

重点研究食品加工特征组分、分子链结构与相互作用影响及关联机制；

突破食品关键组分结构修饰加工技术。

▶食品非热灭菌技术

重点研究超高压灭菌、超声波灭菌、冷等离子灭菌等食品非热灭菌技术；突破超高压灭菌规模生产与大产能超高压食品处理装备制造技术。

▶酒类风味与健康物质个性化技术

重点开展酒类产品风味与健康核心物质组成及酿造机理、变化规律等研究，建立个性化产品研发体系。

▶水果蒸馏酒精准分析技术

重点发展水果蒸馏酒色谱、光谱分析技术，采用大数据管理和模型分析技术，建立水果蒸馏酒物质多样性组成量化指标。

▶水果蒸馏酒产业化工艺技术

重点发展白兰地等水果蒸馏酒工艺研究，建立完整产业化技术体系，提升产品创新和标准化水平。

▶白兰地原产地鉴定技术

重点开展国内外白兰地核心成分研究，发展白兰地产区成熟鉴定技术。

3. 关键材料及设备

▶乳清类原料

重点发展婴幼儿配方乳粉所用乳清类原料、建立国家母乳研究数据库平台；建立国产菌种资源库。

▶高性能聚合物空心膜

重点发展具有高渗透性和选择性，耐高压、抗污染食品级聚合物（如PVDF）中空纤维膜。

▶大容积超高压筒体

重点发展单筒容积不小于1000L，600MPa压力下安全系数不低于2，寿命不低于50万次的大容积超高压筒体。

▶超高压阀

重点发展适用于600MPa及以上压力，具有完全自主知识产权的超高压单向阀、卸荷阀。

▶超高压密封系统

重点研制适用于600MPa及以上压力，使用寿命不低于1000次，更换便捷的超高压密封系统。

▶料（液）位传感器

重点发展高精度、智能化、强环境适应与抗干扰能力的料（液）位传感器。

▶微型流量传感器

重点发展精确度高、智能化和强环境适应性与抗干扰能力的流体流量传感器。

4. 关键专用制造装备

▶超声波均质机细化装备

重点发展新一代聚能式超声波均质机，使物料尺寸更加细化。

▶食品高压均质粉碎装备

研发质量好、性能稳定、产能大的大型均质机和超高压均质机。

▶大产能非热食品灭菌技术装备

重点发展以超高压技术为重点的大产能食品非热协同灭菌技术装备，形成大产能非热食品加工装备系列。

▶油脂加工膨化浸出设备

重点突破传统油脂浸出成套替代设备，发展油脂加工国际先进技术设备。

▶大型玉米深加工自动化生产线

重点发展大型玉米淀粉加工成套设备、玉米直接炮制糖果生产技术装备，重点研制年产 10 万吨以上玉米淀粉生产关键设备及变性淀粉工艺技术设备。

▶成套智能化果蔬加工装备

重点开发果蔬分级技术装备、干燥脱水保鲜装备及鲜菜（果）加工、提取装备、果胶生产装备、香气回收装置等。

▶大中小型牲畜屠宰加工设备

重点发展大中型牲畜屠宰线、胴体分割等成套关键设备。

▶肉类及肉制品加工配套设备

重点发展动物综合利用技术设备，开发具有功能性和生理活性物质肉制品加工配套设备。

▶方便食品成套设备

重点研制方便面、米粉、馒头、包子、饺子等方便食品加工成套设备，以及膨化食品加工设备。

▶冷饮与速冻食品设备

重点发展双螺旋速冻机、液氮速冻机、钢带式速冻机、螺旋吹风式、液态冷媒浸渍、喷淋冻结机等速冻设备。

▶高速无菌灌装装备

重点研究高速吹瓶、灌装和旋盖三机一体耦合、集成在线检测系统、伺服系统和控制系统同步调控高速吹灌旋一体化装备；研制纸铝塑复合包装高速无菌灌装装备；发展超薄金属罐高速封口装备，特别是真空高速封罐装备。

▶超临界流体萃取装备

重点发展天然香料等食品添加剂制取装备、超临界流体挤压技术装备、超临界全自动萃取设备等。

▶大型固态发酵蒸馏设备

重点研发集红外测温、图像处理、数据分析、自动摊料上甑于一体的智能化大型专用发酵蒸馏设备。

▶大型多功能酿造一体机

重点研发集混合、搅拌、水洗、沥干、计量等功能于一体的大型食品酿造一体机。

▶食品原料纯净化处理系统

重点研发适合谷类、果蔬类、蔬菜类食品原料输送、储存、筛选、粉碎等的纯净化处理系统。

▶白兰地规模化壶式蒸馏设备

重点发展白兰地规模化壶式蒸馏设备及配套新型热能源设备、蒸馏指标快速监测与传输设备、智能摘酒及分极装备等。

▶全自动无菌中式快餐生产线

重点发展高压灭酶、保鲜方便、高效智能的全自动无菌中式快餐生产线。

▶谷物精深加工技术装备

重点发展谷物精深加工装备，包含全谷物食品加工装备、蒸谷米技术装备等。

▶食品挤压加工技术装备

重点发展挤压颗粒质构重组技术装备，开展棒状食品、日常主食类食品核心设备研制。

战略支撑与保障

（1）建设食品深加工特色园区示范区，开展重点装备和关键系统、设备研制，以及自动化、智能化技术应用研究，加快自主创新能力建设。

（2）建立食品质量安全示范平台，开展食品深加工特色园区示范，开展特色农业、特色食品产业聚集和应用示范。

（3）打造国家级食品深加工产业园区，加快食品科技成果转化，加大产品开发、健康管理、安全技术、标准认证、风险评估等方面的交流与合作。

（4）加大食品高新技术及装备科研投入，开展重点装备和关键系统、设备研制，以及自动化、智能化技术应用研究，加快自主创新能力建设。

（5）打造国家级食品深加工产业园区，加快食品科技成果转化，加大产品开发、健康管理、安全技术、标准认证、风险评估等方面交流与合作。

（6）建立并规范以超高压灭菌为代表的国家级非热灭菌食品质量安全标准体系。

（7）建立并规范白兰地等国产高端果酒质量安全追溯体系和品质分级标准。

技术路线图

食品产业技术路线图如图 11-1 所示。

项目		2020年	2025年—2030年
目标	农产品精深加工	农产品综合利用率接近70%，食品营养与健康功能显著提高，农产品副产物废弃率降至10%	农产品综合利用率接近90%，粮油、果蔬、畜禽、水产品加工副产物废弃率达到10%，食品工业总产值与农业总产值之比接近2：1
		以粮食为基料食品制造占制造食品50%以上，肉制品产量占肉类总产量为40%，果蔬加工利用率接近50%，水产品加工比例为50%	
		推行从农田到餐桌的全产业链条一体化发展战略，工业食品占食品消费总量提高到80%左右，食品生物工程、绿色制造、安全保障等领域科技水平达到世界前列	
		开展食品营养健康基础理论、功能食品制造、传统食品功能化及新食品原料开发等关键技术集成与产业化示范，创制营养健康高附加值食品，实现精准营养供给及智能健康管理	
		应用生物技术及食品加工新技术实现资源的梯度增值利用，提高食品资源的综合利用率和对食品资源的全利用技术，实现资源的可持续利用	
	食品装备工业体系	实现绿色化、自动化、智能化生产，形成资源高效利用、生产提质减损、节能减排降耗成套装备生产能力	开展食品绿色加工、低碳制造和品质控制等核心技术，攻克连续化、自动化、智能化和工程化成套加工装备，关键装备技术自主化率达到90%
		形成产品品种齐全、单机生产能力大、生产线配套良好、产品质量稳定可靠，信息化、智能化、集成化特点显著，具有较高国际竞争力的食品装备工业体系	
		掌握国际先进技术、设计思想、设计方法、测试方法及关键设计数据、制造工艺等技术，形成食品装备自主开发能力和改进创新能力	
需求		低收入群体肉制品和乳制品需求大幅增加，中高收入群体高品质、健康食品需求强劲	城市中高端食品消费能力不断加大，农村大众化包装食品消费潜力不断释放。

图 11-1　食品产业技术路线图

<table>
<tr><th colspan="2">项目</th><th>2020年--------------------2025年--------------------2030年</th></tr>
<tr><td colspan="2" rowspan="2">需求</td><td>营养、健康、美味、方便、实惠、个性化、多样性成为食品新需求，食品消费由生存性消费向健康型、享受型消费转变</td></tr>
<tr><td>特殊膳食、保健品，以及提高老年人健康寿命的老年群体专用食品需求旺盛</td></tr>
<tr><td rowspan="13">重点产品</td><td>婴幼儿食品</td><td>重点发展适合中国婴幼儿体质特征的配方奶粉及辅食产品，不断提升婴幼儿食品功能和档次，提高婴幼儿的营养与健康水平</td></tr>
<tr><td>老年人食品</td><td>重点发展高能类、低糖无糖类、冲饮类、休闲类、旅游类食品，易吞咽食品，老年休闲食品及老年饮料，建立系统化老年人专用食品生产体系</td></tr>
<tr><td>全谷物食品</td><td>重点开展全谷物食品技术研究，最大程度保留谷物营养成分和生物活性物质，满足市场对安全、营养、健康、方便、美味的全谷物食品的需求</td></tr>
<tr><td rowspan="2">谷物及副产物健康食品</td><td>重点发展以低值籼米、碎米为原料生产低过敏性蛋白和抗性淀粉、多孔淀粉等健康谷物及副产物食品</td></tr>
<tr><td>发展稻米深加工高效增值技术，开发富集米糠优质蛋白质、脂肪、维生素、可溶性膳食纤维及矿物质的米糠健康食品，发展蒸谷米</td></tr>
<tr><td>稻米方便营养食品</td><td>重点发展速食营养米、方便米饭关键技术研究，开发符合不同消费需求的速食营养米、方便米饭系列产品</td></tr>
<tr><td rowspan="3">大豆深加工食品</td><td>重点发展大豆浓缩蛋白与组织蛋白、高纯磷脂系列食品</td></tr>
<tr><td>发展大豆蛋白素肉、仿真食品等高附加值食品</td></tr>
<tr><td>发展纳豆等发酵豆制品</td></tr>
<tr><td rowspan="2">重组牛肉制品</td><td>重点发展消费者方便、质量稳定的重组肉制品，加强重组牛肉加工工艺、重组反应底物和重组剂研究</td></tr>
<tr><td>重点发展高血压、高血脂、冠心病等特定人群食用的保健肉制品和功能性肉制品</td></tr>
</table>

图 11-1　食品产业技术路线图（续）

项目		2020年--------------------2025年--------------------2030年
重点产品	食药用菌健康食品	重点发展食药用菌精深加工食品，开发食药用菌快消品、保健品、直接入口食品；挖掘食药用菌文化，创新食药用菌种，讲好中国蕈菌故事
	传统发酵食品	重点发展传统发酵食品，保留和改进传统风味，提高传统发酵食品产品质量和工艺，保持营养丰富、风味浓郁、功能性强的民族特色
	酶制剂食品	重点开展高特异性脂肪酶、乳糖酶、酸性果胶酶、酸性淀粉酶、碱性蛋白酶和L-天冬酰胺酶等酶制剂食品
	药食同源食品	改进与完善功能食品评价技术，重点发展药食同源功能性食品，以及针对亚健康和慢性疾病人群年龄、性别、健康状况等特征配方功能性食品
		发展草本饮料
	应急救生/救灾食品	重点发展适于传统饮食习惯的应急救生/救灾食品
		发展便于野外运输、携带和进食，保证基本营养需求的应急救灾食品
		发展多种食谱可选择的袋装速食品
	运动营养食品	制定运动营养食品标准，重点开展适应运动员营养搭配、体能恢复，机能提高的营养食品研发
		发展肽能饮料、乳清蛋白粉、能量棒等运动营养食品
	特殊医学用途食品	重点发展为急性病变、老年性疾病及手术后患者等提供有益营养补充的特殊医学用途类食品和精准营养学食品，包括凝胶状、多孔状、粉状及糊状食品
	新型乳制品	重点发展益生菌与免疫活性肽等新型功能化乳制品、等效新工艺乳品
	白兰地等中高端水果蒸馏酒	重点发展国际高品质中高端白兰地产品，开发具有中国特色和收藏价值的顶级白兰地，带动国产白兰地产业崛起

图 11-1 食品产业技术路线图（续）

项目		2020年--------------------2025年--------------------2030年
关键共性技术	粮食深加工技术	重点发展稻米、小麦、玉米三大粮食作物，以及小杂粮、豆类、薯类等粮食作物深加工和副产品综合利用技术；发展整谷米加工技术
	食品装备先进设计技术平台	重点发展利用CAx/DFx建模/仿真技术研发食品装备专用设计平台，建立通用食品加工关键部件、专用食品加工部件和通用机械支撑模块为一体的食品装备设计模型知识库
	食品柔性智能制造技术	重点发展质量无损检测技术、问题产品在线剔除技术、食品原料智能供给输送技术、模块化食品制造单位技术等柔性智能制造技术
	食品成形3D制造技术	重点发展食品增材制造技术，结合传感器、执行器、食料储存器和应用软件的3D食品成形技术
	食品加工工艺品质调控技术	重点研究食品加工风险因子迁移、转化、分解影响检测技术，构建食品工艺评价技术体系
	食品无损检测技术	重点研究食品生产过程品质快速检测及调控技术，突破过程快速检测增强技术，建立数据挖掘方法体系和食品大数据库
	传统特色食品工业化生产加工技术	重点开展传统特色食品品质评价、稳定性控制、工艺挖掘与工艺适应性改造等研究，发展传统特色食品标准化、连续化、智能化和工业化制造关键技术
	液体食品无菌灌装关键技术	重点发展自动化、智能化灌装装备制造技术，实现高速无菌灌装关键技术和核心装备集成创新
	新型蛋白加工关键技术	重点发展蛋白质分离纯化技术，开发新型蛋白质资源食品，研发蛋白质绿色制备技术 发展蛋白质复合酶解技术、浓缩技术及喷雾干燥技术
	食用菌高效加工关键技术	重点开展食用菌多糖、三萜及甾醇等主要活性成分快速检测技术和指纹图谱技术研究，建立食用菌功效因子检控技术体系及特色食用菌原料数据库
	全产业链质量安全控制关键技术	重点发展食品原料质量鉴别和控制技术、危害因子识别与脱除技术、食品贮运品质控制与危害消减技术，构建全产业链信息溯源与监管技术集成体系
	特殊膳食营养创制关键技术	生物活性因子定向分离萃取与稳态化靶向递送技术、品质风味分子修饰与营养健康食品精准制造技术，创制营养靶向设计、健康个性订制新型营养健康食品

图 11-1 食品产业技术路线图（续）

项目		2020年——2025年——2030年
关键共性技术	新型绿色包装材料制备关键技术	重点研究食品活性保鲜包装技术、生物基包装材料制备技术、新型智能纳米包装材料合成技术和包装密封食品安全评价技术，开发节能、环保、安全新型生物基包装材料
	功能原料生物修饰关键技术	重点研究食品加工特征组分、分子链结构与相互作用影响及关联机制
		突破食品关键组分结构修饰加工技术
	食品非热灭菌技术	重点研究超高压灭菌、超声波灭菌、冷等离子灭菌等食品非热灭菌技术
		突破超高压灭菌规模生产与大产能超高压食品处理装备制造技术
	酒类风味与健康物质个性化技术	重点开展酒类产品风味与健康核心物质组成及酿造机理、变化规律等研究，建立个性化产品研发体系
	水果蒸馏酒精准分析技术	重点发展水果蒸馏酒色谱、光谱分析技术，采用大数据管理和模型分析技术，建立水果蒸馏酒物质多样性组成量化指标
	水果蒸馏酒产业化工艺技术	重点发展白兰地等水果蒸馏酒工艺研究，建立完整产业化技术体系，提升产品创新和标准化水平
	白兰地原产地鉴定技术	重点开展国内外白兰地核心成分研究，发展白兰地产区成熟鉴定技术
关键材料及设备	乳清类原料	重点发展婴幼儿配方乳粉乳清类原料，建立国家母乳数据库平台
		建立国产菌种资源库
	高性能聚合物空心膜	重点发展具有高渗透性和选择性，耐高压、抗污染食品级聚合物（如PVDF）中空纤维膜
	大容积超高压筒体	重点发展单筒容积不小于1000 L，600MPa压力下安全系数不低于2，寿命不低于50万次的大容积超高压筒体
	超高压阀	重点发展适用600MPa及以上压力，具有完全自主知识产权的超高压单向阀、卸荷阀

图 11-1 食品产业技术路线图（续）

项目		2020年——2025年——2030年
关键材料及设备	超高压密封系统	重点研制适用于600MPa及以上压力，使用寿命不低于1000次，更换便捷的超高压密封系统
	料（液）位传感器	重点发展高精度、智能化、强环境适应与抗干扰能力的料（液）位传感器
	微型流量传感器	重点发展精确度高、智能化和强环境适应与抗干扰能力的流体流量传感器
关键专用制造装备	超声波均质细化装备	重点发展新一代聚能式超声波均质机，物料尺寸更加细化
	大产能非热食品灭菌技术装备	重点发展以超高压技术为重点的大产能食品非热协同灭菌技术装备，形成大产能非热食品加工装备系列
	油脂加工膨化浸出设备	重点突破传统油脂浸出成套替代设备，发展油脂加工国际先进技术设备
	大型玉米深加工自动化生产线	重点发展大型玉米淀粉加工成套设备、玉米直接炮制糖果生产技术装备，重点研制年产10万吨以上玉米淀粉生产关键设备及变性淀粉工艺技术设备
	成套智能化果蔬加工装备	重点开发包含果蔬分级技术装备、干燥脱水保鲜装备及鲜菜（果）加工提取装备、果胶生产装备、香气回收装置等
	大中小型牲畜屠宰加工设备	重点发展大中型牲畜屠宰线、胴体分割等成套关键设备
	肉类及肉制品加工配套设备	重点发展动物综合利用技术设备，开发具有功能性和生理活性物质肉制品加工配套设备
	方便食品制造成套设备	重点研制方便面、米粉、馒头、包子、饺子等方便食品加工成套设备，以及膨化食品加工设备
	速冻食品加工设备	重点发展双螺旋速冻机、液氮速冻机、钢带式速冻机、螺旋吹风式、液态冷媒浸渍、喷淋冻结机等速冻设备

图 11-1 食品产业技术路线图（续）

项目		2020年------------------2025年------------------2030年
关键专用制造装备	高速无菌灌装装备	重点研究12万罐/小时高速易拉罐罐装生产线、6万瓶/小时高速瓶装生产线、铝塑复合包装高速无菌灌装生产线，以及高速多功能贴标机（身标、颈标、背标、顶标）、金属罐真空高速封盖机、高速多功能套标机等高端单机装备，发展集成在线检测系统、伺服系统和控制系统同步调控高速吹灌旋一体化装备
	超临界流体萃取设备	重点发展天然香料等食品添加剂制取装备、超临界流体挤压技术装备、超临界全自动萃取设备等
	大型固态发酵蒸馏设备	重点研发集红外测温、图像处理、数据分析、自动摊料上甑于一体的智能化大型专用发酵蒸馏设备
	大型多功能酿造一体机	重点研发集混合、搅拌、水洗、沥干、计量等功能于一体的大型食品酿造一体机
	食品原料纯净化处理系统	重点研发适合谷类、果蔬类、蔬菜类食品原料输送、储存、筛选、粉碎等的纯净化处理系统
	白兰地规模化壶式蒸馏设备	重点发展白兰地规模化壶式蒸馏设备及配套新型热能源设备、蒸馏指标快速监测与传输设备、智能摘酒及分级设备等
	谷物精深加工技术装备	重点发展谷物精深加工装备，包含全谷物食品加工装备、蒸谷米技术装备等
	全自动无菌中式快餐生产线	重点发展高压灭酶、保鲜方便、高效智能的全自动无菌中式快餐生产线
	食品挤压加工技术装备	重点发展挤压颗粒质构重组技术装备，开展棒状食品、日常主食类食品核心设备研制
战略支撑与保障	建设食品深加工特色园区示范	开展重点装备和关键系统、设备研制，以及自动化、智能化技术应用研究，加快自主创新能力建设
	建立食品质量安全示范平台	开展食品深加工特色园区示范，开展特色农业、特色食品产业聚集和应用示范
	打造国家级食品深加工产业园区	加快食品科技成果转化，加大产品开发、健康管理、安全技术、标准认证、风险评估等方面交流与合作
	加大食品高新技术及装备科研投入	开展重点装备和关键系统、设备研制，以及自动化、智能化技术应用研究，加快自主创新能力建设

图 11-1　食品产业技术路线图（续）

12

纺织技术与装备

纺织产业是我国重要的民生产业和具有国际竞争优势的产业，也是科技应用和时尚发展的重要产业，与满足人民对美好生活向往和全面建成小康社会紧密关联。我国纺织产业链的大部分环节已经达到国际先进水平，产业规模稳居世界第一。

重点发展的是纺织纤维新材料、纺织绿色加工、先进纺织制品、纺织智能制造与装备。

纺织技术与装备

纺织产业是我国重要的民生产业和具有国际竞争优势的产业，也是科技应用和时尚发展的重要产业，与满足人民对美好生活向往和全面建成小康社会紧密关联。我国纺织产业链的大部分环节已经达到国际先进水平，产业规模稳居世界第一。

未来我国纺织产业优先发展的方向主要集中在纺织纤维新材料、纺织绿色加工、先进纺织制品和纺织智能制造与装备等方面。纺织纤维新材料主要包括基础纤维材料、战略纤维材料和前沿纤维材料。纺织绿色加工主要包括绿色化学品、高效低耗及短流程印染技术和非水介质印染技术。先进纺织制品主要包括高品质纺织消费品、功能纺织消费品、个体防护医卫用纺织品、智能纺织品、工业用纺织品和战略新材料纺织品等。纺织智能制造与装备主要包括纺织智能工厂/车间、纺织智能系统与检测、纺织装备和纺织智能制造标准体系。

需求

在纺织纤维新材料方面，功能纤维专用技术与装备方面，我国处于跟跑水平，生物基纤维的成本、品质、单线规模等与国外存在较大差距，废旧纺织品再生循环技术落后于国际先进水平，已实现产业化的高性能纤维均匀性和稳定性有待进一步提高，高端产品占比较低，部分产品的原辅材料依赖进口。

纺织绿色加工方面，重点绿色化学品、部分高档面料用染料、特殊功能整理助剂和喷墨印花喷头等依赖进口，无聚乙烯醇（PVA）上浆和无锑聚酯纤维生产技术有待提高，高效低耗、短流程、非水介质印染技术亟须提升。

先进纺织制品方面，高品质纺织消费品、功能纺织消费品、个体防护医卫用纺织品、智能纺织品、工业用纺织品和战略新材料纺织品中的重点高端产品在设计能力、标准认证和产品的功能性等方面，与国际领先水平存在差距。

纺织智能制造与装备方面，纺织智能检测技术与系统、纺织生产专用制造执行系统（MES）、短流程纺织装备、关键基础零部件和关键工艺机器人与国际领先水平有一定差距，智能纺织装备相关基础理论研究和跨领域交叉研究能力薄弱。

目标

纺织纤维新材料方面，到 2025 年，基础纤维材料总体水平和战略纤维材料规模化制备技术接近国际先进水平，建立废旧纺织品资源化分级分类标准评价体系，攻克聚酰胺及改性聚酯纤维等熔体直纺关键技术，重点前沿纤维材料实现规模化生产。到 2030 年，基础纤维材料、战略纤维材料和前沿纤维材料规模化制备技术达到国际同等水平，实现废旧纺织品的高效循环利用，形成多个系列化纤维及制品回收利用产业化基地和纤维应用产品体系。

纺织绿色加工方面，到 2025 年，突破绿色纤维油剂助剂及催化剂、环保型 PVA 替代浆料、绿色表面活性剂、分散染料、活性染料、纳米涂料和功能整理剂等绿色化学品制备关键技术，研发高效低耗及短流程和非水介质印染技术，初步建立纺织绿色制造标准体系。2030 年，生物基表面活性剂、生物源半合成染料和高功能整理剂达到国际领先水平，低成本高回用率废水深度处理技术实现推广，低温染整工艺成为主流工艺，完善纺织绿色制造标准体系。

先进纺织制品方面，到 2025 年，高品质纺织消费品、功能纺织消费品、个体防护医卫用纺织品、智能纺织品、工业用纺织品和战略新材料纺织品等实现突破，适应不断升级的居民消费需求，基本能够满足下游应用市场需要。2030 年，高品质纺织消费品、功能纺织消费品和智能纺织品品质大幅提升，个体防护医卫用纺织品、工业用纺织品和战略新材料纺织品形成分级体系化，建立相对完善的生产制造标准、设计规范和检测认证体系，部分重点产品达到国际领先水平。

纺织智能制造与装备方面，到 2025 年，基于大数据、人工智能和工业互联网平台等新一代信息技术，实现纺织生产的自动化、数字化和网络化制造，研发短流程纺织装备，建立包括纺织行业各细分领域的智能制造标准体系。2030 年，建立并推广基于新一代信息技术的纺织智能工厂，智能检测系统、关键纺织智能装备及零部件和纺织专用机器人等实现产业化，网络协同制造、大规模个性化定制和纺织装备远程运维等纺织智能制造新模式基本实现全面应用，建成完善的纺织行业智能制造标准体系。

发展重点

1. 纺织纤维新材料

▶基础纤维材料

重点开发高仿真、舒适易护理、耐污易清洗和高效阻燃等功能纤维，开发聚乳酸（PLA）纤维、新溶剂法纤维素纤维、聚对苯二甲酸丙二醇酯（PTT）纤维、聚酰胺 56（PA56）纤维、海藻纤维和壳聚糖纤维等生物基纤维等，攻克聚对苯二甲酸-共-丁二酸丁二醇酯（PBST）纤维、聚己二酸/对苯二甲酸丁二酯（PBAT）纤维和聚羟基丁酸戊酸酯（PHBV）纤维等生物基与可降解纤维，攻关废旧纺织品纤维循环再利用，建立废旧纺织品回收资源化分级分类标准评价体系，开发聚酰胺及改性聚酯纤维熔体直纺等关键技术。

▶战略纤维材料

重点发展高性能碳纤维，芳纶 1414、超高分子量聚乙烯纤维、聚酰亚胺纤维、聚对苯撑苯并二噁唑（PBO）纤维、芳纶Ⅲ、聚芳酯液晶纤维和聚醚醚酮（PEEK）纤维等有机高性能纤维，连续玄武岩纤维、碳化硅、氧化铝、硅硼氮和氧化锆等无机高性能纤维。

▶前沿纤维材料

重点发展纳米纤维、智能纤维、生物医用纤维等前沿纤维新材料，突破产业化制备及应用关键技术。

2. 纺织绿色加工

▶绿色化学品

重点发展绿色纤维油剂助剂及催化剂、环保型 PVA 替代浆料、绿色表面活性剂、分散染料、活性染料、纳米涂料、功能整理剂等绿色纺织加工化学品。

▶高效低耗及短流程印染技术

重点发展低温节能前处理、分散染料免（少）水洗染色印花、活性染料无盐染色、高速喷墨印花、低给液印染加工、多组分纤维短流程印染等高效低耗及短流程印染技术。

▶非水介质印染技术

重点发展超临界 CO_2 流体和活性染料新介质染色等非水介质印染技术，研发专用染色装备，建立示范工厂。

3. 先进纺织制品

▶高品质纺织消费品

通过纺织、印染、缝制等全产业链精细化加工及严格的质量保证体系，提升服装服饰及家用纺织品的品质，开发个性化、时尚创意纺织产品，满足不断升级的消费需求；进一步提升蚕丝、羊绒等高端天然纤维纺织品的附加值；针对工厂化养蚕蚕丝和改良山羊绒纤维，研究其原料处理、纺织、印染等关键技术，建立加工生产体系。

▶功能纺织消费品

通过采用新型纤维原料、先进的纺织产品设计和印染加工等技术，不断提升功能纺织品性能，重点发展舒适、卫生、保健和易护理等单功能及多功能复合产品。开发吸湿排汗、单向导湿、防皱免烫、透气、保暖、凉感、阻燃、抗静电、防紫外、抑菌抗菌、防水、防污和自清洁等功能纺织品。

▶个体防护医卫用纺织品

重点发展疫情防护、化学防护、阻燃电弧防护、核沾染防护和防刺防割等防护类纺织基制品；发展具有良好抗菌、高吸水、高保形和防水透气性能的个人卫生护理制品；研发纺织基医用人体器官管道材料、手术缝合线和功能敷料等高端医用纺织材料及制品。

▶智能纺织品

研究特种纤维在智能纺织品中的应用，通过和电子、新材料、医疗等相关行业的合作，攻克智能纺织品设计与加工技术，建立智能纺织品性能检测评价体系，研发具有感温、感光、检测等功能的智能可穿戴纺织品和健康睡眠等家用纺织品。

▶工业用纺织品

重点发展高性能土工格栅、矿用假顶网、土工管袋、土工布和胎基布等土工建筑材料；发展纺织基柔性路面、高强度大通量给排水软管、软体油囊、气柱式应急帐篷和高性能救援绳索等应急救援用产品；发展特种海工缆、海洋用绳缆、远洋捕捞网和深远海养殖网箱等海洋工程用产品；发展高耐温、脱硝除尘一体化、超低排放和高效低阻高精度等工业过滤用产品。

▶战略新材料纺织品

重点发展纺织基增强复合材料、纺织基电池隔膜、膜结构及囊体蒙皮材料、高性能纤维基复杂异型材、碳纤维预浸料、碳/碳复合材料、轻量化防爆材料、陶瓷基复合材料及复合材料的专用树脂和助剂等产品技术。

4. 纺织智能制造与装备

▶纺织智能工厂/车间

基于大数据、人工智能和工业互联网平台等新一代信息技术，建设和推广化纤智能工厂、车间无人值守环锭纺智能工厂、短流程纺纱智能工厂、智能化全流程机织生产线、针织数字化车间、印染数字化网络化工厂、非织造布全流程智能工厂、服装和家纺的智能工厂。

▶纺织智能系统与检测

开发化纤生产在线智能检测系统、智能染判系统，天然纤维及其纺纱的质量检测系统，开发织物、非织造布质量在线检测系统，开发基于人工智能的印染质量检测装备与系统，研发纺织车间智能巡检机器人与纺织生产专用 MES 系统。

▶化纤装备

开发新溶剂法纤维素纤维、聚乳酸纤维、大丝束碳纤维、万吨级芳纶 1414 纤维、超高分子量聚乙烯纤维和再生纤维等成套装备；研发大容量薄膜蒸发器、集约式高速卷绕一体机和全自动高速节能假捻变形机等关键单机；研发长丝卷绕自动生头、智能铲板、自动剥丝等化纤关键工艺环节机器人、高精度纺丝组件和高速假捻装置等关键零部件。

▶纺纱装备

研发棉条、细纱等自动接头机器人，全自动转杯纺、喷气涡流纺等关键设备；研制自动络筒机的精密定长装置、捻接器、电子清纱器、槽筒、数字式高精度纱线张力器和伺服驱动送纱器等；研制转杯纺纱机单锭纺纱磁悬浮电机、纺杯和分梳辊，喷气涡流纺纱机空心锭子等关键零部件。

▶机织与准备装备

研发数字化高速无梭织机、自动穿经机、智能纱架和物料自动更换与输送装备等关键设备，高速开口装置等关键零部件。

▶针织装备

研究数字化、网络化和智能化针织设备，开发一次编织成形、无须缝合的立体成形织可穿等关键技术与设备，研制织针等关键零部件。

▶印染装备

开发连续式针织物印染生产线和连续式纯涤纶织物平幅印染生产线；研究针织物和涤纶长丝织物染色工艺与质量数控关键技术，多种织物数码喷墨技术，印染生产物料智能化输送关键技术；开发印染设备通信信息模型与网关转换装置，物料自动导航、运输、抓取装备和软件。

▶非织造布装备

研发宽幅高速非织造布成套装备，高速梳理机、交叉铺网机、高速针刺机和高速自动分切机等关键设备和熔喷模头等关键零部件。

▶服装和家纺装备

研究三维量体、三维设计、服装增强现实/虚拟现实（AR/VR）系统、智能自动裁剪、吊挂输送、自动模板缝制和成衣物流智能配送系统与装备；开发服装和家纺关键工艺环节机器人。

▶纺织成型装备

开发纺织成型技术与装备，扩大纺织新材料和装备的应用领域。

▶纺织智能制造标准体系

建立并完善化纤、纺纱、机织、针织、印染、非织造布、服装和家纺等纺织行业各细分领域的智能制造标准体系。

战略支撑与保障

1．加强顶层设计

联合纺织骨干企业、装备企业、行业协会、高等院校、科研院所、标准化组织与检测机构等，构建纺织行业技术协同创新体系。建设国家级纺织纤维新材料及应用、智能制造、绿色制造创新中心，建立跨学科跨领域的协同创新机制。建立纺织技术与装备的应用基础理论与共有关键技术研发平台。建设国家级企业技术中心，培育一批具有自主创新能力和核心竞争能力的科技型大型纺织企业。

2．加强政策支持

国家和地方财政专项资金对纺织技术与装备的重大工程、共性技术突破、基础原材料和基础零部件研发给予支持。对采用新技术、新装备的纺织行业先进示范项目给予财税和金融政策支持。鼓励和引导企业加大研发投入，扩大研发投入加计扣除范围和比重。

3．加强标准体系建设

发挥行业组织和标准化技术机构作用，搭建纺织行业的标准体系和公共服务平台，提升行业的质量管理和服务水平，提高标准运行质量。加强纺织纤维新材料、功能性纺织品、产业用纺织品、纺织智能制造等领域标准的制修订。加强标准国际合作，加快国际标准转化，积极主导和参与国际标准制修订，推动纺织优势产业技术标准成为国际标准，推动纺织标准国际互认。

4．加强跨部门跨领域协调沟通

加强与石化等上游原材料产业的衔接，为纺织产业的发展提供基础原辅料及技术保障。加强与医卫用、轨道交通、航空航天等下游产业的衔接，完善医疗、基建、军队等系统的采购通道，扶持自主品牌纺织产品参与竞争采购。

技术路线图

纺织技术与装备技术路线图如图 12-1 所示。

项目		2020年 ---------- 2025年	2025年 ---------- 2030年
需求	纺织纤维新材料	功能纤维、生物基纤维、废旧纺织品再生循环和高性能纤维等需求迫切	
	纺织绿色加工	绿色化学品、部分高档面料用染料、特殊功能整理助剂等需求迫切，高效低耗、短流程、非水介质印染技术亟待提升	
	先进纺织制品	高品质纺织消费品、功能纺织消费品、个体防护医卫用纺织品、智能纺织品、工业用纺织品和战略新材料纺织品中的重点高端产品需求迫切	
	纺织智能制造与装备	纺织智能工厂/车间、纺织智能检测技术与系统、纺织生产专用制造执行系统（MES）、短流程纺织装备、关键基础零部件和关键工艺机器人等需求迫切，智能纺织装备相关基础理论研究和跨领域交叉研究能力亟待提升	
目标	纺织纤维新材料	基础纤维材料总体水平和战略纤维材料规模化制备技术接近国际先进水平，建立废旧纺织品资源化分级分类标准评价体系，攻克聚酰胺及改性聚酯纤维等熔体直纺关键技术，重点前沿纤维材料实现规模化生产	基础纤维材料、战略纤维材料和前沿纤维材料规模化制备技术达到国际同等水平，实现废旧纺织品的高效循环利用，形成多个系列化纤维及制品回收利用产业化基地和纤维应用产品体系
	纺织绿色加工	突破绿色纤维油剂助剂及催化剂、环保型PVA替代浆料、绿色表面活性剂、分散染料、活性染料、纳米涂料和功能整理剂等绿色化学品制备关键技术，研发高效低耗及短流程和非水介质印染技术，初步建立纺织绿色制造标准体系	生物基表面活性剂、生物源半合成染料和功能整理剂达到国际领先水平，低成本高回用率废水深度处理技术实现推广，低温染整工艺成为主流工艺，完善纺织绿色制造标准体系
	先进纺织制品	高品质纺织消费品、功能纺织消费品、个体防护医卫用纺织品、智能纺织品、工业用纺织品和战略新材料纺织品等实现突破，适应不断升级的居民消费需求，基本能够满足下游应用市场需要	高品质纺织消费品、功能纺织消费品和智能纺织品品质大幅提升；个体防护医卫用纺织品、工业用纺织品和战略新材料纺织品形成分级体系化，建立相对完善的生产制造标准、设计规范和检测认证体系，部分重点产品达到国际领先水平
	纺织智能制造与装备	基于大数据、人工智能和工业互联网平台等新一代信息技术，实现纺织生产的自动化、数字化和网络化制造，研发短流程纺织装备，建立包括纺织行业各细分领域的智能制造标准体系	建立并推广基于新代信息技术的纺织智能工厂，智能检测系统、关键纺织智能装备及零部件和纺织专用机器人等实现产业化，网络协同制造、大规模个性化定制和纺织装备远程运维等纺织智能制造新模式基本实现全面应用，建成完善的纺织行业智能制造标准体系

图 12-1　纺织技术与装备技术路线图

项目				2020年——2025年	2025年——2030年
发展重点	纺织纤维新材料	基础纤维材料	功能纤维材料	突破复合纤维、多组分纤维和纤维表面处理等关键技术，制备仿皮草、仿毛和仿蚕丝等功能高仿真纤维材料；开发多功能共混共聚、异组分异收缩和弹性等多功能纤维，制备防污耐污、柔软、吸湿、高弹和易染等舒适易护理纤维材料；攻克阻燃抗熔滴聚酯熔体直纺产业化关键技术、阻燃抗熔滴聚酰胺和高强长效阻燃再生纤维素纤维制备关键技术	突破极细纤维和多层复合纤维等关键技术，制备仿蝉翼、仿羽毛等功能高仿真纤维；建立舒适易护理功能材纤维及制品体系；实现阻燃纤维批量化生产
			生物基纤维	攻克乳酸和丙交脂高效低成本制备、耐热型聚乳酸纤维制备技术和聚乳酸连续聚合直纺技术，实现聚乳酸纤维的稳定化生产与规模化应用；开发大容量和非原纤化新溶剂法纤维素纤维生产线，突破高密度纺丝、溶剂回收等关键技术，实现浆粕及溶剂国产化，实现大容量新溶剂法纤维素纤维的稳定生产；攻克生物法1，3-丙二醇纤维高纯度高收率规模化制备技术、生物基PTT纤维催化剂和PTT纤维高效连续聚合制备技术，实现PTT纤维产业链的国产化；攻克生物基PA56纤维高效连续聚合制备、高速纺丝及复合纺丝技术，实现稳定生产；突破高浓度海藻纺丝液制备及清洁纺丝，高效低成本壳聚糖提取及高效纺丝，植物蛋白、动物蛋白与纤维素复合纺丝等关键技术	建立10万吨级聚乳酸纤维生产线，实现高耐热、有色等差别化聚乳酸纤维规模化生产；攻克新溶剂法纤维素纤维长丝高效制备技术，实现万吨级规模化生产；突破PTT纤维和生物基PA56纤维产业化生产技术；海藻纤维、壳聚糖纤维和蛋白复合纤维等实现产业化
			可降解纤维	攻克淀粉、秸秆和木薯等发酵单体制备关键技术，攻克PBST纤维、PBAT纤维和PHBV纤维高比例共聚及性能调控技术	实现生物可降解聚酯纤维规模化生产
			废旧纺织品纤维循环再利用	攻克废旧纺织品成分识别及资源化技术与装备，建立废旧纺织品资源化分级分类标准评价体系，建立5万吨级聚酯和万吨级聚酰胺化学法再生生产线，研发天然纤维制品物理法再生专用装备与连续生产线，实现高值化高品质利用	建立化学法再生纤维产业化生产线，聚酰胺、棉纤维再生实现产业化
			高品质高效制造	攻克聚酯共聚改性、聚酰胺共聚改性、原位功能粉体添加等熔体直纺关键技术；攻克聚烯烃闪蒸纺等关键技术	建立万吨级产业化基地，形成系列化功能聚酰胺和改性聚酯纤维新产品及制品产业化基地和专业防护纤维及应用产品体系

图 12-1　纺织技术与装备技术路线图（续）

项目				2020年—2025年	2025年—2030年
发展重点	纺织纤维新材料	战略纤维材料	碳纤维	突破T1000级、M60J级碳纤维和48K大丝束碳纤维等产业化技术，实现原丝、碳丝、预浸布及复合材料等产业链一体化开发；研发沥青基、聚烯烃基、木质素基和环氧基酚醛树脂基等碳纤维	T1100级、M60J级等碳纤维实现国产化，大丝束碳纤维基本覆盖全规格，开发T1200级、M65J级碳纤维等新品种，满足航空航天、新能源、轨道交通、海洋工程、汽车工业和建筑工程等领域需求；沥青基、聚烯烃基、木质素基和环氧基酚醛树脂基等新型碳纤维实现规模化生产
			有机高性能纤维	突破万吨级芳纶1414连续纺丝技术；开发超高分子量聚乙烯纤维环保溶剂、无固(危)废产生的溶剂回收过滤技术，断裂强度大于45cN/dtex的产品；攻克聚酰亚胺纤维染色、防火和防核等产品设计与编织技术，满足高温防护和高温过滤等领域应用，实现高强高模聚酰亚胺纤维规模化生产；攻克PBO纤维、芳纶Ⅲ、聚芳酯液晶纤维和PEEK纤维等高性能纤维产业化技术，实现稳定生产	实现高强高模芳纶、原液着色芳纶、芳纶纸和蜂窝材料等产品规模化和稳定化生产，总体技术达到国际先进水平，满足安全防护、特种绳缆等领域需求；突破超高分子量聚乙烯连续纺丝技术，开发高浓度高速干法纺丝技术，抗蠕变、耐高温等系列纤维实现国产化，满足海洋工程、安全防护和特种绳缆等领域需求；实现聚酰亚胺纤维制备的低成本化和系列化，满足高温绝缘纸、高温过滤、轻质复合材料和航空航天服等领域需求；进一步提高PBO纤维、芳纶Ⅲ、聚芳酯液晶纤维和PEEK纤维等高性能纤维产业化水平，满足在航空航天、防核和防磁等领域的应用
			无机高性能纤维	实现连续玄武岩纤维均质化生产，开发规模化生产的关键技术与装备；攻克碳化硅、氧化铝、硅硼氮和氧化锆等无机高性能纤维产业化技术， 实现稳定生产	攻克池窑或大组合炉制备玄武岩熔体，实现熔体均质化、温度均匀可控、熔体连续拉丝和降低能耗，满足建筑工程、海洋海事和轨道交通等领域需求；进一步提高碳化硅、氧化铝、硅硼氮和氧化锆等高性能纤维产业化水平，实现规模化生产，满足在航空航天、电磁屏蔽等领域的应用
		前沿纤维材料		突破静电纺丝、相分离纺丝等纳米纤维宏量稳定生产的关键技术，攻克生物发酵法制备纳米纤维长时间连续稳定生产技术；攻克光致变色、传感、能量采集转换、多重响应与驱动等智能纤维制备技术；攻克生物聚酯、聚乳酸等生物医用纤维制备技术，实现批量生产	建立静电纺、相分离纺丝、低成本碳源的生物纳米纤维素等纳米纤维规模化生产与应用技术体系；建立传感、能量采集转换、多重响应与驱动等智能纤维制备工艺与装备体系，实现智能纤维产业化应用和批量生产；建立生物医用纺织材料功能检测评价体系，生物医用纤维通过临床使用验证，实现稳定生产，建立应用体系

图 12-1　纺织技术与装备技术路线图（续）

项目				2020年—2025年	2025年—2030年
发展重点	纺织绿色加工	绿色化学品	绿色纤维油剂助剂及催化剂	攻克纺丝油剂、纤维上浆剂、钛系催化剂、阻燃剂、生物基新单体等品质提升与绿色制造技术，开发聚酯用无锑专用催化剂，催化剂性能基本达到目前含锑催化剂的水平，并进行产业化推广	提升纤维油剂、助剂和催化剂的国产化技术水平与规模，无锑催化剂的应用比例达到40%以上
			环保型PVA替代浆料	开发易生物降解的天然高分子基浆料，研发其上浆技术，实现30%PVA浆料的替代	进一步优化浆料分子结构设计，开发配套助剂，实现70%以上PVA浆料的替代
			绿色表面活性剂	研究表面活性剂结构与其乳化、净洗、渗透、分散等性能关系，基于纺织印染工艺创新需求，开发绿色环保的表面活性剂	研究表面活性剂关键单体的生物来源或生物合成制备，实现生物基表面活性剂占比达到10%
			分散染料	开发低分散剂含量液态分散染料，提高利用率；攻关聚酯织物的前处理和染色一浴法工艺、分散/活性同浴染色工艺；开发碱性介质中高效上染分散染料，实现分散活性一浴法染色工业化应用	液态分散染料占比达到30%以上；耐碱性分散染料形成全色谱，占比超过分散染料的10%
			活性染料	研究活性基结构及数量、发色基团及助色基团结构、染料整体结构对活性染料固色效率的影响，开发高固色率活性染料	开发生物源功能单体及其规模化制备技术；开发生物源半合成高利用率染料，占比达到5%以上
			纳米涂料	研究涂料的超细化及其表面修饰技术，开发高牢度涂料染色印花技术并实现工业化推广	开发生物源功能单体及其规模化制备技术；开发生物源半合成高利用率染料，占比达到5%以上
			功能整理剂	研究功能整理剂构效关系和合成制备方法，纺织用特殊功能整理剂主要原料接近国际同等水平	纺织用特殊功能整理剂主要原料的设计和制备技术达到国际同等水平
		高效低耗及短流程印染技术	低温节能印染新技术	研究新型模拟酶催化剂、新型结构活化剂及其协效作用机制，开发适用于针织物、筒子纱和机织物的低温前处理工艺，实现产业化生产	进一步研发新型催化剂/活化剂和新结构活性染料，实现低温前处理成为主流工艺
			分散染料免（少）水洗染色印花技术	突破低分散剂含量液态分散染料制备关键技术和高固色率染色技术，开发专用装备，实现分散染料免水洗或者少水洗染色技术，实现产业化生产	进一步开发分散染料印花糊料体系，实现分散染料的免水洗或少水洗印花

图 12-1　纺织技术与装备技术路线图（续）

项目				2020年—2025年	2025年—2030年
发展重点	纺织绿色加工	高效低耗及短流程印染技术	活性染料低温无盐染色	研究织物带液率、活性染料结构及工艺条件对染色性能的影响，开发活性染料低温“潮固色”新工艺并实现工业化推广；系统研究活性染料无盐固色机理，开发纱线和散纤维的活性染料无盐染色工艺及装备，实现广泛应用	实现30%棉织物的活性染料低温无盐“潮固色”染色
			高速喷墨印花技术	研究喷墨印花专用染料和预处理化学品，织物的预处理技术，超高速喷墨印花与圆网、平网印花的高精度协同印花技术，实现高速喷墨印花，并推广应用	高速喷墨印花技术与装备达到国际同等水平
			低给液印染加工技术	研究接触式及非接触式工作液低给液均匀施加技术，接触式低给液技术替代5%传统浸轧给液技术，非接触低给液技术实现工程验证	接触式低给液技术推广比例达到25%，非接触式低给液技术实现产业化
			多组分纤维织物短流程印染技术	研究不同纤维索纤维同色染色技术、两组分纤维、三组分纤维甚至四组分纤维织物的短流程染色技术，缩短工艺流程50%以上	多组分纤维织物短流程染色技术推广比例达到40%
		非水介质印染技术		研究超临界CO_2流体中染料溶解及上染行为，聚酯纤维上的油剂及纤维中的低聚物对染料染色行为和设备沾染行为的影响，研发高品质长寿命专用染色装备，建成示范工厂；开发活性染料新介质染色技术，优选适用于活性染料染色的新型介质，研究新介质体系中活性染料的固色规律，活性染料利用率超过90%，完成工程验证示范	分散染料超临界流体染色生产规模满足市场需求，研究功能整理剂在超临界二氧化碳流体中的溶解及与纤维织物的作用规律，实现纺织品超临界二氧化碳流体功能整理的工业化；突破适用于新介质体系的全色谱活性染料制备关键技术，开发活性染料新介质染色技术专用染色装备，实现示范应用

图 12-1　纺织技术与装备技术路线图（续）

项目			2020年——2025年	2025年——2030年
发展重点	先进纺织制品	高品质纺织消费品	大部分服装和家用纺织品品质和产品性能位居国际先进水平；突破新型蚕丝、羊绒产品加工关键技术，开发高品质产品	纺织消费品品质大幅提升，形成数个有国际影响力的知名品牌；形成新型蚕丝、羊绒加工产业链
		功能纺织消费品	单功能及复合多功能纺织服装处于领先地位，阻燃等功能纺织品领域缩小与国际先进水平差距	阻燃等功能纺织品处于国际领先水平
		个体防护医卫用纺织品	补齐个体防护产品种类，提升性能指标，完善使用操作规范，基本满足各类应急突发事件的个体防护需求；个人卫生护理制品基本满足人民群众高品质生活需要；基本实现高端医用纺织材料的自主有效供给	个体防护和医卫用产品形成分级体系化，实现全维度高等级防护，建立相对完善的标准和检测认证体系，部分重点产品实现自主设计，掌握国际话语权；高端医用纺织材料及制品接近或达到国际先进水平
		智能纺织品	突破重点智能服装服饰及家用纺织品制备关键技术，初步建立相关产品的产业链	建立智能服装服饰产业链，智能服装服饰及家用纺织品质量和加工技术得到大幅提高，总体技术达到国际先进水平
		工业用纺织品	提高土工建筑材料强力、耐候性和耐化学性等性能指标，基本满足不同应用工况需要；应急救援用产品基本满足预防防护、救援处置和灾后重建等应用需求:海洋用绳缆网产品突破大直径、定伸长、高强度、耐腐蚀和高抗污等加工制备技术，满足海洋食品和海洋权益安全应用需求；高温过滤材料满足耐高温高湿、低阻和长寿命等要求，液体过滤材料满足分级精细高通量过滤要求	加强生态土工用纺织品研究，在保障工程质量的同时实现环境保护；应急救援用产品的设计、性能、检测和使用规范等达到国际先进水平；海洋用绳缆网产品技术达到国际先进水平，满足远洋捕捞、深海养殖和海上救援等领域需求；部分高温过滤材料性能达到国际领先水平，废旧过滤材料初步实现综合化利用
		战略新材料纺织品	对原料、模具、加工装备、树脂和助剂等进行攻关，加快发展产品设计及立体、异形、多层和大截面等成型加工技术，提高复合成型效率、精度和稳定性，产品性能指标基本满足航空航天、国防军工、轨道交通、高端装备和新能源等领域应用需求	初步建立智能化生产线，实现设计、加工和控制等过程智能化，大幅降低制造成本，形成完善生产制造标准、设计规范和检测认证体系，部分产品达到国际领先水平

图 12-1　纺织技术与装备技术路线图（续）

项目			2020年 —— 2025年	2025年 —— 2030年
发展重点	纺织智能制造与装备	纺织智能工厂/车间	建设基于大数据、人工智能和工业互联网的化纤智能工厂，推广车间无人值守纺纱智能工厂，开发织造协同制造系统，实现织造车间的数字化和智能化，建立针织设备互联互通互操作的示范性数字化生产车间，实现印染装备互联互通与互操作和印染车间智能化，推广服装和家纺大规模个性化定制和网络协同制造新模式，构建和应用大数据服务云平台	推广化纤智能工厂和短流程纺纱智能工厂，针织数字化生产车间实现产业化应用，建立全流程机织、印染、非织造布、服装和家纺的智能工厂
		纺织智能系统与检测	开发化纤生产在线智能检测系统和智能染判系统，天然纤维及其纺纱的质量检测系统；建立基于机器视觉的织物疵点在线监测与检验系统；研发基于人工智能的印染质量检测系统；研究车间环境下机器人识别、定位与信息实时监测技术，研发纺织车间智能巡检机器人与纺织生产专用MES系统	实现纺丝生产全流程智能监测、推广织物、非织造布疵点在线检测系统、实现疵点检测等级评定，推广印染质量智能检测系统
		化纤装备	开发大容量和非原纤化新溶剂法纤维素纤维、聚乳酸纤维、大丝束碳纤维、万吨级芳纶1414纤维、超高分子量聚乙烯纤维和再生纤维等成套装备；开发大容量薄膜蒸发器、集约式高速卷绕一体机和全自动高速节能假捻变形机等关键单机实现产业化；开发长丝卷绕自动生头、智能铲板和自动剥丝等专用机器人，实现复合纺、高性能纤维及产业用纤维等高精度纺丝组件和高速假捻装置等关键零部件产业化	实现大容量和非原纤化新溶剂法纤维素纤维、大丝束碳纤维和再生纤维等成套装备产业化应用；化纤生产基本实现从原材料采购、生产、管理到流通的全流程智能化
		纺纱装备	实现自动络筒机的精密定长装置、捻接器、电子清纱器、槽筒、数字式高精度纱线张力器和伺服驱动送纱器等核心零部件，棉条、细纱等接头机器人的小批量应用	喷气涡流纺和全自动转杯纺等实现产业化应用，短流程纺纱智能生产线推广应用，转杯纺纱机单锭纺纱磁悬浮电机、纺杯和分梳辊等，喷气涡流纺纱机空心锭子等核心零部件实现产业化应用
		机织与准备装备	新型数字化高速无梭织机、自动穿经机等关键装备实现产业化应用:研发智能化机织及准备设备和物料自动更换与输送装备，实现织造过程的智能化控制与物料自动配送；高速开口装置等核心零部件实现产业化应用	织造车间实现由整经、浆纱、织造到验布的全流程智能化

图 12-1　纺织技术与装备技术路线图（续）

项目			2020年 ——— 2025年	2025年 ——— 2030年
发展重点	纺织智能制造与装备	针织装备	研究多针床编织、全成形编织（织可穿）与复合针技术与设备，实现横机复杂花型编织及衣物一次编织成形；研究电子横移等技术，实现经编机提花装置多功能复合、梳栉智能对位和大针距横移自动补偿等功能；适用针织圆纬机送纱带数字接口的传感器、织针等关键零部件实现产业化应用	开发基于虚拟现实（VR）技术的横机制版系统，实现客户对产品的自定义设计，织可穿产品实现产业化应用
		印染装备	开发连续式针织物印染生产线和连续式纯涤纶织物平幅印染生产线；建成全幅宽喷头高速数码喷墨印花生产线，提高喷墨印花生产速度与产量；开发印染设备通信信息模型与网关转换装置	实现物料智能化分配和自动化转运，实现多区域分布式智能染色工厂的协同控制与智能生产，完成专家共享配方数据库开发及应用验证，开发染色全流程数字孪生技术
		非织造布装备	开发宽幅高速梳理机。交叉铺网机和高速自动分切机，实现宽幅水刺非织造布成套装备的生产全流程自动化与数字化、开发宽幅湿法水刺复合成套装备他；开发宽幅纺粘熔喷和双组分纺粘非织造布成套装备:开发高速宽幅针刺非织造布成套装备	宽幅高速水刺非织造布生产线实现自动分切，自动码垛和自动缠膜；医卫用纺粘熔喷非织造布成套设备、纺粘热风卫材非织造布成套设备实现产业化，宽幅高精度熔喷模头达到国际同等水平；高速宽幅针刺非织造布成套装备实现产业化
		服装和家纺装备	研究三维量体、三维设计、服装AR/VR系统、智能自动裁剪、吊挂输送、自动模板缝制和成衣物流智能配送装备与系统，实现人、机器人和缝制设备协同工作，开发智能立体仓储系统、智能自动缝制产线和智能整理整烫产线；开发自动识别、自动抓取、立体缝制与织物拼接缝合等服装和家纺关键工艺环节机器人	实现服装和家纺制造过程智能化
		纺织成型装备	研发碳纤维多轴向经编机、民用高性能纤维复合材料自动化量产技术与装备、纺织复合材料的大尺寸异形结构件成形技术与装备和丝网成型装备等；研制特种纤维梳理成网成套设备	优化编织与复合一体化设备；实现碳/碳、陶瓷基复合材料等纤维增强成型体的智能制造
		纺织智能制造标准体系	建立化纤、纺纱、机织、针织、印染、非织造布、服装和家纺等纺织行业各细分领域智能制造标准体系；补齐纺织生产的数据资源标准，纺织装备的互联互通和远程运维服务标准，机器视觉检测系统标准和纺织鞋服网络协同制造相关标准等	在已有基础上，不断完善纺织行业各细分领域的智能制造标准体系，进一步提高纺织智能化的水平

图 12-1 纺织技术与装备技术路线图（续）

项目		2020年——2025年——2030年
战略支撑与保障	加强顶层设计	联合纺织骨干企业、装备企业、行业协会、高等院校、科研院所、标准化组织及检测机构等，构建纺织行业技术协同创新体系。建设国家级纺织纤维新材料标准化组织与检测机构等，以及应用、智能制造、绿色制造创新中心，建立跨学科跨领域的协同创新机制。建立纺织技术与装备的应用基础理论与共有关键技术研发平台。建设国家级企业技术中心，培育一批具有自主创新能力和核心竞争能力的科技型大型纺织企业
	加强政策支持	国家和地方财政专项资金对纺织技术与装备的重大工程、共性技术突破、基础原材料和基础零部件研发给予支持。对采用新技术、新装备的纺织行业先进示范项目给予财税和金融政策支持。鼓励和引导企业加大研发投入，扩大研发投入加计扣除范围和比重
	加强标准体系建设	发挥行业组织和标准化技术机构作用，搭建纺织行业的标准体系和公共服务平台，提升行业的质量管理和服务水平，提高标准运行质量。加强纺织纤维新材料、功能性纺织品、产业用纺织品、纺织智能制造等领域标准的制修订。加强标准国际合作，加快国际标准转化，积极主导和参与国际标准制修订，推动纺织优势产业技术标准成为国际标准，推动纺织标准国际互认
	加强跨部门跨领域协调沟通	加强与石化等上游原材料产业的衔接，为纺织产业的发展提供基础原辅料及技术保障。加强与医卫用、轨道交通、航空航天等下游产业的衔接，完善医疗、基建、军队等系统的采购通道，扶持自主品牌纺织产品参与竞争采购

图 12-1　纺织技术与装备技术路线图（续）

13

建筑材料

建材工业是为人居环境改善、工程建设提供材料及其制品支撑的重要基础产业，是支撑战略性新兴产业等相关产业发展的先导材料产业，是改善城市生态环境和发展循环经济、促进生态文明建设的关键节点产业。

重点发展的产品是水泥及混凝土、玻璃及玻璃基材料、陶瓷、墙体材料、人工晶体、高性能纤维及其复合材料、无机非金属矿及制品。

建筑材料

需求

建材包括基础建筑材料及制品、无机非金属新材料、无机非金属矿及制品三大类材料。建材工业是为人居环境改善、工程建设提供材料及其制品支撑的重要基础产业，是支撑战略性新兴产业等相关产业发展的先导材料产业，也是改善城市生态环境和发展循环经济、促进生态文明建设的关键节点产业。我国是世界上最大的建筑材料生产国和消费国。但我国建材工业存在发展不平衡、不充分的矛盾突出；基础建材产品产能过剩、结构调整任务艰巨；资源环境约束趋紧，节能减排压力大；高端无机非金属新材料制备技术水平与国际先进水平存在一定差距；无机非金属矿物资源利用率较低，深加工技术较为落后；部分高端产品及高端材料制备装备严重依赖进口等问题。因此，建材工业亟须进行重点产品研究攻关和关键技术及装备的突破，实现生产方式从资源、能源高负荷向绿色低碳方向转型，制造技术从传统集约式向高端智能化转型。

目标

到 2025 年，建材工业结构调整、产业升级取得显著成效，优势产业和产品技术水平大幅提升，高端无机非金属新材料及非金属矿功能材料制备技术及主要产业技术装备开发取得重大突破；经济效益、资源能源利用效率和环境治理效果都有重大提升。

到 2030 年，关键技术、关键装备、关键材料的技术水平和劳动生产率达到国际先进水平；各产业链完整，产品种类丰富、齐全；并具有强大的新产品及其制造装备的研发实力，成为无机非金属新材料高新技术及装备制造强国。

发展重点

1. 重点产品

▶水泥及混凝土

(1) 特种水泥

重点发展用于特种工程、特种环境和新领域的高等级特种水泥，如核电水泥、海工水泥及油井水泥。进一步优化具有低水化热、碱含量低、干缩性小、高早强、抗硫酸盐侵蚀性强等特性的高性能核电水泥；海工水泥实现较低水化热、较高抗裂性；实现高等级油井水泥的规模化生产和应用。

（2）混合水泥

推动普通硅酸盐水泥生产转向混合水泥生产，提高混合材掺入量。广泛研究采用具有水硬性或胶凝性潜质的工业废料，如矿渣、粉煤灰、冶炼渣等，进行深度加工以替代部分水泥熟料；研发各种水泥和混凝土的外加剂与改性剂，以弥补提高水泥混凝土的性能，满足多样性的需求；开拓纳米技术在水泥基材料中的研究应用。

（3）超高性能混凝土（UHPC）

研究发展适合不同类型工程应用、施工特点和需求的 UHPC 材料；推动 UHPC 在装配式桥梁和建筑构件结构连接的规模化应用；扩大 UHPC 在钢桥面铺装、钢-UHPC 组合桥梁的应用规模；重点发展装配式建筑湿接缝结构连接用 UHPC，使用 UHPC 生产楼梯、阳台等部分装配式建筑构件；重点开展 UHPC 维修加固研究和应用，发展适应不同场合、不同结构、多样化的 UHPC 成形施工方法及快速维修加固材料和施工技术；创新 UHPC 建筑设计与结构设计。

▶玻璃及玻璃基材料

（1）防火玻璃

重点发展并推广应用化学稳定性好、软化点高（850℃左右）、热膨胀系数低（$(3\sim4)\times10^{-7}$/℃）、机械强度高的高硼硅单片防火玻璃；发展无微泡、耐紫外线辐照、耐火隔热、防热辐射的高性能复合防火玻璃。

（2）节能玻璃

推广应用 Low-E 节能玻璃，提高膜层稳定性、耐磨性及牢固度，降低生产成本；发展传热系数低、隔声性能好、结构轻薄、安全性高的真空玻璃；发展智能节能玻璃。

（3）汽车玻璃

汽车玻璃向功能化、智能化、模块化、轻量化发展，重点发展超薄化学钢化玻璃、智能调光玻璃、玻璃天线、抬头显示玻璃、可加热玻璃、低辐射玻璃等。

（4）光伏玻璃

重点发展铜铟镓硒/碲化镉薄膜电池在线透明导电氧化物镀膜（TCO）玻璃。

（5）电子玻璃

发展G6代OLED玻璃基板；发展10.5代及以上高表观质量、少缺陷、耐热稳定、化学稳定的超薄TFT-LCD基板玻璃；发展高硬高韧高强、超洁净表面、优异抗刮划性能、高离子交换深度、高透过率的超薄盖板玻璃；发展0.1mm以下极低缺陷密度与杂质含量、高机械强度、高透光超薄柔性玻璃。

（6）石英玻璃

重点发展12英寸及以上单晶硅生产用大尺寸石英坩埚；8代以上平板显示器件生产用大尺寸光掩膜石英基板；单模光纤用大尺寸石英套管、沉积管；超低损耗管线用大掺杂量用氟石英玻璃。满足我国半导体、信息显示、绿色能源领域的应用需求。

（7）飞机用前风挡玻璃

重点发展高附加值特种航空玻璃原片，制备具有超高强度(大于400MPa)、优良的光学性能、轻量化、高可靠、长寿命的飞机前风挡玻璃。

▶陶瓷

（1）建筑陶瓷

发展高掺量使用大宗工业固废的轻质发泡陶瓷隔墙板及保温板；推广使用薄型化陶瓷砖（板）；发展具有吸附功能、噪声吸收功能、防静电功能、导热功能、内外墙保温功能的建筑陶瓷。

（2）卫生陶瓷

发展适用于现代建筑同层排水的卫生陶瓷，发展安全稳定的节水智能马桶，重点突破马桶盖加热器用高质量陶瓷发热管；发展智能浴缸、智能淋浴房；发展一体化的“防水底盘、壁板、顶板”整体框架及满足装配式要求的整体卫浴部品部件。

（3）高品质粉末原料

发展高端陶瓷关键原料——高性能陶瓷粉末，包括氮化硅、氮化铝、碳化硅、碳化硼、硼化锆等，满足国家相关产业的战略需求，实现进口替代。

（4）陶瓷轴承

实现全规格热等静压氮化硅陶瓷轴承球的批量制造；重点发展直升机主传动装置、精密 CNC 数控机床、航空 APU、飞机附件传动、导弹发动机、火箭发动机和航天卫星等高端制造装备中高速和高功率主轴用热等静压氮化硅陶瓷。

（5）陶瓷膜材料

重点发展轻质高强高温膜材、高效复合除尘脱硝一体化膜材、陶瓷平板膜材、高效高温 CO_2 分离膜、燃料电池用大尺寸异型电解质膜及连续氮化硼纤维隔膜等陶瓷膜材。

（6）陶瓷热机及部件

对燃气轮机零部件进行陶瓷化替代或者应用陶瓷涂层，如陶瓷涡轮增压器转子、电热塞、摇臂镶块、汽缸套等，达到低散热高热效的目的；开发高热机效率、低废气排放陶瓷高温燃气轮机。

（7）绝缘装置陶瓷

发展高铁和电动汽车 IGBT 大功率控制模块封装用高性能的晶圆级 AlN 基板（8 英寸）；发展高导热、高强度、高可靠氮化硅陶瓷基片；发展 Φ300mm 二英寸晶片沉积用碳化硅陶瓷基座；发展石英晶体振荡器和石英晶体谐振器等表面贴装器件用陶瓷封装基座。

▶墙体材料

（1）绿色墙体材料

墙体材料朝绿色、节能、环保、结构、功能一体化发展，因地制宜发展装配式建筑部品、部件，发展利用污泥、淤泥、弃土（污染土）、磷石膏、尾矿废渣、煤矸石、渣土等固体废弃物制备再生骨料混凝土制品、磷石膏装饰材料、烧结类建筑材料等资源循环利用产品。

（2）新型绝热节能材料

发展高效、长寿命的绝热节能材料，重点形成岩（矿）棉制品、玻璃棉制品、陶瓷纤维制品、橡塑、气凝胶、真空绝热板、保温装饰一体板等新材料产品。重点发展建筑用新型 A 级复合型绝热材料、岩（矿）棉功能性产品。

▶人工晶体

（1）第三代半导体晶体

雷达、卫星通信、高压输变电等领域核心材料 SiC 单晶（6 英寸及以上）、2 英寸及以上 AlN 单晶衬底、β-Ga_2O_3、金刚石等低缺陷半导体晶体。

（2）其他人工晶体

发展非线性磷酸钛氧铷（RTP）晶体，发展 CLBO 晶体，发展红外光学窗口 MgF_2、ZnS 光学晶体。

▶高性能纤维及其复合材料

1）高性能碳纤维

（1）高性能碳纤维

开发规模化（单条生产线产量≥2000 吨/年）聚丙烯腈碳纤维原丝、高强碳纤维（抗拉强度大于 5500MPa，变异系数低于 5%）、高模量碳纤维（M40J、M55J）、高强高模高韧碳纤维及高端大丝束碳纤维，研发高导热碳纤维、吸波碳纤维和介电碳纤维等新型功能性碳纤维，提高碳纤维质量稳定性，提高产量，降低生产成本。

（2）碳纤维复合材料

汽车、体育用品、高铁轨交、海洋船舶、石油开采、风电叶片、压力容器、商用航空用高效低成本碳纤维预浸带/料/丝等，航空航天用高温抗氧化碳纤维复合材料。

2）陶瓷纤维

（1）SiC 纤维

发展低氧含量、近化学计量比组成和高结晶结构第三代 SiC 连续纤维及连续 SiC 纤维增强碳化硅基体（SiC_f/SiC）复合材料。

（2）氧化铝纤维

重点开发耐温 1400℃以上的高铝含量连续氧化铝纤维产品，形成高强、高韧、耐高温、高热稳定等多功能连续氧化铝纤维系列产品，并发展面向航空航天等高端应用领域的新型氧化铝纤维增强复合材料。

（3）其他陶瓷纤维

高温透波材料、高温抗烧蚀材料、电池隔膜材料等领域用 BN 连续纤维及其复合材料；高温隔热和高温绝缘领域用 Si_3N_4 连续纤维及其复合材料；高端耐火保温、航空航天及国防工业用 ZrO_2 连续纤维及其增韧陶瓷。

3）玻璃纤维

（1）新型功能玻纤

研发新型功能玻纤，如激光及传感用光导纤维、可降解医用玻璃纤维、耐碱玻璃纤维、高硅氧玻璃纤维、天然彩色玻璃纤维、异形截面玻璃纤维等。

（2）高性能玻纤

发展高耐热、低膨胀超细电子玻璃纤维，最小单丝直径控制在 3.3～5μm；发展高强高模玻璃纤维，浸胶纱拉伸强度＞3000MPa，弹性模量达 95Gpa；发展规模化低介电玻璃纤维，介电常数δ 位于 4.2～4.8，介电损耗 $\tan\delta<0.001$ 的 HL。

（3）玻纤复材及其制品

发展连续玻纤增强热塑性片材/卷材、复合材料制品，3D 打印用玻纤复材及其 3D 打印制品，70 米以上级别玻纤复合风力发电叶片。

4）玄武岩纤维

（1）高性能玄武岩纤维

根据玄武岩纤维强度高、模量高，以及耐热性和化学稳定性好的特点，开发多种高力学性能、耐高温、耐侵蚀的玄武岩纤维。大力开发高强度玄武岩纤维（浸胶纱拉伸强度＞3000MPa）、高模量玄武岩纤维（浸胶纱拉伸弹模＞95GPa）、耐高温玄武岩纤维（400℃温度下处理 2h，干纱强度≥0.40N/tex，强度保留率＞65%）。

（2）高功能玄武岩纤维

研发低介电性能玄武岩纤维复合材料（介电常数＜2.6）、耐高温玄武岩纤维（使用温度＞800℃），以及低磁导率、耐紫外老化玄武岩纤维等。

（3）玄武岩纤维复合材料及制品

研究大跨桥用玄武岩纤维复合拉索，拉伸强度＞1700MPa；70 米以上级别风力发电叶片用高模量玄武岩纤维多轴向布；玄武岩纤维增强高压管道；加固领域用连续复合网格，拉伸强度＞2000MPa；发展高速铁路混凝土枕木用、车体轻量化、海洋工程、国防军工等领域用玄武岩纤维复合材料。

▶无机非金属矿及制品

(1) 石墨

发展用于电子、新能源、国防军工等领域的高纯石墨、特大规格等静压各向同性石墨（颗粒度细、1000mm 以上直径、密度 1.85g/cm^3、抗压强度 125MPa 以上）、负极材料、密封材料、石墨散热/导热材料、氟化石墨、石墨复合材料、渗硅石墨、石墨烧伤敷料等。

(2) 石英

发展用于电子、光伏/光热、航空航天、国防军工等领域的高纯石英、熔融石英及制品，球形硅微粉等。

(3) 硅藻土

发展用于环保、医疗等领域的高性能助滤剂、农药载体、空气净化吸附材料、水处理过滤材料、节能保温材料等。

(4) 硅灰石

发展用于橡塑、造纸、冶金等领域的高长径比硅灰石粉、改性硅灰石粉、水化硅酸钙、高性能冶金保护渣材料等。

(5) 膨润土

发展用于环保、化工、冶金、医药等领域的高端铸造用膨润土、纳米膨润土、有机膨润土、膨润土无机凝胶、固沙植被材料、膨润土工业废水净化材料、医用辅料等。

(6) 高岭土

发展用于造纸、化工、环保、国防军工等领域的高效催化剂载体、功能性填料、涂料颜料、吸附材料、海工工程材料等。

(7) 海泡石

发展用于环境保护、医疗、食品等领域的空气净化材料、分子筛、水处理材料、土壤改良剂、功能填料等。

(8) 凹凸棒石黏土

发展用于食品、化工、环保等领域的脱色剂、催化剂载体、功能性填料、钻井泥浆材料、水处理吸附材料、土壤改良修复材料、汽车尾气净化材料等。

（9）云母

发展用于化工、电子等领域的大径厚比云母粉、高性能云母纸、云母板、功能性涂料用填料等。

（10）滑石

发展用于橡塑、陶瓷、造纸、食品、医药、日化等领域的功能填料、釉料、涂膜材料等。

2. 关键技术及装备

▶水泥及混凝土

（1）烟气脱硝技术

进一步降低水泥窑 NO_x 排放，提高脱硝效率，降低脱硝成本。发展热碳催化技术/高固气比等源头 NO_x 控制技术；通过优化窑炉内分煤和分风、高效低氮燃烧器、SNCR 理论工艺创新等方法进行过程控制减排设备优化改造与工艺升级；重点发展 SCR 末端 NO_x 治理技术，开发高效、无毒、低温 SCR 催化剂，开发除尘脱硝一体化协同处理装置，开发常温常压吸附 NO_x 非催化材料。

（2）燃料替代技术

推广采用各种可燃工业废料和生活废弃物替代化学燃料来生产水泥熟料，确保环境安全，有害物排放符合环保标准，不产生二次污染，不影响熟料品质和水泥窑系统运转效率。

（3）二氧化碳捕集与封存（CCS）技术

大力推动碳捕集技术发展，创新碳捕集新技术，提高捕集效率，降低捕集成本。

（4）超高性能混凝土（UHPC）制备与应用技术

简化 UHPC 的制备工艺、降低成本、有效抑制 UHPC 的自收缩及减少温度收缩；建立起科学先进的 UHPC 技术体系，包括材料制备、材料性能与试验、结构设计与优化、成形施工、质量控制与验收及标准规范体系；

在模型制造、现场浇筑装备、成形养护施工工艺等方面提升技术和技艺水平。

▶玻璃及玻璃基材料

（1）镀膜技术

突破玻璃膜系设计关键，提高镀膜产品光学性能及膜层均匀性、稳定性、耐磨性和牢固度，发展高性能镀膜设备、高密度靶材，开发工业大面积物理气相沉积镀膜技术。

（2）基/盖板玻璃制备技术

突破高世代（10.5 代及以上）基板玻璃、盖板玻璃制备技术，攻克大面积高表观质量基板玻璃研磨加工技术、装备及抛光材料。

（3）柔性玻璃制备技术

实现柔性超薄玻璃在柔韧性、抗冲击性、R2R 制程上的突破，攻克一次成形工艺制备柔性平板玻璃关键技术和装备。

（4）飞机风挡玻璃制备技术

突破航空玻璃原片制备、玻璃增强及层合、玻璃电加温等飞机前风挡玻璃制备关键技术及装备。

▶陶瓷

（1）建筑陶瓷制备技术及装备

发展大尺寸陶瓷砖/板生产技术及成套装备，发展超薄建筑陶瓷砖/板生产及应用配套技术；完善开发智能化陶瓷砖干法短流程制粉工艺及成套装备技术，发展低温烧成技术；研发全自动高吨位压机、抛光研磨加工设备、陶瓷喷墨打印机喷头；发展陶瓷砖质量缺陷在线检测技术。

（2）卫生陶瓷制备技术

发展低压快排水成形技术及高压成形技术，研发长寿命高压注浆用树脂模；研究基于 3D 打印和有限元分析技术的高效原模开发技术；研究智能机器人的喷釉和修坯技术；研究卫生陶瓷抗菌自洁釉面技术。

（3）粉体制备技术

开发高纯氮化硅、氮化铝、碳化硅、碳化硼、硼化锆等先进陶瓷高性能粉体制备技术及装备。

（4）超精加工技术

突破陶瓷材料深孔、通道、微结构超精加工、低粗糙度表面加工、多表面集成加工等精密陶瓷部件/器件超精加工共性技术。

（5）先进陶瓷生产装备

提高粉体处理装置、热等静压炉等、高温烧结炉、精密研磨加工等高性能陶瓷生产装备的性能、可靠性、稳定性及寿命。

（6）陶瓷膜材料制备技术

发展高效高温CO_2分离膜制备技术，分离速率达国际先进水平；突破电池隔膜用大尺寸中空、薄壁、异型陶瓷膜构件成形、加工、组装等关键技术；突破燃料电池用氮化硼纤维隔膜工程化制备技术。

（7）陶瓷3D打印技术

研究3D陶瓷打印材料的成分设计和形态设计、与载能束的作用规律及材料组织形成规模与控制方法，对3D打印用陶瓷材料及成形技术实现突破。

▶墙体材料

新型墙体材料制备及应用技术

提高墙体材料装配式应用技术水平，提高墙材生产过程环保技术应用水平及装备制造水平，积极提高墙体材料绿色生态环境修复技术水平。

▶人工晶体

（1）半导体单晶制备及加工技术

单晶氮化铝、氮化硼等超宽禁带半导体材料高品质单晶衬底和外延材料的生长、掺杂及其材料加工的关键技术突破。

（2）人工晶体生长技术

加强晶体生长机理的基础研究及新的生长方法的探索，开发大尺寸、高质量、低成本的人工晶体。

▶高性能纤维及其复合材料

1）高性能碳纤维

（1）原料及关键辅材制备技术

开发无杂质丙烯腈聚合法、聚丙烯腈碳纤维原丝、高端环氧树脂制备技术及与各型号碳纤维相匹配的碳纤维油剂和上浆剂。

（2）高性能碳纤维制备技术

开发高强碳纤维（抗拉强度大于 5500MPa，变异系数低于 5%）、高模量碳纤维（M40J、M55J）、高强高模高韧碳纤维及高端大丝束碳纤维规模化制备技术及装备，研发高导热碳纤维、吸波碳纤维和介电碳纤维等新型功能性碳纤维制备技术。

（3）碳纤维生产核心装备及生产线

开发千吨级预氧化炉、高低温碳化炉、恒张力收丝机、高温石墨化炉等碳化线核心装备；开发聚合装置、纺丝机、水洗机、高温牵伸机、干燥机等干喷湿法纺丝生产线整线装备。

（4）碳纤维复合材料制备技术

碳纤维复合材料低成本预制体成形技术，低成本、短周期致密化技术及材料复合的新技术。

2）陶瓷纤维

连续陶瓷纤维及其复合材料制备技术

连续 SiC、Al_2O_3、BN、Si_3N_4、ZrO_2 陶瓷纤维工程化制备技术及其装备、纤维本征及应用性能系统评价、工艺适应性及对应的复合材料制备技术及其装备。

3）玻璃纤维

（1）玻纤制备技术

从配方设计、原料选择、熔化和成形等环节入手,实现高强高模，耐酸耐碱，高耐热、低膨胀，低介电，异形截面，可降解等功能型玻纤及其制品高效产业化；发展电子超细玻纤、高强玻纤、高模量玻纤、玻纤热塑复合纤维等高性能玻纤产品的池窑化生产技术；加强高品质热塑性玻纤浸润剂研发与生产。

（2）玻纤复合材料及制品制备技术

大力提高玻纤表面处理及其应用技术；推进 70m 以上级别低风速及海上用玻纤复合风力发电叶片设计优化和制造技术；研制连续玻纤增强热塑性片材/卷材、复合材料制品生产技术；加快 3D 打印用玻纤复材开发及其 3D 打印制品的应用；加快纤维复材产品的技术认证和评价工作。

4）玄武岩纤维

（1）高稳定玄武岩纤维原料生产技术

解决由于玄武岩成分波动大，铁氧化物含量高，熔制均匀性低等造成的性能不稳定、在高端领域上大量应用受限的问题。

（2）玄武岩纤维生产关键工艺技术

突破规模化生产高效低能耗立体加热的年产 5000～10000 吨的池窑技术，单位纤维能耗比现在坩埚炉降低 40%以上；研究稳定生产的 800～1600 多排多孔大漏板拉丝技术；突破玄武岩纤维表面处理浸润技术，开发专用浸润剂。

（3）玄武岩纤维复合材料制备、应用及评价技术

研究连续网格制备技术；多轴向纤维板材、型材制备技术；弯曲型材制备技术；大吨位拉索和锚具连续制备技术；考虑纤维随机强度、纤维混杂与复合设计；复合材料长寿命疲劳、蠕变、耐腐蚀性能评价；基于原位微观观测复合材料品质控制方法；面向应用的结构一体化设计、界面性能设计与自传感设计技术。

▶无机非金属矿及制品

（1）非金属矿采选技术

规模化、机械化、智能化高效开采技术与装备，推进智能配矿开采方法、分级开采分级利用采矿工艺与方法，鼓励充填采矿技术应用；高效绿色选矿自动化工艺与装备。

（2）石墨类产品制备技术

高纯、超低硼含量、高密度、各向同性、高精度核石墨制备技术；特大尺寸等静压石墨原料、配方及制备技术；高纯柔性石墨制备的氧化及插层技术；安全高效无污染石墨氟化技术；超高功率大规格石墨电极制备技术。

(3) 非矿加工技术

推进石墨、石英、硅藻土、高岭土、膨润土、长石、海泡石等重要非金属矿物资源基于矿物成分与结构的破碎及分级、超细颗粒选矿、提纯、表面改性与改型、多矿种功能复合技术、结构与功能化成套技术与装备。

(4) 资源高效利用技术

发展非金属矿“近零尾矿”加工利用技术、大宗尾矿规模化高端化利用技术、低品位和伴生矿物的选矿提纯及产品应用技术。

(5) 矿物材料制备及应用技术

加强矿物粉体分散性、流动性、吸油性等应用性能研究，加强非金属矿物材料应用技术开发，发展多品种、精细化、功能化、系列化非金属矿物产品。

战略支撑与保障

（1）加强宏观引导与宣传，引导企业转变观念，适应新形势要求，树立大产业、现代化发展观，通过资本运作增强企业实力，实现低成本扩张，以形成规模优势，形成大的市场舰队。

（2）强化政策鼓励环境，传统建材产品加大去产能力度，新兴产业补短板，优化产业结构，完善行业创新研发平台建设，组织科技创新计划项目，完善科研成果转化的有效机制。

（3）建立完善的标准体系，加强在基础共性标准、关键技术标准和重点应用标准的研究制定。

（4）实施“走出去”战略，通过海外投资和全球化发展战略，实现产能全球布局和企业全球化发展。

（5）加强数字化、网络化、智能化技术及装备在建材行业的应用。

（6）支持和鼓励行业协会、企业、科研院所、高校等机构加强合作，根据技术发展和市场需求，不断优化完善技术路线图。

技术路线图

建材领域技术路线图如图 13-1 所示。

<table>
<tr><th colspan="2">项目</th><th colspan="2">2020年 ---------- 2025年 ---------- 2030年</th></tr>
<tr><td colspan="2" rowspan="3">需求</td><td colspan="2">建材工业是为人居环境改善、工程建设提供材料及其制品支撑的重要基础产业，是支撑战略性新兴产业等相关产业发展的先导材料产业，是改善城市生态环境和发展循环经济、促进生态文明建设的关键节点产业。我国是世界上最大的建材生产国和消费国</td></tr>
<tr><td colspan="2">建材工业存在发展不平衡、不充分的矛盾突出：基础建材产品产能过剩、结构调整任务艰巨；资源环境约束趋紧，节能减排压力大，高端无机非金属新材料制备技术水平与国际先进水平存在一定差距；无机非金属矿物资源利用率较低，深加工技术较为落后；部分高端产品及高端材料制备装备严重依赖进口等问题</td></tr>
<tr><td colspan="2">亟需重点产品研究攻关和关键技术及装备的突破，实现生产方式从资源、能源高负荷向绿色低碳方向转型，制造技术从传统集约式向高端智能化转型</td></tr>
<tr><td colspan="2" rowspan="3">目标</td><td>建材工业结构调整、产业升级取得显著成效，优势产业和产品技术水平大幅提升</td><td>关键技术、关键装备、关键材料的技术水平和劳动生产率达到国际先进水平</td></tr>
<tr><td>高端无机非金属新材料及非金属矿功能材料制备技术及主要产业技术装备开发取得重大突破</td><td>各产业链完整，产品种类丰富、齐全，具有强大的新产品及其制备装备的研发实力</td></tr>
<tr><td>经济效益、资源能源利用效率和环境治理效果都有重大提升</td><td>成为无机非金属新材料高新技术及装备制造强国</td></tr>
<tr><td rowspan="7">重点产品</td><td rowspan="3">水泥及混凝土</td><td colspan="2">特种水泥：重点发展用于特种工程、特种环境和新领域的高等级特种水泥，如核电水泥、海工水泥及油井水泥。进一步优化具有低水化热、碱含量低、干缩性小、高早强、抗硫酸盐侵蚀性强等特性的高性能核电水泥；海工水泥实现较低水化热、较高抗裂性；实现高等级油井水泥的规模化生产和应用</td></tr>
<tr><td colspan="2">混合水泥：推动普通硅酸盐水泥生产转向混合水泥生产，提高混合材掺入量。广泛研究采用具有水硬性或胶凝性潜质的工业废料，如矿渣、粉煤灰、冶炼渣等，进行深度加工以替代部分水泥熟料；研发各种水泥和混凝土的外加剂与改性剂，以弥补提高水泥混凝土的性能，满足多样性的需求；开拓纳米技术在水泥基材料中的研究应用</td></tr>
<tr><td colspan="2">超高性能混凝土：研究发展适合不同类型工程应用、施工特点和需求的UHPC材料；推动UHPC在装配式桥梁和建筑构件连接的规模化应用；扩大UHPC在钢桥面铺装、钢-UHPC组合桥梁的应用规模；重点发展装配式建筑湿接缝结构连接用UHPC，使用UHPC生产楼梯、阳台灯部分装配式建筑构件；重点开展UHPC维修加固研究和应用，发展适应不同场合、不同结构、多样化的UHPC成形施工方法，以及快速维修加固材料和施工技术；创新UHPC建筑设计与结构设计</td></tr>
<tr><td rowspan="4">玻璃及玻璃基材料</td><td>防火玻璃：重点发展并推广应用化学稳定性好、软化点高、热膨胀系数低、机械强度高的高硼硅单片防火玻璃；发展无微泡、耐紫外线辐照、耐火隔热、防热辐射的高性能复合防火玻璃</td><td>防火玻璃广泛应用</td></tr>
<tr><td>节能玻璃：推广应用Low-E节能玻璃，提高膜层稳定性、耐磨性及牢固度，降低生产成本；发展传热系数低、隔声性能好、结构轻薄、安全性高的真空玻璃；发展智能节能玻璃</td><td>节能玻璃广泛应用</td></tr>
<tr><td colspan="2">汽车玻璃：向功能化、智能化、模块化、轻量化发展，重点发展超薄化学钢化玻璃、智能调光玻璃、玻璃天线、抬头显示玻璃、可加热玻璃、低辐射玻璃等</td></tr>
<tr><td>光伏玻璃：铜铟镓硒/碲化镉薄膜电池在线透明导电氧化物镀膜（TCO）玻璃</td><td>光伏玻璃广泛应用</td></tr>
</table>

图 13-1　建材领域技术路线图

项目		2020年 ---- 2025年 ---- 2030年	
重点产品	玻璃及玻璃基材料	电子玻璃：发展G6代OLED玻璃基板；10.5代及以上高表观质量超薄无碱硼铝硅酸盐LCD基板玻璃，高硬高韧高强、超洁净表面、优异抗刮划性能、高离子交换深度、高透过率的超薄盖板玻璃；0.1mm以下极低缺陷密度与杂质含量、高机械强度、高透光超薄柔性玻璃	电子玻璃品质及产业规模国际领先，性能及应用评价形成规范标准体系
		石英玻璃：12英寸及以上单晶硅生产用大尺寸石英坩埚，8代以上平板显示器件生产用大尺寸光掩膜石英基板，单模光纤用大尺寸石英套管、沉积管，超低损耗管线用大掺杂量用氟石英玻璃	石英玻璃制品品种齐全、性能及规模达国际先进水平
		飞机前风挡玻璃：发展高附加值特种航空玻璃原片，制备具有超高强度(大于400MPa)、优良的光学性能、轻量化、高可靠、长寿命的飞机前风挡玻璃	
	陶瓷	建筑陶瓷：发展高掺量使用大宗工业固废的轻质发泡陶瓷隔墙板及保温板；推广使用薄型化陶瓷砖（板）；发展具有吸附功能、噪声吸收功能、防静电功能、导热功能、内外墙保温功能的建筑陶瓷	
		卫生陶瓷：发展适用于现代建筑同层排水的卫生陶瓷，发展安全稳定的节水智能马桶，重点突破马桶盖加热器用高质量陶瓷发热管；发展智能浴缸、智能淋浴房；发展一体化的“防水底盘、壁板、顶板”整体框架及装配式整体卫浴部品部件	智能卫生陶瓷产品及装配式卫浴部品部件普及
		高品质粉末原料：高性能氮化硅、氮化铝、碳化硅、碳化硼、硼化锆等陶瓷粉末	
		陶瓷轴承：实现全规格热等静压氮化硅陶瓷轴承球的批量制造；重点发展直升机主传动装置、精密CNC数控机床、航空APU、飞机附件传动、导弹发动机、火箭发动机和航天卫星等高端制造装备中高速和高功率主轴用热等静压氮化硅陶瓷	氮化硅陶瓷主轴达国际先进水平
		陶瓷膜材料：轻质高强高温膜材、高效复合除尘脱硝等一体化膜材、陶瓷平板膜材、高效高温 CO_2 分离膜、燃料电池用大尺寸异型电解质膜及连续氮化硼纤维隔膜等陶瓷膜材	先进陶瓷膜材料达国际先进水平
		陶瓷热机及部件：对燃气轮机零部件进行陶瓷化替代或者采用陶瓷涂层	开发高热机效率、低废气排放陶瓷高温燃气轮机
		绝缘装置陶瓷：封装用高性能的晶圆级AlN基板（8英寸）；高导热、高强度、高可靠氮化硅陶瓷基片；Φ300mm二英寸晶片沉积用碳化硅陶瓷基座；表面贴装器件用陶瓷封装基座	绝缘装置陶瓷产品达国际先进水平并大规模生产
	墙体材料	绿色墙体材料：墙体材料朝绿色、节能、环保、结构、功能一体化发展，因地制宜发展装配式建筑部品、部件，发展利用污泥、淤泥、弃土（污染土）、磷石膏、尾矿废渣、煤矸石、渣土等固体废弃物制备再生骨料混凝土制品、磷石膏装饰材料、烧结类建筑材料等资源循环利用产品	

图 13-1　建材领域技术路线图（续）

项目		2020年—2025年	2025年—2030年
重点产品	墙体材料	新型绝热节能材料：发展高效、长寿命的绝热节能材料，重点形成岩（矿）棉制品、玻璃棉制品、陶瓷纤维制品、橡塑、气凝胶、真空绝热板、保温装饰一体板等新材料产品。重点发展建筑用新型A级复合型绝热材料、岩（矿）棉功能性产品	新型绝热节能材料应用广泛
	人工晶体	第三代半导体晶体：雷达、卫星通信、高压输变电等领域核心材料SiC单晶（6英寸及以上）、2英寸及以上AlN单晶衬底、β-Ga_2O_3、金刚石等低缺陷半导体晶体	
		其他人工晶体：非线性磷酸钛氧铷（RTP）晶体，CLBO晶体，红外光学窗口MgF_2、ZnS光学晶体	
	高性能纤维及其复合材料	高性能碳纤维：开发规模化（单条生产线产量≥2000吨/年）聚丙烯腈碳纤维原丝、高强碳纤维（抗拉强度大于5500MPa，变异系数低于5%）、高模量碳纤维（M40J、M55J）、高强高模高韧碳纤维及高端大丝束碳纤维，研发高导热碳纤维、吸波碳纤维和介电碳纤维等新型功能性碳纤维，提高碳纤维质量稳定性，提高产量，降低生产成本	
		碳纤维复合材料：汽车、体育用品、高铁轨交、海洋船舶、石油开采、风电叶片、压力容器、商用航空用高效低成本碳纤维预浸带/料/丝等，航空航天用高温抗氧化碳纤维复合材料	
		碳化硅纤维：发展低氧含量、近化学计量比组成和高结晶结构第三代SiC 纤维及连续SiC纤维增强碳化硅基体(SiC_f/SiC)复合材料	第三代碳化硅纤维性能稳定，实现规模化生产
		氧化铝纤维：重点开发耐温1400℃以上的高铝含量连续氧化铝纤维产品并发展新型氧化铝纤维增强复合材料	形成高强、高韧、耐高温、高热稳定等多功能连续氧化铝纤维系列产品
		其他陶瓷纤维：BN连续纤维及其复合材料；Si_3N_4连续纤维及其复合材料；ZrO_2连续纤维及其增韧陶瓷	
		新型功能玻纤：研发新型功能玻纤，如激光及传感用光导纤维、可降解医用玻璃纤维、耐碱玻璃纤维、高硅氧玻璃纤维、天然彩色玻璃纤维、异型截面玻璃纤维等	
		高性能玻纤：发展高耐热、低膨胀超细电子玻璃纤维，最小单丝直径控制在3.3～5μm；发展高强高模玻璃纤维，浸胶纱拉伸强度＞3000MPa，弹性模量达95Gpa；发展规模化低介电玻璃纤维，介电常数为δ4.2～4.8，介电损耗tan δ＜0.001的HL	高性能玻纤性能稳定并实现产业化
		玻纤复材及其制品：发展连续玻纤增强热塑性片材/卷材、连续纤维增强热塑性复合材料制品、3D打印用玻纤复材及其3D打印制品、70米以上级别玻纤复合风力发电叶片	
		高性能玄武岩纤维：大力开发高强度玄武岩纤维（浸胶纱拉伸强度＞3000MPa）、高模量玄武岩纤维（浸胶纱拉伸弹模＞95GPa）、耐高温玄武岩纤维（400℃温度下处理2h，干纱强度≥0.40N/tex，强度保留率＞65%）	实现玄武岩纤维生产规模化，产品的多样化

图 13-1　建材领域技术路线图（续）

项目		2020年 —— 2025年 —— 2030年
重点产品	高性能纤维及其复合材料	高功能玄武岩纤维：研发低介电性能玄武岩纤维复合材料（介电常数＜2.6）、耐高温玄武岩纤维（使用温度＞800℃），及低磁导率、耐紫外老化玄武岩纤维等
		玄武岩纤维复合材料及制品：研究大跨桥用玄武岩纤维复合拉索，拉伸强度＞1700MPa；70ｍ以上级别风力发电叶片用高模量玄武岩纤维多轴向布；玄武岩纤维增强高压管道；加固领域用连续复合网格，拉伸强度＞2000MPa；发展高速铁路混凝土枕木用、车体轻量化、海洋工程、国防军工等领域用玄武岩纤维复合材料
	无机非金属矿及制品	石墨：发展用于电子、新能源、国防军工等领域的高纯石墨、特大规格等静压各向同性石墨（颗粒度细、1000mm以上直径、密度1.85g/cm^3、抗压强度125MPa以上）、负极材料、密封材料、石墨散热/导热材料、氟化石墨、石墨复合材料、渗硅石墨、石墨烧伤敷料等
		石英：发展用于电子、光伏/光热、航空航天、国防军工等领域的高纯石英、熔融石英及制品，球形硅微粉等
		硅藻土：发展用于环保、医疗等领域的高性能助滤剂、农药载体、空气净化吸附材料、水处理过滤材料、新型环保装饰材料、节能保温材料等
		硅灰石：发展用于橡塑、造纸、冶金等领域的高长径比硅灰石粉、改性硅灰石粉、水化硅酸钙、高性能冶金保护渣材料等
		膨润土：发展用于环保、化工、冶金、医药等领域的高端铸造用膨润土、纳米膨润土、有机膨润土、膨润土无机凝胶、固沙植被材料、膨润土工业废水净化材料、医用辅料等
		高岭土：发展用于造纸、化工、环保、国防军工等领域的高效催化剂载体、功能性填料、涂料颜料、吸附材料、海工工程材料等
		海泡石：发展用于环境保护、医疗、食品等领域的空气净化材料、分子筛、水处理材料、土壤改良剂、功能填料等
		凹凸棒石黏土：发展用于食品、化工、环保等领域的脱色剂、催化剂载体、功能性填料、钻井泥浆材料、水处理吸附材料、土壤改良修复材料、汽车尾气净化材料等
		云母：发展用于化工、电子等领域的大径厚比云母粉、高性能云母纸、云母板、功能性涂料用填料等
		滑石：发展用于橡塑、陶瓷、造纸、食品、医药、日化等领域的功能填料、釉料、涂膜材料等
关键技术及装备	水泥及混凝土	烟气脱硝技术：进一步降低水泥窑NO_x排放，提高脱硝效率，降低脱硝成本。发展热碳催化技术/高固气比等源头NO_x控制技术；通过优化窑炉内分煤和分风、高效低氮燃烧器、SNCR理论工艺创新等方法进行过程控制减排设备优化改造与工艺升级；重点发展SCR末端NO_x治理技术，开发高效、无毒、低温SCR催化剂，开发除尘脱硝一体化协同处理装置，开发常温常压吸附NO_x非催化材料。
		燃料替代技术：推广采用各种可燃工业废料和生活废弃物替代化学燃料来生产水泥熟料，确保环境安全，有害物排放符合环保标准，不产生二次污染，不影响熟料品质和水泥窑系统运转效率
		二氧化碳捕集与封存（CCS）技术：大力推动碳捕集技术发展，创新碳捕集新技术，提高捕集效率，降低捕集成本

图 13-1　建材领域技术路线图（续）

项目		2020年 —— 2025年 —— 2030年	
关键技术及装备	水泥及混凝土	超高性能混凝土（UHPC）制备与应用技术：简化UHPC的制备工艺、降低成本、有效抑制UHPC的自收缩及减少温度收缩；建立起科学先进的UHPC技术体系，包括材料制备、材料性能与试验、结构设计与优化、成形施工、质量控制与验收及标准规范体系；在模型制造、现场浇筑装备、成形养护施工工艺等方面提升技术和技艺水平	
	玻璃及玻璃基材料	镀膜技术：突破Low-E及热致变色等玻璃膜系设计关键，提高镀膜产品光学性能及膜层均匀性、稳定性、耐磨性和牢固度，发展高性能镀膜设备、高密度靶材，开发工业化大面积物理气相沉积镀膜技术	
		基/盖板玻璃制备技术及装备：突破高世代（10.5及以上）基板玻璃、盖板玻璃制备技术与装备关键，攻克大面积高表观质量基板玻璃研磨加工技术、装备及抛光材料	技术及装备达国际先进水平
		柔性玻璃制备技术及装备：实现柔性超薄玻璃在柔韧性、抗冲击性、R2R制程上的突破，攻克一次成形工艺制备柔性平板玻璃关键技术和装备	
		飞机风档玻璃制备技术及装备：突破航空玻璃原片制备、玻璃增强及层合、玻璃电加温等飞机前风挡玻璃制备关键技术及装备	
	陶瓷	建筑陶瓷制备技术及装备：发展大尺寸陶瓷砖/板生产技术及成套装备，发展超薄建筑陶瓷砖/板生产及应用配套技术；完善开发智能化陶瓷砖干法短流程制粉工艺及成套装备技术，发展低温烧成技术；研发全自动高吨位压机、抛光研磨加工设备，发展陶瓷砖质量缺陷在线检测技术	建筑陶瓷生产技术国际领先
		卫生陶瓷制备技术：发展低压快排水成形技术及高压成形技术，研发长寿命高压注浆用树脂模；研究基于3D打印和有限元分析技术的高效原模开发技术；研究智能机器人的喷釉和修坯技术；研究卫生陶瓷抗菌自洁釉面技术	卫生陶瓷生产技术达国际先进水平
		陶瓷粉体制备技术：发展高纯Si_3N_4、AlN、SiC、B_4C、ZrB_2等先进陶瓷高性能粉体制备技术及装备	
		超精加工技术：突破陶瓷材料深孔、通道、微结构超精加工、低粗糙度表面加工、多表面集成加工等精密陶瓷部件/器件超精加工共性技术	
		先进陶瓷生产装备：提高粉体处理装置、热等静压炉、高温烧结炉、精密研磨加工等陶瓷生产装备的性能、可靠性、稳定性及寿命	
		陶瓷膜材料制备技术：高效高温CO_2分离膜制备技术；大尺寸中空、薄壁、异型燃料电池陶瓷膜构件成形、加工、组装关键技术；燃料电池用氮化硼纤维隔膜工程化制备技术	
		陶瓷3D打印技术：研究3D陶瓷打印材料的成分设计和形态设计、与载能束的作用规律，以及材料组织形成规模与控制方法，对3D打印用陶瓷材料及成形技术实现突破	
	墙体材料	提高墙体材料装配式应用技术水平，提高墙材生产过程环保技术应用水平及装备制造水平，积极提高墙体材料绿色生态环境修复技术水平	墙体材料绿色生态环境修复技术高度发达
	人工晶体	半导体单晶制备及加工技术：单晶氮化铝、氮化硼等超宽禁带半导体材料高品质单晶衬底和外延材料的生长、掺杂及其材料加工的关键技术突破	

图 13-1　建材领域技术路线图（续）

项目		2020年 ---- 2025年 ---- 2030年
关键技术及装备	人工晶体	人工晶体技术：加强晶体生长机理的基础研究及新的生长方法的探索，开发大尺寸、高质量、低成本的人工晶体
	高性能纤维及其复合材料	碳纤维原料及关键辅材制备技术：开发无杂质丙烯腈聚合法、聚丙烯腈碳纤维原丝、高端环氧树脂制备技术，以及与各型号碳纤维相匹配的碳纤维油剂和上浆剂
		高性能碳纤维制备技术：开发高强碳纤维（抗拉强度大于5500MPa，变异系数低于5%）、高模量碳纤维（M40J、M55J）、高强高模高韧碳纤维及高端大丝束碳纤维规模化制备技术及装备，研发高导热碳纤维、吸波碳纤维和介电碳纤维等新型功能性碳纤维制备技术
		碳纤维生产核心装备及生产线：开发千吨级预氧化炉、高低温碳化炉、恒张力收丝机、高温石墨化炉等碳化线核心装备；开发聚合装置、纺丝机、水洗机、高温牵伸机、干燥机等干喷湿法纺丝生产线整线装备
		碳纤维复合材料制备技术：碳纤维复合材料低成本预制体成型技术，低成本、短周期致密化技术及材料复合的新技术
		连续陶瓷纤维及其复合材料制备技术：连续SiC、Al_2O_3、BN、Si_3N_4 、ZrO_2陶瓷纤维工程化制备技术及其装备、纤维本征及应用性能系统评价、工艺适应性及对应的复合材料制备技术及其装备
		玻璃纤维制备技术：从配方设计、原料选择、熔化和成型等环节入手,实现高强高模，耐酸耐碱，高耐热、低膨胀，低介电，异形截面，可降解等功能型玻纤及其制品高效产业化；发展电子超细玻纤、高强玻纤、高模量玻纤、玻纤热塑复合纤维等高性能玻纤产品的池窑化生产技术；加强高品质热塑性玻纤浸润剂研发与生产
		玻纤复合材料及其制品制备技术：大力提高玻纤表面处理及其应用技术；推进70米以上级别低风速及海上用玻纤复合风力发电叶片设计优化和制造技术；研制连续玻纤增强热塑性片材/卷材、复合材料制品生产技术；加快3D打印用玻纤复材开发及其3D打印制品的应用；加快纤维复材产品的技术认证和评价工作
		玄武岩纤维制备技术：突破高稳定性玄武岩纤维原料生产技术、高效低能耗立体加热的池窑技术、大漏板拉丝技术、纤维表面处理浸润技术
		玄武岩纤维复材制备、应用及评价技术：研究连续网格制备技术；多轴向纤维板材、型材制备技术；弯曲型材制备技术；大吨位拉索和锚具连续制备技术；考虑纤维随机强度、纤维混杂与复合设计；复合材料长寿命疲劳、蠕变、耐腐蚀性能评价；基于原位微观观测复合材料品质控制方法；面向应用的结构一体化设计、界面性能设计与自传感设计技术。
	无机非金属矿及制品	非金属矿采选技术：规模化、机械化、智能化高效开采技术与装备，推进智能配矿开采方法、分级开采分级利用采矿工艺与方法，鼓励充填采矿技术应用；高效绿色选矿自动化工艺与装备
		石墨类产品制备技术：高纯、超低硼含量、高密度、各向同性、高精度核石墨制备技术；特大尺寸等静压石墨原料、配方及制备技术；高纯柔性石墨制备的氧化及插层技术；安全高效无污染石墨氟化技术；超高功率大规格石墨电极制备技术
		非金属矿物加工技术与装备：推进石墨、石英、硅藻土、高岭土、膨润土等重要非金属矿物资源破碎及分级、选矿、提纯、表面改性与改型、多矿种功能复合技术、结构与功能化成套技术与装备

图 13-1　建材领域技术路线图（续）

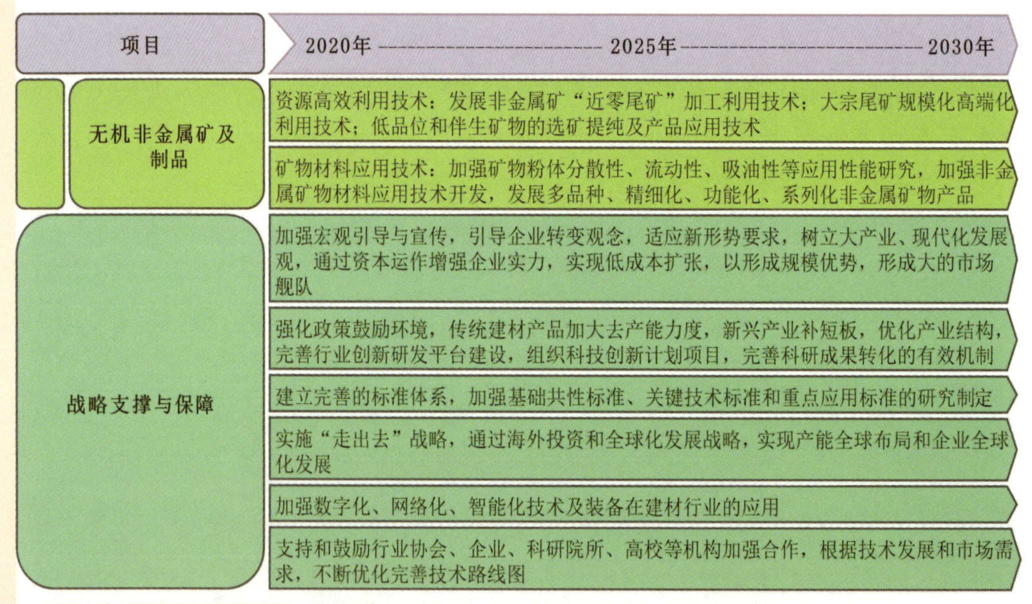

图 13-1　建材领域技术路线图（续）

14

家用电器

家用电器是包括制冷电器、清洁电器、厨房电器及生活电器等在内的，在家庭及类似场所中所使用的电子器具的总称，其作为轻工重点民生产业，与人民美好生活密切相关。

家用电器重点发展的产品和工程是高海拔复杂环境关键技术突破及产业化工程、安全使用年限关键技术突破及产业化工程、质量提升及国际品牌建设工程、智能家居健康场景示范工程、产业上下游融合工程。

家用电器

家用电器是包括制冷电器、清洁电器、厨房电器及生活电器等在内的，在家庭及类似场所中所使用的电子器具的总称，其作为轻工重点民生产业，与人民美好生活密切相关。我国现已发展成为全球最大的家电生产国、消费国和出口国。2018 年，我国家电总产值达 1.5 万亿元，家电产量达 42318 万台，占全球总产量的 56.2%；出口总额达 751.2 亿美元，占全球出口市场额的 38%。2019 年，美的、海尔、格力分别跻身财富世界 500 强，中国家电品牌的国际影响力日渐提升。

需求

家电产业需求与国民经济发展密切相关，当前我国家电产业规模已经处于国际领先水平，但是大而不强的问题依然存在，习惯于跟跑的中国家电，到了必须要领跑的发展阶段，全行业正在标准、技术、产品等方面加大创新力度，以高质量发展保持并扩大领先优势。在城镇化进程的推动下，在消费者对美好生活需要的拉动下，家电消费需求长期旺盛，并且逐渐呈现出智能化和高端化的发展趋势。未来，中国家电将从单机智能、网络智能朝着安全、健康、舒适的智能家居演进，中国家电也将沿着品牌、品质、品种三个方向从中低端逐渐走向高端。家电行业位于产业链终端，跨领域、跨行业融合发展优势明显，不仅为上游零部件、原材料及装备、软件提供了巨大的市场和应用空间，同时也对基础科学、绿色节能等方面的技术有着迫切的需求。

目标

到 2025 年，实现我国家电产业在标准体系、技术创新、产品质量等方面均达到国际领先水平。加强上下游产业融合应用，努力突破共性关键技术，弥补家电产业基础材料、零部件和制造工艺等关键短板。家电产品智能化水平达到 70%，高端家电市场份额加大，智能家居生态系统初步形成。

到 2030 年，实现我国家电产业全面国际领先，在引领国际标准、专利的同时，全球创新体系完善，全球产业链安全可控。伴随“一带一路”，更多中国品牌、中国工厂在世界各地扎根，高端家电产品跻身全球家电市场。家电产品智能化水平提升至 85%，中国主导的全球智能家居生态系统基本建立。

到 2035 年，引领全球智能家居生态，满足人民美好生活需要。

发展重点

1. 重点产品、工程

▶高海拔复杂环境关键技术突破及产业化工程

针对高海拔和接地复杂环境下，空气压力和密度低、太阳辐射照度高、温度变化大、大风日多、土壤温度低且冻结期长等导致的固体绝缘强度、电气间隙击穿电压和接地连续的不确定性直接危害着人身财产安全这一世界级难题，探明影响因素、故障失效机理，建立相关性模型，攻克安全技术防护关键技术并进行全球产业化推广应用，保护我国国土面积四分之一的高海拔地区 1 亿以上的消费者及全球陆地面积 45%的高海拔地区消费者的安全。

▶安全使用年限关键技术突破及产业化工程

探明产品设计、原材料（部件）、加工制造、储藏运输、安装维修、使用环境和使用习惯等复杂因素影响家电产品安全使用年限的机制，建立相关性模型，攻克安全使用年限可靠性设计世界级难题并进行全球产业化推广应用，解决家电产品超期使用引发的恶性安全事故，保护消费者的生命财产安全，打通行业升级换代的瓶颈。

▶质量提升及国际品牌建设工程

高标准决定高质量，通过拉抬我国标准的国际地位，引领产业质量提升，以非传统营销手段整体打造中国家电产业“高技术流”形象，在健康家电和直流电器系统等惠及全球民生的领域开展试点示范，辅以国际传播高维融媒体平台正面宣传，实现家电产业从 OEM—ODM—PB 的蜕变，全面提升家电产业的品牌国际溢价能力，夯实家电产业品牌价值基础。

▶智能家居健康场景示范工程

着力创建智能家居健康场景系统生态。以家电智能化为手段推进智能家居在节能、安全、健康、舒适方面的建设，研发智能健康空气处理产品、智能化居家直饮水管理系统、智能化家庭健康管理和食品管理中心、智能生活电器及厨房电器产品，提升智能家居物联网信息安全、互联互通科技的发展水平，融合智能楼宇、居住安全、大健康、生活管理等诸多领域形成一体化智能家居生态服务系统。

▶产业上下游融合工程

以国家项目为平台，通过企业间协同创新促进产业上下游融合工程的建设，着力推进家电产业基础材料、零部件、元器件、制造工艺等关键短板的发展，提升家电产业从设计、研发、检测、标准认证到生产的一体化程度，建立安全、高效、完整的家电产业链。

2. 关键技术

▶家电节能技术

开展家用电器节能技术专项研究。研究直流家电、高效制冷循环、节能电机等技术,搭建整套新能源家电系统,完善各类家电的节能评价标准,实现家电能源利用率的大幅提高及新能源的高效利用和转换；与此同时，基于大数据学习、训练等技术，优化家电产品各执行器的耦合控制，开发低能耗运行家电产品。

▶智能健康技术

开展家用电器监测人体健康指标研究，采用边缘计算、大数据及人工智能等技术，基于先进物理生化传感技术，研究人体睡眠质量、生理指标与疾病的关系及疾病预测预防算法，并以家电智能化为手段，结合健康行为数据分析平台，最终形成基于家电的人体健康预防体系。

▶舒适性技术

重点开展温度、湿度、风速、噪声及声品质、气流组织舒适性技术研究，研究家用电器环境对用户居住舒适性的影响因素，建立适合各地区居住者舒适性的模型和舒适性数据平台，针对各类家电产品工业设计与人体工学进行研究，最终从家用电器的角度大幅提升家居环境的舒适性。

▶家电信息通信技术

开展家电互联互通、物联网操作系统安全内核、信息安全技术研究，扩大家电的网络化、数据化和信息共享化应用，建立家电产品统一规范的信息互联、安全标准体系，实现智能家居在监测、通信及控制方面的物联网一体化管理，形成信息通信技术的设计及应用整体方案。

▶家电检测认证研究

重点开展家电产品及家居环境的检测认证评价技术研究，针对安全性、功能性、节能性、智能性、可靠性、合规性、舒适性多维度内容，进行检测与认证评价，开展高海拔电器、室内污染物去除、智能家居、个性化定制和大健康电器等的检测与评价方法的研究，提升产品质量。

▶标准化理论和技术研究

重点开展标准化理论和应用评价研究，针对家电行业特点进行体系构建和路线图的深入研究，并设立应用试点示范工程。

3. 关键零部件

▶核心芯片组件

重点开展适用于空调压缩机的15～30A变频模块IPM、32位/64pin/128K变频驱动MCU、主频≥80MHz的DSP控制芯片等核心芯片的研究工作，探索并自主设计完成适用于空调压缩机芯片的整体变频控制方案，实现家电产业所需的多类芯片的自主研发和生产，降低国产芯片的不良产品率，逐步完成我国家电产业从零部件到整机装配的一体化生产目标。

▶智能传感器

重点开展适用于家电产业的智能传感器及其专用芯片研发工作，提升温度、湿度、压力等基础传感器的工作稳定性，并针对人感、手势、语音、光感、人体信息等智能传感器进行应用场景研究，基于各类应用场景搭建智能传感器实验系统，最终实现自主设计，生产高性能、高可靠性、高精度的智能传感器组件为家电产品的智能控制提供技术保障。

▶新型高效换热器

针对冰箱、空调产品的特性对高效换热器进行研究工作，强化在制冷剂分流、冷凝水排除、结霜抑制等方面的技术研究，同时对细小管径 D5、D4 的内螺纹管道的新型螺纹形状进行专项研究，最终实现自主设计及研发各类适用于冰箱、空调的微通道换热器、管翅式换热器等。

▶压缩机

突破压缩机控制系统的开发和零部件生产的技术难题，开发新型高效压缩机，如转子补气变频压缩机、线性压缩机等，并实现产业化，开展压缩机变频方法和地域适应性的专项研究，从硬件和软件两方面解决压缩机技术难题，实现整套压缩机系统自主化生产的目标。

▶高效电机及其驱动

开展无叶片式电机、紧凑型电机、直流无刷电机、变频电机研发工作，通过改善电机结构提升电机效率、降低电机噪声、提高运行可靠性；开展变频电机驱动方面的研发工作，实现变频电机软硬件完全自主化生产，最终实现一体式变频离心电机、直流无刷电机在冰箱、空调等家电的普及率大幅提升。

▶新型加热器

开展对家电用多种新型加热器的研发工作，强化对新型 PTC 加热器、电磁加热盘等在安全、节能方面的研究，着力提升各类加热器的防垢、除垢的能力，提高新材料在加热器上的普及率。

▶制冷节流装置

着力开发可替代毛细管的小孔节流装置及小型制冷家电用电子膨胀阀，通过改善各类节流装置的结构，提高节流装置在制冷家电中的适应性。着力开发电子膨胀阀的自动控制装置，结合智能传感器实现制冷循环在过热度、除霜等方面的自动控制，进而提升制冷家电的能效。

4. 关键原材料

▶高效磁性材料

开展家电电机用高效磁性材料的专项研究，建立特别适用于压缩机电机的磁性材料实验平台，着力突破我国制冷家电在磁性材料方面的短板，实现高效磁性材料的自主研发和生产，提升自主电机的额定工作效率，进而使国产压缩机达到国际领先水平。

▶先进碳材料

着力研发导热系数 100W/mK 以上、复合材料强度 3.5GPa 以上、模量 255 GPa 以上的碳材料，掌握碳材料在光学、热学、力学及电学等领域的应用特性，推广其在家电产品能量储存、液晶器件、电子器件方面的应用，实现在多产品系列应用高强复合材料替代金属，减重 20%~50%，能耗降低 10%以上。

▶保温绝热材料

开展家电用发泡材料、真空绝热板（VIP 板）材料的化学特性研究，搭建家电用保温绝热材料的实验台，着力研发 ODP 为零、GWP 低、传热系数低的保温绝热材料，实现我国家电产品的发泡材料、真空绝热板（VIP 板）材料在生产工艺上的突破，使产品能耗降低 8%～10%。

▶涂覆材料

开展抗菌涂覆材料、耐高温防水涂覆材料、防霜涂覆材料、防腐涂覆材料的专项研究，提升材料在涂覆过程中的均匀性和牢固程度，克服针孔、磷爆等缺陷，实现家电产品多种涂覆材料的自主生产，提升家电产品抗菌、防水、防霜及防腐性能，延长家电整机及相关零部件的使用寿命。

▶制冷剂替代材料

着力开展家电制冷系统用 GWP 值低、ODP 值为零的制冷剂替代材料的研究工作，开展替代冷媒在稳定性、安全性、兼容性、制冷量等多方面的试验和工程应用技术研究，加强对新型高效制冷剂产品的推广应用，同时结合制冷系统的协同创新，使相同能效机型超低温环境下的制热量相对 R22 提高 45%以上。

▶冷冻油

开展家电制冷系统用冷冻油的结构及添加剂配方的研究，同时深入研究冷冻油的作用机理，掌握合成冷冻油的研发方法及手段，搭建冷冻油的实验平台，实现自主合成高稳定性、高兼容性、低污染的冷冻油。

▶精密金属材料

着力开展家电用压缩机阀片生产等所必需的不锈钢精密钢带材料的研究工作，掌握该不锈钢材料的研发技术及生产手段，提升基础零部件加工生产的硬实力，实现自主生产，并生产抗弯曲及抗冲击能力强、平直精度及粗糙精度高、非金属夹杂物含量精确度高的精密不锈钢材料。

▶绿色可循环非金属材料

重点研究家用电器的环保科技和可循环利用技术。推进环保材料和可再利用材料在家电产品上的应用，尤其着力于研究塑料陶瓷化材料、PVC材料、TPE材料等在家电外壳、密封方面的应用技术，最终实现环保材料在家电产品的使用率大幅提高，废旧家电产品材料可循环利用率大幅提高。

5. 关键装备

▶新型高效换热器加工设备

加快换热器加工设备的研发工作，着力解决高精度冲床的设计加工、高复杂度模具设计加工、模具钢材料的差异、小管径换热器的胀接成形、高效胀管设备研发等方面的技术难题，实现自主开发服务于我国家电产业的小管径（D5，D4）开窗翅片冲片机及小管径（D5，D4）换热器胀管机，大幅提升小管径换热器的生产精度和工作性能。

▶高端焊接及打磨装备

开展超声波焊接机、高端精密焊接设备、六轴打磨机器人等装备的研究工作，提升制冷家电冷媒管道和小型零部件的焊接质量，提升基础打磨精度，自主开发PLM、ERP等智能制造相关工业软件，利用我国家电产业规模推动基础焊接及打磨装备向智能化、自动化转变。

▶专用检测设备

加强家电产业生产所必需的专用检测设备方面的研究，掌握各类检测设备基本核心技术和工作原理，尤其着力开发家电整机智能检测、吸枪式氦检漏仪、氦质谱检漏仪、冷媒检漏仪、精密LCR表、烟气分析仪及湿式燃气流量计等家电产业关键检测设备，实现自主生产高精度、测试结果一致性好的关键检测设备。

▶家电设计软件

开展应用于家电及其核心零部件的计算机设计软件研究，积极促进国内工程设计软件的发展，第一时间实现国内软件切换；搭建能有效指导产品开发的仿真平台，嵌入产品设计阶段，实现生产前预测产品的应用特性，为产品开发提供方向指引作用。

战略支撑与保障

（1）设立家电行业国家级创新中心，加大家电产业共性关键技术的研发力度。

（2）加强家电产业技术基础公共服务平台建设，促进家电标准、检测、计量、研发、设计等服务能力提升。

（3）加快制定和完善家电产业在高新技术方面的国家和行业标准，推进家电产业标准的国际化，完善和提升标准化体系。

（4）促进跨产业、跨领域协作，强化基础科学和上下游融合应用。

技术路线图

家用电器产业技术路线图如图 14-1 所示。

项目		2025年	2030年	2035年
目标	智能家电产品和全产业链自主化	实现我国家电产业在标准体系、技术创新、产品质量等方面均达到国际领先水平	实现我国家电产业全面国际领先，引领国际标准、专利，完善全球创新体系	引领全球智能家居生态，满足人民美好生活需要
		家电产品智能化水平达到70%，高端家电市场份额加大，智能家居生态系统初步形成	家电产品智能化水平提升至85%，中国主导的全球智能家居生态系统基本建立	
		加强上下游产业融合应用，努力突破共性关键技术，弥补家电产业基础材料、零部件和制造工艺等关键短板	全球产业链安全可控	
需求		在城镇化进程的推动下，在消费者对美好生活需要的拉动下，家电消费需求长期旺盛，智能化和高端化需求越发增长		
		中国家电将从单机智能、网络智能朝着安全、健康、舒适的智能家居演进，未来市场空间大		
		家电行业位于产业链终端，为上游零部件、原材料及装备、软件提供了巨大的市场需求和应用空间		
		家电行业未来发展对基础科学、绿色节能等方面的技术有着迫切的需求		
重点产品、工程	高海拔复杂环境关键技术突破及产业化工程	针对高海拔和接地复杂环境下的各种不确定性影响因素，对家电安全性、故障失效机制展开研究	实现工程产业化并保护我国国土面积四分之一的高海拔地区1亿以上的消费者及全球陆地面积45%的高海拔地区消费者的安全	
		建立相关性模型，攻克安全技术防护关键技术并进行全球产业化推广应用		

图 14-1　家用电器产业技术路线图

项目		2025年	2030年	2035年
重点产品、工程	安全使用年限关键技术突破及产业化工程	探明产品设计、原材料(部件)、加工制造、储藏运输、安装维修、使用环境和使用习惯等复杂因素影响家电产品安全使用年限的机制	解决家电产品超期使用引发的恶性安全事故，保护消费者的生命财产安全，打通行业升级换代的瓶颈	
		建立相关性模型，攻克安全使用年限可靠性设计世界级难题并进行全球产业化推广应用		
	质量提升及国际品牌建设工程	拉抬我国标准国际地位，引领产业质量提升		实现家电产业从OEM—ODM—PB的蜕变，全面提升家电产业的品牌国际溢价能力，夯实家电产业品牌价值基础
		在健康家电和直流电器系统等惠及全球民生的领域开展试点示范，辅以国际传播高维融媒体平台正面宣传		
	智能家居健康场景示范工程	以家电智能化为手段推进智能家居在节能、安全、健康、舒适方面的建设		融合智能楼宇、居住安全、大健康、生活管理等诸多领域形成一体化智能家居生态服务系统
		提升智能家居物联网信息安全、互联互通科技的发展水平		
		研发智能健康空气处理产品、智能化居家直饮水管理系统、智能化家庭健康管理和食品管理中心、智能生活电器及厨房电器产品		
	产业上下游融合工程	着力推进家电产业基础材料、零部件、元器件、制造工艺等关键短板的发展	提升家电产业从设计、研发、检测、标准认证到生产的一体化程度	建立安全、高效、完整的家电产业链
关键技术	家电节能技术	研究直流家电、高效制冷循环、节能电机等技术，搭建整套新能源家电系统	建立新能源家电的实验平台和评价体系，实现家电能源利用率的大幅提高及新能源的高效利用和转换	
		基于大数据学习、训练等技术，优化家电产品各执行器的耦合控制	开发低能耗运行家电产品	
	智能健康技术	开展家用电器监测人体健康指标研究，搭建健康行为数据分析平台	研究人体睡眠质量、生理指标与疾病的关系及疾病预测预防算法	形成基于家电的人体健康预防体系

图 14-1　家用电器产业技术路线图（续）

项目		2025年	2030年	2035年
关键技术	舒适性技术	重点开展温度、湿度、风速、噪声及声品质、气流组织舒适性技术研究		从家用电器的角度大幅提升家居环境的舒适性
		针对各类家电产品工业设计与人体工学进行研究		
	家电信息通信技术	开展物联网操作系统安全内核、信息安全技术方面的研究工作	建立家电产品统一规范的信息互联、安全标准体系	形成信息通信技术的设计及应用整体方案
	家电检测认证研究	针对安全性、功能性、节能性、智能性、可靠性、合规性、舒适性多维度内容，进行检测与认证评价		
		开展高海拔电器、室内污染物去除、智能家居、个性化定制和大健康电器等的检测与评价方法的研究		
	标准化理论和技术研究	重点开展标准化理论和应用评价研究，针对家电行业特点进行体系构建和路线图的深入研究，并设立应用试点示范工程		
关键零部件	核心芯片组件	自主设计并开发用于压缩机的15~30A变频模块IPM、32位/64pin/128K变频驱动MCU、主频≥80MHz的DSP控制芯片等电子元件		完成我国家电产业从零部件到整机装配的一体化生产目标
		探索并自主设计完成适用于空调压缩机芯片的整体变频控制方案		
	智能传感器	开展适用于家电产业的基础传感器研发工作	提升温度、湿度、压力等基础传感器的工作稳定性	
		重点开展适用于家电产业的交互传感器研发工作	实现自主设计和生产高性能、高可靠性、高精度的交互传感器组件	
		针对基于人感、手势、语音、光感等类型的传感器搭建实验平台进行应用场景研究		创建具备各种交互传感功能的智能家居系统

图 14-1　家用电器产业技术路线图（续）

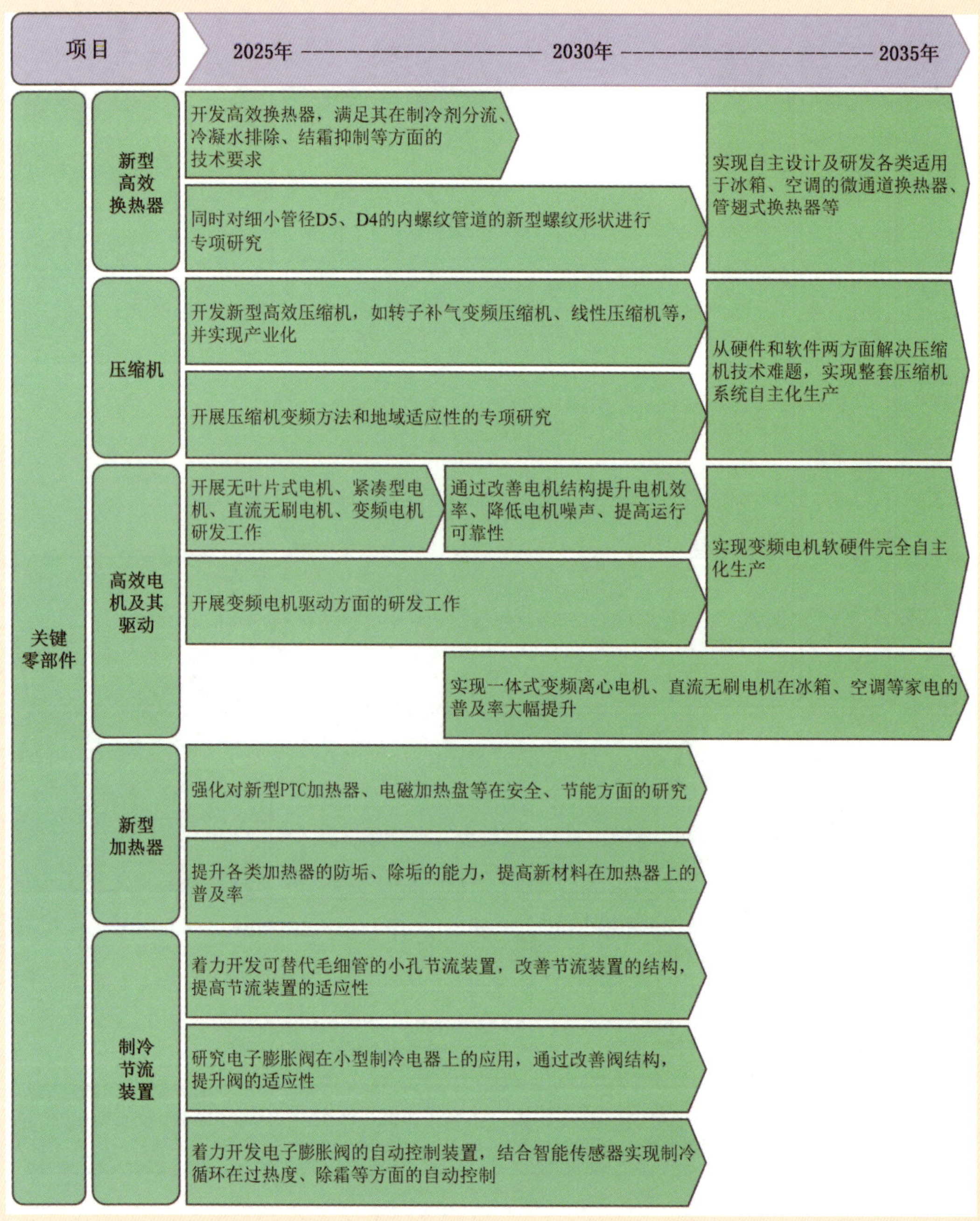

图 14-1　家用电器产业技术路线图（续）

项目		2025年	2030年	2035年
关键原材料	高效磁性材料	搭建实验平台开展特别适用于压缩机电机的磁性材料的研究工作	突破我国制冷家电在磁性材料方面的短板，实现高效磁性材料的自主研发和生产，提升电机效率	
	先进碳材料	研发导热系数100W/mK以上、复合材料强度3.5GPa以上、模量255GPa以上的先进碳材料	实现在多产品系列应用高强复合碳材料替代金属，减重20%~50%，能耗降低10%以上	
	保温绝热材料	着力研发ODP为零，GWP低、传热系数≤17.0mW/mK的保温绝热发泡材料	实现我国保温绝热发泡材料在生产工艺上的突破，使家电产品能耗较环戊烷体系降低8%~10%	
		开展家电用真空绝热板（VIP板）材料的化学特性研究	实现我国真空绝热板（VIP板）自主化生产的目标	
	涂覆材料	开展抗菌涂覆材料、耐高温防水涂覆材料、防霜涂覆材料、防腐涂覆材料的专项研究	实现家电产品多种涂覆材料的自主生产，提升家电产品抗菌、防水、防霜及防腐性能	
	制冷剂替代材料	着力开展GWP值低、ODP值为零的制冷剂替代材料的研究工作，提高替代冷媒的稳定性、安全性、兼容性、制冷量		
		加强对R290制冷剂产品的研究与普及，使相同能效机型的超低温（−15℃）制热量相对R22提高45%以上		
	冷冻油	搭建冷冻油实验平台，开展基础压缩机冷冻油的结构及添加剂配方的研究	实现自主合成高稳定性、高兼容性、低污染的压缩机冷冻油	
	精密金属材料	开展压缩机阀片生产所必需的不锈钢精密钢带材料研究工作，提升其抗弯曲及抗冲击能力、平直精度、粗糙精度和非金属夹杂物含量精确度	自主生产压缩机阀片组件	
	绿色可循环非金属材料	着力于研究应用于家电外壳、密封方面的塑料陶瓷化材料、PVC材料、TPE材料	最终实现环保材料在家电产品的使用率大幅提高，废旧家电产品材料可循环利用率大幅提高	

图 14-1 家用电器产业技术路线图（续）

项目		2025年——2030年——2035年	
关键装备	新型高效换热器加工设备	实现自主开发服务于我国家电产业的小管径（D5、D4）换热器开窗翅片冲片机	
		实现自主开发服务于我国家电产业的小管径（D5、D4）换热器胀管机	
	高端焊接及打磨装备	开展用于冰箱冷柜、商用冷链产品制冷剂管道密封焊接的超声波焊接机技术研究	掌握家电产业专用装备生产技术，实现自主研发生产家电产业专用装备
		开展用于焊接薄件、家电外壳装饰件的高端焊接技术的研究	
		开展六轴打磨机器人的研究工作	
	专用检测设备	自主开发家电整机智能检测系统	
		自主开发生产吸枪式氦检漏仪	
		自主开发生产氦质谱检漏仪	
		自主开发生产冷媒检漏仪	
		自主开发生产精密LCR表	
		自主开发生产烟气分析仪	
		自主开发生产湿式燃气流量计	
	家电设计软件	开展应用于家电及其核心零部件的计算机设计软件研究	搭建能有效指导产品开发的仿真平台，嵌入产品设计阶段，有效指导产品开发
			实现助仿真技术合理调控产品运行，预测产品的性能
战略支撑与保障	科研创新战略	设立家电行业国家级创新中心，加大家电产业共性关键技术的研发力度	
	标准战略	加快制定和完善家电产业在高新技术方面的国家和行业标准，推进家电产业标准的国际化，完善和提升标准化体系	
	公共服务平台建设战略	加强家电产业技术基础公共服务平台建设，促进家电标准、检测、计量、研发、设计等服务能力提升	
	产业协作融合战略	促进跨产业、跨领域协作，强化基础科学和上下游融合应用	

图 14-1　家用电器产业技术路线图（续）

国家制造强国建设战略咨询委员会

主　任： 周　济

副主任： 李晓红　苏　波　杨伟民　魏建国

秘书长： 卢　山

委　员： （按姓氏笔画排序）

于明德	干　勇	王恩东	尤　政	卢　山	白景明
曲道奎	吕　薇	朱森第	向文波	邬贺铨	刘　多
刘利华	关锡友	纪正昆	苏　波	李　钢	李晓红
杨伟民	杨学山	吴　强	张　纲	张彦仲	张彦敏
张雅林	陈学东	陈建峰	武博祎	范恒山	林忠钦
欧阳明高	周宏仁	周　济	宗　良	屈贤明	赵昌文
赵俊贵	胡汝银	柳百成	钟志华	祝宝良	夏　斌
倪光南	徐直军	徐惠彬	唐　虹	黄群慧	梅　宏
熊　梦	魏建国				

秘书处： 曾建平　李雨浓

编委会

课题组名单

编写综合组

周晓纪　古依莎娜　杨晓迎　刘宇飞　邓万民　鄢　胜　李志阳

王亚琮　　孙胜凯　梁桂林　张永伟　臧冀原　薛　塬

1　新一代信息技术产业

集成电路及专用设备课题组

组　长：魏少军

专家组：吴汉明　卜伟海　叶甜春　胡本钢　高世楫　余文科　马　良　刘华益　辛　勇
贾晓辉　杨思维　周　兰　果　敢　李文宇

编写组：尹首一

通信设备课题组

顾　问：于　全　邬贺铨　刘韵洁　余少华　吴曼青　吴建平

组　长：陈山枝

专家组：牛丹阳　孙韶辉　刘光毅　吴　军　陈运清　汪春霆　范志文　金　博　胡延明
赵　勇　郭　爽　徐明伟　徐晓帆　唐雄燕　黄　韬　蔡月民　翟立君

操作系统与工业软件课题组

顾　问：孙家广　周　济　李伯虎　倪光南　桂卫华　钱　锋

组　长：王建民

副组长：王　晨

专家组：宁振波　郭朝晖　余晓晖　黄子河　周　翔　李德芳　杜小勇　李战怀　黄河燕
吴庆波　高　宏　朱毅明　柴旭东　周　剑

编写组：龙明盛　黄向东　徐　哲

智能制造核心信息设备课题组

顾　问：邬贺铨　尤　政　李伯虎

组　长：尤　政　董景辰

专家组：宋君恩　朱毅明　任俊照　邵珠峰　周保延　王　平　谢　勇　谢兵兵　李耀光

奚家成　罗昌杰　马晋毅　王　刚　张　莉　朱明凯　许希斌　王　雪　郭　楠
汤　晖　禹鑫燚　杨　昉　陈　禾

编写组：周安亮　李向前　郝　佳

2　高档数控机床和机器人

高档数控机床与基础制造装备课题组

顾　问：卢秉恒　柳百成　关　桥　林忠钦　谭建荣　屈贤明

组　长：单忠德

专家组：王德成　李冬茹　杜　兵　龙兴元　张志刚　刘炳业　邱　城　邵钦作　谢　谈
佟晓辉　温　平　张　俊　蔡云生　杨长祺　王华侨　赵慧英　吕晓春　张　辉

编写组：吴进军　李晶莹　赵　蔷　焦　炬　王伟琳　陈晓辉　刘　云　张　威　袁志勇
樊璐璐　文　武

机器人课题组

组　长：王天然

副组长：宋晓刚

专家组：赵　杰　王田苗　黄　强　高　峰　陈小平　徐　方　王杰高　许礼进　游　玮

编写组：陈　丹　贾彦彦

3　航空航天装备

飞机课题组

组　长：廖全旺

编写组：王元元　刘亚威

专家组：张彦仲　唐长红　孙　聪　杨　伟　魏金钟　陈　刚　陈少军　金赛君　侯　松
杨新军　韩克岑　黄传跃　黄领才　赵群力　张波涛

编写组：王元元　刘亚威

航空机载设备与系统课题组

组　长：廖全旺

专家组：冯培德　王　浚　魏金钟　王晓文　张昆辉　李开省　罗　杰　周贵荣　陆志东
陈丽君　蒙海鹰　孙万胜　赵群力　霍　曼　黄铁山　范秋丽

编写组：孙友师　刘亚威

航天装备课题组

组　长：王礼恒　周志成

专家组：杜善义　龙乐豪　李仲平　王　巍　杨双进　尚　志　王占宇　余　斌　孟　新
李应选　卢　鹈　侯宇葵　闫　锦　张　然　牟　宇　周　钠　李志阳　仲小清
编写组：周晓纪　王亚琼　张永伟　孙胜凯　魏　畅　梁桂林　张召才

4　海洋工程装备及高技术船舶

海洋工程装备及高技术船舶课题组

顾　问：林忠钦　金东寒　闻雪友　朱英富　曾恒一
组　长：吴有生
专家组：张信学　杨葆和　李小平　李志刚　汤　敏　夏桂华　谢　新　赵　峰　聂丽娟
范建新　李升江　曹　林　徐晓丽
编写组：陈映秋　王传荣　曾晓光　赵羿羽　郎舒妍　赵俊杰　关　念

5　先进轨道交通装备

先进轨道交通装备课题组

组　长：刘友梅
副组长：丁荣军
专家组：张新宁　王勇智　于跃斌　王顺强　孙学军　龚　明　孙帮成　康　熊　张晓莉
文志永　陈高华　李　林　杨　颖
编写组：刘　昱　刘　蕊　韩晓磊

6　节能和新能源汽车

顾　问：郭孔辉　钟志华　李　骏　欧阳明高　孙逢春　付于武　董　扬　张进华　赵福全
王秉刚　吴　锋

节能汽车课题组

组　长：李开国
副组长：张　宁　张晓胜
专家组：詹樟松　阎备战　冯　静　张　彤　郭文军　居钰生　翁明盛　沈　斌　王登峰
康　明　杨　洁　邹恒琪　蔡云生　侯若明　胡新意　吴　涛
编写组：邓小芝　王利刚　林瑞雪　刘来超　崔　岩　谢雨宏

新能源汽车课题组

组　长：欧阳明高　吴志新

副组长：肖成伟　黄学杰　蔡　蔚　贡　俊　邵浙海

专家组：侯福深　廉玉波　林　程　余卓平　王贺武　王　菊　缪　平　卢世刚　黄世霖
阳如坤　郑继虎　张　鹏　赵冬昶　赵立金　程　蕊　梁　艺

编写组：任焕焕　王　昊　陈　川　何绍清　贾国瑞　柳邵辉　冀　然

智能网联汽车课题组

组　长：李克强

副组长：公维洁　许艳华　高振海　孙正良　岑晏青　王志勤　李丰军　刘卫国
杨冬生　胡　灏

专家组：梁伟强　罗禹贡　尚　进　杨殿阁　姚丹亚　龚进峰　王　兆　彭能岭　余贵珍

编写组：边明远　李　乔　张泽忠　陈桂华　于胜波　孙　宁　戴一凡

7　电力装备

发电装备课题组

组　长：陆燕荪

专家组：王庭山　王　政　张秋鸿　沈邱农　张之扬　张　帆　任　伟　张晓光　张　鹏
马桂山　栾　峰　杨红英

编写组：邓　伟　武　琛　王　芳　王　琨

输变电装备课题组

组　长：陆燕荪

专家组：张　猛　黄新楠　李锦彪　栾广福　管瑞良　李水清　刘为群　柴　熠　王新霞
聂三元　程昱昊　藏传翠　石祥建　邵震霞　包　革　郑　新　李　伟

编写组：邓　伟　潘理达　王　芳　王　琨

8　农业装备

农业装备课题组

顾　问：汪懋华　罗锡文　陈学庚　康绍忠　赵春江

组　长：方宪法

专家组：高元恩　陈　志　王　博　韩鲁佳　应义斌　袁寿其　王德成　宋正河　陈立平
林连华　王东青　朱金光　姜卫东　杨学军　杨炳南　韩增德　李世岩　刘成良
熊吉林　刘荣新　苑严伟　刘立晶

编写组：方宪法　吴海华

9 新材料

先进基础材料课题组

组 长：干 勇

副组长：翁宇庆

专家组：黄伯云 俞建勇 聂祚仁 刘正东 杜挽生 陈思联 吴长江 戴圣龙 张国庆 杨桂生 姚 燕 洪及鄙 李 鑫 朱建勋 谢 曼 唐 清 张 继 王新江 孔令航 李争显 雷 杰 郅 晓 尚成嘉 管仁国 赵鸿金 刘祖铭 娄花芬 洪定一 戴宝华 杨为民 肖长发 华 珊 曲希明 赵 平 张伟儒 蒋金华 陈 利 江 源 曹春昱 钟宁庆 丁志文 李增俊 郝新敏 邹伟龙 王 慧 张国强 卜新平 李志辉 毕中南 李昭东 贾书君 曹燕光 迟宏宵 尉文超 罗小兵 屈华鹏 何肖飞 王存宇 何西扣

关键战略材料课题组

组 长：干 勇

副组长：李仲平

专家组：陈立泉 陈祥宝 李 卫 张联盟 周 济 黄小卫 周少雄 谢 曼 翁 端 吴 玲 石 瑛 黄政仁 马延和 邢卫红 李红卫 董显林 刘新厚 冯志海 徐樑华 吕春祥 黄学杰 苏良碧 叶永茂 邓旭亮 马松林 唐 清 程兴旺 陈 弘 顾 虎 庄卫东 冯志红 李腾飞 龚江宏 李敬锋 胡 健 孟 洪 马晓辉 范德增 陈大福 张 继 翁云宣 郭宝华 卜新平 邵志刚 赵文武 于坤山 刘兴钊 朱明刚 刘玉柱 刘荣辉 赵 娜 宁成云 顾 群 秦 岩 王传彬 罗国强 杨治华 毕 勇 付 东 高伟男 高爱君 李 龙 孙 旭 徐会兵 李达鑫 蔡媛媛 付 烨 周 宇 廉海强

前沿新材料课题组

组 长：干 勇

副组长：屠海令

专家组：甘子钊 卢秉恒 刘忠范 徐惠彬 成会明 王华明 张平祥 张劲松 熊柏青 钟连宏 黄卫东 蒋成保 王树涛 汪礼敏 郑东宁 李义春 唐 清 刘兆平 古宏伟 吴呜呜 闫 果 魏 迪 马 韬 冯玉军 汤海波 王怀雨 王敬民 李 萌 陈韵吉 张现平 何 蓓 李腾飞 常秀敏 马 飞 肖丽俊 赵鸿滨

10 生物医药及高性能医疗器械

生物医药课题组

组　长：陈志南

副组长：边惠洁

专家组：（按姓氏笔画排序）

王军志　李　佳　张勇杰　陈　博　陈　薇　陈士林　果德安　岳　文　金　岩
赵　健　袁纪军　夏　瑜　梁子才　蒋建东　韩为东　裴雪涛

编写组：李　玲　杨向民

高性能医疗器械课题组

组　长：金国藩　程　京

副组长：王晓庆

专家组：李路明　樊渝江　王广志　霍　力　李坤成　樊瑜波　张　辉　何昆仑　张　强
王　炜　倪　明　罗渝昆　崔立刚　李增勇　董秀珍　周志峰　王培臣　赵大哲
温　宇　朱　磊　华玉涛　王　东　薛　玲　许建益　张　霞　徐明州　张送根
胡春华　邹左军　奚挺斐　刘忠英　鲍玉荣　陈晓禾

编写组：王晓庆　秦永清　王学恭

11 食品

食品课题组

组　长：胡　楠

顾　问：孙宝国　陈　坚

副组长：郝利民　李国都　朱晓光

专家组：黄志刚　蔡娥娥　张葆春　张　磊　段盛林　张国安　夏志春　谢广军　张　严
赵　健　李政德　董海龙　齐观光　李竞明　查正旺　王仕玮　江水泉　历善红
史　正　王鹤翔　姜卫东　荆维克　刘长战　陶安军

编写组：朱晓光　周在峰　侯占群

12 纺织技术与装备

纺织技术与装备课题组

顾　问：高　勇　李陵申　王树田　顾　平

组　长：俞建勇

副组长：侯　曦　张慧琴　华　珊

专家组：祝宪民　陈志华　陈新伟　李桂梅　李　毅　陈南梁　王华平　毛志平　王生泽
　　　　蒋秀明　胡旭东　王学利　李昱昊　吕佳滨　王　宁　叶　贺　李姝佳

13　建筑材料

建筑材料课题组

顾　问：徐永模　张广沛

组　长：江　源

副组长：孔　安　苏桂军

专家组：张联盟　吴智深　佘明清　朱建勋　茆令文　姜肇中　狄东仁　黄存新　李光辉
　　　　李　伶　马小鹏　张定金　杜高翔　于守富　王郁涛　刘长雷　王文利　周　炫
　　　　韩继先

编写组：胡友学　彭　芬　胡雅涵　杨　静　李慧芳　韩冬阳　万佳艺　富　丽　白云峰
　　　　修　瑞　杨　恒　侯铭哲　辛　宇　谭东杰　李效青

14　家用电器

家用电器课题组

顾　问：胡　楠

组　长：马德军

副组长：徐　鸿

专家组：王　晔　谭建明　胡自强　曲宗峰　李　一　郭丽珍　胡志强　赵　鹏　赵可可
　　　　孙　民　侯全舵　苗　帅

编写组：石文鹏　汪　超

反侵权盗版声明